DIRK LIESEMER

Café Größenwahn
1890–1915

Als in den Kaffeehäusern die
Welt neu erfunden wurde

HOFFMANN UND CAMPE

Diese Arbeit wurde unterstützt durch
das VG-Wort Stipendium »Neustart Kultur«

Die Beauftragte der Bundesregierung
für Kultur und Medien

NEU START KULTUR

VG WORT

Dieses Werk wurde vermittelt durch die
Literaturagentur Kai Gathemann GbR

1. Auflage 2023

www.hoffmann-und-campe.de
Umschlaggestaltung: © KUZIN & KOLLING,
Büro für Gestaltung, Hamburg
Umschlagabbildung: © Paul Thompson/
FPG/Freier Fotograf/Gettyimages
Satz: Pinkuin Satz und Datentechnik, Berlin
Gesetzt aus der Sabon
Druck und Bindung: GGP Media GmbH, Pößneck
Printed in Germany
ISBN 978-3-455-01656-7

HOFFMANN
UND CAMPE

Ein Unternehmen der
GANSKE VERLAGSGRUPPE

Für Andrea

INHALT

VORWORT 11

Am dritten Tisch links
JULI 1890 BIS AUGUST 1891 17

Eine heikle Aussprache
SEPTEMBER 1891 BIS JUNI 1893 37

Der Invalide des Lebens
JULI 1893 BIS MÄRZ 1896 55

Kampfansage ans Kaiserreich
APRIL 1896 BIS APRIL 1897 85

Flucht in die Schweiz
MAI 1897 BIS MAI 1899 109

Als Hetäre unter Männern
JUNI 1899 BIS DEZEMBER 1900 139

Dichten, singen, tanzen
JANUAR 1901 BIS JUNI 1902 169

Bulldogge mit Sektflasche
JULI 1902 BIS MÄRZ 1904 193

Die lange Nacht der Schüttelreime
APRIL 1904 BIS APRIL 1905 221

Eine Liebe in Ascona
MAI 1905 BIS JULI 1908 245

Revoluzzer und Hausdichter
AUGUST 1908 BIS JUNI 1910 269

Angriff aufs Kaffeehaus
JULI 1910 BIS DEZEMBER 1911 299

Brüchiges Eis, brüchige Welt
JANUAR 1912 BIS MAI 1914 327

Säbelrasseln und Apfelkuchen
JUNI 1914 BIS OKTOBER 1915 357

AUSBLICK 367

DANK 375

ALLGEMEINE HINWEISE 376

QUELLEN 377

BILDNACHWEISE 383

»Heimlich halten wir alle das Café für den Teufel,
aber ohne den Teufel ist doch nun mal nichts.«

ELSE LASKER-SCHÜLER

»Das rauchige Café ist unser Reich
Vor Gott und Kellner sind wir alle gleich.«

JOHN HÖXTER

»Du findest Keine, die Dir passt – KAFFEEHAUS!
Du stehst innerlich vor dem Selbstmord – KAFFEEHAUS!«

PETER ALTENBERG

VORWORT

Wer an der Wende zum zwanzigsten Jahrhundert erfahren wollte, wohin sich die Welt bewegt, musste ins Kaffeehaus. Hier gab es nicht nur Dutzende von Zeitungen aus unzähligen Ländern, hier kamen auch die Neugierigen, die Rebellischen und die Mitteilsamen zusammen, riefen unerschrocken Trends und Moden aus, plauderten über Tumulte und Skandale auf den Bühnen, die damals Geschichte schrieben: in den Theatern und Galerien, den Parlamenten und Königshäusern. Es waren nicht zuletzt junge Menschen, die in den Cafés über die aktuellsten Ideen aus Kunst, Gesellschaft und Wissenschaft stritten.

In einer Zeit, in der monströse Fabriken in die Höhe schossen, riesige Bahnhöfe, gigantische Luxusschiffe und wuchtige Konsumtempel entstanden, die Städte zu Metropolen anschwollen und Nachrichten aus aller Welt so schnell wie nie zuvor die Runde machten, in einer Zeit auch, in der erstmals Forscher tief in die menschliche Seele zu blicken begannen: In solch einer aufregenden Epoche wollten die jungen Menschen ganz vorne dabei sein, keine Erschütterung verpassen und die Zukunft, die ihre eigene sein würde, mitgestalten.

So waren die Kaffeehäuser einst, was heute die virtuellen Foren in ihren besten Momenten sind: Räume des intelligenten Austausches und des klugen Meinungskampfes. Zahlreiche Talente zog es magisch in die Cafés der Metropolen, und dort erlebten sie bei einer Melange oder einem Glas Mokka, wie die eigenen Auffassungen in hitzigen Wortgefechten vom Kopf auf die Füße oder von den Füßen auf den Kopf gestellt wurden.

Um die Wende zum zwanzigsten Jahrhundert fanden in den Kaffeehäusern Europas permanente Revolutionen im Denken, Fühlen und Empfinden statt, die selten leise und besonnen vor sich gingen. Einer, der damals dabei war, der Wiener Schriftsteller Otto Friedländer, schrieb im begeisterten Überschwang, dass Sokrates sich gewiss in der Runde wohlgefühlt hätte. An den Tischen der Dichter, Fabulierer und Tagträumer, der Wortjonglierer und Luftgucker wäre der antike Philosoph, der so leidenschaftlich die Diskussion suchte, kaum aufgefallen und sicher nicht ausgestoßen worden. Das Kaffeehaus, so mutmaßte der Augenzeuge, sei »vielleicht der einzige Ort auf Erden, an dem das gelöste, witzige, phantasievolle, grüblerische, scharfsinnige, zynische Gespräch sich am längsten lebendig gehalten hat«.

In keinem der Cafés, die in jener Zeit in den europäischen Metropolen zu Hunderten entstanden, ging es tollkühner, inspirierender, bissiger und gnadenloser zu als im »Café Größenwahn« – wobei es davon nicht nur ein einziges, sondern deren gleich drei gab, auch wenn sie offiziell anders hießen: Als Erstes war da das Café Griensteidl in Wien, gefolgt vom Café des Westens in Berlin und dem Café Stefanie in München. Obwohl die Kaffeehäuser weit auseinanderlagen, dauerte es nicht lange, bis die Autoren und Künstler zueinander Kontakt aufnahmen.

Als »Café Größenwahn« wurden sie alle drei bald ironisch bezeichnet, was sich als problematischer Titel erweisen sollte. Denn eines Tages begannen Gegner und Neider, ihn abschätzig im Munde zu führen. In diesen Kaffeehäusern hockten gleichwohl die klügsten und aufmüpfigsten Köpfe zusammen, die Kunst, Literatur und Kultur wichtige Impulse und neue Richtungen gaben: Dichter, Kritiker, Träumer, Anarchisten, Spinner, Marxisten und Künstler aller Art, selbstredend Männer wie Frauen.

Hinter jedem Journal, an jedem Marmortischchen verbarg sich ein aufgeweckter Spötter, ein tief blickender Psychoanalytiker oder wenigstens doch ein sorgenvoller Untergangsprophet. Sie liebten es, ihre Gedanken und Formulierungen tanzen zu lassen, um dann zu beobachten, was wohl passiert – und wie die anderen am Tischchen darauf reagieren. Manchmal taten sie auch einfach: nichts. Oder sie warteten geduldig ab, was der Tag bringen würde. »Hier entwickelt Ohnmacht die ihr eigentümlichsten Kräfte, Früchte der Unfruchtbarkeit reifen, und jeder Nichtbesitz verzinst sich«, bemerkte einmal Alfred Polgar, einer der Stars der Wiener Moderne.

Sie alle waren im Kaffeehaus willkommen, selbst wenn sich manch einer dort gerade mal ein Tässchen Mokka leisten konnte. Zur Not, manchmal auch aus Jux oder Spieltrieb boten sie für einen Taler spontan Gedichte an. Die Kellner und Geschäftsführer der Etablissements in Wien, München und Berlin wussten, wie sehr die Talente nicht zuletzt vermögende Gäste anlockten, die sich verzaubern lassen wollten. Von Menschen wie dem gefühligen Jungstar Hugo von Hofmannsthal, dem sinnlichen Zweifler Arthur Schnitzler, dem passionierten Flaneur Peter Altenberg, der verträumten Else Lasker-Schüler und ihrem verstiegenen Dichterfreund, dem Habenichts Peter Hille. Später gesellten sich zu dem illustren Kreis, der oft nur durch Briefe lose miteinander verbunden war, die Schwabinger »Skandalgräfin« Franziska zu Reventlow, der Anarchist Erich Mühsam, der zornige Frank Wedekind und viele andere, von denen nicht wenige jüdischen Familien entstammten.

Manche spielten sehr früh ihre Rolle, ehe sie wieder aus den Kaffeehäusern verschwanden und ihrer eigenen Wege gingen. Doch immerzu tauchten neue Köpfe auf, darunter der charmante Plauderer Eduard Graf von Keyserling, der idealistische Bohemien Leonhard Frank, die tragischen Genies Jakob van Hoddis und Georg Heym, der elegante Schnorrer John Höxter, die fabulierende Diseuse Emmy Hennings, aber auch ein urkomischer Abenteurer, der später einmal als Joachim Ringelnatz bekannt werden sollte.

Sie alle und viele weitere begaben sich ins Kaffeehaus, weil sie sich nach dem täglichen und nächtlichen Tête-à-Tête mit Gleichgesinnten sehnten. Um sich gegenseitig ihrer Leidenschaften zu versichern und ihre Vorstellungen auszutauschen. Oder weil sie rauswollten aus ihren ärmlichen, muffigen, dunklen Quartieren, um sich gegen den Zeitgeist mit seinem zunehmenden Hang zum Militarismus und seiner Feindseligkeit gegenüber Juden und Intellektuellen zu verbünden. Sie misstrauten dieser immer lauteren, immer aggressiveren, immer mehr nach Krieg lüsternden Welt, ja sie ekelten sich vor ihr. »Wir wollen von einer Welt Abschied nehmen, bevor sie zusammenbricht«, sinnierte einmal der Wiener Hugo von Hofmannsthal prophetisch. Nicht nur er befürchtete, dass alles im Untergang begriffen war. Bis es jedoch so weit sein würde, wollten sie ihren heiligen Marmortisch im Kaffeehaus verteidigen, der wenigstens so groß, so offen und so freundlich war, dass immer mehr ihrer wortverliebten Zeitgenossen daran Platz nehmen konnten. Freilich wurde es dabei zuweilen so eng, dass diese alles Notierenden, alles Beobachtenden und alles Diskutierenden gar nicht anders konnten, als sich hin und wieder gegenseitig mit ihren spitzen Federn zu piksen.

Drei Cafés Größenwahn, drei Metropolen – Wien, Berlin, München –, Hunderte Kilometer weit voneinander entfernt, aber verbunden durch Briefe, Aufrufe, Zeitschriften, Telegramme und schließlich auch Telefonate, durch das Geflüster über Skandale, Neuigkeiten und Seitensprünge. Und gar nicht so selten durch gegenseitige Besuche bei den jeweils anderen. Mal tauchten Erich Mühsam und Else Lasker-Schüler in Wien auf, dann verschlug es Peter Altenberg nach München, und schließlich hatten die Wiener Karl Kraus und Oskar Kokoschka für ein paar Tage in Berlin zu tun.

Es war ein ständiges Kommen und Gehen. Alles um die Künstler herum, ja die ganze Welt war in Bewegung, ohne dass sie vom Tisch aufstehen mussten. Manche schauten Hunderte Male im

Kaffeehaus vorbei, andere waren selten gesehene, schillernde oder berüchtigte Paradiesvögel, darunter die allen den Kopf verdrehende Lou Andreas-Salomé, der so steife wie elegante Stefan George oder der freundliche Stefan Zweig. Unablässig wurde debattiert, wurden Ideen feilgeboten, Persönliches vorgetragen, Ansprüche postuliert und den heimlichsten Phantasien freier Lauf gelassen.

Mehr als zweieinhalb Jahrzehnte zog sich die Geschichte der drei Cafés Größenwahn hin, die voll hoffnungsfroher Anfänge war, ehe die Welt der Bohemiens mit einem für fast alle überraschenden Krieg endete, der menschenverschlingender war als alle bisherigen – und der schließlich als der Erste Weltkrieg bezeichnet werden sollte. Damit ging zwar ihre Welt unter – und letztlich verschwanden auch die drei Cafés –, nicht jedoch die Vorstellung vom Kaffeehaus als einem Ort unkomplizierter Begegnungen, als einem Debattierclub für kühne Ideen und als einer Art von öffentlichem Salon. Noch heute kann man in dem einen oder anderen Café in Wien, München und Berlin ein wenig von jenem einstigen Glanz und Esprit erahnen.

Die Wiener Literaturstars der Jahrhundertwende:
stehend Hugo von Hofmannsthal (li.) und Arthur Schnitzler (re.),
sitzend Richard Beer-Hofmann (li.) und Felix Salten (re.)
mit unbekannten Damen am Prater (1894)

Am dritten Tisch links

JULI 1890 BIS AUGUST 1891

Nach Jahren im Ausland kehrt der Schriftsteller Hermann Bahr nach Wien zurück und will am liebsten gleich weiterreisen. Doch die Donaumetropole bietet mehr als jeder andere Ort in Europa: eine einzigartige Hochkultur des Koffeingenusses und ein Kaffeehaus, das bald als Wiener Café Größenwahn berüchtigt wird. Dort treffen sich die aussichtsreichsten Talente der Jahrhundertwende, vorneweg der geniale Gymnasiast Hugo von Hofmannsthal und der sinnliche Arthur Schnitzler, der viel lieber Schriftsteller als Arzt wäre, wenn ihn der Vater denn nur ließe.

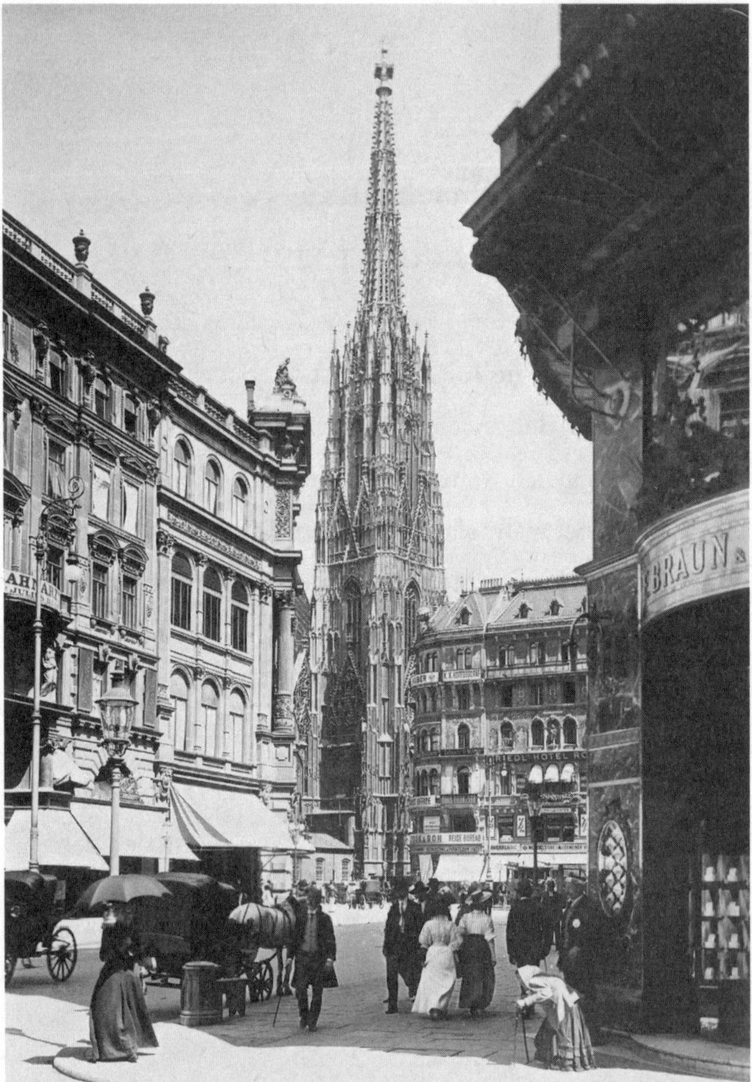

Straßenszene am Stephansdom
in Wien um 1900

WIEN

Kalter Wind fegt über die Boulevards, als Hermann Bahr im April 1891 wieder durch die Stadt seiner Jugend flaniert, die er einst verlassen musste. Es kommt ihm winterlich vor, geradezu eisig wie in Russland, wohin er kürzlich ein Theater begleitet hat. Am liebsten würde er gleich weiterreisen, nur fort von hier, und einem Freund ins warme Palästina folgen, wäre ihm nicht das Geld ausgegangen, was man ihm jedoch nicht ansieht. Zu gern kleidet er sich elegant, meist trägt er ein dunkles Sakko und einen steifen Hut. Dabei ist Bahr jung, gerade siebenundzwanzig Jahre alt, hat aber bereits in halb Europa gelebt und sich überall nicht nur Freunde geschaffen. Er ist ein kräftiger Mann mit breitem Kreuz und einem dunklen Vollbart, der ihn in dieser Welt des neunzehnten Jahrhunderts erfahren und glaubwürdig wirken lassen soll.

Bahr stammt aus der Provinz, aus Linz, aber hier in Wien hat er das Akademische Gymnasium besucht und Rechtswissenschaften studiert, bis man ihn von der Universität warf, weil er vor einer Burschenschaft eine skandalöse Rede zum Gedenken an den just verstorbenen Richard Wagner gehalten hatte. Damals, vor acht Jahren, war er radikal deutschnational gewesen: Er hatte das Habsburgerreich wegen der vielen Völker abgelehnt, das Deutschtum hochgehalten, er hatte auf die Juden geschimpft, etwas von »Erlösung« gefaselt und damit einen Tumult hervorgerufen. Nach seinem Rauswurf aus der Hochschule hatte Hermann Bahr in der Ferne, in Czernowitz, Berlin, Paris und Sankt Petersburg, neue Leidenschaften entdeckt: das Theater und die Literatur. Mittlerweile hat er das Politisieren hinter sich gelassen, nicht aber das Provozieren. Er liebt es, braucht es regelrecht für sein Wohlbefinden und wird sein Leben lang nie davon lassen. Gerade eben hat er ein schlüpfriges Theaterstück über eine lüsterne, lesbische Mutter geschrieben, das sicher nicht jedem gefallen wird. Er freut sich jetzt schon auf die empörten Reaktionen.

Nun, auf seinem Spaziergang durchs kaiserliche Wien, dürfte ihm auffallen, wie nicht nur er sich gewandelt hat, sondern auch die Metropole des riesigen österreichisch-ungarischen Reiches. Jahr für Jahr strömen Zehntausende Menschen nach Wien, sie kommen aus allen Regionen des Habsburgerreichs, aus Galizien, der Bukowina, aus Friaul-Julisch Venetien, aus Böhmen und Mähren, Siebenbürgen und Südtirol, dem Banat, der Karpatenukraine, aus der Vojvodina und aus dem besetzten, aufsässigen Bosnien und der Herzegowina. In Wien leben mehr Tschechen als in Prag, und es sind tschechische Dienstmädchen, die in diesen Jahren mit Knödeln und Palatschinken die Wiener Küche hervorzaubern, die einmal als typisch österreichisch gelten wird. Nicht nur Hilfsarbeiter suchen ihr Glück in Wien, auch Schneider, Schlosser, Tischler, Advokaten, Professoren und Fabrikanten. Die Reicheren reisen mit ihren Familien an, mieten herrschaftliche Wohnungen, schicken ihre Söhne und Töchter auf die besten Schulen, eröffnen Büros und Praxen, gründen Firmen und Manufakturen.

Schon jetzt wohnen in der Metropole knapp anderthalb Millionen Menschen. Und der Zuzug hält ungebremst an. Wenn die Stadt weiter so rasant wächst, wird sie in zwei Jahrzehnten, also um das Jahr 1910, die viertgrößte Metropole der Welt sein, nach New York, London und Paris, aber vor Berlin und weit vor München. Sollte nichts dazwischenkommen, keine Seuche und kein Krieg, dürfte sie Mitte des zwanzigsten Jahrhunderts sagenhafte vier Millionen Einwohner zählen. Niemand kann sich das recht vorstellen, und kaum jemand möchte es.

Die Residenzstadt fasst die Massen längst nicht mehr. Während Kaiser Franz Joseph I. und seine Gemahlin Elisabeth von

Österreich-Ungarn im weitläufigen Schloss Schönbrunn residieren, hausen nicht weit davon entfernt Arbeiter, Tagelöhner und Hungerleider in muffigen, beengten Quartieren. Glücklich ist, wer ein eigenes Bett besitzt, das sich stundenweise vermieten lässt, froh ein jeder, der in einem Massenquartier einen Platz ergattert hat und nicht unter einer Brücke schlafen muss. Erst im vergangenen Jahr, am 1. Mai 1890, dem neuen Kampftag der Sozialdemokraten, hat es die größte Protestkundgebung in der Geschichte der Monarchie gegeben. Wie vielerorts in Europa versammelten sich auf dem Gelände des Praters hunderttausend Arbeiter und forderten Utopisches: nicht nur gerechten Lohn, sondern ein besseres Leben mit acht Stunden Arbeit, acht Stunden Schlaf, acht Stunden freier Zeit.

Im Imperium von Franz Joseph I. dürfen auch jene träumen, denen sonst nichts bleibt. Trostlos ist der Alltag für viel zu viele Menschen. Allein die vierhundertfünfzig Wiener Straßenbahnkutscher sitzen täglich sechzehn bis achtzehn Stunden für kleinstes Geld in ihren Kabinen. Verspäten sie sich nur um eine einzige Minute an einer Station ihrer Strecke, drohen Sonderschichten am arbeitsfreien Tag. Nicht bloß sie werden so geknebelt. Doch die Nöte und Sehnsüchte der kleinen Leute lassen Kaiser, Adel und Großbürger kalt. Sie geben sich einer anderen Utopie hin und haben die Millionenstadt in eine gewaltige Baustelle verwandelt. Erst ließen sie gewaltige Dämme errichten, um die Donau einzuhegen, die regelmäßig die Stadt überflutete, dann begann der Bau der pompösen, rund vier Kilometer langen Ringstraße, des stolzesten und prächtigsten Boulevards auf dem Kontinent. Immer mehr verwandelt sich das alte Wien in ein neues Athen an der Donau. Knapp achthundertfünfzig neue Gebäude sollen am Ende am Ring stehen, viele davon aufwendig ausgestattet mit Skulpturen, Säulen und Ornamenten.

Als erstes Haus am Ring öffnete das wuchtige kaiserlich-königliche Hof-Operntheater, das später als Staatsoper weltberühmt wird, etwas weiter prunkt das Burgtheater, die größte Bühne Europas, gefolgt von der Börse im Stil der Neorenaissance. Monumental präsentiert sich der Heldenplatz, wenig bescheiden geben sich auch die beiden riesigen Museen, das Kunsthistorische und das Naturhistorische mit seiner habsburgischen Meteoritensammlung. Für die Ewigkeit gebaut sind die Neue Universität und das neogotische Rathaus mit seinen gut anderthalb Tausend Zimmern. Einschüchternd wirkt der an einen griechischen Tempel erinnernde Reichsrat, das Parlament. Hinzu kommen all die protzigen Ministerien, von denen das größenwahnsinnigste, das Kriegsministerium, noch nicht einmal geplant ist. Stets ließen sich die Architekten vom antiken Rom und Athen inspirieren, bis ihr Kolossalwerk auf die Menschen in Wien wie eine Beschwörung alter Macht zu wirken begann.

Während in den Vorstädten noch die Wege gepflastert werden, zieht ins Stadtzentrum die moderne Zeit ein: Arbeiter verlegen Kabel für neuartige Geräte, die man Fernsprechkioske nennt. Man spricht in ein Rohr und hält sich ein zweites ans Ohr. So kann man sich mit jemandem unterhalten, der sich ganz woanders aufhält. Allein im Zentrum stehen mittlerweile sechs öffentliche Sprechzellen, und ständig kommen weitere hinzu. Auch ein paar Benzinkutschen rumpeln durch die Straßen, jene Gefährte, die ein deutscher Ingenieur namens Carl Benz erfunden hat, aber es sind vor allem die Pferdestraßenbahnen, in die täglich Abertausende Wiener einsteigen, um so rasch wie möglich zur Arbeit zu gelangen.

Hermann Bahr biegt jetzt um die Ecke zu seinem Kaffeehaus im frühbarocken Palais Dietrichstein am Michaelerplatz, einem sternförmigen Platz an der Hofburg. Dort, im Café Griensteidl, treffen sich Autoren, Schauspielerinnen und Dramaturgen, tauschen sich aus, lästern über Abwesende oder lesen Zeitschriften, die aus aller Welt eintreffen. Ob wohl jemand schon sein gerade veröffentlichtes lesbisches und inzestuöses Liebesdrama *Die Mutter* besprochen hat?

Um Kritik, Tratsch und Neuigkeiten zu erfahren, gibt es in Wien keinen besseren Ort als das Kaffeehaus. Ob Beamte, Kaufleute, Militärs, Schauspieler, Konservative, Liberale, Sozialdemokraten, Juden, Protestanten, Katholiken – jede Gruppe hat ihr eigenes. Allein im Stadtzentrum finden sich einhundertfünfzig Cafés, in der ganzen Metropole sind es fünfhundert kaffeeausschenkende Gewerbebetriebe. Alles ist vorhanden, von ärmlichen Schenken bis zu vornehmsten Etablissements mit hohen Gewölbedecken, Plüschmöbeln, Kristalllüstern, Perserteppichen, Thonetstühlen sowie Marmortischen für Getränke und Zeitungen.

So sitzt man in seinem Café, genießt eine Melange und erfährt in den Blättern alles über Aufstände am anderen Ende der Welt. Manch einer fühlt sich wie auf einem Ausguck, von dem aus sich der Planet überblicken lässt. Dabei verspricht der Kaffee einen Hauch von Ferne, Exotik und Abenteuer. Schließlich wachsen die Bohnen Tausende Kilometer weit entfernt, im Hochland Afrikas, eines Kontinents, auf dem es, von Wien aus gesehen, letzte weiße Flecken gibt, obwohl auch diese bereits unter den europäischen Großmächten aufgeteilt sind.

Mit den Kaffeehäusern hat sich eine einzigartige Hochkultur im Reich der Habsburger etabliert. Sicher, nicht nur in Wien stehen prächtige Cafés, auch in Prag und Budapest, in Venedig, Marseille, Paris, London, München und im dröhnenden Berlin. Aber nirgendwo sonst in Europa wird der Kaffee so lustvoll zelebriert wie in der Hauptstadt des riesigen Schmelztiegels im Zentrum Europas. Vielleicht sind die Spezialitäten in anderen Kaffeehäusern exquisiter als im Griensteidl. Im Café Herrenhof etwa treten die Marqueure, wie die Wiener Kellner heißen, mit einer Lackierer-Farbskala an die Marmortischchen der Gäste. Aus nicht weniger als zwanzig nummerierten Schattierungen von Tiefschwarz bis zu einem bräunlichen Weiß soll der Gast seine perfekte Melange aussuchen: Wie dunkel darf der Kaffee sein, wie viel Tropfen Milch sollte er haben?

Es ist nicht leicht, in Wien einen Kaffee richtig zu bestellen, ohne sich vor dem Marqueur zu blamieren. Niemand sollte schlicht nach einem kleinen oder großen Kaffee mit mehr oder weniger viel Milch fragen. Es gibt Schwarze, Braune, Mokka, Doppelmokka, Kurze, Verlängerte und, natürlich, türkischen Kaffee.

Sie alle werden in phantasievollen Kreationen serviert: Wem nach einem Mokka mit üppig Schlagsahne und Puderzucker ist, der sollte einen »Einspänner« oder gleich einen »doppelten Einspänner« ordern. Ein verlängerter Mokka mit Milch, Schlagsahne und Schokostreuseln heißt »Franziskaner«. Als »Kapuziner« wird ein kleiner Mokka mit einigen Tropfen Schlagsahne bezeichnet; will man eine große Portion, sagt man »Konsul«. Üblicherweise sollte ein Kapuziner und damit auch ein Konsul so dunkelbraun sein wie die Robe eines Kapuzinermönchs, wobei eine Prise Kakao den Farbton verdunkelt. Und während ein »Obers« wenig Mokka und viel Schlagsahne enthält, ist ein »Verkehrter« nichts anderes als ein kleiner Mokka mit viel Milchschaum.

Wem all dies zu kompliziert klingt, der bestellt eine »Wiener Melange« und erhält Kaffee mit Milchschaum, selbstverständlich im Teeglas. Oder er bestellt eine »Schale Gold«, woraufhin der Marqueur eine Melange bringt, die so viel Milch enthält, dass der Kaffee goldbraun schimmert. Ein »Brauner« ist das Gleiche, nur mit einigen Tropfen weniger Milch. Anders als eine Melange werden jedoch die Schale Gold, der Braune, der Kapuziner und der Konsul nicht im Teeglas, sondern in einer Porzellanschale serviert. Schließlich soll der Gast sein Getränk auf den ersten Blick von einer Melange unterscheiden können.

All diese Varianten lassen sich freilich verfeinern, mit Rum oder Kirschwasser, mit Rotwein, Wodka, Zucker, Eigelb, Honig oder Weinbrand. Man bestellt einen »Fiaker« oder einen »Kosakenkaffee«, einen »Intermezzo« oder einen »Pharisäer«, einen »Obers gespritzt« oder einen »Schwarzen gespritzt«. In vielen

Kaffeehäusern kann man dazu Schokolade, Sorbet, Gefrorenes oder Limonade genießen.

Selbst eine Melange korrekt zu bestellen ist in Wien alles andere als trivial. Der Marqueur will es genauer wissen: Eher weiß oder eher braun? »Mit« oder »ohne«, also mit oder ohne Schlagsahne? Mit oder ohne Haut oder passiert? Heiß oder kühl oder heiß mit kalter Milch in einem Glas oder in einer Schale oder lieber in einer Mokkaschale?

Wer darüber verzweifelt oder sich nicht entscheiden kann, bestellt »eine Portion«. Der Kellner bringt zwei Kännchen, eines mit Kaffee, eines mit Milch. So kann sich jeder selbst seine Melange mischen, was jedoch teurer ist als die fertige Mischung.

Zum Glück weiß ein gestandener Marqueur schon beim zweiten Besuch, was ein Gast gern trinkt. Er erinnert sich an dessen letzte Bestellung, manchmal nach Wochen oder Monaten. Nicht umsonst trägt ein traditionsbewusster Kellner einen gepuderten Zopf, eine weiße Halsbinde, eine grüne Jacke und Schnallenschuhe. Der große, schlanke Gast mit den blonden Haaren? Der hat letztes Mal eine kalte Melange, mehr weiß, ohne, passiert in der Teeschale geordert. Sollte der Marqueur wissen, dass es sich um Herrn Schneider handelt, wird er ihn als »Herr von Schneider« begrüßen. Kennt er den Namen nicht, sagt er »Euer Gnaden« – oder auch »Herr Doktor«, falls der Gast denn einen Zwicker, also eine bügellose Brille, auf der Nase trägt.

Wer im Stammcafé freundlich auftritt, dem erfüllt der Marqueur prompt jeden Wunsch, er schleppt Zeitungen herbei, reicht Briefe diskret weiter und streckt notfalls eine Zeche vor. Nur zu Silvester überreicht er dem Gast eine Karte und freut sich über ein nicht zu knauseriges Trinkgeld.

Am Michaelerplatz schreitet Hermann Bahr in diesem Moment auf ein viergeschossiges Palais zu, das an einer Straßenecke liegt, sodass das Tageslicht von zwei Seiten durch die Fenster ins Innere leuchtet. In Großbuchstaben steht gut sichtbar »Café Griensteidl« über dem Eingang. Bahr zieht eine Glastüre auf und betritt durch einen Windfang einen großen Raum ohne Pomp, Marmor und Plüsch. Einzig goldgerahmte Spiegel hängen an den Wänden, in der Ecke stehen Kleiderständer wie blattlose Bäume. Er geht an der Sitzkassa vorbei, wo die Betreiberin Susanna Griensteidl seit Jahrzehnten alle Abrechnungen tätigt – und setzt sich in eine der Fensterlogen.

Ein Hochnebel aus Tabakdünsten schwebt unter der Decke, ein Schleier der Diskretion, weiter hinten befinden sich ein Raum fürs Tarockspiel und ein stilles Lesezimmer mit traumhaft vielen Journalen. Dort liegen nicht nur alle Wiener Zeitungen aus, sondern auch alle Blätter aus dem Deutschen Reich, ferner französische, englische, italienische und amerikanische, dazu sämtliche Revuen über Kunst und Literatur, der *Mercure de France* aus Paris, *Die neue Rundschau* aus Berlin, bald auch aus London *The Studio* und *Burlington Magazine*. Alles erfährt der Leser hier aus erster Hand – welche Bücher gerade lesenswert sind und wer zuletzt für einen Theaterskandal gesorgt hat. So ist das Café Griensteidl eine Börse der Informationen, eine Welt der Worte, des Geistes und des Wissens. Zeitung und Kaffeehaus sind nicht nur vielfach verschwibbt, wie es jemand auf den Punkt bringt, sondern das eine ist ohne das andere oft nur eine halbe Macht.

Gelangweilt blättert Hermann Bahr in den Berliner Zeitungen *Gegenwart*, *Nation* und *Freie Bühne*, die mit den immer gleichen alten Tiraden aufwarten. Er kennt sie zu gut, war selbst Mitarbeiter der *Freien Bühne* und wollte leitender Redakteur werden, bis er sich mit dem Herausgeber zerstritt. Der Marqueur reicht ihm nun die Wiener *Moderne Rundschau*, Bahr schlägt sie eher lustlos auf und hält plötzlich inne: Da steht tatsächlich eine ausführliche Kritik seines neuesten Stücks, verfasst von jemandem, der sich Loris nennt. Wer gibt sich nur solch einen drolligen Namen? So könnte ein Pudel heißen, gut, ein vornehmer, sehr gekämmter Pudel. Der wunderliche Name klingt nach großer Welt und dabei so wohlerzogen. Für einen Kritiker viel zu nobel.

Bahr beginnt zu lesen, ohne viel zu erwarten, schließlich ist normalerweise er es, der mit immer neuen Thesen andere Menschen überrascht. Doch schon die ersten Zeilen verschlagen ihm den Atem, er zieht den Löffel aus seinem Kaffee und legt ihn zur Seite. Nicht schlecht, die Kritik gefällt ihm. Endlich mal ein Autor, der keine Phrasen loslässt oder einer zufälligen Stimmung folgt, sondern einer, der nach künstlerischen Kriterien urteilt. Und dabei so lässig und mit feiner Ironie formuliert, wie es sonst nur Franzosen können. Wer mag dieser vornehme Pudel bloß sein?

Später, beim Spaziergang durch die Stadt, trifft Hermann Bahr einige Redakteure der *Modernen Rundschau*, aber sie verraten ihm nichts, lächeln gutmütig bis spöttisch.

»Ein Franzose, nicht wahr?«, hakt Bahr nach.

Die Redakteure nicken nicht mal, versprechen ihm dafür aber, er werde den Kritiker in den nächsten Tagen im Café Griensteidl treffen. Immerhin geben sie preis, dass es sich um einen Wiener handelt.

Bahr grübelt stundenlang. Loris mag Wiener sein, aber er dürfte in Frankreich gelebt haben, anders kann er sich den Ton der Kritik nicht erklären. Wahrscheinlich wird er zwischen vierzig und fünfzig Jahre alt sein und die Welt nunmehr als ein fernes Schauspiel wahrnehmen, sonst hätte er nicht diese verzichtende Ruhe in seinen Formulierungen. Vermutlich stammt Loris aus altem Adel, wurde von Jesuiten aufgezogen und war Gesandter in Paris. Ein kluger Bummler, der jetzt in einem Vorort Wiens zwischen Büchern, Bildern und Kristallen lebt. So wird es sein.

Am nächsten Tag sitzt Hermann Bahr erwartungsvoll im Griensteidl und plauscht mit diesem und jenem Gast. Die Sonne scheint durch die Fenster. Er blättert gerade in einer Zeitung, als er aus dem Augenwinkel sieht, wie sich am anderen Ende des Raumes ein sehr junger Mann vom Stuhl erhebt und schnurstracks auf ihn zueilt. Schon steht der Junge am Tisch, lacht entwaffnend und reicht ihm die Hand. Bahr greift erschrocken zu, spürt, wie sich die Hand ungewöhnlich weich und schmeichelnd anfühlt, als wäre sie mit Seide überzogen. Ganz irritiert hört er den Jungen mit ruhiger Stimme sagen: »Ich bin nämlich Loris.«

Hermann Bahr kann seine Verblüffung nicht verbergen, ja er kommt sich auch ein wenig dumm vor. Loris ist nicht vierzig oder gar fünfzig Jahre alt, sondern deutlich jünger als er, bestimmt zehn Jahre, ein Schüler, schlank wie ein Turner. Er hat einen Oberlippenflaum, einen kantigen Kopf, eine hohe Stirn, kurze, dunkle Haare und zutrauliche braune Mädchenaugen. Der Junge erinnert ihn an Dante, den Dichter der *Göttlichen Komödie*. Kleiner geht es nicht in diesem feierlichen Moment.

Loris stellt sich als Hugo von Hofmannsthal vor, er ist noch Gymnasiast und nicht einmal volljährig, weshalb er Zeitungskritiken nur unter fingiertem Namen veröffentlichen darf. Seit Februar sitzt er regelmäßig mit anderen jungen Autoren im Griensteidl zusammen. Vom Windfang aus gesehen immer am dritten Tisch links. Jetzt lernt Bahr die Gruppe kennen. Zu ihr gehört Arthur Schnitzler, der achtundzwanzig Jahre und damit nur wenig älter ist als er und ebenfalls einen Vollbart trägt. Schnitzler ist Arzt, schreibt aber viel lieber, als dass er operiert, wofür er sich ständig vor seinem Vater, einem berühmten Mediziner, rechtfertigen muss. Vor kurzem hat er ein trauriges Schauspiel fertigstellt, das er *Das Märchen* nennt.

Mit am Tisch sitzt auch Felix Salten, der Anfang zwanzig ist und einen Schnauzbart trägt. Er hat ein paar Gedichte verfasst, wirkt ungestüm und schaut am liebsten Frauen hinterher, weshalb er wenig zum Schreiben kommt und sich noch sehr lange gedulden muss, bevor ihm mit seinem Roman *Bambi* der ganz große Erfolg als Schriftsteller gelingt. Daneben hockt der vierundzwanzigjährige Richard Beer-Hofmann, der mit der Gelassenheit eines Genies auftritt, obwohl er sich, wie man sich erzählt, vor allem Gedanken über seine Knopflochblumen macht. So wenig bringt er zu Papier, dass die anderen überzeugt sind, er wolle sich nicht ans Schreiben verschwenden.

Es ist ein offener Tisch im Griensteidl. Ständig kommen neue junge Leute hinzu, setzen sich, möchten Gedichte vortragen oder schüchtern zuhören. Sage und schreibe zweiundvierzig Autoren, heißt es in einem Brief, tauchen im Laufe der nächsten Jahre im Kaffeehaus auf und fühlen sich der Elite der schriftstellerischen Jungmannschaft Österreichs zugehörig. Sie tauschen sich aus über den norwegischen Dramatiker Henrik Ibsen und den deutschen Freigeist Friedrich Nietzsche, über Skandälchen am Burgtheater und über die zauberhaften Verse von Loris Melikow, die in der Zeitschrift *An der schönen blauen Donau* erschienen sind und seither flüsternd als Geheimtipp durch die Wiener Salons gereicht werden.

Anfangs veröffentlichte Hugo von Hofmannsthal nicht als Loris, sondern als Loris Melikow. Sein erstes Gedicht hieß schlicht »Frage«, während das zweite, das für so viel Aufsehen sorgte, mit dem Titel »Was ist die Welt?« die Frage nach dem großen Ganzen stellte:

Was ist die Welt? Ein ewiges Gedicht,
Daraus der Geist der Gottheit strahlt und glüht,
Daraus der Wein der Weisheit schäumt und sprüht,
Daraus der Laut der Liebe zu uns spricht.

Und jedes Menschen wechselndes Gemüth,
Ein Strahl ist's, der aus dieser Sonne bricht,
Ein Vers, der sich an tausend and're flicht,
Der unbemerkt verhallt, verlischt, verblüht.

Und doch auch eine Welt für sich allein,
Voll süß-geheimer, nie vernomm'ner Töne,
Begabt mit eig'ner, unentweihter Schöne,

Und keines Andern Nachhall, Widerschein.
Und wenn Du gar zu lesen d'rin verstündest,
Ein Buch, das Du im Leben nicht ergründest.

Manch einem tritt dieser Knabe allzu selbstsicher auf, beurteilt er doch gar den großen Goethe großzügig als »ganz g'scheit«. Im Griensteidl versetzt er ständig alle ins Staunen, so jung ist er und schon so geschliffen. »Früh gereift und zart und traurig«, wird er bald als Einleitung für ein Schauspiel seines Freundes Arthur Schnitzler dichten und damit auch sich selbst charakterisieren. Viel mehr als um die äußeren Dinge der Natur geht es ihm und seinen Freunden um Gefühle und Innerlichkeit, um die Seele und das empfindsame Selbst. Und um die Geschichte und die großen alten Zeiten, denen Hofmannsthal melancholisch nachtrauert wie niemand sonst in der Runde. Trotz des Glanzes der Ringstraße erscheint ihm die Zukunft des Habsburgerreiches zweifelhaft, weshalb er sich schon einmal verabschieden will, bevor alles zusammenbricht. An vielen Ecken der Donaumonarchie rumort es unüberhörbar.

Vielleicht nimmt Hugo von Hofmannsthal die seismischen Erschütterungen seiner Zeit stärker wahr als andere. Als einziges Kind einer Bankiersfamilie wuchs er behütet auf. Die Katastrophe, die seine Eltern kurz vor seiner Geburt durchstehen mussten, dürfte sich ihm eingeprägt haben. Sie waren auf Hochzeitsreise in Italien, als sie per Telegramm erfuhren, dass die Wiener Börse abgestürzt war und dabei fast ihr gesamtes Familienvermögen mitgerissen hatte. Zum Glück erhielt der Vater rasch eine Stelle in einem der wenigen Geldhäuser, die von der Krise verschont geblieben waren. Zügig arbeitete er sich in der Oesterreichischen Central-Boden-Credit-Bank empor.

So wuchs der Sohn unbeschwert auf, musste sich über Geld keine Gedanken machen und las eifrig Gedichte und Romane – bis auf jene Buchseiten, die der Vater für fragwürdig hielt und mit einem Faden zusammengenäht hatte. Der folgsame Junge kam gar nicht auf die Idee, sich gegen die Bevormundung aufzulehnen. Für Aufstand und Protest fehlt ihm jedes Verständnis. Angesichts des Massenprotests der Arbeiter im Jahr zuvor notierte er ein Gedicht, das in den Zeilen gipfelt: »Lass den Pöbel in den Gassen: / Phrasen, Taumel, Lügen, Schein. / Sie verschwinden, sie verblassen – / Schöne Wahrheit lebt allein.« Dass er die Massen fürchtet und ihren Protest für etwas Blindes und Gefährliches hält, nehmen die Freunde kopfschüttelnd zur Kenntnis.

Mit der Welt der Malocher will der Schöngeist Hofmannsthal nichts zu tun haben. Er hat begeistert Iwan Turgenjews Roman *Väter und Söhne* gelesen, ein Buch, in dem es auch um die Nihilisten geht, jene Menschen also, die angeblich keine Werte kennen und denen nichts heilig ist. Gegen diese richtete Hofmannsthal sein Gedicht »Was ist die Welt?« Für ihn ist sie viel mehr als eine sozialistische Werkstatt, in der Arbeiter billige Produkte für niedere Bedürfnisse herstellen. Wo blieben da Kultur, Religion und Metaphysik? In seinem Gedicht klagt er deshalb mit den letzten beiden Zeilen einen namenlosen Nihilisten an: »Und wenn du gar zu lesen d'rin verstündest, / Ein Buch, das Du im Leben nicht ergründest.« Wie hätte er seine Ansicht deutlicher machen können als mit einem Pseudonym, das auf einen ihrer mächtigsten Gegner anspielt, den kürzlich verstorbenen russischen Innenminister Graf Michael Tarielowitsch Loris-Melikow? Mittlerweile unterzeichnet Hofmannsthal seine Gedichte nurmehr mit »Loris«, was keineswegs bescheiden ist. Loris leitet sich vom lateinischen *laurus* ab, dessen Plural *lauris* als »mit Lorbeeren« übersetzt wird.

Kaum war das Gedicht »Was ist die Welt?« im Juli 1890 in der Zeitschrift *An der schönen blauen Donau* veröffentlicht, lernten sich Hofmannsthal und Arthur Schnitzler auf dem Flur der Redaktion kennen. Schnitzler ahnte bald, erstmals einem Genie begegnet zu sein. »Wissen, Klarheit und, wie es scheint, auch echte Künstlerschaft, es ist unerhört in dem Alter«, hielt er irritiert in seinem

Tagebuch fest, obwohl er selbst mit achtzehn Jahren zufrieden resümiert hatte, dreiundzwanzig Dramen vollendet und dreizehn weitere begonnen zu haben. Aber diesem talentierten Jungspund fühlt sich Schnitzler von ihrer ersten Begegnung an unterlegen. Er sucht zwar dessen Nähe, verzweifelt aber, wenn er meint, nicht ausreichend geschätzt zu werden. Jahrelang wird das so gehen.

Auf ebenjenem Redaktionsflur traf Schnitzler auch den einundzwanzigjährigen Felix Salten, der seinen Jagdhund Hex dabeihatte. Salten heißt eigentlich Siegmund Salzmann, stammt aus dem ungarischen Pest, ging in Wien aufs Gymnasium, das er nach einem Streit mit den Lehrern abbrach. Seither muss er Geld verdienen gehen. Schuld sei der Vater, ein Träumer, der beim Kauf einer Kohlegrube ein Vermögen verloren habe. Über ihre Väter können sich die beiden jungen Männer ausführlich unterhalten. Während Salten sich zu wenig unterstützt glaubt, fühlt sich Schnitzler bevormundet. Sein Vater, Johann Schnitzler, ist Professor für Medizin an der Universität und ein renommierter Kehlkopf-Spezialist. Aus ganz Europa strömen Schauspieler zu ihm, wenn die Stimme versagt. Der Vater drängte denn auch den Sohn zum Medizinstudium.

Arthur Schnitzler hasste es von Beginn an und spürte früh, wie sich in seiner Seele medizinische und poetische Weltanschauung miteinander prügelten. Obwohl er sich nur für einen mittelmäßigen Arzt hält, tut er alles, was der Vater verlangt: Erst hat er promoviert, nun assistiert er ihm in der Poliklinik. Trotz allem ist der Vater nicht zufrieden. Es passt ihm nicht, dass der Sohn ins Kaffeehaus geht, dort Billard und Karten spielt, anderen seine Dramen vorliest und sich von jedermann kritisieren lässt. Es stört ihn, dass Arthur eigene Texte in Kulturzeitschriften veröffentlicht – nicht einmal unter einem Pseudonym, sondern unter dem Namen »Schnitzler«. Tatsächlich wird der Vater einmal zu Theaterproben eingeladen, weil man ihn mit dem Sohn verwechselt hat. Es ist beiden höchst peinlich.

Ständig zitiert Johann Schnitzler daher seinen Erstgeborenen zu sich, fordert mehr wissenschaftlichen Ehrgeiz. Er mache sich lächerlich, niemand nehme ihn ernst. Er solle Geld verdienen, ein anständiges Mädchen heiraten, auf seine Gesellschaft achten und an seinem Pflichtgefühl arbeiten. Der Sohn gibt sich renitent und beharrt auf dem, was ihm wichtig ist. Zornig notiert Arthur Schnitzler im Juni 1891 nach einem Streit mit seinem Vater ins Tagebuch: »Ekelhafter Auftritt zu Haus mit sentimental-düstern Anspielungen über meinen Lebenswandel.« Kaum hat er es aufgeschrieben und sich damit des Ärgers entledigt, sind seine Gedanken wieder frei.

Im Café Griensteidl sind die jungen Talente unter sich. Von Zwängen und Erwartungen unbedrängt, finden sie hier eine sichere Zuflucht, um ihre Gedanken schweifen zu lassen und über alles zu sprechen, was ihnen in den Sinn kommt. Derzeit geht es oft um einen neuen Pariser Kunststil namens Symbolismus. Die symbolistischen Maler wollen in die tiefere Wirklichkeit der Träume, Empfindungen und Leidenschaften vordringen. Passend dazu berichtet jemand von seinen Erfahrungen mit Meditation und Buddhismus. So kommen sie von einem Thema aufs andere, ohne dass jedem in der Runde allzeit ersichtlich sein muss, wie das eine mit dem anderen zusammenhängt.

Enthusiastisch ruft Hofmannsthal einmal mit spitzer Stimme aus, man sollte Protokoll führen über alles, was in diesem Café gesagt werde. Immerhin hält Schnitzler im Tagebuch einige abstrakte Gesprächsfetzen aus dem Griensteidl fest: »Die Frau liebt am Mann das Herausgekehrte, wir lieben das Eingestülpte, genau dem Sexuellen entsprechend. Der Künstler hat schon etwas Hermaphroditisches.« Den Künstler stellen sich die jungen Herren demnach als ein Zwitterwesen vor, Grenzen überwindend, sich nicht festlegend und in unterschiedlichen Welten daheim. Unablässig finden neue, jugendliche Dichter, Dramatiker und

Schriftsteller durch den Windfang ins Griensteidl. Mittlerweile kursiert für die Gruppe der Name »Jung-Wien«, womit sie für sich die Zukunft beanspruchen. Mitten in diesem summenden Bienenstock sitzt wie die Bienenkönigin Hermann Bahr, der mit seinen Essays, Thesen und Wortschöpfungen die Richtung vorgeben möchte, was ihm aber nicht recht gelingen will.

Vier Jungwiener, die talentiertesten zumal, entziehen sich regelmäßig ins Private. Oft lädt Schnitzler die anderen drei zu sich in die Grillparzerstraße ein, und Felix Salten, Richard Beer-Hofmann und Hugo von Hofmannsthal kommen gerne. Im Herbst 1891 liest Letzterer dort sein neuestes Versdrama mit dem Titel *Gestern* vor, mit dem er darlegen will, warum sich auch junge Menschen nicht nur fürs Hier und Jetzt interessieren sollten. Es geht um einen Lebemann namens Andrea, der im Italien der Spätrenaissance lebt und das Hier und Jetzt beschwört, bis es zur Katastrophe kommt. Alles, was zählt, ist der Moment, die Stimmung, das Verlangen. Vergangenheit oder Zukunft erklärt der Lebemann für gleichgültig. Niemand soll seine Triebe zähmen, und wenn er dafür einen Verrat begehen muss. Erst eine Nachricht erschüttert am Ende des Versdramas seinen Glauben: Seine Geliebte hat ihn mit dem besten Freund betrogen, und zwar: gestern.

Schnitzler ist gerührt. Ihm dürften die Streitereien mit seiner Freundin einfallen, der Schauspielerin Marie Glümer, seiner »Mizzi«. Sie ist seine große Liebe, aber dass sie vor ihm andere Männer hatte, wirft er ihr bis heute vor, weshalb er sie ständig verdächtigt, ihn zu betrügen, sie darum auch nicht heiraten will und ihr überdies nur eine heimliche Beziehung mit ihm zugesteht.

Auch Hermann Bahr, der immer wieder Kontakt zu der Vierergruppe sucht, ist von Hofmannsthals Versdrama *Gestern* angetan. Er liest es erst still, dann laut, was er noch schöner findet. Es ist nach seinem Geschmack. Überhaupt sollten sich Schriftsteller viel mehr mit Gefühlen, Seele, Trieben, Stimmungen, Wünschen und dem Unbewussten befassen. Es sei die Aufgabe der Dichter, posaunt er, das Ich zu erforschen, gerade wenn es sich der Selbsterkenntnis entziehe. Jede Nervenregung gelte es zu registrieren. Erkunden, schauen, beobachten, leiden, schreiben.

»Könnten wir's nicht irgendwo spielen«, schlägt er Hofmannsthal vor. »Im Griensteidl sind so viele Zimmer, braucht's nur einen geschickten Tapezierer, die Regie führe ich.« Er wäre der Impresario. Das würde ihm gefallen.

Der Erfinder des »süßen Mädels«:
Arthur Schnitzler (1890)

Eine heikle Aussprache

SEPTEMBER 1891 BIS JUNI 1893

Arthur Schnitzler sehnt sich nach Einsamkeit. Kaiser Franz Joseph mag nicht telefonieren und kann auch sonst nicht viel mit modernen Dingen anfangen. Ein weiteres Jahrhunderttalent betritt das Café Griensteidl, das baldige Wiener Größenwahn: Der Gymnasiast Karl Kraus setzt sich an den Autorentisch und lobt die Gedichte seiner neuen Freunde überschwänglich. Die nehmen ihn zwar nicht ganz ernst, aber er beobachtet sie alle ganz genau. Hugo von Hofmannsthal fühlt sich derweil von dem deutschen Studenten Stefan George verfolgt und meidet das Kaffeehaus. Ein erster Erfolg ist zu vermelden: Hermann Bahr und Felix Salten gelingt ein Theaterskandal.

Wiener Größenwahn:
Café Griensteidl am Michaelerplatz (1896)

WIEN

Es muss etwas vorgefallen sein, vielleicht ist es auch nur eine flüchtige Stimmung. Im September 1891 klagt Hugo von Hofmannsthal jedenfalls über Ekel vor dem Kaffeehaus. Möglicherweise ist er schlicht genervt vom ständigen, erdrückenden Gewusel der vielen Menschen. Es zerstöre jegliche Intimität, nie sei man für sich, jammert der Jungdichter. Auch sein Freund Schnitzler fühlt sich von der Atmosphäre im Griensteidl deprimiert und erklärt, er wolle ein Virtuose der Einsamkeit werden.

Doch sie kommen nicht vom Kaffeehaus los. Sie brauchen die größere Runde, wollen nicht auf die Meinungen und die Bewunderung der anderen jungen Leute verzichten. Noch sind sie unbekannt und können sich ihr Publikum nicht aussuchen, aber damit sich das möglichst bald ändert und sie als Talente erkannt werden, fordern sich die Jungwiener mit Sprüchen, Gedichten und Vorträgen heraus. Sollten sie in ihrem Elfenbeinturm ausnahmsweise einmal nicht wissen, worüber es sich zu reden lohnt, heißt es abzuwarten, was der Tag bringt: Gerüchte aus einem der vielen Theater, Schmäh über den frivolen Hof von Kaiser Franz Joseph, Aufrührerisches von den Jungtschechen in Prag, die partout auf ihrer eigenen Sprache bestehen.

So ist das Kaffeehaus mal ein Epizentrum für lästerlichen Klatsch, dann wieder eine Börse für weltbewegende Neuigkeiten. Mal erweist es sich als Spiegelkabinett törichster Eitelkeiten, kurz darauf als Echokammer reizender Bonmots. Die einen suchen das Griensteidl auf, um in einer stillen Ecke produktiv zu sein, während sich andere in endlosen Gedankenspielen verlieren. Kaum wird an einem der Marmortischchen eine Theorie ausgeheckt, fühlt sich die Gesellschaft am nächsten Tischchen provoziert, diese Theorie grundsätzlich zu hinterfragen. Dabei setzt sich ernsthafte Gründlichkeit eher selten gegen das freie Spiel der Assoziationen durch. Schließlich hocken an diesem flirrenden, von Gasflammen und stickiger Luft verdorbenen Ort so viele Menschen rauchend und schwitzend beisammen, dass manch einem schwindelig wird. Menschen kommen und gehen, bleiben mitten im Raum stehen, schauen sich schwatzend um und schwirren beständig durcheinander, Kellner huschen klappernd von Tisch zu Tisch, Kaffeetassen scheppern zu Boden, während das Geplauder der Gäste im Laufe des Abends zu einem betäubenden Lärm anschwillt. Wenn erst der Tumult regiert, ist ruhiges Nachdenken oder Zeitunglesen unmöglich. Nach dem dritten Kaffee sind die Nerven überreizt, jeder Artikel, jedes Feuilleton, alles, was mehr als hundert Zeilen lang ist, erweist sich als ungenießbar. Man hört überhaupt auf zu lesen. Allenfalls Überschriften ziehen noch kurz die Aufmerksamkeit auf sich. Sekundenschnell werden kunstvolle Berichte überflogen, ehe zur nächsten Seite weitergeblättert wird, immer auf der Suche nach neuen Reizen. Selbst die größten Kritiker kommen nicht vom Kaffeehaus los. Denn wer nicht herkommt, verpasst, was in der Stadt, auf dem Kontinent und überhaupt in der Welt vor sich geht.

Die Wiener Zeitungsleser beobachten genau, wie das Deutsche Reich aufstrebt und wie dort Fabriken aus dem Boden schießen, während im Habsburgerreich alles müde taumelt, schwankt und zerbröselt. Aus der Lombardei wurde die kaiserliche Armee schon 1859 von Italien verdrängt, und in Königgrätz verlor sie 1866 eine entscheidende Schlacht gegen Preußen. Seither hat Wien im Deutschen Bund nichts mehr zu melden. Nur wenig wandelte sich in der Habsburgermonarchie während der vergangenen Jahrzehnte zum Besseren, jedenfalls aus Sicht jener Familien, denen die meisten Jungwiener entstammen: So setzten die Liberalen im Reichsrat eine

Trennung von Schule und Kirche durch, auch eine Verfassung, eine Wahlreform und das Versammlungsrecht, aber weiterhin herrscht Zensur. Jedes Theaterstück muss von den Behörden freigegeben werden, bevor es öffentlich aufgeführt werden darf.

Schon lange welkt der erzkatholische Kaiser auf seinem Thron dahin und trotzt aller Modernisierung. Franz Joseph hält zwölf Nationen zusammen, weigert sich aber beharrlich, ein Telefon in die Hand zu nehmen. Auch elektrisches Licht behagt ihm nicht, er zündet lieber Kerzen an. Erst in knapp zehn Jahren wird er Hofburg und Schloss Schönbrunn mit Glühbirnen ausstatten lassen. Selbst vor den neuartigen Wassertoiletten scheut er zurück. Wenigstens befolgt er die Verfassung, ohne dass er wüsste, wie sich sein Reich entwickeln sollte. Zum Glück gibt er sich friedliebend, auch wenn seine Kamarilla zunehmend kriegslüstern auftritt.

An einem Tag im Spätherbst 1891 tritt plötzlich ein junger Mann selbstsicher durch den Windfang ins Café Griensteidl. Er ist nicht besonders groß und trägt keinen Bart, was beides sofort auffällt. Seine Haare sind kurz und dunkel, seine Brille randlos, sein Blick wach und konzentriert. Es zieht ihn an den Autorentisch, wo er sich setzen und zuhören darf. Vorzulesen hat er nichts. Er stellt sich als Karl Kraus vor, ist siebzehn Jahre alt und noch Gymnasiast, er tritt witzig auf und gibt spitze Bemerkungen von sich, ohne wirklich ernst genommen zu werden.

Das wird sich ändern, denn Kraus wird den Jungwienern genau das liefern, wonach sie sich so sehnen: Aufmerksamkeit, ein Leben lang, wenn auch anders, als es ihnen lieb ist. Er wird sie vor aller Welt kritisieren, ihre Werke und ihre Äußerungen in seiner künftigen Zeitschrift abfackeln. Sie werden ihn dafür hassen und sich rächen, indem sie ihn als »kleinen Kraus« verspotten, obwohl er gar nicht so viel kleiner ist. Von dem einen oder anderen wird er eine Ohrfeige erhalten, was zu Prozessen führt, über die wiederum ausführlich berichtet werden wird.

Noch ist er zahm und lobt Hofmannsthals Versdrama *Gestern*, das gerade in der *Modernen Rundschau* erscheint. Karl Kraus hält es für unsagbar schön und fast jeden Vers für gelungen, wobei er in einer Zeitungskritik auf das kurze, unscheinbare, hilflos wirkende und doch böse lauernde Wörtchen »fast« nicht verzichten möchte. Das Wort ist wie eine stille Reserve, als wisse er nur nicht, wo er seine Kritik ansetzen muss. »Vers und Reim, von Meisterhand behandelt, keine Zeile, die gemacht klingen würde, kein Reim, der den Dichter Schweiß gekostet haben mag«, notiert er in der *Wiener Literatur-Zeitschrift.* »Die Sprache, so schön, so edel, so natürlich-ungezwungen, wie auf das Kolorit der Scenerie gestimmt, so klassisch-ruhig.« Überschwänglicher wird er nie wieder über Hofmannsthal schreiben, der nur ein paar Monate älter ist. Während Hofmannsthal auf das Akademische Gymnasium geht, besucht Kraus das kaiserlich-königliche Franz-Joseph-Gymnasium. Seine Familie stammt aus Gitschin, einem Ort in Böhmen. Er war ein Kleinkind, das neunte in der Reihe, als die Familie des Papierfabrikanten Jacob Kraus nach Wien zog.

Bereits in diesem Winter gewöhnt sich Karl Kraus einen unverschämten, so noch nie gehörten Ton an. Er bespricht die Gedichte eines Moritz von Gutmann, steigert sich dabei eindrucksvoll in Rage und zerreißt die Texte als »außerordentlich niederträchtig, als Karikatur der alten Lyrik, als Hochzeitstoaste und Volksschulverslatein in Goldschnitt«. Der Verprügelte wird keinen einzigen unsterblichen Vers jemals zu Papier bringen. Nach dieser ersten Hinrichtung sucht sich Kraus andere Opfer, aufstrebende Autoren, die sich beleidigt wehren und trotzig weiterschreiben, womit sie ihm langfristig erhalten bleiben.

Vorerst verschont Karl Kraus seine Kaffeehausfreunde. Mit Hofmannsthal geht er feiern. Mit Schnitzler wechselt er freundliche Briefe. Auch mit Felix Salten versteht er sich bestens und zieht bald sogar für einige Zeit mit ihm in eine gemeinsame Wohnung. Noch genießt Kraus das Treiben im Griensteidl, obwohl dort wenig passiert. Eigentlich so gut wie gar nichts. Würde man einen Roman über ein Café schreiben, lästert er einmal, müsste man nur schildern, was in zwei Jahrzehnten in zwei nebeneinanderliegenden Kaffeehauszimmern passiert. Nun, nicht viel, außer dass sich hin und wieder ein Gast von einem Zimmer ins andere setzt.

Unterdessen meidet Hugo von Hofmannsthal das Kaffeehaus. Er möchte zwar gerne ins Griensteidl kommen, teilt er seinen Freunden im Januar 1892 brieflich mit, aber dort gehe der Symbolist um. Erfreulicherweise wolle der Mann in absehbarer Zeit verschwinden. Hofmannsthal fürchtet sich vor einem aufdringlichen Dichter aus dem Rheinland, den er erst kürzlich, in einer späten Nacht kurz vor Weihnachten, im Café kennengelernt hat.

Plötzlich stand der Mann am Autorentisch, vielleicht saß er auch nur in der Nähe und ließ den Marqueur eine Mitteilung zu Hofmannsthal bringen. So genau weiß das später niemand mehr. Mit seinen verschatteten Augenhöhlen und dem wächsernen Teint wirkte er ungewöhnlich alt, zudem hochmütig und leidenschaftlich, aber dieser Stefan George fesselte die Runde mit seinen Erzählungen über die französischen Symbolisten. Diese Schriftsteller, sagte er, wollten zurück zu einer Welt der Schönheit, sie forderten Kunst um der Kunst willen und versuchten mit Allegorien und Metaphern eine tiefere Wirklichkeit zu erfassen.

Stefan George, der sich als Student an der Universität Wien eingeschrieben hat, sucht seit jener Dezembernacht die Nähe zu dem Gymnasiasten, von dessen *Gestern* auch er hingerissen ist. In Europa, meinte der Deutsche, gebe es nur wenige, die ahnten, was wahre Dichtkunst sei, in Österreich nur einen, nämlich ihn, Hofmannsthal. Der junge Wiener lauschte angetan, nahm alles auf, was George erzählte, selbst wenn der mal nur über das beste Papier und den perfekten Druck sprach. Auch Nebensächliches intonierte der Deutsche mit imponierendem Ernst, sodass Hofmannsthal in den Bann geschlagen war. Sie schrieben sich daraufhin Briefe, tauschten Bücher aus und spazierten durch Wien.

Am Weihnachtsabend suchte Hofmannsthal den Rheinländer dann gegen siebzehn Uhr in dessen Unterkunft auf. Dort muss ihn der sechs Jahre ältere George das Fürchten gelehrt haben. Zurück im Elternhaus, setzte sich der Gymnasiast an den Schreibtisch, um loszuwerden, was ihm widerfahren war. Er verfasste ein düsteres Gedicht von süßen Düften, bunten Schlangen, dumpfem Bangen, von einem Zaubertrunk und nach Herrschaft verlangenden Worten. Er nannte es »Der Prophet«, was nur so lange ironisch klingt, bis man zu lesen beginnt:

> In einer Halle hat er mich empfangen,
> Die rätselhaft mich ängstet mit Gewalt,
> Von süßen Düften widerlich durchwallt:
> Da hängen fremde Vögel, bunte Schlangen.
>
> Das Tor fällt zu, des Lebens Laut verhallt,
> Der Seele Atmen hemmt ein dumpfes Bangen,
> Ein Zaubertrunk hält jeden Sinn befangen
> Und alles flüchtet hilflos, ohne Halt.
>
> Er aber ist nicht wie er immer war,
> Sein Auge bannt und fremd ist Stirn und Haar.
> Von seinen Worten, den unscheinbar leisen,
> Geht eine Herrschaft aus und ein Verführen,
>
> Er macht die leere Luft beengend kreisen
> Und er kann töten, ohne zu berühren.

Während Hofmannsthal nach Weihnachten ausrichten ließ, er sei im Urlaub, wartete George ungeduldig auf die angebliche Rückkehr des Verehrten. Und deshalb wagt sich der Gymnasiast nun nicht mehr ins Griensteidl. Doch vor der Schule kann er nicht flüchten. Dort, vor dem Akademischen Gymnasium, passt ihn Stefan George schließlich ab, schickt ihm wohl sogar ein Bouquet roter Rosen in den Unterricht, worüber sich die Klasse amüsiert – bis auf Hofmannsthal, dem lächerliche Szenen zutiefst peinlich sind.

Es ist der 10. Januar 1892, als Hugo von Hofmannsthal dem vehementen Drängen Stefan Georges nachgibt und zu einer Aussprache ins Griensteidl kommt. Doch er taucht dort nicht alleine auf, sondern zusammen mit dem Dichterfreund Felix Salten, der rechtzeitig zum Aufbruch drängen soll. George ist so verblüfft, dass es ihm die verführerischsten Worte verschlägt. Er lässt den Verehrten wieder ziehen.

Der Deutsche gibt gleichwohl nicht auf, nie hat er sich so sehr einem Menschen offenbart wie Hugo von Hofmannsthal. Niemand hat ihn jemals so verzweifeln lassen wie dieser Junge. Und so schickt er dem Verehrten vier Tage nach ihrem kurzen Treffen im Café erbost einen Brief voll kleiner, spitzer Wörter, die sich, von keinerlei Komma getrennt, atemlos aufreihen: »Sie sehen, ich rede ganz gesetzt, und wenn Sie nach einigen tagen gelassen denken oder nach jahren, so werden Sie mir (mit Ihren werten eltern deren einziges kind Sie sind!) sehr verbunden sein, dass ich so viel ruhe bewahrte und nicht sofort das veranlasste, was mit Ihrem oder meinem tod endet.« Fast klingt es so, als fordere George ein Duell, doch so etwas ist nur Offizieren und Adeligen vorbehalten.

Hofmannsthal antwortet kühl und hält sich danach zurück. Sein Vater übernimmt jetzt und bittet den Deutschen zum Gespräch in sein Bureau in der Bank.

Am 16. Januar verlässt Stefan George die Donaumetropole und fährt mit dem Zug zurück nach Deutschland. Er wird dort die elitäre Zeitschrift *Blätter für die Kunst* gründen und in München einen Kreis ergebener Lyriker um sich sammeln. Manchmal denkt er an seine Stunden in dem »unglücklichen café« zurück und erinnert sich an die Jungwiener als einen »bund beliebiger schreibmenschen«. Nur von einem kommt er nicht los – und der nicht von ihm: Hugo von Hofmannsthal. Von ihm druckt er in seinen

Blättern achtundzwanzig Gedichte ab, dazu die Dramen *Der Tod des Tizian*, *Elektra* und *Das gerettete Venedig*. Sie werden sich jahrelang schreiben, ein paarmal auch kurz sehen, ohne je eine Aussprache, geschweige denn eine Aussöhnung zu wagen. Stefan George wird fortan seinen fordernden Ton zügeln, damit ihm Hofmannsthal nicht ausweicht. Der wiederum wird – noch genauer, als er es ohnehin tut – auf seine Worte achten. Sie sind beide zu sehr Menschen der Sprache, als dass sie dem anderen eine ungeschickte Formulierung oder eine nebensächliche Kritik verzeihen könnten. Bis 1906 halten sie Kontakt, bevor sie sich über Urheberrechte endgültig zerstreiten.

Im Frühjahr 1892 treffen sich Hugo von Hofmannsthal, Felix Salten und Richard Beer-Hofmann regelmäßig bei den Schnitzlers am Burgring. Der Gastgeber hat rote Lampen aufgehängt. Während sie an ihrem Cognac nippen, liest einer von ihnen aus einem neuesten Werk vor, um anschließend die Kritik der anderen einzuarbeiten. Sie sind jetzt eine eingeschworene Runde. Der innere Kreis des Kreises der Jungwiener. Sie streben nach Erfolg und wollen, auch wenn es vielleicht unausgesprochen bleibt, die besten Autoren ihrer Generation werden.

Manchmal, wenn sie Ausflüge unternehmen, nehmen sie Hermann Bahr mit. Der ist immer gut, um über hochfliegende Träume zu reden. Allerdings fürchtet Bahr, sie alle könnten am Nichterkanntwerden zugrunde gehen, woran die Stimmung in der Stadt schuld sei. Während sich die Berliner gegenseitig in Szene setzten, schimpften die Wiener aufeinander. Wir brauchen ein eigenes Blatt, schlägt Schnitzler deshalb vor, während Hofmannsthal alle großen Zeitungen mit genialen Texten erobern will, bis die alten Herren aus den führenden Blättern verdrängt sind.

Doch selbst die Berliner *Freie Bühne*, die ihnen wohlgesonnen sein müsste, weil sie nach jungen Autoren sucht, lässt sich nicht mal nebenbei übernehmen. Deren Redakteur lehnt fast alle ihre

Texte ab. Schön geschrieben, ja, sicher, meint Wilhelm Bölsche, aber zu wenig sinnlich und naturgetreu, überhaupt zu subjektiv, zu psychologisch. Sie passen damit nicht in eine Zeitschrift, die sich dem Naturalismus verpflichtet hat. Schlimmer noch, zumindest aus naturalistischer Sicht: Die jungen Wiener sorgen sich nicht um Armut, Landflucht und Industrialisierung. Darüber aber will man in Berlin lesen, zumindest als Abonnent der *Freien Bühne*. Nur von Schnitzler wird eine Novelle abgedruckt und von Bahr ein Aufsatz, ausgerechnet »Loris«, ein Text, der Hofmannsthal zum künftigen Literaturstar erklärt, obwohl der Redakteur mit dessen Schriften am allerwenigsten anfangen kann.

Schon lange beobachten sich Wien und Berlin. Zuweilen wohlwollend, oft neidisch, zunehmend wetteifernd, auch wenn die Hohenzollern den Habsburgern in Politik und Wirtschaft enteilt sind. Nur in der Kultur behauptet sich Österreich-Ungarn trotzig. Fürstin Pauline von Metternich-Winneburg hat daher beschlossen, das hundertste Todesjahr Mozarts zu nutzen, um den breitbeinigen Piefkes zu beweisen, dass Wien die unangefochtene Metropole der Kultur, des Theaters und der Musik ist und bleiben wird. Am 7. Mai 1892 eröffnet im Prater die Internationale Ausstellung für Musik- und Theaterwesen. Anderthalb Millionen Menschen strömen das Jahr über durch die gigantische Rotunde, den größten Kuppelbau der Welt: vierundachtzig Meter hoch, hundertacht Meter im Durchmesser und damit mehr als doppelt so groß wie die Kuppel des Parthenons in Rom. Die auf zweiunddreißig Eisensäulen ruhende Stahlkonstruktion mit einem Innenraum von achttausend Quadratmetern gilt als ein Meisterwerk moderner Ingenieurskunst. Die Besucher versammeln sich vor Handschriften, Drucken, Musikinstrumenten und Porträts, drängeln sich in Konzerte, Komödien und Opern, bestaunen musikalische Helden, die als Tonfiguren aufgestellt sind, darunter Mozart, Beethoven, Mendelssohn-Bartholdy, Wagner und der jüngst verstorbene Franz Liszt. Die Ausstellung beschwört das

Vergangene und verklärt die Gegenwart. Und genau das gefällt Hugo von Hofmannsthal, der alles Alte tief berührt betrachtet, ganz gleich ob es sich um einen englischen Kupferstich oder einen vergilbten Privatbrief handelt. Alles erfüllt ihn mit einer Sehnsucht nach dem Kleinen und Altmodischen. Überhaupt fasziniert ihn das Verflossene mehr als die greifbare Gegenwart, die für ihn gerade mal hübsche Möbel gebracht hat. Schon sein Drama *Gestern* spielte in der Renaissance, andere Stücke wird er ins alte Persien oder in die Zeit des Wiener Kongresses von 1815 versetzen. Die Zukunft wird nie seine Sache sein. Hofmannsthal sieht sich als Spätgeborenen.

Als er nach der Matura im Sommer 1892 mit seinem Privatlehrer durch Frankreich reist, rauschen Menschen, Städte und Landschaften an ihm vorbei. Nichts berührt ihn, nichts nimmt ihn gefangen, nicht einmal so zauberhafte Landschaften wie das Rhônetal, die Provence oder die Camargue. Es ist, als würde ihm alles, was er erlebt, aus einem Buch vorgelesen. Immerhin begreift er unterwegs, wie sehr er die Vergangenheit zum Leben braucht, sie verklärt ihm die Dinge, verleiht ihnen Duft und Farbe. Er weiß jetzt, mit achtzehn Jahren, was seine Bestimmung ist: Er will in seinen Schriften einstige Epochen aufleben lassen, obwohl er bald ahnt, dass das wirkliche Leben an ihm vorbeizieht.

Unterdessen gelingt Hermann Bahr ein Theaterskandal, wenngleich unabsichtlich. Mit einigen Freunden will er ein Drama des belgischen Symbolisten Maurice Maeterlinck auf die Bühne bringen, *Der Eindringling*. Als Neulinge machten sie einen Fehler nach dem nächsten. Erst gab es einen Streit mit Hofmannsthal wegen der Übersetzung, dann fehlte es an Geld, um Schauspieler und Theatermiete zu bezahlen, was sich alles noch lösen ließ. Doch am Tag der Premiere tauchte plötzlich die Polizei auf und untersagte die Aufführung. Felix Salten hatte vergessen, das Stück den Zensoren vorzulegen.

Das Versäumnis erweist sich als Glück, denn die Zeitungsberichte über das Verbot machen die Wiener neugierig. Der Name Bahr spricht sich herum, als handle es sich um den Anführer eines Trupps verwegener Kaffeehausliteraten. Kaum ist *Der Eindringling* von der Zensur freigegeben, werden so viele Karten gekauft, dass die Aufführung auf eine größere Bühne ausweichen muss. Das Publikum hat sich herausgeputzt und hofft auf Intrigen, Streit und Mord.

Doch auf der Bühne sitzt stattdessen ein blinder Greis in einem Lehnstuhl. Um ihn herum wartet die Familie auf einen Verwandten, der sich um die kranke Mutter kümmern soll. Hin und wieder versucht jemand ein Gespräch zu beginnen, das ständig vom Greis unterbrochen wird, weil der meint, er höre etwas Verdächtiges. So steigert sich das Warten auf den Verwandten ins Unerträgliche, bis alle in der Familie überzeugt sind, dass etwas Furchtbares geschehen wird. Damit endet das Stück.

Kritiker und Publikum sind entsetzt. So viel Langeweile hat niemand erwartet. Nur Hermann Bahr verteidigt das symbolistische Stück begeistert. Für ihn ist es heimliche Nervenkunst und damit das Modernste, was das Theater derzeit überhaupt zu bieten hat. Nicht jeder kann mit seinem Wortgeklingel etwas anfangen, was Bahr wiederum gefällt, weil er sich bei Widerspruch profilieren kann und Argumente auswälzen muss. Auch im Café Griensteidl streiten sie über Maeterlincks Dramen. Einige halten lyrische Sprache und Monologe für die einzige Zukunft des Theaters, andere beharren auf Spannung, Handlung und Dialogen.

Für Karl Kraus steht fortan fest, dass er diesen aufmerksamkeitsheischenden Thesenschwinger angreifen muss: Hermann Bahr, der mal in diese, mal in jene Richtung argumentiert, wie immer es ihm gerade beliebt, ist reif für eine Abrechnung.

Unterdessen sitzt Arthur Schnitzler in einer späten Sommernacht 1892 im Griensteidl und schreibt konzentriert die letzten Zeilen eines Textes. Während um ihn herum müde Kellner die Stühle aufeinanderstapeln, schließt er seine Novelle *Sterben* ab, die ein Lieblingsthema der Jungwiener aufgreift. Es geht um einen jungen, dahinsiechenden Mann, dem Leben und Liebe abhandenkommen.

Als Schnitzler die Geschichte seinen Freunden vorliest, reicht deren Reaktion von »wunderschön« bis »großartig«. Er könnte damit zufrieden sein, aber die Unsicherheit will nicht weichen. Sie sitzt tief und betrifft nicht nur sein Schreiben. Immerzu fragt er sich, was seine Freunde wohl über ihn denken. Er sucht ihre Nähe und schätzt das Miteinander, gerade weil es nicht zu intim ist. Legt ihm jemand jedoch die Hand auf die Schulter, reagiert er schroff und abweisend. Nur Hofmannsthal darf mit seinem Haar spielen. Schnitzler genießt es, wenn sie nachts durch Wien streifen, obwohl er sich von Loris oft nicht genug gewürdigt fühlt. Er leidet furchtbar, wenn sich der Freund mit Gleichaltrigen trifft, mit ihnen fechten, reiten oder schießen geht, alles Dinge, die er, Schnitzler, nicht beherrscht. An solchen Tagen redet er sich ein, ihre Beziehung sei keine persönliche, sondern eine rein intellektuelle. In Hunderten Tagebuchnotizen hält er nicht nur Träume und Liebschaften fest, sondern auch, wer aus der Gruppe gerade mit wem am besten kann. Dabei fühlt sich nicht nur Schnitzler unsicher. Nachdem er eines Sonntags den Freunden aus seinen Tagebüchern vorgelesen hat, beschwert sich Loris: »Ich bin nicht genug gelobt.«

Rund ein Dreivierteljahr später ist es Anfang Mai 1893 so weit: Der neunzehnjährige Karl Kraus beendet alle Harmonie im Kaffeehaus und attackiert geradezu brutal einen größeren Gegner, der bald zu seinen liebsten Intimfeinden zählen wird: den zehn Jahre älteren Hermann Bahr. Der hat vor einiger Zeit den klugen Essay »Die Überwindung des Naturalismus« geschrieben, weshalb Kraus nun in der Mai-Ausgabe der angesehenen *Gesellschaft* frecherweise »Die Überwindung des Hermann Bahr« fordert. Denn jüngst hat Bahr, so sieht es Kraus, nicht nur die Überwindung des

Naturalismus ausgerufen, sondern auch noch die des von ihm erst kürzlich gepriesenen Symbolismus.

Kraus lanciert ein zehn Seiten langes zürnendes Wortgewitter: Bahr sei ein »gar kurioser, furchtbar komischer Kauz«, ein »Französling«, der sich durch »absurde Sensationsriecherei und Originalitätshascherei« auszeichne, Bahr, »der brave lammfromme Philister«, der »diensteifrige Reporter und Scheininterviewer« der *Deutschen Zeitung*, verzapfe »allsonntäglich unter der Chiffre ›Mepherl‹ den heillosesten Blödsinn« und erhebe »den neuen Kellner vom ›Griendsteidl‹ zum Gegenstand seiner ›Litteratur‹«. Ein wenig scheint Kraus zu trauern, jedenfalls tut er so: »Es ist tieftraurig, wie dieses Talent sich total verlumpt und verludert, einer, der einmal – oh selige Zeit! – als Realist zu den ernsten, zielbewussten Kämpen Jüngstdeutschlands zählte.« Dann spottet er wieder wüst über »Litteratur-Spaziergänger« und »›originelle‹ Caféhaushocker«. Noch sei zu hoffen, dass sich die »Vernünftigeren« von Bahr absetzen, womit Schnitzler und dessen Freunde gemeint sein dürften: »Sie werden sich den Bahr nicht länger gefallen lassen.« Und falls es jemand nicht bemerkt haben sollte, schreibt der Kritiker zuletzt: »Ich wenigstens empfinde ihn als wunderliche Kombination von heimlichen Nerven und unheimlicher Arroganz.«

Nie zuvor ist Hermann Bahr so derb angegangen worden. Der Streit zwischen ihnen währt gleichwohl kurz. Kraus wird seinen Gegner sogar noch einmal verteidigen, und Bahr wird im Gegenzug loben, Kraus könne gut zuhören.

An Arthur Schnitzler geht der Streit vorbei. Er hat in diesen Frühlingstagen andere Sorgen. Seine Welt bricht gerade zusammen. Am 2. Mai 1893, einem Dienstag, eilt er nach Hause. Sein Vater, mit dem er sich so oft gestritten hat, leidet an einer Blutvergiftung, der Sohn hält ihm eine Stunde lang den Puls, ehe Johann Schnitzler um halb zwei am Nachmittag verstirbt. Der Sohn fühlt sich daraufhin schrecklich, findet alles unbegreiflich, widerlich, apathisch, trivial. Zum Glück musste der Vater nicht leiden. Am Abend zieht es Arthur Schnitzler aus der Wohnung, raus ins Freie, in die Stadt, ins Kaffeehaus, wo er Loris, Salten und Beer-Hofmann trifft. Es ist eine furchtbare Zeit. Am Samstag, dem 6. Mai, notiert Schnitzler: »Auch der Tag verging.«

Just an diesem Samstag druckt die Wiener Satirezeitschrift *Figaro* eine lustige Nachricht aus dem Kaffeehaus am Michaelerplatz – und setzt damit einen Begriff in die Welt, welcher das Café Griensteidl zum Mythos erhebt. In der Rubrik »Et çetera« heißt es an zweiter Stelle: »Im Café Größenwahn (Griensteidl) wurde gestern ein neues naturalistisches Genie entdeckt. Dasselbe wurde sofort als Dramaturg für das Deutsche Volkstheater engagirt.« Wer den Begriff »Größenwahn« für das Griensteidl erfunden hat, wird nicht verraten, aber er verfängt sofort, schließlich passt er perfekt in eine Zeit so vieler neuer Ideen, Phantasien und Sichtweisen, auch ein ordentlicher Schuss juveniler Übermut klingt an. Der Name macht in den Kreisen der Boheme jedenfalls rasch Karriere und wird bald nach München und Berlin exportiert. So einprägsam ist er, dass er einmal als die Metapher für die vielen geistigen und künstlerischen Aufbrüche rund um die Wende zum zwanzigsten Jahrhundert gelten wird.

Gut eine Woche nach der Beerdigung des Vaters feiert Arthur Schnitzler im kleinsten Kreis seinen einunddreißigsten Geburtstag. Von der Mutter erhält er hundert Gulden und einen Brillantring, den ihm der Vater schenken wollte. Ferner Zigarren von den Geschwistern und von einer Geliebten eine Rose. Kurz darauf zieht Schnitzler einen Schlussstrich unter sein altes Leben, um ein neues zu beginnen: Er verlässt die Poliklinik des Vaters und eröffnet eine private Praxis, die nur nachmittags offen hat. Arzt ist er fortan im Nebenberuf, im Hauptberuf Autor. Wie besessen widmet er sich dem Schreiben, als müsste er aufholen, was er aufgrund der ärztlichen Tätigkeit jahrelang versäumt hat.

Dass es nicht nur eine mutige, sondern auch eine richtige Entscheidung ist, deutet sich erstmals gleich im Sommer 1893 an: Das Deutsche Volkstheater nimmt sein Stück *Das Märchen* an und will es auf die Bühne bringen. Es ist ein gewagtes Schauspiel, das an das Selbstverständnis der Wiener Gesellschaft rührt. Erzählt wird von einer jungen Frau, die sich in einer von Männern beherrschten Welt durchsetzen muss. In dem zwei Jahre zuvor abgeschlossenen Drama hat Schnitzler die Konflikte mit seiner großen Liebe, der Schauspielerin Marie Glümer, verarbeitet, die schon vor ihm Beziehungen hatte, weshalb sie ihm als »Gefallene« gilt.

Erst kürzlich haben sie wieder heftig miteinander gestritten. Durch anonyme Briefe hatte er erfahren, dass sie ihn während eines Gastspiels betrogen hatte. Daraufhin tobte er und schrie sie an, sie sei die niedrigste Kreatur und sein Ekel größer als je seine Liebe – worüber sie verzweifelte, was er wiederum genoss. Wochenlang war Schnitzler außer sich, lehnte eine Aussprache ab. Als er Marie wiedertraf und sie ihm nahe kam, stieß er sie brüsk von sich, trat nach ihr, schlug sie gar mit den Fäusten und kam sich dabei doch verlogen vor. »Eigentlich ist das Leben doch ungerecht. Ich gehe als der edle, vertrauensvolle Betrogene herum – sie als die elende Verworfene, die ihren Fall mit dem ›Lebensglück‹ bezahlen muss«, notierte er und ergänzte: »während es ja ganz gut umgekehrt sein könnte, wenn zufällig ich nichts und sie alles erfahren hätte.«

Schnitzler wird die Trennung sein Leben lang bereuen, aber er wird Marie Glümer weiterhin viele Briefe schreiben und ihren Antworten entgegenfiebern. Ihren Freitod im Jahr 1925 wird er mit den Worten kommentieren: »Keinem Wesen verdankt mein Dichtertum mehr als ihr.« In *Das Märchen*, das am 2. Dezember 1893 seine Premiere feiern wird, hat er bis auf die Namen der sich verzweifelt Liebenden so gut wie nichts verfremdet.

Flaneur, Charmeur und Kaffeehausliterat:
Peter Altenberg (1898)

Der Invalide des Lebens

JULI 1893 BIS MÄRZ 1896

Ein rauchender Sonderling stößt zur Runde im Wiener Café Größenwahn hinzu und nennt sich alsbald Peter Altenberg. Während Richard Beer-Hofmann über sein Dandytum erschrickt, verguckt sich Arthur Schnitzler in die erfolgreiche Schauspielerin Adele Sandrock, was ihm nicht gut bekommt. Karl Kraus stänkert lustvoll über die Gruppe Jung-Wien – und sucht sich ein neues Café, das nicht weit entfernt ist. Dort hat er zwar mehr Ruhe, verpasst dafür aber einen hinreißenden Gast aus Berlin: die so kluge wie elegante Lou Andreas-Salomé.

Melange und Zeitungen:
im Lesezimmer des Café Griensteidl (1896)

WIEN

Richard Engländer hat eine kleine Runde hinter sich, als er sich am 16. Juli 1893 zu den Literaten ins Griensteidl setzt. Erst weilte er im Café Central, dann im Stefanskeller, nun, zu sehr später Stunde, ist er hier im Café Größenwahn am Michaelerplatz gelandet. Dabei müsste er sich viel mehr bewegen. Ihm tut das viele Sitzen in den Bars und Kaffeehäusern nicht gut. Morgen wird er wieder über Rückenschmerzen jammern, sich wie ein Sterbender fühlen und das Essen nur unter Qualen zu sich nehmen können. Er wird die aufrechte Haltung als eine Unnatur verfluchen und sich in ein Spital wünschen, um von den furchtbaren Schmerzen erlöst zu werden.

Vielleicht hat ihm Arthur Schnitzler vom Griensteidl erzählt. Sie kennen sich seit Jahren, buhlten einst um eine junge, schöne Wirtin. Während Engländer die Flucht ergreifen musste, weil ihn deren Gatte niederschießen wollte, ist Schnitzler weiterhin mit der Frau befreundet, vermutlich platonisch, was aber niemand beschwören will.

Am Tisch im Kaffeehaus erweist der Neuling sich als genialer Plauderer und wird gerne mal lauter. Er ist schon etwas älter, Mitte dreißig, und fällt durch bunte englische Stoffe auf. Statt eines steifen Hutes trägt er eine modische Schiebermütze. Er genießt es, wenn sich Menschen nach ihm umschauen. *Épater le bourgeois*, »Erschreckt den Bürger« – die Parole des großen französischen Bohemiens Charles Baudelaire hat er sich zu eigen gemacht. Was er genau am Autorentisch will, weiß niemand. Ob er überhaupt schreibt, verrät er nicht. Allerdings wirkt er wie eine Figur aus einem Roman: Er hat einen wilden Schnäuzer wie Nietzsche, eine Halbglatze wie Paul Verlaine und raucht so genussvoll wie sonst kein Mensch ägyptische Zigaretten. Zärtlich klemmt er sie zwischen zwei Fingern ein, führt sie behutsam zum Mund, zieht ohne Hast, bis die Glut unscheinbar aufglimmt. Erst nach einer unendlichen Weile spitzt er seinen Mund und öffnet ihn sanft, um den Rauch wie einen Schmetterling ins Freie entschweben zu lassen.

Es dauert nicht lange, bis er sich einen Künstlernamen zulegt und sich Peter Altenberg nennt. Trotzdem gilt er im Kaffeehaus weiterhin nicht einmal als ein Künstler ohne Werk, sondern als Zigarettenagent und geistreicher Sonderling, als berufsmäßiger Neurastheniker, also als ein nervenschwacher Mensch, und als jemand, der dazugehören will und sich wichtig nimmt, ein Adabei halt. Er selbst fühlt sich als Invalide des Lebens, der dankbar ist, dass man ihn aufgenommen hat. Altenberg hört zu, beobachtet, macht sich Gedanken und saugt die Atmosphäre und auch alle Trivialitäten des Café Größenwahn auf.

Allmählich erkennt er in den flüchtigen Gesprächsfetzen tiefere Wahrheiten und gewinnt dabei die Überzeugung, dass die Zeit der großen Romane, die nicht weniger als ein Zeitalter einfangen wollen, ihrem Ende entgegensieht. Sie passen einfach nicht mehr in eine nervöse Epoche, in der kaum Muße bleibt, um einen vielschichtigen Roman in allen Tiefen zu durchdringen. Ihm schweben kurze, hochkonzentrierte Geschichten vor. »Extrakte des Lebens« wird er sie nennen, die zufälligen Beobachtungen eines Tages, auf wenige Zeilen oder Seiten eingedampft und von allem Überflüssigen befreit. Einem salzigen Brühwürfel gleich, der sich wieder in eine verdauliche Bouillon verwandeln lässt.

Seine Briefe an Schwester, Bruder und Freundinnen lesen sich bereits wie ernsthafte Übungsstücke. Im Plauderton verbindet er Szenen und Sprüche, Erlebnisse und Gefühle zu unterhaltsamen Kurzgeschichten. Am Kaffeehaustischchen notiert er, was sich vor seinem inneren Auge und um ihn herum abspielt. Nach einer Septembernacht schreibt Altenberg einer Freundin von einer Begegnung im Hurenbeisel. Dort saß er bis sieben Uhr früh zwischen Kellnern, Fiakern, Kavalieren und Strizzis, also Zuhältern, als plötzlich ein bleiches Mädchen am Tisch stand und in den verräucherten Saal starrte. Statt sie präzise zu beschreiben, bringt der Briefeschreiber seine Verzauberung auf einen einzigen Satz: »Sie ist die größte Schönheit, die ich je gesehen habe.« Er legte seine Hand auf die ihrige, und sie erzählte von einem riesigen Menschen, den sie abwimmelte – nein, nicht »abwimmelte«, das klingt zu gewöhnlich, der Schriftsteller Altenberg formuliert es gewählter, märchenhafter: »den sie ablaufen ließ«. Und zwei vielsagende Zitate reichen ihm, um das nächtliche Gespräch wiederzugeben. »Ich traue mich nicht weg nach Hause«, habe sie gesagt und dann noch: »Ich liebe niemanden und hasse die Liebe.«

Der Brieffreundin teilt Altenberg noch mit, er habe das Mädchen mit zu sich nach Hause mitgenommen, wo sie sich im Bett und er sich auf dem Divan zur Ruhe legten. Als er gegen vier Uhr nachmittags erwachte, lag sie da »wie der schönste Engel und schlief«. Er setzte sich ans Bett, bis sie um halb fünf erwachte und ihn fragte: »Nicht wahr, du bist ein Christ?« Daraufhin habe er schlicht geantwortet: »Ja« – und ihren wunderbaren Atem wahrgenommen, der nach süßen Mandeln roch. Seinen Brief lässt er mit drei einfachen und doch bezeichnenden Worten ausklingen: »So lebe ich.«

Seine Textskizzen behält er vorerst für sich, allenfalls deutet er im Kaffeehaus einmal an, dass er an etwas arbeite. Gleichwohl möchte er schon als Dichter bezeichnet werden, zumindest von der Schwester Gretl. Er wünscht sich die Anerkennung seiner Familie. Dass ihm sein eigentlicher Name Richard Engländer vermutlich zu jüdisch klingt, behält er für sich. Rechtfertigen muss er sich nicht, Pseudonyme sind unter Autoren ohnehin verbreitet. Seines verdankt sich einer traurigen Erinnerung an eine frühe

Liebe: Ein Schulkamerad nahm ihn einmal mit ins Sommerhaus seiner Familie, eben nach Altenberg an der Donau. Dort lernte er dessen Schwester kennen, ein Mädchen mit langem Zopf und großen Augen. Sie hieß Berta Lecher, ihre Brüder nannten sie »Peter«, weil sie keine Mädchen mochten. Dass sie Berta wie eine Dienerin behandelten, empörte ihn. Er schrieb ihr innige Briefe, schickte ihr tausend Küsse und träumte von einer Heirat, obwohl er damals einundzwanzig und sie erst dreizehn Jahre alt waren.

Ihre Eltern hätten einer Ehe wahrscheinlich sowieso nie zugestimmt. Er scheiterte als Student der Rechtswissenschaften und der Medizin und gab auch eine Ausbildung als Buchhändler auf. Ein Arzt stellte bei ihm schließlich eine Überempfindlichkeit des Nervensystems fest und erklärte ihn als für jeden Beruf untauglich, was der Vater sofort akzeptierte und die Mutter noch immer verstört. Während sie ihn seither spüren lässt, wie sehr sie von seinen nächtlichen Bummeleien durch Cafés und Kneipen befremdet ist, versucht er ihr zu schmeicheln und beschwört in Briefen die Mutter seiner Kinderjahre, jene zarte, gazellenschlanke, parfümduftende Mama.

Zum Glück gehört der Familie ein Teil der k.k. Privilegierten Großhandlung H. Engländer & Söhne, was ihr ein großbürgerliches Leben sichert. Weil genug Geld reinkommt, hat der Sohn alle beruflichen Zukunftspläne aufgegeben. Schon länger ist er zu Hause ausgezogen, wohnt in Hotelzimmern, streunt nachts durch seine Heimatstadt Wien, schlummert bis in den Nachmittag, liest viel und befolgt Diätratgeber. Mal isst er Unmengen rohe Eier, dann nimmt er vor allem Milchiges zu sich. Auch sonst vertraut er auf eigenwillige Gesundheitsregeln. Dazu gehört, dass er allabendlich Bier trinkt, um bei offenem Fenster durchschlafen zu können. Schaut er im Elternhaus vorbei, lacht er vergnügt mit dem Gesinde und singt laut Opernarien. Dass ihn sein Geigenlehrer einst als ein Genie ohne Fähigkeiten bezeichnete, hat er nicht vergessen, weil es zutreffend war.

Ihm mangelt es bis heute an Disziplin, aber er besitzt ein gutes Ohr für Melodien, was ihm beim Verfeinern seiner Erzählungen hilft. Wenn er sie sich laut vorliest, hört er genau, wo es hakt. Beim Schreiben fühlt er sich dem Vater nahe. Der hat über seinem Bett ein Bild des Schriftstellers Victor Hugo hängen und schmökert lieber in französischen Büchern, als sich mit der Familienfirma und mit kaufmännischen Kalkulationen zu befassen.

Manchmal überfällt den Sohn ein schlechtes Gewissen, wenn er daran denkt, wie viel Freiheit ihm der Vater lässt. Er bewundert ihn als unvergleichlichen Idealisten. Einmal, so berichtet Altenberg, habe jemand den Vater gefragt, ob er nicht stolz auf seinen Sohn sei. Er sei nicht gekränkt gewesen, dass der Sohn dreißig Jahre lang ein Tunichtgut war, habe der erwidert und ergänzt: »So bin ich nicht sehr geehrt, wenn er jetzt ein Dichter ist! Ich gab ihm Freiheit. Ich wusste, dass es ein Vabanquespiel sei. Ich rechnete auf seine Seele!«

Trotz der Liebe zu den Eltern will Peter Altenberg nicht zurück ins Elternhaus. Ist er zu lange dort, gibt es Streit mit der Mutter. Stattdessen zieht er von einem Hotel ins nächste. Im Herbst nimmt er ein Zimmer in einer Gaststätte am Tiefen Graben. Es hat so dicke, alte Mauern, dass er sich gut vor den Geräuschen des Lebens geschützt fühlt. Tagsüber vergräbt er sich im Bett, nachts spaziert er durch Cafés und Kneipen, um mit Dirnen, Dienstmädchen und Varietékünstlerinnen zu scherzen und ihre Geschichten einzusammeln.

Im Laufe des Jahres 1893 reift in Altenberg die Vorstellung, ein Schriftsteller zu sein und Bücher schreiben zu müssen. Davon erhofft er sich gute Einnahmen und damit Freiheit. Die monatlichen Überweisungen des Vaters reichen zwar für ein sparsames, nicht jedoch für ein angenehmes Leben, wie es ihm vorschwebt. »Die Sehnsucht nach Geld frisst mein Innerstes auf«, schreibt er einer Freundin. »Ich leide furchtbar. Geld! Geld! Geld! Da liegt das Glück oder das Elend!« Jeder Kreuzer, den er ausgebe, verbrenne seine Gehirnrinde. Dabei will er leben! »Ich möchte fressen, saufen, rauchen bis zur Bewusstlosigkeit. Ach! Poularde-Orgien zu feiern. Rebhühner, Vino Chianti –!« Das klingt phantasievoll und lebenslustig – und liest sich wunderbar.

Richard Beer-Hofmann ist schon etwas weiter als Altenberg. Er vollendet gerade *Camelias*, seine erste Novelle. Darin kritisiert er eine selbstverliebte Haltung, die ihm selbst alles andere als fremd ist und die sich im ausgehenden neunzehnten Jahrhundert unter jungen, reichen Leuten einiger Beliebtheit erfreut: das Dandytum. Es geht um Freddy, der um alles in der Welt ledig bleiben will und lieber ein Vorstadtmädchen bezahlt, um ungehindert seinem Schönheitswahn frönen zu können. Täglich wirft sich der Dandy in eine groteske Toilette, schnürt sich Mieder um, schmiert sich Cremes ins Gesicht – bis er eines Abends erschrocken im Spiegel erkennt, was aus ihm geworden ist: Nackt steht er da mit gelben Handschuhen, an der linken Hand eine Goldkette, um den Kopf das gelbseidene Cachenez gewunden, im fettigen, cremeglänzenden Gesicht glüht eine Zigarette. »Unheimlich und lächerlich zugleich«, schreibt Beer-Hofmann und lässt offen, ob er selbst es ist, der das denkt, oder seine Kunstfigur Freddy.

Seine Novelle wird von den Freunden gefeiert. Schnitzler liest sie gar ein zweites Mal und stellt freudig fest, dass sie auch diese gefährliche Probe aufs Glücklichste besteht. Nur eines findet er widerlich und überhaupt absolut überflüssig: dass der schöne Freddy ein Mieder trägt. Muss das sein? Beer-Hofmann lässt sich nicht beirren. Die Stelle bleibt, wie sie ist.

Schnitzler ist derweil mit neuen Vorhaben beschäftigt. Es ist der 3. September 1893, ein Sonntag, als er in alten Plänen wühlt und wohlgelaunt ein einst begonnenes Stück erneut in Angriff nimmt. Vorerst nennt er es mitleidsvoll, vielleicht auch mitfühlend *Armes Mädel*. Es geht darin um Liebe, Betrug und Schicksal, mithin um Dinge, von denen er einiges versteht. Christine, eine junge Frau aus der armen Vorstadt, lässt sich von einem großbürgerlichen Lebemann verführen. Während sie an die große Liebe glaubt, sieht er sie als eine naive Bettgeschichte. Das begreift sie erst, als man ihr vom Tod des Geliebten berichtet: Der Lebemann hat für eine verheiratete Bürgerin ein Duell riskiert, das er nicht überlebt hat.

Kaum beginnt Schnitzler zu schreiben, hat er eines Nachts einen irrwitzigen Traum: Er trägt einen Mantel, der einst Schiller gehörte. Derart eingekleidet begegnet er in einer Gesellschaft einem kleinen, hässlichen Mann, dem er ergeben die Hand küsst: Es ist kein anderer als Goethe.

Nach gut vier Wochen schließt Schnitzler das Stück ab. Allerdings gefällt es den Freunden überhaupt nicht. Er wird es wohl oder übel umschreiben müssen, aber später. Denn im Herbst 1893 beginnen erst einmal die Theaterproben zu seinem Drama *Das Märchen*. Er verspricht sich einiges von dem Stück, zumal niemand anderes als Adele Sandrock die weibliche Hauptrolle übernommen hat, von der sie beschwingt sagt, sie sei ihr auf den Leib geschrieben. Sandrock ist dreißig Jahre alt, gilt als berüchtigt, eigenwillig, kompromisslos und spielt ganz anders, als man es sonst auf den Theaterbühnen sieht: Sie ist expressiver, leidenschaftlicher, moderner. Schnitzler findet sie hinreißend und entzückend. Und sie ahnt bald, dass der Autor im Stück eine eigene Liebesgeschichte verarbeitet hat.

Trotz allen Engagements ist das Publikum nicht allzu begeistert. Und so wird das Stück nach wenigen Aufführungen aus dem Spielplan genommen. Schnitzler grämt sich nicht, sondern folgt der schönen Adele Sandrock ins Schlafzimmer ihrer Wohnung, wo sie sich rasend küssen. Dass er von einer berühmten Schauspielerin verführt wird, gefällt ihm, auch wenn sie unangenehm selbstbewusst auftritt. Nach nicht einmal einer Woche sagt sie ihm an Nikolaus: »Bist du wem untreu – tröst' dich, ich auch.«

Sie hat ihn durchschaut. Denn regelmäßig vergnügt sich Schnitzler mit unterschiedlichsten Gespielinnen. Zudem trauert er weiterhin seiner großen Liebe nach, seiner Mizzi, von der *Das Märchen* handelt. Mehrmals sitzt er in den Dezembertagen weinend zu Hause, während ihm seine geliebte Marie Glümer herzzerreißende Briefe schreibt, von Reue, Sehnsucht, Liebe, Verzweiflung. Aber er will nicht mehr, sieht alles in Trümmern liegen, obwohl er sie doch andererseits so verehrt und vermisst. Und die Neue, diese Adele, diese Dilly, fragt er sich dann – was ist das überhaupt für eine? Es ist »geschmeichelte Eitelkeit«, schreibt er am 17. Dezember 1893 ins Tagebuch. Diese Frau will doch nur eines: »eine neue Sensation und das ›süße Menschenfleisch‹«.

Während Schnitzler hadert, beginnt das neue Jahr, 1894, für Peter Altenberg prächtig. Er wähnt sich auf einem Höhenflug, als könnte er, obwohl von einem Arzt für berufsunfähig erklärt, doch noch Karriere machen: nämlich als Schriftsteller. Gerade eben hat er davon erfahren, dass Richard Beer-Hofmann seine engsten Kaffeehausfreunde bei sich empfangen und ihnen zwei Altenberg'sche Prosaskizzen vorgelesen hat, wovon alle begeistert waren. Fortan gilt er in der Runde der Kaffeehausliteraten nicht mehr nur als Zigarettenhändler, sondern ist vorgerückt, und die feinen gebildeten Leute sehen, dass auch in ihm ein Fünkchen glimmt.

Wie sich schon mit diesem ersten kleinen Erfolg die Dinge vielversprechend zu verändern beginnen, registriert Peter Altenberg genüsslich: Hofmannsthal drückt ihm wie einer Geliebten die Hand, Hermann Bahr teilt ihm mit, er sei unendlich entzückt und wolle ihn einmal persönlich kennenlernen, und Schnitzler lobt ihn in einem Brief als »Selbstsucher«. Das gefällt ihm, auch wenn »Selbstfinder« noch besser wäre.

Altenberg kann es kaum glauben. Er hat zwei kurze Texte mit leichter Feder geschrieben und dafür von den größten Talenten der Metropole überschwängliche Lobeshymnen eingeheimst. Sofort schreibt er Schnitzler zurück, bedankt sich für dessen wunderschönen Brief und erfindet en passant eine so fröhliche wie erfolgreiche Legende über seine Art zu arbeiten: Er gehe immer ganz frei zur Sache. Nie wisse er sein Thema vorher, nie denke er nach. »Ich nehme Papier und schreibe.« Selbst beim Titel überlege er nicht lange, er hoffe »es wird sich schon etwas machen, was mit dem Titel in Zusammenhang steht«. Man müsse sich auf sich verlassen, sich keine Gewalt antun, »sich entsetzlich frei ausleben lassen, hinfliegen«. Schreiben sei nichts anderes als eine natürliche, organische Entlastung. Alle Eindrücke schreibe er ungefiltert aufs Papier. Er wisse, seine Texte würden als kleine Proben betrachtet, zu mehr sei er als »Invalide des Lebens« nicht imstande. »Ich bin so ein kleiner Handspiegel, Toilettespiegel, kein Welten-Spiegel«, endet sein Brief mit kokettierender Bescheidenheit. Wie akribisch er tatsächlich an den Texten feilt und bis zuletzt Änderungen durchführt, wird erst die Nachwelt herausfinden.

Als Altenberg später im Jahr eine weitere Erzählung an Richard Beer-Hofmann schickt, damit dieser sie anderen vorlese, ist er trotz allen Lobes nervös. Hoffentlich werde ihm, Beer-Hofmann, seine Geschichte »See-Ufer« nicht zu sehr missfallen. Er hat sie in der Sommerfrische in Gmunden im österreichischen Salzkammergut am Nordrand der Alpen geschrieben, während er unter Rückenschmerzen litt.

Nur junge Mädchen ließen ihn dort die Qualen vergessen. So ruderte er erst mit einem auf den nahen See hinaus, dann gleich mit zweien, die er ganz reizend fand. Nach dem Bootsausflug hielt er gerührt in einer Notiz fest, wie ihm die beiden Mädchen gedankt hätten: »Das war ein Abend wie mit einem Dichter!« Später wird er die Begegnung mit ihnen verklären: Noch in der Nacht des tränenreichen Abschieds habe er im Alter von fünfunddreißig Jahren seine erste Skizze namens »Neun und elf« verfasst. So alt waren die beiden Kinder. Seit jeher fühlt er sich zu jungen Mädchen hingezogen, mindestens einmal wird er eines auf den

Mund küssen. In seinem Hotelzimmer hängen zudem freizügige Bilder von Minderjährigen. Frauen sind ihm immer zu alt, teilt er einmal mit, aber nie zu jung.

Während die Sommergäste abreisen, bleibt Altenberg den Herbst 1894 über im Salzkammergut, atmet den Frieden, der über Wald und See liegt. Er isst exzellenten Schinken, trinkt Cumberland-Tee, hockt abends mit den Gmundern im Restaurant »Brunnen« und genießt das goldene Stiegelbräu. Für die Freundin Ännie Holitzscher, in die er sich verguckt hat, schreibt er in seinem typischen Ton eine seiner zauberhaften kleinen Geschichten, die er »Der Apfel Gold-Maschantzker« nennt: »Weinend reiste sie ab. Auf ihrem Schoosse hielt sie einen wunderschönen Apfel, den er ihr am letzten Tag gekauft hatte. Er hatte die Farben ›sonniger Herbst‹. Sie dachte: ›Wärest du früher so lieb gewesen – – – – – –. Warum schenkst du mir jetzt diesen grossen wunderschönen Apfel – – –?!‹ Sie behielt ihn auf ihrem Schoosse – – – – –. Nach dem Souper in der Stadtwohnung verteilte sie den Apfel an Papa, Mama, die Tante, die Schwester. ›Ausgezeichnet – – –‹, sagten Alle und kauten. Auf ihrem Teller lagen die goldbraunen Schalen und das weisse Mittelstück mit den schwarzen Kernen. ›Solche Aepfel sollte man oft bekommen‹, sagte der Vater. ›Nein –‹, dachte sie und spielte mit den Schalen, welche die Farben trugen ›sonniger Herbst‹ – – – – – – – – –.«

Er kann so zartfühlend schreiben, wie er will, und noch so sehr von einer Heirat träumen, die Freundin scheint ihn nicht zu erhören. Es wäre auch dumm von ihr. Er kann ihr nicht mal eine Wohnung bieten, sondern nur ein Hotelzimmer. Um keine endgültige Absage zu kassieren, bleibt er traurig in Gmunden, obwohl alles bald vor Nässe trieft und erster Schnee auf den Bergen liegt. Nachmittags sitzt er in einem Café und betrachtet durchs Fenster die Schwäne am Seeufer. Er findet alles schrecklich, das Essen ungenießbar, fühlt sich entkräftet, leidet furchtbar und träumt von Filzpatschen und gestrickten Jackerln.

Erst im Oktober trifft Peter Altenberg wieder in seiner Heimatstadt ein. Er ahnt nichts Gutes und wagt es nicht, die Freundin aufzusuchen. Schließlich weiß er, dass ihre Mutter auf eine Entscheidung drängt. Altenberg befürchtet eine Absage. Wie sollte er auch ein gemeinsames Leben finanzieren? Das Geld vom Vater reicht kaum für ihn selbst. Und wer weiß, wie viel Zeit ihm ohnehin noch im Leben bleibt. Es wundert ihn wenig, als sie ausrichten lässt, er dürfe ihr gerne Briefe schicken, aber mehr bitte nicht.

WIEN

Seit längerem hoffen die Jungwiener auf ein eigenes Blatt. Sie brauchen es, um auf ihre Arbeiten aufmerksam zu machen. Nun endlich hat es Hermann Bahr geschafft: Am 6. Oktober 1894 zählt er zu den Mitgründern der Wochenzeitschrift *Die Zeit*. Er übernimmt den Kulturteil, in dem fortan viele Texte seiner Kaffeehausfreunde abgedruckt werden. In einem Essay gibt Bahr seine Richtung vor und verteidigt die reine Kunst: »Die Natur ist hässlich, die Kunst ist Flucht aus der Natur.« Die Literatur solle sich nicht zu sehr mit dem alltäglichen Leben beschäftigen. Der höchste Wert liege im Schönen, Kunst müsse um der Kunst willen betrieben werden.

Es ist eine Provokation für jeden, der eine sozialkritische Literatur will. Aber mit der Politik, gar mit Sozialismus haben es die Jungwiener ohnehin nicht. Für so etwas interessieren sich eher junge Menschen in Deutschland.

Trotzdem werden die Jungwiener in Berlin wahrgenommen. So ist der Verlag von Samuel Fischer gerade dabei, ein Werk von Schnitzler zu veröffentlichen: die vor zwei Jahren fertiggestellte Novelle »Sterben«. Als Schnitzler sie damals den Freunden vorlas, musste er selbst ergriffen weinen. Hofmannsthal ging die Geschichte lange nicht aus dem Kopf, ständig wollte er darüber reden. Auch dem Berliner Verleger Fischer gefiel die Geschichte, obwohl er sie anfangs ablehnte: »aber – das Publikum«. Der Stoff sei zu herb, zu morbide: Ein junger Mann meint, er werde bald sterben, weshalb er mehrmals versucht, seine Freundin umzubringen, wozu ihm aber letztlich die Kraft fehlt.

Nach Monaten des Zögerns hat Samuel Fischer doch noch einen Vertrag nach Wien geschickt. Und nun druckt er die Novelle ab Oktober 1894 sogar gleich zweimal ab, zum einen in seiner Zeitschrift *Neue Deutsche Rundschau*, zum anderen als Buch – es ist Schnitzlers erstes.

Unterdessen hat der Autor das Jahr über weiter an dem Stück geschrieben, das anfangs *Armes Mädel* hieß und mittlerweile *Liebelei* heißt. Er sitzt inzwischen an der fünften Version – und verzweifelt erneut. Ganze Akte kommen ihm leer und nichtig vor. Ohne große Erwartungen liest er die Fassung seinen Freunden vor. Zu seiner Überraschung sind Salten und Hofmannsthal angetan, ja regelrecht begeistert. Er solle einige Kleinigkeiten ändern und das Stück ganz oben einreichen: beim Burgtheater.

Ein paar Tage später trifft Arthur Schnitzler dessen Direktor im Treppenhaus. Max Burckhard wohnt praktischerweise in der Etage über ihm und nimmt das Manuskript sofort an sich. Er will es auf seiner Reise nach Berlin lesen, wohin er gerade auf dem Weg ist.

Zwei Tage lang wartet Schnitzler nervös ab. Ob ihm Burckhard übelnimmt, dass er mit Adele Sandrock zusammen ist? Sie war auch mal seine Freundin. Und ist das Stück nicht doch zu gewagt und er noch viel zu unbedeutend? Immerhin ist das Burgtheater nicht irgendeine Provinzbühne, sondern der Theaterolymp der wichtigsten Kulturmetropole Europas.

Am 31. Oktober 1894 trifft ein Telegramm aus der deutschen Hauptstadt ein. Schnitzler nimmt es nervös entgegen, beginnt zu lesen und kann kaum glauben, was da steht: Burckhard gratuliert herzlich und teilt seinen tiefen Eindruck mit. Überglücklich läuft

Schnitzler in der Wohnung hin und her, bis ihm fast die Tränen kommen. Der Direktor will die *Liebelei* unbedingt auf die Bühne des Burgtheaters bringen. Allerdings fürchtet Burckhard, die Zensoren könnten das freimütige Stück untersagen. Schließlich zeigt es Verständnis für ein betrogenes Vorstadtmädchen, und so etwas hat man dem bürgerlichen Publikum noch nie zuvor zugemutet.

Um bei der Zensur durchzukommen, wird das Manuskript über mehrere Ecken an den Wiener Kritikerpapst Ludwig Speidel weitergeleitet. Sein wohlwollendes Urteil, das er tatsächlich abgibt, stimmt die Behörden milde. Dass Speidel gleich noch Adele Sandrock für die weibliche Hauptrolle empfiehlt, gefällt dem Theaterdirektor weniger. Er lässt erst einmal andere Schauspielerinnen anfragen.

Sandrock gilt zwar als genial und modern, aber bei ihr weiß man nie genau, wie das Publikum reagiert. Womöglich wäre es zu gewagt, die expressive Darstellerin für ein so gewagtes Stück zu engagieren. Auch Schnitzler hält sich mit einer Empfehlung zurück, zumal es zwischen ihm und der Schauspielerin weiterhin turbulent zugeht. Sie liebt sein »Menschenfleisch«, und er kommt nicht von ihr los, obwohl er ihr misstraut.

Als er am Silvesterabend 1894 zu später Stunde an ihre Tür klopft, sind denn auch laute Schritte zu hören, die nicht von einer Frau stammen können. Die Tür öffnet sich – und Hermann Bahr begrüßt ihn angetrunken. Aus den Augenwinkeln sieht Schnitzler zwei Champagnerflaschen auf dem Nachtkastl. Auch Adeles ältere Schwester, die Schauspielerin Wilhelmine, ist zugegen, was Schnitzler erleichtert wahrnimmt, weil sie mit Bahr liiert ist. Dass seine Adele jedoch so zärtlich mit dem Kollegen umgeht, gefällt ihm gar nicht. Ohnehin wird er diesen Abend lange bereuen. Denn Bahr bietet ihm das »Du« an, und er, Schnitzler, lehnt es nicht ab. Nicht einmal mit Loris, Beer-Hofmann oder Salten wird er sich je in seinem Leben duzen, obwohl er mit denen viel enger befreundet ist.

Zum Glück dauert es nicht lange, bis die anderen beiden verschwunden sind und Schnitzler mit Adele Sandrock allein zurückbleibt. Aber er ist längst gereizt. Als sie wissen will, ob er sie liebe, antwortet er so höhnisch wie möglich »Ja« und beginnt mit einer Tirade. Er beschimpft sie als dumm, wirft ihr ihre Ekstasen vor – und verlässt sie gegen halb drei. Auf eine Übernachtung hat er keine Lust. Es reicht ihm.

Ein paar Tage später sucht sich Adele Sandrock einen neuen Liebhaber und bändelt mit Felix Salten an, was Schnitzler gelassen akzeptiert. Allerdings will er, als er den Freund im Café Größenwahn trifft, haargenau alle Details wissen – auch um diese penibel in seinem Tagebuch zu notieren. So hält Schnitzler am 20. Januar 1895 fest, dass Salten und Sandrock »füßeln«. Schon drei Tage später wird es ernster, ohne dass es bis zum Äußersten geht. Schnitzler fühlt einen Stich, kurz auch eine »wehmütige Sehnsucht«, bevor sich eine »große Abspannung« bemerkbar macht und dank Salten endlich Erlösung: »Ich kann mir nicht helfen – ich bin ihm geradezu dankbar.«

Nachdem das vergangene Jahr so gut begonnen hatte, fühlt sich Peter Altenberg im Frühjahr 1895 fallen gelassen. Die Dichter vom Café Größenwahn – die er gar nicht mehr so nennen mag, sondern nur noch als »Dichter« in Anführungszeichen setzt – interessieren sich offenbar nicht mehr für ihn. Kürzlich hat Bahr einen Vortrag über junge Schriftsteller gehalten und ihn nicht ein einziges Mal erwähnt. Stattdessen wurde irgendein angeblich neues Talent ausgerufen.

Ohnehin hat Altenberg das Gefühl, nicht mehr mithalten zu können, obwohl er sich nicht für den Untalentiertesten hält. Weil ihm seine körperlichen Qualen die Kraft rauben, sucht er sich im März 1895 ein anderes Kaffeehaus, in dem er ungestörter seinen Beobachtungen nachgehen kann.

Und so verlässt er das Café Größenwahn und findet eine neue

Heimat, die gar nicht weit entfernt ist. Vom Griensteidl aus biegt man nach links in die Herrengasse und findet wenige Hundert Meter entfernt in einem prunkvollen Eckhaus seinen künftigen Stammplatz: das Café Central. Man betritt einen dunklen Vorsaal mit tiefen Fensternischen und gelangt durch einen schmalen Gang in einen lichten Saal mit einem hohen Glasdach, unter dem sich der Rauch der Zigaretten sammelt. Im Hof sitzen Männer beim Schach und Domino, andere spielen Billard.

Peter Altenberg setzt sich an eines der Marmortischchen und wartet fortan ab, was ihm der Tag zuträgt. All das Flüchtige, all die Emotionen, Gedanken und Eindrücke hält er schreibend fest, und so fertigt er gleich vor Ort kurze Texte über subtile Begebenheiten an, die den Plauderton des Kaffeehauses wiedergeben. Es ist jedoch kein plätschernder Ton. Sein Schreiben ist, wie ein Freund beobachtet, gestikulierendes Sprechen, für das er Unmengen an Punkten, Gedankenstrichen, Fragezeichen und Ausrufezeichen braucht. Expressiv soll es wirken, damit jeder versteht, was ihn bewegt. Deshalb lässt er sich beim Formulieren von seinen Gefühlen leiten, von Liebe, Hass, Empörung und Verzückung. So gelingen ihm zärtlichste Liebeshymnen und faustschwingende Hassreden gleichermaßen. Maßlos kann er huldigen wie vernichten, nicht nur in seinen Texten, sondern auch in seinen Erzählungen am Kaffeehaustisch, an dem sich bald Bewunderer einfinden.

Mit den meisten Jungwienern möchte Peter Altenberg derzeit nichts zu tun haben, abgesehen von Hermann Bahr, von dem er sich nun, im Frühsommer, doch wieder wahrgenommen fühlt. Bahr hat ihm nämlich kürzlich geschrieben, er wolle ihn gerne treffen, was man dem Mann nicht abschlagen sollte, schließlich gilt der Journalist als Talentfinder. Altenberg teilt ihm brieflich auch gleich seine Idee mit, ein Buch mit eigenen Texten veröffentlichen zu wollen. Es schicke sich vielleicht nicht, aber er möchte anfragen, ob er, Bahr, ihn dabei nicht unterstützen könne, etwa mit einer Empfehlung an den feinen Berliner Verleger Samuel Fischer. Als Adresse gibt Altenberg nicht sein Hotelzimmerchen, sondern seine neue Wahlheimat an: das Café Central.

Auch Karl Kraus soll ihm helfen, einen ordentlichen Verleger zu finden. Früher bezeichnete Altenberg ihn als »kleinen Kraus«, was er sich von den anderen Jungwienern abgeschaut hatte, aber längst sind sie gut miteinander befreundet. Mittlerweile kennt er sogar dessen Familie, vor allem die jüngere Schwester gefällt ihm. Ohnehin treffen sie sich ständig im Café Central, weil auch Kraus kaum noch ins Größenwahn geht. Ihm ist die Runde dort zuwider. Er mag den schludrigen Ton nicht und hält die Autoren um Schnitzler und Hofmannsthal für überschätzt. Altenberg hingegen bewundert er. Dieser Mann kann sich so wunderbar empören und dabei zugleich so leichtfüßige Miniaturen verfassen. Als sie einmal zusammen in Altenbergs Hotelzimmer sind, sammelt Kraus heimlich dessen Manuskripte, zieht sie aus Nachtkästchen und kramt sie aus der Kleiderkiste, um sie in einer großen Pappschachtel nach Berlin zu schicken, an Samuel Fischer.

Dort, in Berlin, öffnet Hedwig Fischer, die Frau des Verlegers, im Sommer 1895 die Pappschachtel aus Wien und findet darin lauter unsortierte Blätter voller großer, weit geschwungener Buchstaben, wie bei einer Frauenhandschrift. Als sie die locker gefügten Textskizzen liest, die von Jugend, Liebe und dem alten Österreich erzählen, kommen ihr die Tränen. So einfühlsam, zärtlich und tänzerisch ist das alles geschrieben. Plötzlich steht ihr Mann im Zimmer. Die beiden schauen sich schweigend an und wissen, dass sie einen ungewöhnlichen Autor entdeckt haben.

Einfach ist Peter Altenberg nicht. Für sein Buch wünscht er sich ein lockeres Druckbild, er verlangt viele Absätze und will nicht auf ein einziges seiner unzähligen Satzzeichen verzichten. Als er den ersten Probedruck durchblättert, ist er einen Tag lang missmutig. Er würde am liebsten nach Berlin reisen, um jede Seite seines Werkes zu überwachen, aber dann quälen ihn wieder

Schmerzen, weshalb an eine Reise nicht zu denken ist. Er leidet, bis ihn abends sein heiliges Bier erlöst, sechs Krügel müssen es sein. Immerzu verändert er das Manuskript, streicht Passagen, schreibt den ein oder anderen Schluss um, feilt an jedem Wort. Dass er alles nur so notiert, wie es ihm in den Sinn kommt, mögen seine Freunde glauben. Er selbst will, dass sein Buch ein Erfolg wird. Er will es sich und allen anderen beweisen. Keinesfalls möchte er wieder aus Geldnot in die Wohnung der Eltern einziehen müssen. Nichts zieht ihn in den alten lärmenden Stall zurück. Er will sich ein ordentliches Zimmer mieten können, auch um die Frauen zu beeindrucken. Vielleicht findet sich doch eine, die ihn heiraten möchte.

In ruhigen Momenten fragt sich Altenberg, wie seine Bekannten wohl auf sein Buch reagieren werden. Immerhin legt er darin mehr von sich offen, als es andere Autoren in ihrem ganzen Leben tun. Dann wieder hadert er damit, dass er sich überhaupt auf einen Verlag eingelassen hat und nun an die Öffentlichkeit treten wird. Dass ihm sein Buch derart Sorgen bereitet, hätte er nie für möglich gehalten. Zwei Tage lang fühlt er sich wie in einem Fieber. Dass das Manuskript einigen Auserlesenen gefällt, beruhigt ihn ein wenig, auch wenn es Leute geben wird, die etwas auszusetzen haben. Nein, er hat gar keine Lust, sich von mittelmäßigen Menschen anhören zu müssen, er sei verrückt oder unverständlich. Einer Freundin schreibt er beschwörend: »Denn ich bin original, leichtfüßig, schwebend, spielend, nüancenvoll, offenlassend, japanisch.«

Alle paar Tage treffen Korrekturfahnen ein. Und allmählich läuft es zu seiner Zufriedenheit, alles fügt sich zunehmend organisch zu einer Einheit, was ihn gleichwohl nicht von Wutausbrüchen abhält, schon gar nicht bei dem Gedanken an das ehrgeizige Schreckgespenst Hugo von Hofmannsthal. Dabei ist Altenberg kaum weniger eitel und hält stolz fest: »Nun, das Buch habe ich von A bis Z ganz allein gemacht, ja jede Zeile habe ich angegeben.« Am Ende bleiben einundzwanzig märchenhafte Kurzgeschichten, die in den Druck gehen – und die Furcht vor den bösartigen Reaktionen.

Kurz nachdem Peter Altenberg ins Café Central gewechselt ist, taucht im Mai 1895 eine elegante, selbstbewusste Dame aus Berlin im Café Größenwahn auf. Sie hat dunkle lange Haare, geschwungene Lippen und freundliche Augen. Die Männergesellschaft schaut auf, die Dichter am Autorentisch rücken ihre Stühle zurecht und machen Platz für Lou Andreas-Salomé, die einer Einladung von Schnitzler gefolgt ist, mit dem sie seit einem Jahr Briefe wechselt. Erst kürzlich hat sie die erste Biographie über Friedrich Nietzsche vorgelegt, von dem es heißt, er sei kaum mehr ansprechbar und tragisch umnachtet. Nun wurde sie von Schnitzler eingeladen und ist gern gekommen.

Lou Andreas-Salomé genießt die Runde der jungen Schriftsteller, empfindet deren Freundschaft untereinander als außergewöhnlich und kann sich gar nicht vorstellen, wie sehr die Autoren miteinander konkurrieren. In den kommenden Wochen unternimmt sie mit den Jungwienern um Schnitzler einige Ausflüge in den Prater und die Umgebung von Wien. Vor allem der fünf Jahre jüngere Richard Beer-Hofmann gefällt ihr. Dass sie verheiratet ist, hindert beide nicht am Flirten. Sie planen sogar eine gemeinsame Reise, die im Herbst stattfinden soll. Damit könnte sich erstmals eine Begegnung im Café Größenwahn zu einer romantischen Geschichte auswachsen. Tatsächlich werden sie sich auch aufmachen, aber ihr Ausflug wird rasch in einem Zerwürfnis enden. Statt der großen Liebe bleiben sich die beiden nur als Kaffeehausbekanntschaft in Erinnerung.

Unterdessen trifft Hugo von Hofmannsthal in Wien ein. Er hat gerade Urlaub vom Militär, was er sehr genießt. Vor einigen Monaten hat er sich zu einem freiwilligen Einjahresdienst gemeldet und wurde in eine mährische Kleinstadt geschickt. Er kam zum sechsten Dragonerregiment, wo ihm der Drill und die Unterordnung zunächst gefielen, weniger jedoch die Provinz, der Schlamm und das Kasernenleben. Überall krochen ihm eklige Gerüche in die Nase. Ärgerlicherweise ging es dann noch tiefer in die Provinz, zu Waffenübungen nach Ostgalizien, wo ihn die Armut vollends schockierte. Nie hätte er gedacht, wie freudlos und niedrig das Leben vieler Menschen sein kann. Kaum begann sein Sommerurlaub, setzte er sich in den nächsten Zug nach Wien, wo er nun als Erstes ins Größenwahn geht.

Dort bestellt er Kaffee, Butter und Himbeerwasser, blättert in der *Frankfurter Zeitung* und der *Vie parisienne* und sondiert die Weltereignisse. Nur kurz begegnet er noch Lou Andreas-Salomé und ist offenbar angetan. Denn nervös fragt er bei seinem Freund Richard Beer-Hofmann nach: »Hat sie über etwas von meinen geschriebenen Sachen etwas präcises geredet?« Eine Antwort ist nicht überliefert, aber er muss ohnehin in die Kaserne zurück. Eine Weile führt er dort noch als Leutnant das Dragonerregiment an, ehe er nach insgesamt einem Jahr die Uniform für immer an den Nagel hängt. Später wird er den Weltkrieg nur aus sicherer Entfernung beobachten, den Heldentod aber trotzdem in propagandistischen Zeitungstexten verklären.

Während sich die Jungwiener weiter im Größenwahn treffen, geht Karl Kraus seiner eigenen Wege. Mitte Juni – als Hofmannsthal im Café Größenwahn gerade sein Himbeerwasser genießt – lästert Kraus in der *Neuen Freien Presse*: Dort, im Griensteidl, sitzen die Talente so dicht am Kaffeehaustisch beisammen, dass »sie einander gegenseitig an ihrer Entfaltung hindern«. Es ist ein freundlicher Angriff auf Jung-Wien, aber das wird sich ändern.

Dabei begegnen sich im Kaffeehaus weiterhin die führenden Köpfe der Zeit. In diesem Jahr lernen sich dort zwei radikalmoderne Revolutionäre kennen: der neunzehnjährige Opernliebhaber Arnold Schönberg, der ein Tonsystem ohne Moll und Dur schaffen wird, und der vierundzwanzigjährige Architekt Adolf Loos, der in der Baukunst alles überwinden will, was es an Schnörkeln, Türmchen, Kuppeln, Pfeilern und sonstigen Verzierungen gibt. Loos will klare, sachliche, nüchterne Fassaden. Ornamente, wird er einmal sagen, sind Verbrechen. Sie mögen den Reichen gefallen, aber für die Handwerker bedeuten sie Hungerlöhne.

Solch eine Auffassung gefällt Karl Kraus, mit dem sich Loos bestens verstehen wird. Der junge Architekt und der noch jüngere Zeitungskritiker werden vereint gegen funktionslosen Schmuck kämpfen – ob an Bauwerken oder in Texten. Beide wollen es gerader, direkter und damit schöner.

KIEL

Flaggen und Girlanden schmücken den Festplatz in Holtenau an der Kieler Förde. Fünftausend Gäste und zahlreiche Soldaten in historischen Uniformen sind zugegen, als Kaiser Wilhelm II. am 21. Juni 1895 einen fast hundert Kilometer langen Kanal einweiht, der zwei Meere miteinander verbindet. Offiziell heißt die Wasserstraße »Nord-Ostsee-Kanal«. Doch bei der Taufe benennt der Kaiser das Bauwerk – vermutlich spontan – nach seinem Großvater: Kaiser-Wilhelm-Kanal. Durch diese künstliche Wasserstraße können die Kriegsschiffe der Kaiserlichen Marine fortan ohne großen Zeitverlust von der Nordsee ins Baltische Meer fahren und wieder zurück. Für den so jungen wie launischen Kaiser, der Pathos und Paraden liebt und nach Weltgeltung strebt, ist die Marine ein Lieblingsspielzeug. Mit diesem Kanal schreitet sein Reich ein gutes Stück auf dem Weg zum nationalen Größenwahn voran.

Nicht nur Kraus betrachtet das Treiben im Café Größenwahn ironisch, auch Arthur Schnitzler blickt kaum weniger kritisch auf seine vergangenen Jahre im Kaffeehaus. Im Sommer 1895 stellt er eine neue Novelle fertig, die er »Später Ruhm« oder »Geschichte vom greisen Dichter« nennen will. Er denkt an all seine einstigen Ängste und Hoffnungen zurück. Dass er sich als Autor durchsetzen würde, war nicht abzusehen. Es hätte auch anders kommen können. Wie, das exerziert er in seiner neuen Novelle durch: Deren Hauptfigur Eduard Saxberger schrieb einst als junger Mann ein Buch namens »Wanderungen«. Weil der Erfolg ausblieb, wurde Saxberger Beamter. Während er sich nun, Jahre später, auf den Ruhestand freut, entdeckt ein Kreis junger Kaffeehausliteraten sein Werk.

In Schnitzlers Porträts dieser jungen Leute sind unschwer seine eigenen Freunde zu erkennen: Winder, »ein kleiner blasser Blondin«, erinnert an Hofmannsthal, ein glatzköpfiger Schnorrer ähnelt Peter Altenberg, Schnitzler selbst taucht als ein Langhaariger mit lässigem Rembrandt-Hut und flatternder Krawatte auf. Sie laden den greisen Dichter ein, der sich endlich als Künstler fühlen darf, auch wenn ihm die jungen Leute mit ihrem festen Glauben an ihren Erfolg naiv vorkommen. Er genießt seinen späten Ruhm – bis er bemerkt, dass niemand sein Buch gelesen hat.

Am Schreibtisch leidet Arthur Schnitzler mit seiner Hauptfigur. Er kennt die Zweifel und weiß, wie viel Geduld, Talent, Urvertrauen und Draufgängertum notwendig sind, um sich als Schriftsteller durchzusetzen. Lange Zeit sehnte er selbst seinen Erfolg herbei und doch fürchtet er noch immer das Scheitern. Ihm bliebe ein Schicksal als mittelmäßiger Arzt in einer unbedeutenden Praxis. Im Juli schickt er die Novelle an Hermann Bahr, damit dieser sie in der *Zeit* abdruckt.

Der Journalist liest den Text zweimal durch – und lehnt ab. Bahr findet die Charaktere dünn, die Handlung schwach, die Komposition zerstückelt, die Geschichte zu lang. So etwas will er nicht in seinem Blatt gedruckt sehen. Schnitzlers Kaffeehausnovelle wird daraufhin vergessen und erst von der Nachwelt wieder entdeckt werden, ohne jemals späten Ruhm zu erlangen.

Ohnehin gibt es gerade wichtigere Nachrichten als die verunglückte Novelle eines aufstrebenden Autors. Am 6. September 1895 berichtet die *Neue Freie Presse* von einer judenfeindlichen Demonstration. Während sich im Wiener Rathaus die liberalen Politiker trafen, versammelten sich hundertfünfzig Antisemiten im Hotel »Zur goldenen Ente« und skandierten, die Liberalen würden den Juden die Stadt preisgeben. Auch der beliebte Populist und Bürgermeisterkandidat Karl Lueger trat auf und brachte der Zeitung zufolge die Menge zum Toben: Er wolle nicht nur in den Außenbezirken, sondern auch in der inneren Stadt die meisten Stimmen gewinnen, »damit der alte Stephansthurm nicht länger dieser liberalen Judenwirthschaft zuschauen müsse«. Trotz solcher Pöbeleien, die schon lange vorkommen, ist die jüdische Gemeinde Wiens seit der Gleichstellung im Jahr 1868 eindrucksvoll gewachsen, von damals vierzigtausend auf nun hundertdreißigtausend Juden.

Obwohl selbst Jude, nimmt Arthur Schnitzler die Krawalle offenbar nur am Rande wahr. In seinem Tagebuch vermerkt er stattdessen, dass er sich mit Lou Andreas-Salomé trifft, die gerade wieder in Wien weilt. Ansonsten geht es mit seiner *Liebelei* am Burgtheater nicht recht voran. Während die Männerrollen vergeben sind, will keine Schauspielerin die weibliche Rolle in dem Skandalstück übernehmen. Denn ein unkeusches Vorstadtmädchen, das frivole Großbürger in ihr Zimmer lässt – und das am Ende trotzdem nicht als Gefallene gilt –, so etwas dürfte dem in der Regel eher konservativen Theaterpublikum aufstoßen. Für das Stück eines noch wenig bekannten Autors will jedenfalls keine Schauspielerin ihre Zukunft riskieren.

Theaterdirektor Burckhard könnte Adele Sandrock bitten, was ihm mehrmals nahegelegt wird, aber er zögert monatelang. Erst als sich wirklich niemand anderes findet, fragt er seine einstige Geliebte. Doch die Schauspielerin ziert sich, will überredet werden und sagt nur zu, weil sie gerade erst zum Ensemble des Burgtheaters dazugestoßen ist. Mögliche Skandale haben sie allerdings auch noch nie von einem Engagement abgehalten, ganz im Gegenteil.

Als Mitte September die Proben beginnen, treffen Schnitzler und Sandrock erstmals seit ihrer Trennung wieder aufeinander. Sie würdigt ihn keines Blickes, und auch er tut so, als wäre sie nicht im Raum. Für ihn erfüllt sich ohnehin gerade der kühne Traum, als Dichter am Burgtheater engagiert zu sein.

Knapp vier Wochen später findet am 9. Oktober 1895 die Erstaufführung statt. Die Ränge sind gut besetzt, sogar der Hochadel will sich das anrüchige Schauspiel um ein süßes Mädel und außereheliche Liebe nicht entgehen lassen. Als Erzherzog Karl und Erzherzogin Maria Theresia in der Kaiserloge ihre Plätze einnehmen, beginnt Direktor Burckhard zu schwitzen. Sollte ihnen die *Liebelei* nicht gefallen, wird er sich eine neue Arbeit suchen müssen. Er hadert. Warum nur hat er seine Karriere für ein anzügliches Stück seines Nachbarn aufs Spiel gesetzt? Auch Schnitzler ist nervös. Die Kopfschmerzen, die ihn am Nachmittag plagten, ist er zwar los, aber nun sitzt er mit der Familie in der Loge und hat schlechte Laune, obwohl, wie er beobachtet, die Stimmung auf der Bühne gut zu sein scheint.

Der erste Akt läuft glatt, auch der zweite geht ohne Zwischenfälle über die Bühne. Nach dem dritten sitzen der Erzherzog und seine Frau noch in ihrer Loge, was ein gutes Zeichen sein dürfte. Zumindest langweilen sie sich nicht und sind auch sonst nicht abgeneigt.

Als der Vorhang fällt, brandet Applaus auf. Burckhard seufzt erleichtert, und Schnitzler muss viermal auf die Bühne. Alle gratulieren, sogar Sandrock küsst ihn beherzt, niemand will ihn fortlassen, aber Schnitzler lässt sich nicht aufhalten, sondern eilt schnurstracks zum Telegrafenamt, um eine Nachricht an seine Mizzi zu schicken, seine mehr oder weniger ehemalige Geliebte Marie Glümer. Dann geht er nach Hause, um sich frisch zu machen, und begibt sich alsbald noch einmal hinüber ins Kaffeehaus, wo er viele Freunde trifft. Sie wirken seltsam verhalten, findet er, und er meint zu spüren, dass sie ein bisschen enttäuscht sind.

Am nächsten Abend sieht er sich das Stück mit Richard Beer-Hofmann und Felix Salten ein weiteres Mal an. Die Vorstellung ist fast ausverkauft, die Stimmung so gut wie bei der Premiere, der Direktor gibt sich liebenswürdig und erzählt zufrieden von zwei glänzenden Kritiken. Wieder erhält Schnitzler viele Gratulationen. Und Adele Sandrock flüstert ihm dieses Mal gar ungeniert zu: »Ich habe dich so lieb. Gestern habe ich gedacht, wie schön wär das, wenn ich noch mit dem Thuri zusammen wäre.« »Thuri«, so wird Arthur Schnitzler von seinen Freunden genannt.

Hofmannsthal lässt den Freund bald brieflich wissen, er, Schnitzler, habe nun »dieses Unberechenbare und schwer zu Definierende erworben, womit man Aufmerksamkeit und Bewunderung erzwingen kann«. Er müsse sich nicht mehr mit dem Beifall von drei oder vier Freunden begnügen.

Nur über einen ärgert sich Arthur Schnitzler vehement: über Hermann Bahr. Der hat seine *Liebelei* nämlich in der *Zeit* verrissen. Rein aus Kalkulation. So ist er, der sogenannte Freund – nichts ist ihm wichtiger, als aufzufallen, zu provozieren und gegen den Strom zu schwimmen. Bereits vor der Premiere hatte Bahr dem Direktor angekündigt, zwei Feuilletons geschrieben zu haben. Sollte das Stück durchfallen, werde er es riesig loben, sollte es dem Publikum gefallen, werde er es verreißen.

Nun hat Bahr tatsächlich einen miesen Verriss veröffentlicht:

»Das Schauspiel war schlecht insceniert; das wienerische Wort ist hier am Platze: schlampert. Die Schauspieler standen immer im Rudel um den Souffleur, ohne je zu einer natürlichen Gruppe, zu einem ruhigen Bilde zu kommen.« Und er stänkert: »Alle Stellungen, Bewegungen, Beleuchtungen waren falsch.« Die saloppe Regie habe sogar die unbeschreibliche Größe, Gewalt und Pracht von Adele Sandrock beschädigt.

Noch Wochen später ist Arthur Schnitzler getroffen, aber Bahr kann schreiben, was er will: Die *Liebelei* wird wieder und wieder aufgeführt. Bald kommt das Stück in Frankfurt am Main auf die Bühne, später in Berlin, Köln, München, Graz, Prag, Pressburg, Verona, Mailand, Athen, Sofia, Moskau.

Schnitzler bleibt dennoch misstrauisch, als könnte aller Erfolg nur ein Bluff sein. »Statt die Empfindung zu haben, ich stehe jetzt auf der Höhe, habe ich nur die: In zehn, fünfzehn Jahren ist es aus«, notiert er im Januar 1896 in sein Tagebuch – dabei hält sich das Stück allein am Burgtheater bis 1910 ununterbrochen auf dem Spielplan. Die Wiener lieben es, zeigt es ihnen doch, wie herrlich verdorben ihre bürgerliche Gesellschaft mit Mädchen aus der Vorstadt umgeht. Und 1914, das Kino ist noch stumm, wird *Liebelei* erstmals auf Film gebannt.

Immer wieder geht Arthur Schnitzler in sein Stück. Einmal, nach der neunten Vorstellung, trifft er mit Freunden auf Karl Kraus, mit dem die Jungwiener schon länger nichts mehr zu tun haben. Für sie ist er nach wie vor der »kleine Kraus«, aber der meint unverdrossen, als sei nie etwas zwischen ihnen vorgefallen: »Ja, die Freunde!«

Auch Peter Altenberg ist wieder guter Dinge. Monatelang fürchtete er, seine Kurzgeschichten könnten vom Verlag entstellt werden. Ständig nervte er die Lektoren, forderte Zeilenfreiheit und Anführungszeichen. Und wenn er sich einmal über nichts aufregen konnte, überfiel ihn die Angst, was wohl andere Menschen über seine Texte sagen werden. Im April 1896 hält er endlich sein erstes Buch in der Hand. Es trägt den Titel *Wie ich es sehe*, wobei Altenberg nicht das Wort »ich«, sondern das Wort »sehe« betont wissen will, als würde es einen großen Unterschied machen. Es bleiben seine Augen, durch die er die Welt wahrnimmt.

Sein Erstlingswerk ist ein zutiefst persönliches Buch. Altenberg gibt viel von seinen Gefühlen und aus seinem Leben preis, aber er spinnt zugleich Legenden um seine Person und stilisiert sich zum Kaffeehausliteraten.

In einer berühmten Erzählung aus späterer Zeit wird er dementsprechend sogar behaupten, ebendort als Schriftsteller entdeckt worden zu sein. »So wurde ich« wird er sie betiteln und auf das Jahr 1893 zurückdatieren: Da saß er, Peter Altenberg, mit seinen vierunddreißig Jahren im Café Central in der Wiener Herrengasse in einem Raum mit goldenen Tapeten. Vor ihm auf dem Tisch lag das *Extrablatt*, darin die Fotografie eines Mädchens, das auf seinem Weg zur Klavierstunde verschwunden war. Erschüttert begann er deshalb, auf Quartpapier ein paar Zeilen über den Fall zu schreiben, als plötzlich Schnitzler, Hofmannsthal, Salten, Beer-Hofmann und Bahr an seinem Tisch stehen. »Ich habe gar nicht gewusst, dass Sie dichten«, sagte Schnitzler. »Sie schreiben da auf Quartpapier, vor sich ein Porträt, das ist verdächtig!« Daraufhin nahm der Kollege die Skizze an sich und las sie am folgenden Sonntag bei einem literarischen Souper zur Begeisterung aller vor. Anschließend meldete sich Hermann Bahr, um ihn, Altenberg, als Autor für seine Zeitschrift *Zeit* zu gewinnen.

Die Erzählung »So wurde ich« fährt damit fort, dass auch Karl Kraus eine wichtige Rolle bei seiner Entdeckung als Schriftsteller spielte. Der schickte nämlich einen Packen seiner Texte an den Berliner Verleger Samuel Fischer und betonte in einem beiliegenden Schreiben, der Verfasser dieser kleinen Texte »sei ein Original, ein Genie, Einer, der anders sei, nebbich«.

Am Ende seiner kurzen Erzählung sinniert Altenberg darüber,

von welchen Zufällen ein Lebensschicksal abhängt: »Hätte ich damals, im Café Central, gerade eine Rechnung geschrieben über die seit Monaten nicht bezahlten Kaffees, so hätte Arthur Schnitzler sich nicht für mich erwärmt, Beer-Hofmann hätte keine literarische Soiree gegeben, Hermann Bahr hätte mir nicht geschrieben.« Nur einer hätte sich niemals von anderen beeinflussen lassen: Freund Kraus hätte seine Skizzen unter allen Umständen an Fischer geschickt. Und so schließt Altenberg mit einem versöhnlichen Satz: »Alle zusammen haben mich ›gemacht‹.« Und was sei aus ihm geworden? »Ein Schnorrer!«

Über viele Reaktionen auf sein Erstlingswerk *Wie ich es sehe* ist Peter Altenberg hocherfreut, andere irritieren ihn. Bahr und Hofmannsthal äußern sich freundlich, seine Schwester Gretl weniger, dafür aber der Bruder umso zustimmender, der »heilige Georg«. Als Altenberg in der *Frankfurter Zeitung* eine begeisterte Besprechung findet, schreibt er stolz seinem Vater: »Teile Dir mit, dass in einem ersten Blatte Deutschland's, welches literarische Führungsrolle hat, gestern Montag ein Feuilleton von acht Spalten erschienen ist, welches in den maßgebenden Kreisen bedeutendes Aufsehen erregt. Es ist mehr als lobend und so gerecht und vertieft, als ob ich es selbst über mein Buch geschrieben hätte. Es ist die erste wirkliche Freude, die ich an mir selbst erlebe. Denn diesmal ist es eine vollkommen freie, unparteiische Stimme in einem fremden Lande (Frankfurter Zeitung), welche mich als Dichter in hohen Worten anerkennt.«

Er fühlt sich fortan als erster Kaffeehausliterat Wiens und wird diesen Posten sein Leben lang verteidigen. So oft sitzt er im Café Central, dessen Briefpapier er ohnehin ständig benutzt, dass seine Adresse in *Kürschner's Literaturkalender* von nun an schlicht mit »Café Central, Wien« angegeben wird.

Skandalautor erotischer und satirischer Bühnenstücke:
Frank Wedekind (1903)

Kampfansage ans Kaiserreich

APRIL 1896 BIS APRIL 1897

Der junge Verleger Albert Langen gründet in München die böseste Satirezeitschrift des Deutschen Reichs und gewinnt mit Frank Wedekind ein so anstrengendes wie eigenwilliges Talent. Derweil streift der Erfolgsautor Max Halbe durch München und ist froh, nicht erkannt zu werden. Während in Schwabing das unscheinbare Café Stefanie eröffnet, macht auf dem Kurfürstendamm in Charlottenburg das Kleine Café auf – beide gelten bald ebenfalls als Cafés Größenwahn. Dafür gibt es aus Wien keine schönen Nachrichten: Dort steht der Abriss eines legendären Kaffeehauses an, was zumindest Karl Kraus für einen Geniestreich zu nutzen weiß.

Königlich bayerische Ruhe:
der Marienplatz in München um 1900

MÜNCHEN

Es ist nicht mehr auszuhalten, das Land ist so bieder, so prüde, so verklemmt. Höchste Zeit für Provokation. Albert Langen weiß auch schon genau, wie das gehen soll. In Paris, wo er früher mal Malerei studierte, staunte er über freche Satireblätter wie *Le Chat Noir* und *Gil Blas*. So etwas schwebt ihm auch für Deutschland vor. Monarchie, Militär und Großbürgertum müssen begreifen, auf welchem Irrweg sie sich befinden. Kürzlich erst, im Januar 1896, hat Kaiser Wilhelm II. großmäulig verkündet, das Deutsche Reich sei nunmehr ein Weltreich! Er setzt auf Kolonien und eine Riesenflotte. Da helfen nur noch Satire und der Spott der Massen, anders lässt sich nichts bewegen.

Im Frühjahr 1896 sucht Albert Langen für seinen Verlag, der seit kurzem im Künstlerviertel Schwabing seinen Sitz hat, nach den bissigsten Zeichnern und den spöttischsten Autoren. Langen ist jung, gerade mal Mitte zwanzig, spontan, hellwach und vermögend. Als Spross einer rheinischen Industriellenfamilie versteht er sich aufs Geschäftliche. Seine Zeitschrift soll *Simplicissimus* heißen und damit an Grimmelshausens berühmten Schelmenroman erinnern. Zwar finden einige Redakteure den Namen unaussprechbar, aber der Verleger vertraut auf den Klang und auf sein Gespür.

Gleich für die erste Nummer des *Simplicissimus* soll Frank Wedekind eine große Geschichte verfassen. Langen kennt den Autor aus der Zeit in Paris und hat bereits seine Tragödie *Erdgeist* herausgebracht. Und Wedekind liefert nach kurzer Zeit einen Text, in dem es um genau die Themen geht, die Langen vorschweben:

»Die Fürstin Russalka« erzählt von den sexuellen Erlebnissen einer Adligen, von Aufklärung, Emanzipation und Sozialdemokratie. Es wird die Titelgeschichte der Erstausgabe, die am 4. April 1896 für zehn Pfennig ausliegt: Auf dem Cover ist eine junge, traurige Fürstin zu sehen, die im Nachthemd auf dem Bett sitzt.

Die Auflage ist viel zu optimistisch kalkuliert, Tausende Exemplare bleiben unverkauft, aber die Münchner haben die Zeitschrift zumindest mal gesehen. In der fünften Ausgabe taucht erstmals eine Bulldogge auf, die zum Markenzeichen des Verlages wird. Gezeichnet hat sie der furchtlose neunundzwanzigjährige Fabrikantensohn Thomas Theodor Heine, der kleinsten Vorfällen eine satirische Seite abgewinnt. Er wird der Bulldogge noch eine rote Farbe verpassen, sie gefährlich starren lassen und ihr eine abgerissene Kette um den Hals hängen. Das Tier darf als rebellische Kampfansage verstanden werden. Es dauert nicht lange, und die Behörden schreiten ein: Nummer sieben erregt den Vorwurf der Unsittlichkeit, Nummer acht wird in Österreich verboten, Nummer neunzehn in Deutschland konfisziert.

Neben Wedekind wirken weitere Autoren mit, die schon einen Namen haben, aber noch jung sind: Hugo von Hofmannsthal, Arthur Schnitzler, die Brüder Heinrich und Thomas Mann sowie Rainer Maria Rilke. Als Starschreiber liefert Wedekind allein im ersten Jahr vierundzwanzig Beiträge, darunter Texte, Witze und Gedichte. Statt überglücklich zu sein, fühlt er sich ausgebeutet, hasst Langen und geht ihn derb an. Der Verleger bleibt gelassen, wie der junge Redakteur Korfiz Holm einmal staunend erlebt.

»Nun, wo ist das Gedicht?«, fragt Langen.

»Gedicht? Glauben Sie, dass es mir Vergnügen machen kann, den geistesarmen Elaboraten Ihrer Zeichner, die Sie phantastisch honorieren, durch meine Verse überhaupt erst Wert und Resonanz zu geben?«

»Na, Sie haben das bisher ganz gern getan. Wenn das auf einmal unter Ihrer Würde ist, dann müssen Sie es eben lassen.«

»Die Überlegenheit des Geldsacks! Wollten Sie mir die ernsten Werke, die ich schreibe, nach Gebühr bezahlen, dann kriegten mich zu solchen Schusterarbeiten nicht zehn Pferde.«

»Haben Sie schon einmal Ihr ausgemachtes Honorar nicht bekommen? Und bin ich Ihnen etwas schuldig, oder umgekehrt?«

»Barmherziger Heiland! Dieses bisschen Vorschuss wird wohl keine Rolle spielen!«

Wie Albert Langen stammt Frank Wedekind aus einer schwerreichen Familie und tritt selbstbewusst auf, auch wenn er sein Geld selbst verdienen muss. Er trägt einen extravaganten Bart, der in vier Spitzen ausläuft, einen Zylinder und einen Gehrock. Ein paar Theaterstücke hat er veröffentlicht, teilweise auf eigene Kosten. Eigentlich heißt er nicht Frank, sondern Benjamin Franklin wie einer der Gründerväter der Vereinigten Staaten. Seine Eltern hatten sich dort kennengelernt. Nach der gescheiterten Revolution von 1848 war der Vater aus Deutschland geflohen, hatte später in Kalifornien höchst erfolgreich mit Grundstücken spekuliert und sich in eine junge Schauspielerin verliebt, die am Deutschen Theater in San Francisco gastierte. Sie heirateten, kehrten zurück nach Europa und ließen sich in Hannover nieder, wo 1864 ihr Sohn Benjamin Franklin zur Welt kam. Schon 1872 emigrierte die Familie aus Protest gegen die Politik des ersten Reichskanzlers Otto von Bismarck in die Schweiz. Der Vater kaufte im Kanton Aargau das mittelalterliche Schloss Lenzburg, wo seine sechs Kinder aufwuchsen. Wie vom Vater verlangt, begann Sohn Frank nach der Schulzeit ein Jurastudium in München.

Anfangs lief Wedekind tagelang durch die Großstadt und ging fast jeden Abend ins Theater. Allein in seinem ersten Winter war er in vierundachtzig Vorstellungen. Nebenher schrieb er Gedichte, zwei Balladen, ein Trauerspiel und zwei Novellen. Statt juristische Vorlesungen zu besuchen, befasste er sich mit Literatur, Philosophie und Kunstgeschichte. Als er daheim ausgefragt wurde, was das Studium mache, erzählte er von seinem Wunsch, Schriftsteller zu werden. Der Vater brüllte, der Sohn schlug zu – und erhielt fortan keine Unterstützung mehr.

Frank Wedekind hielt sich über Wasser, indem er lustige Reklameverse für die Firma Maggi formulierte und Artikel für die *Neue Zürcher Zeitung* verfasste. Nach etlichen Monaten bat er die Eltern um Verzeihung. Der Vater willigte zufrieden ein, überwies wieder Geld – und starb überraschend. Zurück in München, mietete Wedekind ein Zimmer mit Alkoven für fünfzehn Mark und ließ sich nicht mehr vom Dichten abhalten.

Zu jener Zeit um 1890 – als sich im Wiener Größenwahn die Runde um Schnitzler und Hofmannsthal zu sammeln begann – besuchte Frank Wedekind allabendlich das Café Luitpold. Dort, im exklusivsten Palastcafé des Deutschen Reiches, saß er in einer stillen Ecke, schrieb an Texten und trank Bier. Das Luitpold bietet Platz für sage und schreibe tausendzweihundert Gäste. Man betritt es durch ein holzvertäfeltes, mit Reliefs geschmücktes Vestibül und gelangt in eine neun Meter hohe, dreischiffige Kaffeehauskathedrale, deren Decke von Marmorsäulen getragen wird. Decke und Wände sind mit mythologischen Motiven bemalt: hier ein geflügeltes nacktes Kind auf einem Schneefeld, dort zwei Liebende auf luftigen Wolken. Es gibt mehr als zwanzig luxuriöse Gesellschaftsräume. In den Rokokozimmern und im Schlachtensaal finden sich Brunnen, Spiegel und Skulpturen. In gläsernen Lilien glühen Fäden elektrischen Lichts. Ferner gibt es einen Palmengarten, einen Billardraum mit fünfzehn Spieltischen und einen Tanzsaal, in dem eine Büste des bayrischen Prinzregenten Luitpold steht. Ihm ist das pompöse Kaffeehaus gewidmet.

Im Café beobachtete Wedekind, wie die illustrierten Zeitungen gleich am ersten Tag aus ihren Mappen verschwanden. Er selbst musste auf alle seine Sachen aufpassen. Schließlich strömte unablässig Publikum durch die Säle. Als Einsiedler zog er sich in eine Nische zurück, wo er bei Kerzenschein zechte und ab Herbst

1890 bis tief in die Nacht an einer Kindertragödie zu arbeiten begann, der ersten in der deutschen Literatur. Wenn ihn der Schlaf übermannte, träumte er von seinem Vater, was unangenehm war: Jedes Mal versuchte er sich im Traum für sein Leben zu rechtfertigen. Zwischenzeitlich verzweifelte er an der Tragödie, schrieb sie mehrmals um. Erst als er es humorvoll versuchte, gefiel sie ihm: Die grausame Geschichte wirkte nun seltsam harmlos, sonnig und lachend – und damit umso furchtbarer, ergreifender.

Nach Monaten der Arbeit bot er *Frühlings Erwachen* den Verlagen und Theatern an. Niemand wollte das Stück drucken, niemand auf die Bühne bringen. Am Ende musste Wedekind es auf eigene Kosten publizieren.

Wenig später verließ er München, zog für Jahre nach Paris, besuchte dort Varietés und Balletts, lernte Kokotten kennen – und eben den jungen Albert Langen, der gerade einen Verlag gründete. Nun, nach Umwegen über London und Berlin, hat es Wedekind zurück nach München verschlagen, wo er sogleich für Wirbel sorgt: Während die ersten Nummern des *Simplicissimus* erscheinen, hält er eine Lesung im Schwabinger Café Minerva. Dicht gedrängt sitzen junge Leute vor einer winzigen Bühne. Unter ihnen ist der Autor Max Halbe, der es kaum abwarten kann, Wedekind wiederzusehen, schließlich haben sie einst die Nächte im Café Luitpold durchgezecht, ehe sie sich aus den Augen verloren.

Überall im Publikum werden Zigaretten gepafft, der ganze Raum stinkt, als der zweiunddreißigjährige Frank Wedekind auf die Bühne tritt, um ein neues Stück aufzuführen. Viele versprechen sich einen großen Spaß. Mit Schnäuzer, Fliege, Koteletten und Knebelbart wirkt Wedekind wie der perfekte Bürgerschreck. Einerseits hat er schöne blaugraue Augen, andererseits trägt er bereits ein künstliches Gebiss, das sich dauernd vom Gaumen löst, was er unentwegt zu vertuschen sucht. Er zieht daher ständig den Mund breit, strafft die Oberlippe und grinst möglichst verrucht, zugleich presst er mit der Zungenspitze gegen die Zähne und spielt lasterhaft mit den Lippen.

Zu seinem betont erotischen Auftreten passt sein Theaterstück, das er jetzt vorzutragen beginnt. Es heißt *Das Sonnenspektrum*, ist ein von indischen Erzählungen inspiriertes dramatisches Fragment und zugleich eine lüsterne Männerphantasie: Auf einer Insel lebt ein Mann in einem prächtigen Haus voller Blumen und Juwelen. Junge Tempeldienerinnen wiegen sich auf seidenen Schaukeln und leben in einem Idyll der Liebe, Lust und Hingabe, ohne dass es jemals langweilig würde. Es sind acht Tempeldienerinnen und damit genau so viele, wie das Sonnenspektrum an Farben aufweist. Wedekind legt seinen Figuren anzügliche Sätze in den Mund wie »Hier tut einem niemand ein Leid. Hier weint man nur Freudentränen.« Oder: »Was die wahre Kunst ist, das muss sich ganz aus sich selbst entwickeln. Alles Übrige, und wenn es noch so schön mit den Gesetzen klappt, ist nichts als Prostitution.« Dabei geraten ihm auf der Bühne einige Sätze derart pathetisch, dass aus den hinteren Reihen ein erstes Kichern zu vernehmen ist.

Frank Wedekind bleibt ruhig, liest unverdrossen weiter, mal in dieser, mal in jener Rolle, während das Kichern weiter anschwillt. Erst als niemand im Publikum mehr an sich halten kann und alle prusten und brüllen, rastet der Dichter aus, wirft wütend das Manuskript fort, zieht eine letzte Grimasse und verschwindet von der Bühne ins Dunkel.

Typisch Wedekind, so kennt man ihn. Max Halbe ist wenig überrascht. Er hat Wedekind an einem regnerischen Sommertag vor sechs Jahren das erste Mal getroffen, womit eine lebenslange Hassliebe beginnen sollte. Der ein Jahr jüngere Halbe war damals zu Besuch aus Berlin und spazierte mit Freunden durch die Münchner Altstadt. Sie erzählten ihm von einem Bohemien mit sieben Bärten, der bis morgens um vier im Café Luitpold sitze. Ein verrückter Kerl, aber in München nicht ungewöhnlich.

Plötzlich bog Wedekind um die Ecke, kam direkt auf die Gruppe zu und stand leibhaftig vor ihnen. Der damals gerade Sechsundzwanzigjährige trug nicht nur allerlei Bärte, sondern auch eine gelbkarierte Pepitahose, einen glänzenden Zylinder und gelbe Glacéhandschuhe. Spontan verabredeten sie sich für den Abend im Luitpold. Dort lästerten sie über verfettete bürgerliche Weltanschauungen und bestellten eine Flasche Bier nach der anderen. Als mit der Polizeistunde die Lichter im Café erloschen, ließ man die Runde um Wedekind in einer Nische weiterzechen. Der erzählte eifrig und pausenlos, während alle lauschten, behauptete mal dies, mal jenes, ließ sich durch nichts unterbrechen, trank ein Bier und noch eins und noch eins, probierte alle Sorten durch, wechselte zum Wein, bevor er sich am frühen Morgen lauthals mit Halbe zerstritt.

Am folgenden Nachmittag war Max Halbe erneut in der Stadt unterwegs und streunte gelassen durch die Straßen, bis er wieder Wedekind wie aus dem Nichts auf sich zukommen sah. Der hatte den Kopf auf die Brust gesenkt und schien gänzlich in Gedanken abgetaucht zu sein. Erst als er fast an Halbe vorbeigelaufen war, schaute er plötzlich auf, machte eine Grimasse, zog seinen Zylinder und krächzte kehlig: »Ah, Sie sind es, Herr Doktor. Wie geht es Ihnen? Ist es Ihnen gut bekommen? Es war eine höchst interessante Sitzung! Ich hoffe, wir werden sie heute Nacht fortsetzen, Sie kommen doch wieder ins Luitpold?«

Am Abend saßen sie erneut im Kaffeehaus zusammen, plauderten, soffen, stritten. So ging es vierzehn Nächte lang, bis Max Halbe zurück nach Berlin fahren musste.

Zwei Jahre später, 1892 – Wedekind lebte gerade in Paris –, erhielt Halbe von einem Freund das Buch *Frühlings Erwachen*. Er las die bittere Kinderkomödie, war tief berührt und fragte sich, welche Bühne ein derart gewagtes Stück wohl aufführen würde. Er selbst hatte gerade ein ähnliches, nicht ganz so provokantes Drama fertiggestellt, das er *Jugend* nannte. Selbst das wollte kein

Theater seinem Publikum zumuten. Es sollte trotzdem zu Halbes größtem Erfolg werden und sogar für einen neuen, verspielten Kunststil stehen, den Jugendstil.

Nun, im Frühling 1896, streift Max Halbe wieder durch München, er ist gerade mit seiner Frau Luise an die Isar gezogen. Es war nicht leicht, eine Wohnung zu finden. Zwar gibt es davon mehr als genug, aber viele haben kein Badezimmer oder keine Nebenräume. Bei den Besichtigungen zeigte sich, dass München keine Metropole der Luxuswohnungen ist. Doch Max und Luise Halbe wurden fündig und leben jetzt in einem paradiesischen Haus am Englischen Garten, wo sich eine Kolonie aus Dichtern, Künstlern und Autoren bildet. An den Wochenenden spaziert das Paar über eine Holzbrücke in die Parklandschaft, flaniert um den Kleinhesseloher See und entlang des Schwabinger Bachs zum Hofgarten an der Residenz.

Max Halbe kennt die Metropole aus seiner Studentenzeit. Damals hatte er beobachtet, wie der geistesgestörte König Ludwig II. mit seinen Exzessen das Land aufwühlte, bevor der sogenannte Märchenkönig durch seine Absetzung und seinen rätselhaften Tod 1886 zum Märtyrer wurde. Seither herrscht der Prinzregent Luitpold. Er ist beliebt, gibt sich bescheiden und volksnah. Trotzig verteidigt das Königreich seine verbliebene Eigenstaatlichkeit gegen den preußischen Norden. Sogar die bayerischen Sozialdemokraten stehen zum Prinzregenten, weshalb sie in Berlin als »königlich bayerische Sozialdemokraten« verspottet werden.

Halbe läuft die prächtige Ludwigstraße zur Altstadt, überquert den Odeonsplatz, spaziert die Residenzstraße entlang bis zum Rathaus am Marienplatz und staunt, wie wenig Menschen unterwegs sind. In München herrscht mittelalterliche Ruhe, als wäre es eine Residenzstadt wie Weimar oder Detmold. Überhaupt erscheint ihm alles viel weniger triumphierend als in Berlin. Die meisten Häuser gehen kaum über drei Stockwerke hinaus, die

Menschen tragen Lodenmantel, sind zufrieden mit ihrem Radi, ihrer Weißwurst, ihrer Maß Bier. Immerhin eine Sache hat sich seit seiner Studienzeit geändert: Die Münchner beginnen mit dem Radfahren und gehen in die Berge kraxeln, sie halten auch nicht mehr jede Mark fest, sondern entdecken die Welt jenseits des Starnberger Sees, fahren zum Gardasee, in die Tauern, die Dolomiten, an die Riviera. Manch einer soll sich sogar bis in die Levante oder bis zum Nordkap vorgewagt haben.

Ab und zu bleibt Halbe stehen, blickt in den italienisch blauen Himmel und genießt es, nicht erkannt zu werden. Während er in Berlin als bekannter Autor auf der Straße angesprochen wurde, nimmt hier niemand Notiz von ihm. Zwar zählt München bereits vierhunderttausend Einwohner und damit ebenso viele wie Köln, Leipzig, Dresden und Breslau, nur dass es in diesen Städten viel lebhafter zugeht. Dafür lockt München mit seinem lässigen Nebeneinander der Menschen und Milieus junge Leute an. Aus allen Teilen des Reiches kommen sie, viele studieren Kunst und vertrauen auf das Versprechen, dass hier jeder, der Talent und Ausdauer besitzt, Erfolg haben kann, auch wenn es mitunter viele Jahre in zugigen Ateliers bedeuten mag.

Dass in Schwabing kürzlich ein neues Kaffeehaus eröffnet hat, bemerkt Max Halbe auf seinem Spaziergang offenbar nicht, zumindest berichtet er davon nichts in seinen Memoiren. Seit Februar 1896 betreibt der Konditor Karl Oberdorfer ein Eckcafé, das ausgesprochen günstig liegt, um viel Publikum anzuziehen: zwischen Universität, Pinakotheken, Kunstakademie und Altstadt. Es befindet sich dort, wo die Theresienstraße auf die Amalienstraße trifft. Über dem Eingang und den Fenstern prangt ein großes Schild: »Café Stefanie«.

Den Namen hat Oberdorfer sich vermutlich nicht selbst ausgedacht, sondern wahrscheinlich von einem kurzzeitigen Vorgänger übernommen. Von dem hat er auch Probleme geerbt, wie ihm die Behörden regelmäßig mitteilen: Abort und Pissoir entsprechen bisher nicht den Bestimmungen, für Ventilation ist noch zu sorgen, Branntwein darf nicht ausgeschenkt werden. Oberdorfer selbst stammt aus Mittelfranken, ist fünfunddreißig Jahre alt und mit einer Marie verheiratet. Sein Etablissement misst hundertsechsundsechzig Quadratmeter und verfügt neben einer kleinen Küche über einen größeren Hauptraum mit Kohleofen sowie ein Nebenzimmer. Anders als das gigantische Palastcafé Luitpold ist es damit zwar ein kleines Kaffeehaus, dank seiner Lage im Künstlerviertel Schwabing wird es aber in nicht ferner Zukunft zum Münchner Café Größenwahn aufsteigen.

Jetzt stellt Oberdorfer erst einmal runde Marmortische, Thonetstühle, ein paar Kleiderständer und Polsterbänke auf. An den Fenstertischen wird bald nachmittags Schach gespielt, während von draußen Passanten zuschauen.

WIEN

Es klingt nach einer Reportage, vielleicht auch nach einer Betrachtung oder gar nach einer Enthüllung, was am Samstag, dem 18. April 1896, in der *Morgen-Presse* zu lesen ist: »Das Café Größenwahn und seine Dichter«. Darin geht es jedoch nicht um das Wiener Größenwahn, also das Café Griensteidl. Vielmehr erzählt die Autorin Marie Weyr von den wahren Ursprüngen der Boheme und damit von ebenjenen Menschen, die sich im Größenwahn heimisch fühlen. Ihr »Café Größenwahn« ist »vielleicht ein bisschen origineller« als das Griensteidl und steht in der »sagenhaften Stadt« Paris, im Quartier Latin, dem Viertel der »Dichter-Componisten«. Berichtet wird vom bereits jetzt legendären Café Procope, »eben dieses, welches ich das Pariser ›Café Größenwahn‹ nenne«. Schon Voltaire und Rousseau suchten es auf, Diderot und Balzac und der kürzlich verstorbene Paul Verlaine. Vorläufig sei der Platz, den er in der Literatur und im Pariser Kaffeehaus hinterlasse, »noch unausgefüllt, wenn es auch dem Café Größenwahn im Quartier Latin ebenso wenig an Besuchern fehlt wie an solchen, die sich zu künftigen ›Unsterblichen‹ berufen glauben. Und das dürfte wohl die einzige Ähnlichkeit zwischen Procope und Griensteidl sein.« Wie klug erkannt, was mit dem Gerede vom Größenwahn gemeint sein dürfte: nicht weniger nämlich als die Sehnsucht der jungen Schriftsteller nach Unsterblichkeit.

BERLIN

Seit der Reichsgründung 1871 strebt Berlin auf, gibt sich zackig preußisch, Handel und Industrie wachsen rasant. Massen an Menschen strömen in die Metropole. Lebten damals, als das Reich nach drei Kriegen entstand, achthunderttausend Menschen an der Spree, sind es jetzt, gerade mal zweieinhalb Jahrzehnte später, mehr als doppelt so viele – und das, obwohl Charlottenburg, Spandau und Köpenick weiterhin eigenständig sind.

Berlin lockt alle an, Parvenüs und Erfinder, Verleger und Schauspielerinnen, Wissenschaftler und Vagabunden, Drogenhändler und Adelige, Malerinnen, Journalisten und Studenten. Einem jeden scheint hier eine Zukunft offenzustehen, auch wenn sich manch einer täuscht. Kaum irgendwo prallen die Gegensätze so heftig aufeinander. Berlin ist die Stadt der Preußenkönige, der Kasernen, der Unternehmer, der Arbeiterbewegung, der Prachtmeilen, der Armutssiedlungen, der Kaufhäuser und immer mehr auch der Kaffeehäuser.

Von Letzteren gibt es prunkvolle für das Großbürgertum wie das Café Bauer in der Kaisergalerie, aber auch sehr günstige für die Laufkundschaft. Und für ebendiese stellt der Fabrikant Ludwig Stollwerck auf der diesjährigen Internationalen Gewerbeausstellung ein hochmodernes Projekt vor, das perfekt in eine Ära passt, der die Zeit davonläuft: selbsttätige Verkaufsapparate ohne Bedienung. Der Gast – oder in diesem Fall präziser: der Kunde – betritt einen Raum voll verglaster Schließfächer. Er wirft Geld in einen Schlitz, woraufhin ein Fensterchen aufklappt und ein Gericht oder ein Getränk freigibt. Man braucht nicht mehr zu warten, alles steht schnell und günstig zum Mitnehmen bereit.

Kein Wunder, dass viele Bürger die Metropole als zu eng, zu hastig und zu teuer empfinden und hinaus in ruhigere Vorstädte ziehen, nach Charlottenburg und in den Neuen Westen. Erst kürzlich ist dort am Zoologischen Garten die Kaiser-Wilhelm-Gedächtniskirche eingeweiht worden. Zwar werden entlang des Kurfürstendamms allmählich prunkvolle Gebäude hochgezogen, aber noch breiten sich zwischen den Baustellen zahlreiche Obstplantagen und Gemüsegärten aus.

Nicht weit von der Gedächtniskirche entfernt, an der Ecke von Kurfürstendamm und Joachimsthaler Straße, eröffnet in diesem Jahr der Wiener Cafétier Hans Kirchner im Erdgeschoss eines fünfstöckigen Wohngebäudes das erste Kaffeehaus am Ku'damm: das Kleine Café – das künftige Berliner Café Größenwahn.

Fortan fällt nachts das Licht aus den Fenstern auf den Boulevard. Auf jene, die zu später Stunde mit der Straßenbahn vorbeifahren, wirkt es wie ein Blinkfeuer auf einem weiten dunklen Meer. Vorerst kehren nur wenige Menschen dort ein, meist Leute aus der Nachbarschaft, hin und wieder auch Künstler, deren Ateliers fußläufig liegen.

WIEN

Irgendetwas muss vorgefallen sein – was genau, weiß Arthur Schnitzler nicht. Er weiß nur, dass er von Peter Altenberg unsäglich gehasst wird. So drastisch kommt es ihm zumindest vor. Am 9. November 1896 begegnen sich die beiden im Kaffeehaus, wo ihm der Kollege, wie es Schnitzler empfindet, geradezu feindlich die Hand reicht und rasch weitergeht. »Es ist seltsam«, hält Schnitzler im Tagebuch fest, »wie heftig die Antipathie dieses Menschen gegen mich ist, seit ich einen Erfolg habe (Liebelei) und seit er ein Buch geschrieben (dabei war ich der erste, der seine Sachen gelobt und empfohlen hat, und er hat sich bis vor kurzem sehr achtungsvoll gegen mich benommen). Nun zähl ich für ihn zu den Geschäftsleuten.« Als »Geschäftsmann« soll er von Altenberg bezeichnet worden sein.

Wahrscheinlich spürt umgekehrt auch Altenberg, dass Schnitzler wenig von ihm hält. Schnitzler mag zwar sein Buch *Wie ich es sehe*, schätzt die sehr eigenen, hübschen Stimmungsbilder darin, aber der Lebensstil des Kollegen befremdet ihn: dass er ständig in Hurenkaffeehäusern verkehrt, dass bei ihm kaum Pose, Neigung und Gewohnheit zu unterscheiden sind oder dass er sich in billigste Dirnen verliebt. Einmal hatte Altenberg ihm anvertraut, was ihn zu diesen Frauen zieht, und der Chronist Schnitzler hatte es gleich seinem Tagebuch und damit der Nachwelt anvertraut: »In einem solchen Weib die Seele finden – gerade das ist das höchste.«

Schnitzler möchte trotz allem freundlich bleiben. Im Spätherbst, als sie sich erneut über den Weg laufen, erzählt er Altenberg, was er gerade in Berlin erfahren hat: Er hat dort den großen naturalistischen Schriftsteller Gerhart Hauptmann getroffen, der nach ihm, Altenberg, gefragt habe. Seit Jahren habe kein Buch einen solchen Eindruck auf ihn gemacht wie dessen Erstling.

Das freut Altenberg sehr, hält ihn gleichwohl nicht vom Lästern ab. Vor seinen Freunden kann er sich am Kaffeehaustisch über Schnitzler in Rage reden, schimpft auf alles, was ihm zu dieser Person in den Sinn kommt, besonders wenn es um dessen romantische Stirnlocke geht. Geradezu ins Maßlose steigert sich sein Anfall, sobald ihm Schnitzlers schöner Spitzbart einfällt.

Vielleicht ist es Neid. Denn während Schnitzler gefeiert wird, muss sich Peter Altenberg eingestehen, dass sich sein Buch nicht verkauft, auch wenn es einige Kollegen mögen. »Sonst bekommt ein Schriftsteller höchstens zwanzig Frei-Exemplare und fertig«, schreibt er einer Freundin. »Ich aber habe bereits fünfzig verschenkt. Ich denke mir nur, vielleicht kommt es so in die Herzen oder Gehirne.« Auch sonst könnte es ihm besser gehen, die Rückenschmerzen seien weiterhin entsetzlich. »Es ist zum Töten. Ich verbrenne bei lebendigem Leibe.« Er wolle sich von allem zurückziehen. Schließlich verabschiedet er sich mit einem traurigen Gruß: »Adieu, Ihr absterbender Peter A.« Nur für den Fall, dass ihm die Bekannte antworten und er bei Ankunft ihres Briefes noch leben sollte, fügt er hinzu: »Sie, ich heiße Peter Altenberg. Andere Adressen werden retourniert.«

In ebenjenen letzten Tagen des Jahres 1896 spricht sich zudem herum, dass ein moderner Mythos zu Ende geht: Das Gebäude, in dem sich das Wiener Café Größenwahn befindet, soll abgerissen werden. Fast ein halbes Jahrhundert lang hat das Kaffeehaus bisher seine Gäste empfangen. Anfangs, 1848, als die Bürger eine Revolution durchführen wollten, hieß es deshalb kurzzeitig sogar »Café National«. Schon ewig sitzt Susanna Griensteidl an der Kassa, zog nebenbei Kinder groß und lebte bescheiden, während ihr Mann eine Geliebte mit Geschenken überhäufte und sich trotz sehr guter Einnahmen aus seinem Café ständig verschuldete. Einmal musste der Hallodri deshalb für einige Wochen ins Gefängnis, was so schlimm war, dass er sich, als ihn die Polizei später erneut mitnehmen wollte, mit Zyankali vergiftete. Das war im Jahr 1866. Seither hat seine Frau Susanna das Kaffeehaus allein, ergeben und fleißig weitergeführt. Längst ist sie eine stadtbekannte Persönlichkeit, von der in Zeitungen sogar Illustrationen abgedruckt werden, auf denen sie allerdings mit ihrer rundlichen Figur und dem Kopftuch ein wenig an Witwe Bolte erinnert.

Mit dem baldigen Abriss des Größenwahn endet ein Zeitalter, findet Karl Kraus, wenngleich er selbst kaum noch dorthin geht und dafür immer häufiger im Café Central im prächtigen Palais

Ferstel anzutreffen ist, wo auch sein Freund Altenberg verkehrt. Kraus sitzt dort an einem Tisch und liebt es, die Speisekarte zu studieren. Trotz aller Köstlichkeiten bestellt er meist Roastbeef mit Remoulade oder Tafelspitz mit Kartoffeln und einer sauren Gurke. Bis tief in die Nacht gräbt er sich dann in Zeitungen ein und kümmert sich um nichts und niemanden außer um Sprache, Literatur und Feindschaften, obwohl er eigentlich Jura studieren sollte. Er ist jetzt zweiundzwanzig Jahre und damit alt genug für eine Abrechnung mit der gesamten jungen Wiener Literaturszene.

Seine Abrechnung umfasst annähernd vierzehntausenddreihundert Wörter und dürfte damit die längste Hinrichtung der Literaturgeschichte sein. Sie erscheint in vier Teilen in der *Wiener Rundschau* und hält die Donaumetropole anderthalb Monate in Atem: Vom 15. November 1896 bis zum 1. Januar 1897 lästert, poltert, spöttelt und polemisiert Kraus über und gegen alle, die sich was auf ihr Schreiben einbilden – ganz gleich, ob sie Bahr, Schnitzler, Salten, Hofmannsthal, Beer-Hofmann oder sonst wie heißen. Ohne sie beim Namen zu nennen, karikiert er sie mit wenigen Wörtern, die so bezeichnend sind, dass die Kritisierten nicht mehr davon loskommen werden.

Karl Kraus selbst erwirbt sich mit seiner Satire *Die demolirte Literatur* die lebenslange Verachtung seiner Gegner – und bei allen anderen den Ruf des schärfsten, wortwitzigsten und unterhaltsamsten Kritikers der Jahrhundertwende. Mit seinem ersten Satz zieht er die Leserschaft in den Text: »Wien wird jetzt zur Großstadt demolirt.« Allein mit dem fehlenden »e« im Wort »demolirt« macht er klar, wie katastrophal es um die Sprache stehen muss. »Mit den alten Häusern fallen die letzten Pfeiler unserer Erinnerungen, und bald wird ein respectloser Spaten auch das ehrwürdige Café Griensteidl dem Boden gleichgemacht haben. Ein hausherrlicher Entschluss, dessen Folgen gar nicht abzusehen sind. Unsere Literatur sieht einer Periode der Obdachlosigkeit entgegen, der Faden der dichterischen Production wird grausam abgeschnitten. Zu Hause mögen sich Literaten auch fernerhin froher Geselligkeit hingeben; das Berufsleben, die Arbeit mit ihren vielfachen Nervositäten und Aufregungen, spielte sich in jenem Kaffeehause ab.«

So elegant wie phantasievoll beginnt sein Abgesang: »In Eile werden alle Literaturgeräthe zusammengerafft: Mangel an Talent, verfrühte Abgeklärtheit, Posen, Größenwahn, Vorstadtmädel, Cravatte, Manierirtheit, falsche Dative, Monocle und heimliche Nerven – alles muss mit. Zögernde Dichter werden sanft hinausgeleitet.« Anfangs gibt er sich freundlich: »Mehr als ein Vorzug hat dem alten Lokale seinen Ehrenplatz in der Literaturgeschichte gesichert. Wer gedenkt nicht der schier erdrückenden Fülle von Zeitungen und Zeitschriften, die den Besuch unseres Kaffeehauses gerade für jene Schriftsteller, die nach keinem Kaffee verlangten, zu einem wahren Bedürfnis gemacht hatte? Braucht es den Hinweis auf sämtliche Bände von Meyers Conversationslexikon, die, an leicht zugänglicher Stelle angebracht, es jedem Literaten ermöglichten, sich Bildung anzueignen? Auf das reiche Schreibmaterial, das für unvorhergesehene Fälle stets vorhanden war?«

Schließlich bläst Kraus zur Attacke und nimmt sich zuerst jenen Kollegen vor, dessen Überwindung er seit drei Jahren fordert: Hermann Bahr. Nach dessen Geburtsort tituliert er ihn herablassend als den »Herrn aus Linz« und spottet: »Eine Linzer Gewohnheit, Genialität durch eine in die Stirne baumelnde Haarlocke anzudeuten, fand sogleich begeisterte Nachahmer – die Modernen wollten es betont wissen, dass ihnen der Zopf nicht hinten hing.« Danach geht es dem Jüngsten der Runde an den Kragen, Hugo von Hofmannsthal. Dabei beweist Kraus zugleich, wie gut er seine Gegner kennt: »Die Tatsache, dass einer noch aufs Gymnasium ging, begeisterte den Entdecker zu dem Aufruf: Goethe auf der Schulbank! Man beeilte sich, den Jüngling für das Kaffeehaus zu gewinnen, und seine Eltern selbst führten ihn ein. Seine Bewegungen nahmen bald den Charakter des Ewigen, seine

Korrespondenzen den des ›Briefwechsels‹ an, er ging daran, ein Fragment zu schreiben, und war es seiner Abgeklärtheit schuldig, seine Manuskripte für den Nachlass vorzubereiten.«

Noch ungenierter wird Arthur Schnitzler bespöttelt, der bisher von allen Jungwienern die größten Erfolge feiert. Er sei derjenige, »der am tiefsten in diese Seichtigkeit eintauchte und am vollsten in dieser Leere aufgeht; der Dichter, der das Vorstadtmädel burgtheaterfähig machte, hat sich in überlauter Umgebung eine ruhige Bescheidenheit des Größenwahns zu bewahren gewusst«.

Den Dandy Beer-Hofmann trifft der Spott an seiner wundesten Stelle: In Kraus' Augen ist er »ein Schriftsteller, der so große Erfolge auf dem Gebiet der Mode aufzuweisen hat, dass er sich getrost in eine Konkurrenz mit der schönsten Leserin einlassen kann. Diesem Autor, der seit Jahren an der dritten Zeile seiner Novelle arbeitet, weil er jedes Wort in mehreren Toiletten überlegt, liefert ein persischer Tuchlieferant die besten Stoffe«.

Felix Salten darf vier Wochen lang hoffen, den Tiraden zu entgehen, immerhin war Kraus mal ein Freund, mit dem er eine Wohnung teilte. Mitte Dezember beendet der dritte Teil der Satire die Freundschaft endgültig. Salten, der mittlerweile ein gefragter Journalist ist, erkennt sich sofort: »Haben es die anderen in der Unnatürlichkeit bereits zu einiger Routine gebracht, ihm sieht man stets noch die Mühe an, die ihm seine Nervosität kostet. Immerhin hat er sich heute doch schon glücklich drei Nerven zusammengescharrt, die ihm die Ausübung einer bescheidenen Sensitivität erlauben.« Statt »ihm seine Nervosität kostet« müsste es »ihn seine Nervosität kostet« heißen, was Kraus natürlich weiß, aber Salten weniger. Damit ganz Wien seinen Witz versteht, schiebt Kraus noch den Satz hinterher: »Die Verwechselung des Dativs mit dem Accusativ gelingt ihm noch immer mit unverminderter Jugendfrische.«

Kaum ist der Text erschienen, hat Karl Kraus die Frechheit, wie unschuldig im Café Größenwahn aufzutauchen. Dort trifft er am 14. Dezember, einem Montag, nachts um ein Uhr auf die Jungwiener. Salten zögert nicht lange, tritt gleich in der Eingangstür auf den Spötter zu und schlägt ihm zweimal klatschend ins Gesicht.

Von einem Tisch aus beobachten Arthur Schnitzler und einige andere amüsiert die Szene. »Wenn man ihn ohrfeigt, ist er beleidigt«, notiert Schnitzler später einmal über Kraus, »wenn man ihn nicht ohrfeigt, nimmt er's als Bestechungsversuch.«

Kraus ist nicht nur beleidigt. Er verklagt Salten, der für seine Ohrfeigen zu einer Geldstrafe von zwanzig Gulden beziehungsweise vier Tagen Arrest verurteilt wird.

BERLIN

Unterdessen ist Frank Wedekind im Dezember 1896 mit seiner Geliebten Frida Strindberg an die Spree gereist. Er erhofft sich eine Aufführung seines Stücks *Die junge Welt*. Um über die Runden zu kommen, arbeitet er weiter für den verfluchten *Simplicissimus*. Unter den Pseudonymen Hieronymos, Hermann Kaspar Hauser und Müller von Bückeburg stänkert er mit politischen Gedichten über Ministerkrisen, Flottenpolitik, die preußischen Junker, die Sozialdemokraten und die Verbreitung des Christentums durch den Kaiser. Weil die Honorare kaum ausreichen, schreibt er seiner Mutter einen harschen Bettelbrief: »Du hast doch Geld! Fällt es Dir denn so furchtbar schwer, einem in solchem Moment die Situation etwas zu erleichtern? Für Dich ist jeder schmutzige gemeine Fleischerknecht und jeder schafsköpfige Millionärssohn ein ehrenhafter Mensch. Aber Dein eigener Sohn, der sich einen geachteten Namen gemacht hat, ist es nicht.« Es hilft wenig, sie schickt kein Geld, dann wird auch noch sein Stück abgelehnt, und obendrein ist die Geliebte schwanger.

Zwei Tage bevor das Café Griensteidl schließt, druckt die *Neue Freie Presse* einen Nachruf auf das Kaffeehaus: »Der Umstand, dass sich dort neben den berühmtesten Schauspielern des Burgtheaters auch viele kleine nicht anerkannte Mimen und neben Schriftstellern von Rang und Bedeutung auch manche junge unverstandene Literaten einfanden, trug dem Hause den Namen ›Café Größenwahn‹ ein.« Freilich seien einige von denen, die zu diesem Titel beitrugen, zu wirklicher Größe gelangt.

Arthur Schnitzler erwähnt das Café in seinem Tagebuch zum letzten Mal am 20. Januar 1897: »Im Griensteidl Schlussabend, Salten gab dem Arp. Sor eine Ohrfeige.« Arpad Sor, von dem gerade einmal der volle Name bekannt ist, dürfte zu den fernen Bekannten der Autorenrunde gezählt haben. Fortan wird er im Tagebuch nur von der Griensteidl-Zeit, von Griensteidl-Bekannten und Erinnerungen ans Griensteidl schreiben.

Am 21. Januar 1897 schließt das Wiener Café Größenwahn. Die Demolierung des Palais hat da bereits begonnen. Susanna Griensteidl, nun zweiundsiebzig Jahre alt, hat zuletzt eine Mitteilung an alle Stammgäste verfasst und dem Schreiben eine Fotografie des alten Hauses beigelegt. Sobald das Gebäude als größeres Bauwerk neu errichtet ist, will sie das Kaffeehaus im Erdgeschoss wieder eröffnen. Sie muss nur ihr Gebot an den Eigentümer abgeben. Aus ihrer Sicht dürfte es sich um eine Formsache handeln.

Als der Abriss des Palais Dietrichstein in vollem Gange ist, kippt im Habsburgerreich die Stimmung: Am 20. März 1897 findet eine richtungsweisende Reichstagswahl in Cisleithanien statt, also im nördlichen und westlichen Teil der Doppelmonarchie. Dramatisch sind die Ergebnisse nicht zuletzt in Wien, wo in fast allen Wahlkreisen die judenfeindlichen Parteien die Mehrheit gewinnen – außer in der zentral gelegenen Leopoldstadt. Bei den anschließenden Stichwahlen kommt es in dem Stadtteil zu brutalen Ausschreitungen.

Während der Spitzenkandidat der Liberalen erklärt, er trete für alle Bürger ein, ganz gleich welcher Konfession oder Nationalität, sammeln sich bereits anderswo in Wien die Nationalisten. Dutzende von ihnen ziehen brüllend durch die Straßen und skandieren den Namen ihres Anführers: »Hoch Lueger! Nieder mit den Juden!« Sie demolieren jüdische Geschäfte, stürmen jüdische Kaufläden, schleudern Steine in die Schaufenster von jüdischen Kaffeehäusern. Am Ende des Tages sind fünfzig Menschen verletzt und hundert Fensterscheiben sowie Geschäftsportale zertrümmert.

Knapp drei Wochen später, am 8. April, stellt sich der christsoziale Politiker Karl Lueger zur Wahl des Bürgermeisters. Als machiavellistischer Pragmatiker schmäht er die Juden als Gottesmördervolk. Die Wiener lieben diesen zynischen Volkstribun. Erst vor zwei Jahren hat er die Wahl zum Bürgermeister mit antisemitischen Pöbeleien gewonnen, weshalb ihm von Kaiser Franz Joseph das Amt verweigert wurde. Nun gibt erneut eine Mehrheit der Wiener diesem Mann ihre Stimme, was auch mit einem ungleichen Männerwahlrecht zu tun hat, das Reiche bevorzugt.

Der Kaiser will diesen Mann noch immer nicht als Bürgermeister von Wien sehen. Erst als Papst Leo XIII. fordert, der Kaiser solle den Wählerwillen respektieren, gibt Franz Joseph nach. Von einem hohen Parteifunktionär hat sich der Kirchenmann überzeugen lassen, dass es nicht so sehr um radikalen Antisemitismus gehe, sondern vielmehr um christliche und soziale Ziele und um eine Kritik am Kapitalismus.

Anderthalb Jahrzehnte lang wird Oberbürgermeister Karl Lueger die Metropole regieren und sich um Trinkwasser, Elektrizität, Gasversorgung, Straßenbahnen und Krankenhäuser kümmern. Für ihn bleibt Antisemitismus ein Mittel der Agitation, er selbst spricht von einem »Pöbelsport«, hilfreich für den Aufstieg. Oben angekommen, sei er dann nutzlos. Lueger will deshalb auch ganz alleine entscheiden, wer Jude ist und wer nicht. Er mag es pragmatisch sehen, aber seine Saat wuchert weiter.

Die Schwabinger »Skandalgräfin«
Franziska zu Reventlow (1905)

Flucht in die Schweiz

MAI 1897 BIS MAI 1899

In München träumt die junge Franziska Gräfin zu Reventlow von einer Zukunft als Malerin, bis ihr das Leben dazwischenkommt. Derweil rennt Arthur Schnitzler in der Sommerfrische von Geliebter zu Geliebter und hat überhaupt viel zu tun. Während in der Berliner Politik der Ruf nach einem »Platz an der Sonne« laut wird, radelt Hugo von Hofmannsthal durch die Schweiz. Kaiserin Sisi unternimmt in Genf einen gefährlichen Spaziergang. Und Frank Wedekind muss wegen eines Spottgedichtes ins Exil fliehen, aber da ist er nicht der Einzige.

Das Münchner Größenwahn:
Café Stefanie (1905)

MÜNCHEN

Im Frühjahr 1897 lebt Franziska Gräfin zu Reventlow auf. Sie geht feiern und flirtet befreit. Selbst das Aufwachen gefällt der Fünfundzwanzigjährigen wieder. Jeden Morgen wirft ihr ein junger Mann aus Prag ein Gedicht in den Briefkasten. Er heißt Rainer Maria Rilke und hat sich ein wenig in sie verguckt. Nach schweren Jahren fühlt sich für Reventlow das Leben wieder leicht an, obwohl sie nur wenig Geld besitzt. Kaum hat sie ein paar Pfennige beisammen, geht sie ins Café Stefanie, das baldige Münchner Größenwahn. Sie ist wieder schwanger, zum zweiten Mal, und empfindet eine grenzenlose Liebe zu ihrem ungeborenen Kind. Immer wieder schaut sie sich an, streicht sich über den Bauch und merkt, wie ihr Körper sich verändert, was sie ganz stillselig macht. Nichts darf diesmal dazwischenkommen. Im Spätsommer wird sie das Kind zur Welt bringen.

Noch an Silvester hat sie allein, mittellos, kränklich und niedergeschlagen in ihrem Zimmer in Schwabing gesessen, ist fast an ihrem Leben verzweifelt und hat über die zurückliegenden Jahre sinniert. Sie hatte lange geglaubt, ihr Leben müsse fabelhaft werden, aber stets ging alles in Trümmer. Seit einer Trennung im vergangenen Jahr lebt sie endgültig in München. Sie tröstete sich mit Affären und dachte an Selbstmord – bis sie in diesem Januar 1897 beglückt feststellte, dass sich in ihrem Körper erneut etwas regt. Seither wendet sich ihre Welt zum Besseren, auch wenn der Alltag schwierig bleibt. Wacht sie nachts auf, tröstet sie der Gedanke an das Kind über alles hinweg, über die Schulden und die Angst um ihr Zimmer, das sie nur mit Müh und Not bezahlen kann, weshalb sie schon fast den gesamten Hausrat versetzen musste. Aber zum Aufgeben ist es viel zu früh. Zwar kommt sie als Künstlerin kaum voran, als Autorin jedoch wird sie aufmerksam gelesen. Nachdem kürzlich im *Simplicissismus* ihre Satire »Das Jüngste Gericht« erschienen ist, wurde prompt die gesamte Auflage eingezogen und Verleger Albert Langen wegen Gotteslästerung angeklagt. Sie hatte unverblümt über einen eifrigen Staatsanwalt gelästert, dessen Name – Donnerschlag – die beste Vorlage für ihren Spott lieferte. Trotz der Klage ließen sich weder der Verleger Langen noch Reventlow beirren. Gleich in der nächsten Ausgabe schrieb sie über den Prozess und gab ihrem Text die ketzerische Überschrift: »Das allerjüngste Gericht«.

Zur Redaktion des Satireblatts sind es für Franziska zu Reventlow nur wenige Minuten zu Fuß. Dass dort auch ein Bekannter aus dem Norden arbeitet, hatte sie bei den ersten Besuchen gar nicht bemerkt, aber Korfiz Holm erkannte die Gräfin aus gutem norddeutschen Hause sofort. Sie hatten sich einst in Lübeck kennengelernt, wo sie als exzentrische Adelstocher galt, die angeblich mit einem schwarzen und einem gelben Schuh im Lehrerinnenseminar auftauchte. Holm fand sie damals weder besonders auffällig noch hübsch oder gar rebellisch. Einzig die Tatsache, dass sie keine Handschuhe trug, hatte er als stillen Protest gegen ihre adelige Herkunft gedeutet. Ihm war ihre zierliche Figur im Gedächtnis geblieben, das feingeschnittene Gesicht, die großen schwärmerischen blauen Augen, die zersausten blonden Löckchen.

Im Verlag des *Simplicissimus* bittet Reventlow nun um ein Gespräch mit dem Verleger Albert Langen. Sie benötigt dringend Geld. Ständig flattern Rechnungen ins Haus, und ihr Vermieter verlangt unverzüglich die überfällige Miete. Sie möchte daher rasch Aufträge und Honorare – und am besten einen Vorschuss.

Ob sie Französisch spreche, fragt Langen und drückt ihr sogleich ein Buch in die Hand, das sie schnellstmöglich übersetzen soll. Dafür will er ihr auch einen Vorschuss zahlen.

Als das Geld eintrifft, ist es schon zu spät. Ihr Vermieter hat sich bereits Zutritt verschafft, ihre Kleidung und sonstige Habe vor die Tür packen lassen und den Schlüssel eingezogen. Aber Reventlow braucht nicht lange nach einer neuen Bleibe zu suchen. Die Residenzstadt ist ein Paradies für mittellose Tagträumer. Unzählige Räume stehen leer oder müssen erst »trockengewohnt« werden: Noch werden nämlich die Wände neuer Häuser aus Kalkmörtel errichtet und geben ihre Feuchtigkeit nur sehr langsam ab. Was beim Austrocknen hilft, sind Körperwärme und menschlicher Atem. Und dazu werden die Räume günstig vermietet. Sobald sie jedoch trockengewohnt sind, müssen die Zwischenmieter wieder raus oder den vollen Mietpreis zahlen. Die neue Unterkunft wird nicht Reventlows letzte bleiben, vielmehr wird sie in ihren rund fünfzehn Jahren in Schwabing an vierundzwanzig Wohnsitzen gemeldet sein, nicht mitgezählt die Adressen im Münchner Umland.

Tag und Nacht sitzt Franziska zu Reventlow in diesem Frühling an einem großen alten Tisch, der zwischen zwei Fenstern steht, von denen sie auf einen Hof hinaussehen kann. Sie übersetzt unentwegt, ein Buch nach dem anderen, und wenn sie müde ist, legt sie sich auf einen Diwan, denn auch ihr Bett musste sie verkaufen. So kommt sie, während das Kind in ihrem Bauch heranwächst, finanziell über den Sommer. Überhaupt verdient sie ihr Geld von nun an vor allem mit den verhassten Übersetzungen. Am Ende wird sie fünfzig Bücher ins Deutsche übertragen haben, darunter auch welche von Guy de Maupassant und Émile Zola. Bei allem Respekt vor deren Werken erlaubt sie sich durchaus, eigenhändig Passagen zu kürzen, die ihr langweilig erscheinen. Ihr Verleger wird es gleichmütig akzeptieren. Albert Langen vertraut seiner Gräfin.

Trotz aller Arbeit und aller Einnahmen zählt Franziska zu Reventlow ständig nervös ihr Geld. Einmal hat sie gerade noch sechsundzwanzig Mark für die nächsten drei Wochen übrig. Dabei verschlingen allein Zimmer und Mittagessen fünfzig Mark im Monat. Sie wird oft in ihrem Leben ans Geld denken, aber letztlich ein spielerisches Verhältnis dazu bewahren. Irgendwann gewöhnt sie sich gar an, ihre hart verdienten Münzen im Zimmer umherzuwerfen. Gerät sie dann mal wieder in große Bedrängnis, freut sie sich umso mehr, wenn sie die Geldstücke wiederentdeckt.

ISCHL

Im Juni 1897 weilt Arthur Schnitzler in Ischl, der kaiserlichen Sommerresidenz in Oberösterreich. Er könnte guter Dinge sein, weil sein Stück *Liebelei* gerade in New York aufgeführt wird, doch er hält sich von den Promenaden fern und meidet die klatschhaften Sommergäste. In seinem Zimmer in der Pension Rudolfshöhe will er in aller Ruhe an neuen Stoffen arbeiten. Seine aktuelle Freundin, die Gesangslehrerin Marie Reinhard, erwartet derweil ein Kind von ihm und ist für die bevorstehende Geburt in der Nähe von Wien geblieben, um es zur Adoption freizugeben.

»Ich sehne mich nach dir«, teilt er ihr brieflich mit, aber Schnitzler bleibt doch Schnitzler. All seine Sünden hält er im Tagebuch fest: Erst lernt er Rosa Freudenthal, dann Therese Strisower kennen – im Tagebuch nennt er Erstere »Y.«, Letztere »Risa«. Erst geht es früh mit »Frau Y. zur Radbahn«, dann rasch mit dem Rad auf einen Berghof, wo er die unerhört schöne Bankierstochter Risa trifft. Mittags sitzen sie zu Tisch, nachmittags geht es aufs Zimmer, um »unerhörte Zärtlichkeiten« auszutauschen. Dabei lügt er sie so unentwegt an, dass er fast selbst an seine Geschichten glaubt.

Tags darauf spaziert er wieder mit Y. durch einen Wald, wo sie ihm von Hochzeiten und Scheidungen, Kindern und Liebhabern erzählt. Sie küssen sich heftig unter den Bäumen, radeln dann zu einem See und lassen den Tag ausklingen.

Zum Frühstück treffen sie sich wieder, reden stundenlang, und nach dem Souper gibt sich Schnitzler ihr auf dunklen Bänken hin. Dann fragt er an:

»Wollen Sie mich nicht zu sich nehmen?«

»So schnell – nicht wahr.«

»Weil ich so bald fort.«

Sie lässt ihn jedoch vor der Tür stehen. Zurück auf seinem Zimmer fragt sich Schnitzler, warum er nicht gleich mit zu ihr hinein ist. So geht es einige Male zwischen Y. und Risa hin und her.

Dass er sich mit anderen Frauen vergnügt, während seine Freundin das gemeinsame Kind erwartet, bereitet ihm kein schlechtes Gewissen. Erst später, als das Kind, ein Junge, tot zur Welt kommt, verspürt Schnitzler so etwas wie Reue, sich nicht genug gekümmert zu haben. Er wird das Drama in seinem 1908 erscheinenden Roman *Der Weg ins Freie* schildern und den Vater, also sich selbst, als einen Menschen porträtieren, den Zweifel und Schuldgefühle plagen.

MÜNCHEN

Hochschwanger zieht Franziska zu Reventlow im Sommer erneut um. Im Gasthaus zu den vier Nußbäumen nimmt sie sich ein Zimmer und engagiert ein Mädchen als Hilfe. Wenn sie abends im Bett liegt, freut sie sich auf ihr Kind. Es soll anders aufwachsen als sie, schon weil sie eine liebevolle Mutter sein wird. Sie selbst wurde als Fanny Liane Wilhelmine Sophie Auguste Adrienne Gräfin zu Reventlow in eine norddeutsche Adelsfamilie geboren und verbrachte ihre Kindheit mit fünf Geschwistern auf dem elterlichen Schloss vor Husum. Sie erinnert sich sehr genau an den verwunschenen Garten, hinter dessen Mauern sie bis zur Nordsee blicken konnte.

Ansonsten denkt sie nicht gern zurück, vor allem nicht an die Mutter, von der sie sich stiefkindlich behandelt fühlte. Dabei liebte sie ihre Mutter leidenschaftlich, sehnte sich nach deren Zuneigung oder wenigstens Freundlichkeit, bis sie, die kleine Fanny, sich abwandte, erkaltete und beinahe so etwas wie Krieg zwischen ihnen herrschte. Ab der Pubertät durfte sie nicht mehr mit ihren Brüdern draußen herumlaufen, sondern musste daheimbleiben, Nähen und Stricken lernen.

Als die Eltern erfuhren, dass sie trotzdem mit den Brüdern durch Husum streifte, schickten sie die Jugendliche ins ferne Thüringen, in ein evangelisch-lutherisches Mädchenpensionat für adelige Töchter. Auch dort rebellierte sie, weil sie fürchtete, als ungebildete und spitzenklöppelnde Hausfrau zu enden. Nach einem Jahr musste sie das Internat verlassen, aber die Mutter nahm die Tochter nicht auf, sondern schickte sie erneut fort, dieses Mal zu ihrer jüngeren Schwester, die als Stiftsdame in einem ehemaligen Benediktinerinnenkloster an der Ostsee lebte. Bei ihrer Tante war es besser, als die mittlerweile siebzehnjährige Fanny befürchtet hatte. Sie bekam ein eigenes Zimmer und erhielt Malunterricht von einer Künstlerin, deren freies Leben sie bewunderte.

Kaum war sie nach rund anderthalb Jahren zurück bei den Eltern, zog die Familie nach Lübeck. Dort lernte Fanny ihren ersten Freund im Ibsenclub kennen, einem Diskussionszirkel für junge Leute, die den norwegischen Dramatiker Henrik Ibsen bewundern. Der setzte sich bereits seit Jahrzehnten vehement für das weibliche Geschlecht ein, sprach wie niemand sonst gesellschaftliche Konflikte an und thematisierte in seinen Theaterstücken all das, was eigensinnige Jugendliche schon damals am kaiserlichen Deutschland verachteten: die Unterwürfigkeit, die Doppelmoral. In ihren Gesprächen ging es um Sozialismus, Individualität und Frauenrechte und damit um all jene Dinge, mit denen ihre Familie wenig anfangen kann.

Und doch fand Fanny auch in diesem Zirkel keinen Halt. Sie schwankte, fühlte sich heimatlos, wünschte sich den Tod, ehe ihr im nächsten Moment wieder alles so lebenslustig erschien. Sie sehnte sich ins Freie, ins Leben, wollte mit ihrem Freund jedes Gefühl teilen und jedes seiner Gefühle begreifen. Heimlich, damit ihre Eltern nichts bemerkten, trafen sie sich und lästerten über die strenge Mädchenerziehung. Als jedoch eine unverheiratete Freundin schwanger wurde und der Freund zu verstehen gab, dass er eine voreheliche Schwangerschaft für mangelnde Selbstbeherrschung hielt, widersprach ihm Fanny entschieden. Was sei an einer Schwangerschaft nach der Hochzeit denn so sonderlich anders? Die Sache bleibe dieselbe, was auch immer Gesetz und Kirche dazu meinten.

Um ein eigenständiges Leben zu führen, wollte sie Lehrerin werden, einer der wenigen Berufe, der adeligen Frauen offenstand. Sie trat in das Roquette'sche Lehrerinnenseminar in Lübeck ein, plante aber schon, anschließend Geld zu verdienen, um eine Kunstakademie besuchen zu können. Sie wolle und müsse einmal frei werden, schrieb sie dem Freund, es liege tief in ihrer Natur, dieses maßlose Streben, diese Sehnsucht nach Freiheit. Von der kleinsten Fessel, die andere gar nicht bemerkten, werde sie unerträglich gedrückt.

Als sie das Lehrerinnenseminar nicht nach zwei, sondern bereits nach anderthalb Jahren abschloss, spürte sie erstmals den Stolz ihrer Eltern. Ihr Freund war unterdessen aus Lübeck weggezogen, weil er zum Militär musste. Ihre Brieffreundschaft endete kurz darauf. Dafür verliebte sich Fanny in einen anderen Mann aus dem Ibsenclub, einen Mathematikstudenten aus Göttingen. Alles war wunderbar, bis die Eltern zufällig in einem Lexikonband einen Liebesbrief fanden und daraufhin den Schreibtisch der Einundzwanzigjährigen aufbrachen, wo weitere Briefe lagen. Die Empörung war groß, und der Vater sah sich darin bestätigt, dass seine Tochter weiterhin Irrlichtern anhing und in ihr Verderben stürzen werde. Er wollte sie sogar entmündigen. Sie sollte nun Krankenpflege in einem Pfarrhaus auf dem Land lernen. Man war dort freundlich zu ihr, doch Fanny zu Reventlow wollte nur fort. Das dafür nötige Geld verdiente sie mit heimlich verfassten Texten für die *Husumer Nachrichten*.

Noch einmal bat sie ihre Eltern brieflich, sie gehen zu lassen. Weil sie keine Antwort erhielt, floh sie im Frühjahr 1893 zu einer Freundin nach Wandsbek, wo sie wenige Tage später ein Brief ihres Bruders Ludwig erreichte. Der Vater habe aufgrund ihrer Eskapaden einen Schlaganfall erlitten. Sie solle sich hüten, ihm, dem Bruder, vor die Augen zu treten. Sollte er ihr oder ihrem Zuhälter begegnen, werde er seinen Stock schwingen. Man überlege zudem, einen Antrag auf Entmündigung zu stellen, was sich mit Geisteskrankheit begründen ließe. In ihrer Not machte sich Fanny zu Reventlow auf die Suche nach einer Stelle als Gesellschafterin. Da begegnete sie im Haus der Freundin einem Gerichtsassessor, der sich in sie verliebte. Er hieß Walter Lübke.

Im Frühsommer erhielt sie ein Telegramm, der Vater liege im Sterben. Sie fuhr nach Lübeck, nur um dort vor der Zimmertür warten zu müssen, bis ihr Papa verstorben war. In ihrer Geschichte »Vater«, die sie später im *Simplicissimus* veröffentlicht, heißt es vielsagend: »Dann ging ich. Die letzte weiche Saite in mir sprang klirrend entzwei.«

Zurück in Wandsbek, sorgte sich ihr Freund Walter Lübke um die Verzweifelte und versprach, ihr einige Monate in München zu ermöglichen, damit sie dort Malerei an einer Akademie studieren könne. Die beiden verlobten sich, ehe Fanny zu Reventlow im August 1893 nach München aufbrach. Ein halbes Jahr sollte sie an der Isar bleiben, dann zurückkommen und ihren Verlobten heiraten.

München, wo fast acht Mal so viele Menschen wie in Lübeck wohnten, erlebte sie als eine Stadt im Aufbruch. Sie fühlte sich von Anfang an wie befreit, legte ihren Vornamen Fanny ab und stellte sich fortan nur noch als Franziska vor. Zwar konnte sie sich als Frau nicht an der Königlich-Bayerischen Akademie der Bildenden Künste einschreiben, aber dafür an der besten freien Malschule der Stadt – jener des slowenischen Malers Anton Ažbe. Sie stürzte sich in die Malerei, schrie in ihren Bildern alles Erlittene hinaus, gab sich ihren Gefühlen hin und ging mit einem polnischen Maler ins Bett. Aber eine Trennung von ihrem Walter kam für sie deshalb nicht infrage. Als sie merkte, dass sie schwanger war, sprach sie mit niemandem darüber. Sie kehrte nach Wandsbek zurück und heiratete ihren Gerichtsassessor, der nicht einmal ihre Fehlgeburt bemerkte.

Alles fügte sich zum Besten, ihr Gatte spielte ihr Chopin vor, sie richtete sich ein Atelier ein und veröffentlichte in den *Husumer Nachrichten* eine amüsante dreiteilige Serie über einen Mann, der mit einer Künstlerin verheiratet ist. Es sei alles viel weniger reizend, als man meine, heißt es in der Geschichte, die aus der Perspektive des Ehemannes erzählt ist: Seine Frau vernachlässige die Wohnung, bringe ihm nicht einmal die Morgenzeitung, überall lägen Mal-Lappen und Skizzenblätter herum, ja sie stecke die Kinder sogar in Lumpen, damit sie Modell für ein sozialkritisches Gemälde stehen könnten. Nach dem Auswaschen der Pinsel vergesse sie, den Wasserhahn abzudrehen, bis die Badestube überflutet sei. Und als sie einmal verzückt den Mond betrachtet habe, sei die Gardine angebrannt.

Walter Lübke liebte seine Frau, und sie fühlte sich ihm so nahe, dass nichts mehr zwischen ihnen sein sollte. Sie wollte ihm alles erzählen, nichts verheimlichen, und so beichtete sie ihm im Sommer 1896 die Fehlgeburt. Sie war sich sicher, er würde es verstehen und ihr verzeihen, doch er fühlte sich betrogen und ausgenutzt, hatte er ihr doch den Aufenthalt in München erst ermöglicht. Nun wusste er nicht mehr, ob er ihr jemals wieder würde vertrauen können. Er wollte sie ab sofort nicht mehr sehen – und reichte die Scheidung ein. Statt im Norden zu bleiben, ging Reventlow nach München zurück.

Seit April 1897, seit wenigen Monaten also, ist die Scheidung offiziell, wofür sie als Schuldige aufkommen muss. Doch nun ist sie zum zweiten Mal schwanger. Daher versucht Franziska zu Reventlow zu sparen, wo es geht: Sie hat Bettzeug, Kleidung und Töpfe ins Pfandleihhaus gebracht und tröstet sich mit der Vorfreude auf das Kind. Dass es sich für unverheiratete Frauen nicht schickt, ein Kind zu bekommen, stört sie nicht. In ihrer Mutterschaft sieht sie ihren künftigen Lebensinhalt. Für sie hängt Mutterschaft nicht an einem Mann oder einer Ehe. Aus ihrer Sicht sind die besten Mütter jene Frauen, die viel geliebt und genossen und damit das Leben gespürt haben.

Von Tag zu Tag wird ihr Bauch praller. Dem Kind scheint es gut zu gehen, während die Mutter unter dem heißen Sommer leidet. Ständig läuft ihr Schweiß das Gesicht herunter, immerzu muss sie die Hände in Wasser tauchen. Im Juli ist ihr Kopf schrecklich überreizt, trotzdem übersetzt sie täglich acht bis zehn Stunden lang, bis sie das lange Sitzen kaum mehr aushält. Der Juli endet, der August zieht an ihr vorüber. Jeden Tag könnte es so weit sein. Sie arbeitet mechanisch, kann nicht mehr denken, fühlt ihren Körper kaum mehr, hat Schmerzen, alles ist ihr gleichgültig.

Dann setzen die Wehen ein, und nach einer schmerzhaften Geburt liegt Franziska zu Reventlow am 1. September 1897 mit dem Neugeborenen im Arm in ihrem Zimmer und sieht durch die Fenster die Bäume und die Sonne. »Endlich mein Kind, o mein Gott, mein Kind«, hält sie im Tagebuch fest. Es ist ein Sohn, sie nennt ihn Rolf. Der Himmel ist blau, die Welt wieder herrlich und sie selbst überglücklich mit ihrem Bubi, der Maus, dem Göttertier. Zu niemandem wird sie je eine so innige Beziehung pflegen wie zu ihrem Sohn. Er ist die Liebe ihres Lebens. Nur den Namen des Vaters verschweigt sie den Behörden. Sie meldet Rolf mit dem Familiennamen ihres geschiedenen Mannes an – und findet es kleinlich, dass dieser sich das verbittet. Der Name des Vaters wird nie außerhalb der Familie bekannt. Es heißt, Franziska zu Reventlow sei ihm im Englischen Garten begegnet. Eine Weile sollen die beiden noch Kontakt gehalten haben.

BERLIN

Gut drei Monate nach der Geburt von Rolf zu Reventlow vollzieht das Deutsche Reich eine Zeitenwende. Am 6. Dezember 1897 verkündet Bernhard Freiherr von Bülow, Staatssekretär des Auswärtigen Amtes, im Reichstag eine neue Kolonialpolitik und damit eine neue Ära im deutschen Selbstverständnis: »Die Zeiten, wo der Deutsche dem einen seiner Nachbarn die Erde überließ, dem anderen das Meer und sich selbst den Himmel reservierte, wo die reine Doktrin thront – diese Zeiten sind vorüber.« Seine Regierung wolle in Ostasien die Interessen des deutschen Handels und der Industrie fördern und pflegen. Man wolle China weder brüskieren noch provozieren, aber man verlange, dass der deutsche Missionar und der deutsche Unternehmer, die deutschen Waren, die deutsche Flagge und das deutsche Schiff in China genauso geachtet werden wie diejenigen anderer Mächte. Seine Rede gipfelt in einem Satz, der sich ins kollektive Gedächtnis einbrennt: »Wir wollen keinen in unseren Schatten stellen, aber wir fordern auch unseren Platz an der Sonne.«

Freiherr von Bülow formuliert damit einen unerhörten Machtanspruch, der sich aus Minderwertigkeitsgefühlen und einem ordentlichen Schuss Größenwahn speist. Seit das Deutsche Reich durch Otto von Bismarck gewaltvoll zu einem neuen, von Preußen dominierten Gebilde geeint wurde, hat es sich zum modernsten, effektivsten und wirtschaftlich stärksten Staat auf dem Kontinent gewandelt. Kein europäisches Land produziert mehr Industriegüter, bringt mehr wissenschaftliche Erkenntnisse hervor, sorgt sich mehr um die Arbeiterschaft, die ihrerseits schlagkräftig organisiert ist. Mit dem Lebensstandard ist auch die Zahl der Deutschen rasant angestiegen: Waren es bei der Reichseinigung 1871 einundvierzig Millionen, sind es inzwischen – gerade mal ein gutes Vierteljahrhundert später – schon dreiundfünfzig Millionen.

Und von Jahr zu Jahr wird die deutsche Bevölkerung weiter um knapp eine Million Menschen wachsen.

Während Großbritannien, Frankreich, Portugal und Spanien seit Jahrhunderten über Kolonien verfügen, ist das Deutsche Reich erst vor anderthalb Jahrzehnten in den Wettlauf um die letzten noch verfügbaren Territorien eingestiegen. In Afrika besitzt es bislang nicht mehr als drei Kolonien. Das Deutsche Reich fühlt sich daher benachteiligt und ist neidisch auf die anderen europäischen Großmächte.

Kaiser Wilhelm II. verfolgt große Pläne. Sein Großvater, den er als Wilhelm den Großen verehrt, hat die Armee aufgebaut. Nun will er, der Enkel, das Reich zur ersten Führungsmacht des Kontinents ausbauen. Auch darum hat vor nunmehr sieben Jahren jener Mann abtreten müssen, der Deutschland für saturiert erklärt hatte: der mächtige »Eiserne Kanzler« Otto von Bismarck. Seither stellt Wilhelm sicher, dass niemand neben ihm mitregiert. Er allein ist es, der Minister, Kanzler und Generäle ernennt. Alle sind von ihm abhängig. Keiner widerspricht oder verhält sich wie ein Staatsmann. Alle sind sie Schmeichler und – wie der Kaiser höchstselbst – Militaristen.

Mittlerweile hat diese Riege das alte, von Bismarck geschaffene Vertragssystem eingemottet, das Frieden mit Russland garantierte. Dass sich Sankt Petersburg daraufhin mit Paris verbündet hat, stellt für die Berliner Kriegsplaner einen Albtraum dar: Im Falle eines Krieges wird das Deutsche Reich nun nämlich an zwei Fronten kämpfen müssen: im Osten gegen Russland, im Westen gegen Frankreich. Der preußische Generalfeldmarschall Helmuth von Moltke sieht nur eine Lösung: Es braucht einen schnellen Präventivschlag gegen Frankreich, sodass Russland gar nicht erst seine Truppen sammeln und angreifen lassen kann.

Kaiser Wilhelm II. und seine Regierung haben erst einmal eine große Flotte im Sinn. Am 28. März 1898 verabschiedet der Reichstag das erste Flottengesetz zum Ausbau der kaiserlichen

Marine. Der Kaiser hat Großes vor. Zu seinem Verwandten, dem Zar Nikolaus II., wird er bald sogar völlig unbescheiden meinen: »Ich bitte dich, von jetzt ab den Namen Admiral des Pazifik zu tragen. Ich selber werde mich Admiral des Atlantik nennen.« Allmählich steigen ihm seine Ideen gefährlich zu Kopf.

MÜNCHEN

Ihr kleiner Rolf ist vom Zahnen ganz blass geworden, aber immerhin kann er jetzt im Frühling 1898 auf einem Hofplatz mit Garten spielen. An der frischen Luft bekommt der Bubi rasch wieder rote Wangen. Seine Mutter verfolgt unterdessen neue Pläne, um vom Schreiben loszukommen. Nach dem vermasselten Versuch, ein Milchgeschäft zu eröffnen, will sie Schauspielerin werden und investiert für den Unterricht einen guten Teil ihrer Übersetzungshonorare. Während ihr Kleinkind neben ihr schläft, schreit oder lacht, übt sie den Sommer über an Stimme, Mimik und Ausdruck. Auf Feiern zu gehen und zu flirten gelingt ihr fast nicht, regelmäßig zeigt sie sich dafür nur in den Cafés. Im Herbst kann sie am Theater am Gärtnerplatz eine erste Rolle ergattern, doch nach wenigen Wochen steht fest, dass ihr Talent niemanden in den Bann zieht. Ihr bleibt nichts anderes übrig, als sich wieder mit Übersetzungen zu plagen und fluchend die Nächte durchzuarbeiten. Es ist ihr Schicksal. Tags darauf ist sie oft viel zu müde, um mit ihrem Sohn zu spielen, was sie so gern täte.

BASEL – VENEDIG

Für Hugo von Hofmannsthal und Arthur Schnitzler ist es ein prächtiger Sommer. Am 11. August 1898 brechen sie zu einer gemeinsamen Radtour durch die Schweiz auf, um von Basel aus zum Genfer See zu strampeln. Schnitzler radelt seit fünf Jahren. Und weil auch Hofmannsthal einsehen musste, dass es nicht ausreicht, über den Tod Tizians zu schreiben, wie Salten ihm gegenüber spöttisch meinte, begann auch er, mit diesem neumodischen Gerät zu liebäugeln. Immerhin haben die Bicycles, wie man sie oft nennt, schon Luftreifen, Pedale, eine Kette und überhaupt eine Form, die sich nicht mehr groß ändern wird. Kaum dass sie im vergangenen Jahr als offizielles Verkehrsmittel anerkannt wurden, legte er sich ein eigenes zu. Für ihn fühlt sich Radfahren an, als schwömme man in der Luft.

Nach gut einer Woche trennen sich die beiden Freunde am Genfer See wieder. Während Schnitzler weiter durch die Schweiz reist, radelt Hofmannsthal zum Luganer See an der Grenze zu Italien. Auf dem Weg dorthin schiebt er sein Bicycle fünfeinhalb Stunden lang hinauf bis zur Passhöhe des Simplon, um dann wagemutig die Straße auf der anderen Seite hinabzusausen. Er kommt sich ausgesprochen verwegen vor, gerade weil er dabei alle Ratschläge seiner Mutter in den Wind schlägt.

Am Luganer See mietet Hofmannsthal ein Zimmer im wunderschönen Grand Hôtel du Parc. Zwei Wochen lang will er bleiben und an neuen Stücken arbeiten. Er mag die Landschaft mit ihren Lorbeerbäumen und blühenden Azaleensträuchern. Nachts ist vom Balkon aus zu hören, wie im See die Fische springen. Zwar genießt er das Alleinsein, doch weil es viel zu heiß ist, fühlt er sich matt, niedergeschlagen und auf den Hund gekommen. Statt zu arbeiten, denkt er ständig an den letzten Sommer: In Varese in Norditalien hatte er in nur zwei Wochen das fast zweitausend Verse lange Drama *Die Frau am Fenster* verfasst, das kürzlich am Deutschen Theater in Berlin aufgeführt wurde. Es war sein erstes Stück dort, und weil es gut angenommen wurde, soll er nun ein weiteres liefern.

Tatsächlich hat er ein fast fertiges Gedicht dabei, aber dessen letzter Akt will ihm nicht gelingen. Erst als ihn seine Mutter in

Briefen beschwört, sich an die Arbeit zu machen, weil man nur so seiner Trübsal entkomme, zwingt er sich an den Schreibtisch – und vollendet unerwartet rasch das dramatische Gedicht *Die Hochzeit der Sobeide*: Eine Frau aus armen Verhältnissen heiratet einen reichen Kaufmann, obwohl sie den Sohn eines Teppichhändlers liebt. Zwar lässt der Kaufmann sie ziehen, aber vom Sohn des Teppichhändlers wird sie, wie sie erst jetzt begreift, zwar begeht, aber nicht geliebt. Als Ausweg sieht sie für sich nur den Freitod. Was an Schnitzlers *Liebelei* erinnern mag, ist einer Episode aus *Tausendundeiner Nacht* entlehnt.

Seine Stimmung bessert sich noch einmal, als Richard Beer-Hofmann zu Besuch nach Lugano kommt. Plötzlich verspürt Hofmannsthal die Lust, ein weiteres Stück zu schreiben. Ihm fehlt nur die Idee, doch der Freund kann ihm nicht helfen. Nachdem sie ein wenig getrunken haben, verfassen sie einen offenherzigen Brief an Schnitzler. Darin beschwert sich Hofmannsthal über Beer-Hofmann: »Das Schwein lässt mir keinen Platz und sagt mir auch keinen Stoff.« Beer-Hofmann notiert hingegen, Hofmannsthal wolle immer einen Stoff von ihm haben, »weil ich ein alter Jud bin«.

Ein paar Tage später reisen die beiden Freunde weiter nach Bologna, wo sich Beer-Hofmann verabschiedet. Hofmannsthal trifft die junge Gerty Schlesinger, die sich dort mit ihren Eltern aufhält. Sie gefällt ihm schon seit längerem. Er bewundert ihre Ruhe, ihre Sicherheit und Vertraulichkeit, sie heitert ihn in einer Weise auf, wie er es nur selten erlebt. Tatsächlich werden die beiden in wenigen Jahren heiraten, in ein prächtiges Haus in einem Wiener Vorort ziehen und drei Kinder zeugen. Die Zeit in den Kaffeehäusern wird dann nicht mehr als eine allmählich verblassende Erinnerung sein.

Nun aber bricht Hofmannsthal erst einmal erneut auf, besucht in der Toskana den großen italienischen Dichter Gabriele D'Annunzio, den er schon lange bewundert, ehe er seinen Urlaub in aller Ruhe in Venedig ausklingen lässt. Drei Wochen lang pendelt er dort zwischen Schreibtisch, Meer und Markusplatz und lässt sich von Giacomo Casanovas Memoiren zu einem eigenen venezianischen Lustspiel inspirieren.

Als er im Herbst wieder in Wien ankommt, hat er ein vollendetes und ein fast fertiges dramatisches Gedicht im Gepäck: *Die Hochzeit der Sobeide* und *Der Abenteurer und die Sängerin.* Er ist fünfundzwanzig Jahre alt und schickt selbstbewusst beide Stücke an die zwei großen deutschsprachigen Bühnen: ans Burgtheater in Wien und ans Deutsche Theater in Berlin. Und hat hier wie dort Erfolg: Beide Stücke schaffen es ins reguläre Programm. Nach Schnitzler ist Hofmannsthal damit der zweite Literaturstar aus der Jungwiener-Gruppe des Café Größenwahn.

SCHWEIZ

Während Hofmannsthal noch in Venedig an seinen Stücken schrieb, ereignete sich knapp sechshundert Kilometer nordwestlich ein Attentat, das einen Blick in die Abgründe der Jahrhundertwende eröffnet: Am Samstag, dem 10. September 1898, kommt Kaiserin Elisabeth von Österreich-Ungarn in Genf an und bricht gleich am Vormittag mit einigen Begleiterinnen zu einem Spaziergang entlang des Genfer Sees auf. Sie genießen den spätsommerlichen Tag, als sich gegen Mittag ein Mann auf »Sisi« stürzt. Kaum liegt sie wehrlos am Boden, ist der Mann wieder verschwunden.

Verwundert rappelt sie sich auf und wundert sich nur, ob der Fremde wohl ihre Uhr stehlen wollte. Sie spürt leichte Schmerzen in ihrer Brust, kümmert sich aber nicht weiter darum, sondern spaziert mit ihren Begleiterinnen rasch weiter, um eine Fähre zu erreichen. An Bord bricht die Kaiserin plötzlich zusammen. Man bringt sie sofort zurück ins Hotel, wo sie um 14.40 Uhr zum letzten Mal atmet. Eine Feile hat ihre linke Herzkammer durchbohrt. Die Stichverletzung löste eine Herzbeuteltamponade aus.

Der Täter wird rasch gefasst, er bummelte vergnügt pfeifend durch Genf. Luigi Lucheni ist ein italienischer Hilfsarbeiter, der ursprünglich den italienischen König Umberto I. ermorden wollte, aber kein Geld für die Reise in seine Heimat hatte. Als Nächstes sollte deshalb der Herzog von Orléans daran glauben, doch der sagte einen angekündigten Besuch in Genf kurzfristig ab. So hat er »Sisis« Visite genutzt.

Nach seiner Verhaftung erklärt Lucheni sich stolz zum Anarchisten und fordert seine Auslieferung nach Italien, wo die Todesstrafe gilt. Er möchte als Märtyrer in die Geschichte eingehen, aber er wird stattdessen viele Jahre in der Schweiz in Haft verbringen, bis man ihn 1910 in einer Dunkelzelle an einem Gürtel hängend auffindet.

Am Abend des Attentats notiert Arthur Schnitzler in sein Tagebuch: »Faust Burg – abgesagt wegen der Ermordung der Kaiserin in Genf.« Politische Attentate sind um die Jahrhundertwende nicht ungewöhnlich. Eine ganze Reihe von Herrschern und Präsidenten wird in dieser Zeit umgebracht.

MÜNCHEN

Fast täglich arbeitet Frank Wedekind für den *Simplicissimus*, schreibt Witze, Gedichte und, wie er missmutig formuliert, anderen Mist. Wedekind ist unzufrieden, fühlt sich unterbezahlt und atmet erst auf, als er eine Stelle am Münchner Schauspielhaus erhält. Als Dramaturg bereitet er dort die Premiere seiner Tragödie *Erdgeist* vor und steht oft selbst auf der Bühne, um den aus seiner Sicht begriffsstutzigen Schauspielern klarzumachen, wie sie es gefälligst umsetzen sollen. Wedekind ist nervös, denn er spürt, dass sich sein Durchbruch abzeichnet.

Sechs Jahre ist es her, dass er auf den Champs-Élysées in Paris die Idee zu der frivolen Schauertragödie hatte: Ein wildes Straßenmädchen namens Lulu betört die Männer – vom Zuhälter über den Arzt bis zum Maler. Weil niemand von ihr lassen kann, kommt es zu Freitod, Mord und Gefängnis. Um Spannung zu erzeugen, lässt Wedekind offen, ob Lulu eine männerfressende Schlange oder ein Opfer männlicher Begierden und der Verhältnisse ihrer Zeit ist.

Die Uraufführung hat bereits im Februar in Leipzig stattgefunden, wo Wedekind das gutbürgerliche Publikum erfolgreich provozierte: Er stellte sich vorne auf die Bühne, blickte den Zuschauern penetrant in die Augen und sprach sie direkt an, was vielen nicht behagte. Trotzdem wurde die Aufführung siebenmal wiederholt. Mittlerweile ist das Werk auf vielen Bühnen in Deutschland und Österreich zu sehen.

Nur in Wien darf sein *Erdgeist* nicht gezeigt werden – es ist das erste Mal, dass die Behörden eines seiner mühevoll verfassten Stücke verbieten. Es wird nicht das letzte Mal sein. Kein Autor der Jahrhundertwende wird so sehr unter der Zensur leiden wie Frank Wedekind. Aber selbst wenn er es ahnen sollte: Es würde ihn kaum vom Schreiben abhalten.

In München steckt er in diesen Wochen alle Energie in die für Ende Oktober geplante Aufführung. Er ist jetzt vierunddreißig Jahre alt, will die Hungerzeiten hinter sich lassen und als Theaterschreiber Erfolg haben. Nichts darf dazwischenkommen, keine Krankheit, keine Zensur, kein Skandal. Nichts. Da tritt Mitte Oktober sein Verleger Albert Langen mit einer waghalsigen Idee an ihn heran: Wilhelm II. hat sich soeben, am 13. Oktober 1898, zu einer Reise in den Orient aufgemacht. Zur Feier seines zehnten Regierungsjahrs zieht es den Herrscher an die Wiege des Christentums nach Palästina. Der Kaiser inszeniert sich damit als oberster Christ. So viel blasphemischen Größenwahn möchte Langens *Simplicissimus* nicht unkommentiert lassen. Der Verleger plant deshalb eine Extranummer und beauftragt Wedekind damit, ein möglichst freches Gedicht über die Jubiläumsreise des Kaisers zu schreiben.

Wedekind willigt ein und verfasst handschriftlich ein Gedicht, das er in der Redaktion abgibt. Man solle es anonym veröffentlichen und das Original vernichten, damit im Falle einer Razzia niemand beweisen könne, dass die Zeilen von ihm stammen. In dem Gedicht mit dem Titel »Im heiligen Land« stellt er sich vor, wie der biblische König David seinem Grabe entsteigt, um den preußischen Kollegen freundlich im Heiligen Land zu empfangen. In einer Strophe heißt es:

So sei uns denn noch einmal hoch willkommen
Und lass dir unsere tiefste Ehrfurcht weihn,
Der du die Schmach vom heilgen Land genommen,
Von dir bisher noch nicht besucht zu sein.
Mit Stolz erfüllst du Millionen Christen;
Wie wird von nun an Golgatha sich brüsten,
Das einst vernahm das letzte Wort vom Kreuz
Und heute nun das erste deinerseits.

Spätere Generationen mögen darüber hinweglesen, ohne die Ironie zu bemerken, aber um die Wende zum zwanzigsten Jahrhundert bergen diese Zeilen brisanten Sprengstoff. Seit einem Anschlag auf den Kaiser wird jegliche Andeutung einer Majestätsbeleidigung streng bestraft.

Albert Langen sichert zu, das Gedicht unter dem Pseudonym Hieronymos zu veröffentlichen und die handschriftliche Vorlage zu vernichten. Vorsichtshalber bittet die Redaktion einen Justiziar um ein Gutachten. Nicht nur Wedekind wagt viel, auch der Zeichner Thomas Theodor Heine fordert mit seinem launigen Titelbild das rigide Rechtssystem heraus, wobei der Kaiser nicht einmal abgebildet wird. Sollte es zu einer Anklage kommen, wird sich Heine den Behörden stellen. Für diesen Fall verständigt er sich mit dem Verleger auf eine Weiterzahlung seines Gehalts. Wedekind kommt eine solche Idee nicht in den Sinn.

Als der Justiziar sein Einverständnis erteilt, geht die Ausgabe in den Druck. Sie erscheint am 23. Oktober 1898 und wird prompt beschlagnahmt. Die Behörden erheben tatsächlich Anklage wegen Majestätsbeleidigung, durchsuchen die Verlagsräume – und finden dort die handschriftliche Version des Gedichts, die nicht vernichtet worden ist. Der Skandal verschafft dem kleinen Verlag europaweite Aufmerksamkeit. Selten wird die Pressefreiheit so offen unterdrückt.

Derweil ringt Frank Wedekind am Münchner Schauspielhaus unverdrossen mit seinen Darstellern. Immer wieder scheitern diese steifen Tölpel an den Dialogen. Den Vorwurf, diese ließen sich schwer einprägen, seien zusammenhanglos und die Handlung sei kaum zu erkennen, lässt er nicht gelten. Er macht es ihnen stattdessen vor, agiert auf der Bühne und wird dafür wie ein Verirrter angeschaut, dem niemand mehr helfen kann.

Als die Münchner Premiere am 29. Oktober beginnt – sechs Tage nach der Beschlagnahmung des *Simplicissimus* –, weiß Frank Wedekind bereits, dass er anschließend verhaftet werden soll. Zwei Polizisten warten hinter der Bühne und wollen ihn gleich nach dem Spektakel abführen. Aber auch so hat er an der Aufführung keine Freude: Die Darstellerin der Lulu verhaspelt sich ständig, die Schauspieler wirken überfordert, und die Zuschauer lachen an den seltsamsten Stellen. Regungslos registriert er die Pfiffe des Publikums und beobachtet missmutig die Premiere, von der er sich so viel versprochen hat.

Über das, was nach der Vorstellung geschieht, kursieren unterschiedliche Berichte. *Simplicissimus*-Redakteur Korfiz Holm erzählt von einem trotz allem heiteren Wedekind, der nach viel süßem Sekt und heftigen Mengen an Bier im Morgengrauen noch einige Weißwürste verdrückte, während eine Freundin daheim seinen Koffer packte. Er, Holm habe ihm zuletzt zweihundert Mark vom Verleger überreicht und gedrängt, sofort ins Ausland abzuhauen. Von den Polizisten heißt es, sie hätten gutmütig die Augen zugedrückt und nach Münchner Art gar mitgefeiert. Wedekind selbst berichtet von dreißig Personen, die ihn die ganze Nacht über von einem fragwürdigen Restaurant ins nächste begleiteten.

Fest steht, dass Frank Wedekind am Morgen des 30. Oktober 1898 das Deutsche Reich verlässt und über Innsbruck nach Zürich flieht. Die Aussicht auf ein jahrelanges Exil belastet ihn. Seine Zukunftspläne sind zerplatzt, seine Karriere als Theaterautor ruiniert. Ihm bleibt nur, die Trümmer bestmöglich zu verwerten. Einem Freund schreibt er: »Für mich gibt es keinen Aufenthalt mehr. Ich habe durch den Schlag so unendlich viel verloren, dass es mir gar nicht möglich ist zurückzublicken. Ich muss vorwärts, vorwärts, sonst werde ich verrückt.«

Wedekind ärgert sich darüber, dass man die handschriftliche Fassung nicht, wie vereinbart, vernichtet hat. Er kommt sich verraten vor, schimpft auf den *Simplicissimus*, nennt den Verleger einen Plagegeist und ein Ungeheuer – und wird sein Leben lang überzeugt bleiben, dass Albert Langen den Presseskandal absichtlich provoziert hat. Tatsächlich verdoppelt sich die Auflage des *Simplicissimus* in den Monaten nach dem Vorfall auf fünfundfünfzigtausend Exemplare.

Während sich der Zeichner Thomas Theodor Heine den Behörden stellt und bald eine letztlich nur rund einjährige Gefängnisstrafe antritt, taucht Albert Langen in Zürich auf. Schließlich droht auch ihm in der Heimat ein Gefängnisaufenthalt. Während er im Hotel Baur au Lac residiert, wohnt Wedekind in einem schlichten Zimmer. Als sie sich treffen, meint Langen lapidar: »Sie mussten doch selbst wissen, was Sie taten.«

Gleichwohl ist dem Verleger das Schicksal seines besten Autors nicht gleichgültig. Er lädt ihn in Restaurants und Vergnügungslokale ein, übernimmt Rechnungen und überweist ihm fortan monatlich dreihundert Franken für ein Gedicht in der Woche.

Wedekind bleibt griesgrämig und lässt sich in seiner Miesepetrigkeit durch nichts und niemanden besänftigen: »Haben wir in diesen vierzehn Tagen jeden Abend Champagner gekneipt, Austern gefressen und uns mit Weibern herumgetrieben. Welch eine Herrlichkeit hätte das für mich in anderer Gesellschaft sein können.«

Auf die Idee, dass auch Albert Langen ein wenig Mitgefühl braucht, kommt er nicht. Schließlich wird es für den Verleger nicht leicht, sein Unternehmen jahrelang vom Ausland aus zu führen. Falls die Auflage des *Simplicissimus* einbrechen oder das Blatt gar bankrottgehen sollte, würde Wedekind zudem seinen wichtigsten Auftraggeber verlieren. In seiner Wut macht er sich an ein neues Drama. Das Stück handelt von einem größenwahnsinnigen Schriftsteller, der allabendlich einen teuer gemieteten Theatersaal mit eigenen und fremden Stücken bespielt. Obwohl der Erfolg ausbleibt und sich die Schulden türmen, glaubt der fiktive Autor stur an seine Genialität und malt sich eine goldene Zukunft aus.

Nach vierzehn Tagen hat Wedekind den ersten Akt abgeschlossen, aber dann beginnt er die Geschichte umzuschreiben. Aus der Figur des größenwahnsinnigen Schriftstellers wird mit der Zeit ein Marquis, der in München einen Feenpalast errichten und dafür einen ganzen Häuserblock abreißen will.

Doch die Flucht in die Arbeit hilft kaum. Frank Wedekind sehnt sich zurück an die Isar. Zürich empfindet er als öde und langweilig. Und bei der Mutter auf Schloss Lenzburg im Aargau fühlt er sich nicht willkommen. An Weihnachten reist er nach Paris, das sich auf die Weltausstellung 1900 vorbereitet, weshalb viele Theater geschlossen sind. Er nimmt sich zunächst ein Zimmer am Montmartre, dann eines im Quartier Latin. Aber er geht ohnehin kaum aus, sondern schreibt konzentriert an seinem neuen Drama. Mal kommt es ihm gelungen vor, dann wieder hadert er.

Sosehr er Paris mag, das er ja von langen Aufenthalten gut kennt, so sehr vermisst er die Heimat. Seine beruflichen Perspektiven sieht er nicht an der Seine, sondern an der Isar oder an der Spree. Immer mehr nistet sich in seinem Kopf der Gedanke ein, sich in Deutschland den Behörden zu stellen. Ein paar Monate Festungshaft, was wäre das schon, die schmücken doch ohnehin den Lebenslauf eines ordentlichen Dichters. Danach wäre er wieder frei für neue Dramen.

WIEN

Spätestens im Dezember 1898 steht unwiderruflich fest: Das Café Größenwahn ist endgültig Geschichte. Und es wird auch nicht wieder neu eröffnen. Susanna Griensteidl hatte dem Eigentümer des neuen Gebäudes zu wenig geboten und ihr Angebot überdies zu spät eingereicht. Anstelle ihres Café Griensteidl hat im Erdgeschoss des Neubaus das Café Glattauer eröffnet. Aber sie ist ohnehin gut siebzig Jahre alt, und auf sie dürfte alles befremdend pompös, regelrecht überkandidelt wirken.

Das neue gründerzeitliche Palais Herberstein ist ein wuchtigeres, höheres und prachtvolleres Gebäude als das alte Palais Dietrichstein. Von weitem fallen die deutlich größeren, oben abgerundeten Fenster des Erdgeschosses auf. Das Café Glattauer empfängt die Gäste in den eleganten Räumen nach Art der italienischen Renaissance mit hellen Wänden und grünen Samtbänken. Im luftigen Rondeau stehen zweiunddreißig Tische, ingesamt befinden sich sechzig Tische im Vorraum. Es gibt auch ein Billardzimmer, ein großes Spielzimmer, sogar elektrisches Licht und Ventilatoren. Gleichwohl ist es nicht so, dass sämtliche Jungwiener das Kaffeehaus meiden. An den beiden Abenden des 3. und des 4. Dezember 1898 sitzen etliche von ihnen im neuen Café beisammen. Dazu zählen alte Bekannte und einige neue wie der junge Komponist

Arnold Schönberg. Was sie in der ersten Nacht besprechen, bleibt unklar, aber von der zweiten Nacht hat sich ein Zeugnis erhalten: ein Grußgedicht, verfasst nachts um drei Uhr: »Aus froher Champagner-Gilde, / der süßen lieben Thilde / Ein dankbar brausend Hoch! / Um Heines junge Leiden / Möcht' heut ihn mancher beneiden, / Hätt' er die Thilde, die Thilde doch! / Prosit!« Rätselhaft bleibt, wer mit Thilde gemeint sein könnte, aber nach allem, was gemutmaßt wird, dürfte es sich um die Schauspielerin Marie Glümer handeln, Schnitzlers einstige große Liebe.

Arthur Schnitzler selbst war an keinem der beiden Abende zugegen, ebenso wenig seine engsten Freunde Hugo von Hofmannsthal, Felix Salten, Richard Beer-Hofmann, aber auch ihre Intimfeinde Karl Kraus und Peter Altenberg nicht. Sie alle werden nie im Café Glattauer gesehen. Für sie ist die Zeit im einstigen Café Größenwahn abgeschlossen. Trotz allem wird in den Zeitungen, als wäre nichts geschehen, weiterhin vom Café Griensteidl und damit auch vom Wiener Größenwahn die Rede sein. So als existierte es heimlich noch.

Und doch geht die Geschichte jener weiter, die im Größenwahn zur Literatur fanden: Einige Monate später nämlich, im Frühjahr 1899, macht sich Karl Kraus kurz vor seinem fünfundzwanzigsten Geburtstag ein besonderes Geschenk. Finanziert mit dem Geld des Vaters bringt er am 1. April 1899 die erste Ausgabe einer eigenen Zeitschrift heraus. Sie hat zweiunddreißig Seiten und soll fortan dreimal im Monat erscheinen. Als Name steht auf einem weinroten Cover in schwarzer Schrift: *Die Fackel.* Darunter ist eine strahlende Fackel gezeichnet, im Hintergrund eine Silhouette von Wien.

Kraus macht gleich auf Seite eins klar, worum es geht: »Das politische Programm dieser Zeitung scheint somit dürftig: kein tönendes ›Was wir bringen‹, aber ein ehrliches ›Was wir umbringen‹ hat sie sich als Leitwort gewählt.« Er will nicht weniger als den Phrasensumpf trockenlegen, etwa von »jenem Aristoteles unserer *Zeit*«. Damit auch jeder versteht, wen er damit treffen will, fügt Kraus in einer Fußnote hinzu: »Hier ist natürlich Hermann Bahr gemeint. Das wüste Treiben dieses Herrn, der noch immer Cultur nach Österreich zu bringen vorgibt und immerzu seine Dichterkrönungen vollzieht, wird, bevor er noch in der ersehnten grösseren Tagesredaction landet, in diesen Blättern öfter und schmerzhafter aufgedeckt werden.«

Mit solchen Ankündigungen schwingt sich Kraus zum streitsüchtigsten Kämpfer gegen die Verwahrlosung der deutschen Sprache auf, schimpft auf Hetzjournalismus, Tintenstrolche, bestechliche Verleger und, natürlich, die Kaffeehausclique Jung-Wien. Für solche Leute hat er eine eigene Rubrik namens »Erledigungen«.

Mit seiner *Fackel* ist Kraus nicht nur mutig, sondern sofort erfolgreich. Die ersten Ausgaben sind im Nu vergriffen, werden nachgedruckt und erreichen auf diese Weise eine Auflage von jeweils dreißigtausend Exemplaren, sodass Kraus seinen Vater nie wieder um Geld bitten muss. Die *Fackel* wird sein Lebensprojekt, das er siebenunddreißig Jahre lang leitet: 922 Ausgaben, 22 578 Seiten, davon mehr als zwei Drittel von ihm selbst verfasst. Der Preis wird mit der Zeit und dem Umfang von zehn Kreuzern auf achtzig Kreuzer steigen. Seine Feindschaften und seinen satirischen Ton wird Kraus bis zum allerletzten Wort in der letzten *Fackel* vom Februar 1936 durchhalten. Es lautet: »Trottel.«

Die *Fackel* wird gekauft wie gehasst. Denn Kraus versteht sich auf brillante Wortspiele, nimmt Zitate unterhaltsam auseinander, teilt ordentlich in alle Richtungen aus und weiß genau, wie er seine Ansichten mit wenigen Worten auf den Punkt bringt. Besonders berühmt wird eine Abrechnung mit Sigmund Freud, dessen psychoanalytisches Werk *Die Traumdeutung* ebenfalls in diesem Jahr erscheint. Kraus wird über Freuds große Theorie lästern und dafür nicht mehr als einen einzigen, nicht allzu langen Satz brauchen: »Die Psychoanalyse ist die Geisteskrankheit, für deren Therapie sie sich hält.« Dass Kraus die Psychoanalyse mit diesem Aphorismus nicht vernichten kann, ist eine andere Geschichte.

Es dauert nicht lange, bis er für einen Text in der *Fackel* im Kaffeehaus verprügelt wird. Vom 10. auf den 11. Mai 1899 sitzt Kraus mit einem Freund bis tief in die Nacht im Café Imperial, als plötzlich der sichtlich aufgebrachte Dramatiker Oskar Friedmann mit einigen Bekannten vor ihm steht. Von Friedmann war in den Tagen zuvor ein Drama aufgeführt worden, das Kraus lächerlich fand. Überhaupt war er von dem Theaterabend angewidert gewesen. Schon dass Hermann Bahr alle möglichen Zeitungskritiker vom angeblichen Talent des Jungdramatikers aus dem Griensteidl überzeugen wollte, empörte ihn. Kraus wollte dem Stück keine zwei Zeilen in seiner *Fackel* widmen, hielt es aber doch für einen »drastischen Beleg für die Erbärmlichkeit« des Theaterbetriebs. Friedmann warf er eine »täppische Freude an sexuellen Erörterungen« vor, und er unkte, der Mann werde überhaupt »der einzige Wiener Schriftsteller bleiben, bei dem der Schwachsinn gerichtlich erhoben ist«.

Als der so heftig angegangene Dramatiker nun, am Abend des 10. Mai 1899, im Café Glattauer, dem ehemaligen Größenwahn, sitzt und telefonisch von einem Freund erfährt, in welchem Kaffeehaus sich Kraus gerade aufhält, macht er sich sofort mit einigen anderen auf den Weg dorthin. Im Café Imperial stürzt sich Friedmann auf den Kritiker und schlägt mehrmals so heftig zu, dass Kraus verletzt nach Hause gebracht werden muss.

Die Kaffeehausprügelei kommt noch im Mai vor Gericht. Sechs Personen sind angeklagt, rund vierzig Personen müssen aussagen: das Opfer, die Täter, Zeugen aus den beiden Kaffeehäusern, darunter die Zahlkellner, Anwälte, Gutachter und Gerichtsärzte. Auch der junge Musiker Arnold Schönberg ist als Zeuge geladen. Er war zwar nicht vor Ort, hatte aber Friedmann und dessen Leute getroffen, als die ihm am Burgtheater entgegenkamen.

Sie schrien: »Blutig geschlagen haben wir ihn.«

»Was?«, hakte Schönberg nach. »Alle sieben habt ihr es zusammengebracht, den einen zu prügeln?«

»Ist euch vielleicht etwas nicht recht?«, schnauzte der Dramatiker zurück.

Das Gericht verurteilt Oskar Friedemann und einen der Freunde wegen leichter Körperverletzung zu zehn Tagen Arrest. Zwei weitere erhalten Geldstrafen, zwei werden freigesprochen.

Seine Zeitschrift nach der Attacke aufzugeben, das kommt Kraus nicht in den Sinn. Im Gegenteil: Am Ende des ersten Quartals veröffentlicht er in der *Fackel* zufrieden seinen ersten »Rechenschaftsbericht«: zweihundertsechsunddreißig anonyme Schmähbriefe, dreiundachtzig Drohbriefe, ein Überfall. Er zitiert auch aus einem Brief, in dem es heißt, er solle seine Schreibweise etwas ändern, wenn er Wert darauf lege, das erste Quartal seiner *Fackel* zu überleben. Kraus teilt mit: »30. Juni, 12 Uhr nachts: Im Befinden des Herausgebers ist keine Veränderung eingetreten.« Trotzdem bittet er bald die Absender anonymer Schmähbriefe, sich kürzer zu fassen.

Nicht nur Kraus feiert Erfolge, auch sein Freund Adolf Loos. Er durfte kürzlich mitten in Wien ein Kaffeehaus einrichten. Man ließ dem gerade neunundzwanzigjährigen Architekten dabei freie Hand, was dieser für eine ästhetische Revolution sondergleichen nutzte: Loos schuf einen lichten Raum ohne den üblichen Firlefanz aus Plüsch und Ornamenten. Die Wände sind lindgrün bemalt, die Glühbirnen hängen nackt an Stromdrähten herab, und die Gäste sitzen auf eleganten Thonetstühlen an runden Marmortischen. Um den Raum größer wirken zu lassen, wurden Spiegel angebracht. Seit der Eröffnung des Café Museum am 19. April 1899 strömt die Boheme begeistert hinein, vorneweg Peter Altenberg und Karl Kraus.

Genial eigenwillig:
die Dichterin Else Lasker-Schüler (1907)

Als Hetäre unter Männern

JUNI 1899 BIS DEZEMBER 1900

Der Koch Rocco übernimmt das Café des Westens am Kurfürstendamm, das sich nun zum Berliner Café Größenwahn entwickelt. Zuweilen schaut Else Lasker-Schüler vorbei, wenn sie nicht mit dem dichtenden Vagabunden Peter Hille durch die Metropole streift. Unterdessen scheint die Welt auf einem guten Weg zu sein: Auf einer Friedenskonferenz in Den Haag beschließen zahlreiche Staaten ein weitreichendes Abkommen. Während Franziska zu Reventlow auf Samos weilt, sitzt Frank Wedekind in einer Festung ein. Peter Altenberg und Eduard Graf von Keyserling treffen sich im Münchner Größenwahn. Und in Wien sorgt Arthur Schnitzler für einen Jahrhundertskandal.

Unter den Linden an der
Ecke Friedrichstraße in Berlin um 1900

BERLIN

Nie ging es den Deutschen besser. Es wird leidenschaftlicher geschlemmt und mehr Sekt getrunken als jemals zuvor. Um die Jahrhundertwende schlürfen die Berliner flaschenweise Pommery und loben ehrfürchtig die Witwe Clicquot, die Erfinderin des Champagners. Vielerorts in der preußischen Metropole und den umliegenden Städten eröffnen teure Restaurants, in denen sich die Wohlhabenden reihenweise Austern, Kaviar, Krebse und andere Delikatessen gönnen. Und wenn sie in ihre Bürgerhäuser einladen, zählt es zum guten Ton, den Gästen sieben oder gar acht Gänge anzubieten, darunter stets Fisch, Wild und Geflügel.

Viele der Parvenüs, die an der Börse oder als Unternehmer zu Geld gekommen sind, zieht es hinaus aus dem immer quirligeren Berlin in ruhige westliche Vorstädte wie Charlottenburg. Die Gegend rund um den Kurfürstendamm und den Zoologischen Garten wird verheißungsvoll als der Neue Westen oder der Wilde Westen bezeichnet. Auch hier plustern die Wohlhabenden und Neureichen jede Mietskaserne zu einem protzigen Fürstenpalast auf, verzieren ihre Häuser mit Erkern, Giebeln und Balkonen, schwelgen in Stuck, Gips und Marmor. Doch es siedeln sich nicht nur Gutbürgerliche an, sondern auch Künstler. Einige bleiben nur kurz in Charlottenburg, andere länger, aber nicht alle hinterlassen in den Kaffeehäusern ihre Spuren.

Am Kurfürstendamm hat ein Italiener namens Rocco das Kleine Café übernommen und sogleich umbenannt: Es heißt nun Café des Westens, was nach großer, weiter Welt klingt, nach Aufbruch und Neubeginn, nach Amerika und modernen Zeiten.

Rocco, über den fast nichts bekannt ist, gilt als Koch aller Köche. Mit seinem Kaffeehaus lockt er die Menschen aus ihren Ateliers, Studierstuben, Bureaus und Salons. Schon bald entdecken die ersten Künstler und Bohemiens das Café des Westens für sich. Sie sammeln sich am langen Tisch mit der schmalen weißen Marmorplatte, die von zarten grauen Gesteinsschlieren durchzogen ist, was auf Betrachter so nervös wirkt wie die Seelen derjenigen, die daran ihren Kaffee genießen.

Vielleicht besucht schon Else Lasker-Schüler das Café. Sie lebt nicht weit entfernt. Die Dreißigjährige gilt als ungewöhnliche Erscheinung, zumindest aber als eigenwillig, sie fabuliert immerzu wortreich, gerne auf Platt, wie sie es aus ihrer bergischen Heimat Elberfeld bei Wuppertal kennt. Else Lasker-Schüler stammt aus einer rheinischen Bankiersfamilie, hat eine aufrechte Haltung, trägt die schwarzen Haare ungewöhnlich kurz und ist glücklich schwanger, allerdings nicht von ihrem Mann. Wer der Vater ist, darüber wird sie nur Andeutungen machen.

Vor fünf Jahren ist sie mit ihrem Gatten in den Berliner Westen gezogen, zunächst in die Brückenallee im Tiergarten – just zu der Zeit, als im Bauamt von Charlottenburg der Antrag für das Eckhaus am Kurfürstendamm bearbeitet wurde, in dem sich nun das Café des Westens befindet. Während ihr Mann, der ehrgeizige Hautarzt Bertold Lasker, daranging, sich einen Namen als Experte für Thrombose zu machen, begann sie Malunterricht zu nehmen und tauchte in die Rolle einer exzentrischen Künstlerin ein, aus der sie seither nicht wieder herausfindet. Und so wirken auch ihre Bilder: Sie sind farbenfroh und voller orientalischer und afrikanischer Menschen.

Seit 1898 laden die Laskers zu Veranstaltungen in ihre Wohnung ein, schließlich interessiert sich das Paar für Literatur und Kunst. Vermutlich auf einem dieser Abende freundet sich Else Lasker-Schüler mit einem dichtenden Vagabunden an, der Mitte vierzig ist und damit fast fünfzehn Jahre älter als sie. Er stellt sich als Peter Hille vor, hat blaue Augen, feine Hände und einen Bart, der bis zur Brust reicht. Sie ist fasziniert von seiner hageren Christusgestalt und erfährt, dass er aus einem ostwestfälischen Dorf stammt und durch halb Europa gewandert ist, wobei er fast verhungert wäre. Ansonsten schreibt er, mal dies, mal das, was ihm halt einfällt, auch schon mal einen Roman. Zuletzt hat er das grüblerische Drama *Des Platonikers Sohn* veröffentlicht. Es gilt jedoch als nicht aufführbar und verkauft sich auch nicht, weshalb er weiterhin in einem zerschlissenen Mantel herumläuft und bei Freunden leben muss.

Else Lasker-Schüler versteht sich mit diesem Mann wie mit keinem zuvor, spricht er doch genau ihre Sprache. Sie entdeckt in ihm einen Zauberer, dem kleine Gesten reichen und der friedlich im Reich seiner Phantasie ruht. Gemeinsam streifen sie fabulierend durch die Stadt, während er mal hier, mal dort stehen bleibt, um auf einem Stück Papier ein paar Gedanken zu notieren. So entstehen Sprüche und Szenen, die als kaum leserliche Skizzen tief in seinen Taschen verschwinden und nur höchst selten einmal ausgearbeitet werden, so als sollten auch die flüchtigsten Gedanken für alle Zeiten flüchtig bleiben. Und doch lässt er sich von der Vorstellung verführen, ein berühmter Dichter zu sein.

Peter Hille nimmt seine junge schwangere Freundin mit zu seinen Bekannten, mit denen er in einem großen Haus am Müggelsee lebt. Er wohnt dort in einem einfachen Zimmer, für das er nichts zahlen muss. Er hätte auch gar nicht das Geld. Für die Freunde ist er ein großes Kind, das unbekümmert durch die Welt spaziert, auf sein Inneres lauscht und dabei beobachtet, wie Bilder, Gedanken und Gesichter auftauchen. In seiner bedingungslosen Selbstversenkung und seiner Gleichgültigkeit gegenüber Besitz wirkt er auf sie wie ein asketischer Büßer. Sie nennen ihn einen Einsiedler, einen Bohemien, einen Kunstzigeuner.

Hille führt Else Lasker-Schüler auch in einen Künstlertreff ein, der immer donnerstags in einem Café am Nollendorfplatz stattfindet. Die zumeist jungen Leute nennen sich selbstbewusst »Die Kommenden« und präsentieren einander neue Texte, vor allem Gedichte und Aphorismen. Hille, der zu den Älteren gehört, vergisst häufig seine Manuskripte und trägt dann aus Notizen vor, die er in seinen Taschen findet. Von diesen Treffen ist Else Lasker-Schüler, die bisher vor allem gemalt hat, so angetan, dass sie bald auch eigene Texte verfasst. Noch während ihrer Schwangerschaft erscheint im Sommer in der Zeitschrift *Gesellschaft* ihr so ehrliches wie unfreundliches Gedicht »Verwelkte Myrten«. Es handelt von ihrem Mann:

Bist wie der graue sonnenlose Tag,
Der sündig sich auf junge Rosen legt.
Mir war, wie ich an deiner Seite lag,
Als ob mein Herze sich nicht mehr bewegt.
Ich küsste deine bleichen Wangen rot,
Entwand ein Lächeln deinem starren Blick.
Du tratest meine junge Seele tot
Und kehrtest in dein kaltes Sein zurück.

Am 24. August 1899 bringt sie einen Sohn zur Welt, den sie Paul nennt. Wer der Vater ist, ob sie ihn auf der Straße oder im Kaffeehaus getroffen hat, verrät sie nicht. Sie wird einmal von einem spanischen Prinzen namens Alkibiades de Rouan fabulieren. Fest steht nur, dass er sie zu »Viva«, einem ihrer schönsten Liebesgedichte, inspiriert hat:

Mein Wünschen sprudelt in der Sehnsucht meines Blutes
Wie wilder Wein, der zwischen Feuerblättern glüht.
Ich wollte, Du und ich, wir wären eine Kraft,
Wir wären eines Blutes
Und ein Erfüllen, eine Leidenschaft,
Ein heißes Weltenliebeslied!

Ich wollte, Du und ich, wir würden uns verzweigen,
Wenn sonnentoll der Sommertag nach Regen schreit
Und Wetterwolken bersten in der Luft!

Nach der Geburt des Sohnes wohnt sie noch einige Wochen mit ihrem Mann zusammen am Savignyplatz in Charlottenburg, ehe er ihr beim Umzug in eine eigene Wohnung hilft, die nur eine Straßenecke weiter liegt. Ihrer Schwester schreibt sie: »Gut sein ist sehr gut, aber gut zusammen wohnen ist Blödsinn.«

EUROPA

Kurz vor der Geburt von Paul Lasker-Schüler hat endlich einmal die Vernunft gesiegt. Auf einer Friedenskonferenz im Königreich Niederlande haben zahlreiche Staaten weitreichende Abmachungen beschlossen. Diese könnten zum Anfang vom Ende aller Kriege führen.

Am 29. Juli 1899 stimmten vierundzwanzig Staaten einem Vertrag zu, dem eine revolutionäre Landkriegsordnung angehängt ist. Darin wird erstmals festgelegt, wie ein Krieg geführt werden darf und was künftig verboten sein soll. Das Dokument wird 1907 leicht überarbeitet und am Ende von einundvierzig Staaten unterzeichnet.

Die Haager Landkriegsordnung legt in sechsundfünfzig Artikeln fest, wie sich Soldaten, Milizen und Freiwilligenkorps in einem bewaffneten Konflikt zu verhalten haben und wie Kriegsgefangene behandelt werden müssen. Vergiftete Waffen sind verboten, Gebäude, Dörfer, Orte und Städte, die sich nicht verteidigen, dürfen nicht beschossen werden. Spione müssen vor einer Bestrafung verurteilt werden, die Beschädigung von künstlerischen und wissenschaftlichen Werken ist zu ahnden.

Zu den Unterzeichnern zählen das Deutsche Reich, die Vereinigten Staaten, Japan, Österreich-Ungarn, China, Peru, Frankreich, Kuba, Persien, Großbritannien, Russland, Haiti, das Osmanische Reich. Fortan soll der Krieg gezähmt werden. Sofern es sich nicht um einen Pyrrhussieg der Vernunft handelt, steht die Welt vor einer glücklichen Zukunft.

MÜNCHEN

Es ist September, im Englischen Garten färben sich die Blätter der Bäume herbstlich, aber für Franziska zu Reventlow fühlt sich das Leben geradezu frühlingshaft an. Sie schwärmt von einem jungen Mann, dem sie kürzlich im Garten von Freunden begegnet ist. Er heißt Ludwig Klages, hat Chemie studiert und beschäftigt sich mit Graphologie sowie tausend anderen Dingen. Seither treffen sie sich, zuletzt waren sie im Dachauer Moos unterwegs und sprachen stundenlang über Hetären: jene galanten Frauen der Antike, die wohlhabende Männer verführten, wofür sie wiederum beschenkt wurden. Klages sieht in der achtundzwanzigjährigen Gräfin eine ebensolche Frau, die freizügig flirtet und zugleich Mutter ist. Sie selbst fühlt sich geschmeichelt und zum ersten Mal überhaupt verstanden.

An diesem Abend des 19. September 1899 offenbart sie dem neuen Freund ihr Leben, erzählt von der Kindheit in Husum, der schwierigen Mutter, dem Ibsenclub in Lübeck, vielleicht auch von ihrer gescheiterten Ehe. Während er zuhört und klug nachfragt, hat sie das Gefühl, endlich jemanden getroffen zu haben, mit dem sich alles leicht anfühlt. Einen Menschen, der fliegen kann.

Ludwig Klages stammt aus Hannover, ist anderthalb Jahre jünger als sie, scharfsinnig, aber zutiefst verdruckst. Als Student nötigte er die zwölfjährige Tochter seiner Zimmerwirtin, was die Mutter sogar duldete. Als Reventlow davon erfährt, ist sie zutiefst irritiert, aber ihre Liebe stellt sie deshalb nicht infrage.

Ohnehin will sie sich nicht zu viele Gedanken machen, sondern den Sommer genießen. Mit ihrem Bubi geht sie im Englischen Garten spazieren, oder sie sitzt im Fenster ihrer kleinen Wohnung, schaut in den spätsommerlichen Tag und malt sich ihre Zukunft aus. Nach wie vor will sie vom Schreiben und Übersetzen loskommen. Selbst als Verkäuferin von Versicherungen versucht sie sich, auch die Schauspielerei hat sie noch nicht aufgegeben. Kaum wird sie gelobt, sie könne ja doch spielen, erzählt sie davon stolz den Freunden im Café. Als gar von einer Hauptrolle die Rede ist, liegt sie die halbe Nacht wach im Bett und drückt vor Freude ihren Sohn fest an sich.

Vorerst bleibt ihr gleichwohl nur das lästige Schreiben, das ihr mittlerweile immerhin hin und wieder einmal Freude bereitet. Inspiriert von ihrem neuen Freund, fertigt sie etwa einen Artikel über Hetären an, den sie an die Zeitschrift *Zürcher Diskuszjonen* schickt. Mitte Oktober erscheint dort ihr Essay »Was Frauen ziemt«. Um das antike Hetärentum wieder von neuem aufleben zu lassen, fordert die Gräfin volle geschlechtliche Freiheit – und warnt vor einem Entrüstungsschrei: »Die Hetären des Altertums waren freie, hochgebildete und geachtete Frauen, denen niemand es übelnahm, wenn sie ihre Liebe und ihren Körper verschenkten, an wen sie wollten und so oft sie wollten, und die gleichzeitig am geistigen Leben der Männer mit teilnahmen.«

Franziska Gräfin zu Reventlow fürchtet die Kirche, das Bürgertum und, wie sie im Essay ausführt, die Frauenbewegung. Letztere hat sie als Feindin der Erotik ausgemacht, weil sie Frauen vermännlichen wolle. Dabei seien Männer und Frauen von Natur aus unterschiedlich. Während der Mann neben Studium oder Beruf lieben könne, gelte dies für eine Frau nicht. Sobald sie Mutter werde, sei es vorbei mit dem Studium. Grundsätzlich seien Frauen nicht zur Arbeit geschaffen, sondern zur Leichtigkeit, Freude und Schönheit. Ihr Essay gipfelt in dem Satz über das Wesen der Frauen: »Ein Luxusobjekt in des Wortes schönster Bedeutung, ein beseeltes, lebendes, selbstempfindendes Luxusobjekt, das Schutz, Pflege und günstige Lebensbedingungen braucht, um ganz das sein zu können, das es eben sein kann.« Dass sie für den Kampf mit dem Dasein nicht gemacht sei, wisse jede Frau, und doch werde sie genau dazu gezwungen.

Die Gräfin wirbt nicht zuletzt für ihre eigenen Bedürfnisse: Sie will frei sein und sich selbst verwirklichen, jedoch ohne hart dafür kämpfen zu müssen. Dass solch ein Wunsch mit der Wirklichkeit selten zusammenpasst, weiß dabei kaum jemand besser als die Gräfin. Schließlich ist sie nicht nur Mutter, sondern jagt auch ständig hinter dem Geld her. Wie in vielen ihrer Texte schwingt auch in ihrem Essay ein ironischer Ton mit.

Für ihre Ideale wird sie von ihrem Geliebten Ludwig Klages verehrt. Als Hetäre führt er sie in einen Männerkreis ein, in dem solche Gedanken keineswegs als anrüchig gelten. Er nimmt sie mit zu Schwabinger Bekannten, die verstiegene Gespräche führen und sich als »Kosmikerkreis« bezeichnen. Sie können mit der Moderne und der Aufklärung wenig anfangen und reden lieber über die Antike und die heidnischen Mythen. Über die Kosmiker kursieren in Schwabing wilde Gerüchte. Vom Dichter Stefan George, der zu dem Kreis dazugehört, heißt es, er lese mitternachts auf einem Elfenbeinturm sitzend Gedichte vor, während Weihrauch in der Luft schwebt und nackte Jünglinge zu seinen Füßen liegen.

Reventlow findet die Kosmiker abgehoben und verspinnert, aber ihr tut es gut, dass niemand ihren ungebundenen Lebensstil kritisiert – ganz im Gegenteil: Alle bewundern, wie sie als unverheiratete Mutter ihre Affären pflegt, ohne sich an einen Mann zu binden. Nur als heidnische Madonna oder holsteinische Venus möchte sie lieber nicht bezeichnet werden.

Am Donnerstag, dem 19. Oktober 1899, als Reventlows freimütiger Hetären-Essay in den *Zürcher Diskuszjonen* erscheint, findet in München ein aufsehenerregendes Treffen statt, über das mindestens in ganz Bayern gesprochen wird: Mehr als fünfzig Frauen aus vierzehn bayerischen Städten drängen in die Prinzensäle des Café Luitpold. Zum ersten Mal hält die »Gesellschaft zur Förderung der geistigen Interessen der Frau« einen bayerischen Frauentag ab, für den vier Tage eingeplant sind. Sieben Vereine haben das Treffen organisiert: der Verein für Fraueninteressen, der Verein Arbeiterinnenheim, der Verein zur Gründung eines Mädchengymnasiums, der Handelsgehilfinnenverein, der Kaufmännische Verein für weibliche Angestellte, der Münchner Künstlerinnen-Verein und der Münchner Lehrerinnenverein.

Wie sehr Frauen benachteiligt sind, stellt das Theaterstück *Zwölf Culturbilder aus dem Leben der Frau* anschaulich dar, das auf der Konferenz aufgeführt wird: Frauen dürfen nicht wählen, kein Unternehmen leiten, sich nicht einmal an einer staatlichen Kunstakademie als Studentin einschreiben. Immerhin ist kürzlich ein Gesetz geändert worden, das Frauen verbot, politischen Vereinen beizutreten und an politischen Veranstaltungen teilzunehmen. Die Vorträge im Café Luitpold tragen Titel wie »Was die Frauenbewegung von den Hausfrauen erwartet«, »Frauen im öffentlichen Leben«, »Die Stellung der Frau im neuen Bürgerlichen Gesetzbuch« und »Die Organisation der Münchner Kellnerinnen«.

Kein Beruf ist so schlecht gestellt wie jener der Kellnerinnen. Es gibt keine Arbeitsverträge, keine Kündigungsfristen, keine Arbeitsordnungen, keine Urlaubstage. Noch immer arbeiten in den Cafés und Restaurants nur Frauen als Bedienungen. Sie ackern fünfzehn Stunden täglich, auch an Sonn- und Feiertagen, nur an einem Nachmittag in der Woche haben sie für drei Stunden frei. Während eine Industriearbeiterin monatlich fünfundzwanzig Mark erhält, bekommen Kellnerinnen höchstens fünfzehn Mark. Wer nicht pünktlich den Dienst antritt oder die Gäste nicht sofort bedient oder Geschirr fallen lässt, dessen Lohn darf vom Chef gekürzt werden. In den Prachtcafés erhalten die Kellnerinnen grundsätzlich keinen Lohn, sondern leben ausschließlich vom Trinkgeld. Nicht wenige Gäste verlangen dafür freizügige Einblicke. Der Tagesertrag schwankt zwischen sechzig Pfennig und sieben Mark. Dabei kostet ein Brot schon eine Mark.

Noch während der Tagung gründen Frauen den »Verein Münchner Kellnerinnen«, dem binnen zwei Wochen siebenhundert Mitglieder beitreten.

Während des Frauentages, vielleicht auch einige Tage früher oder später, trifft aus Wien ein Dichter ein, der sich als großer Frauenversteher gibt, wenngleich er in diesem Fall vor gleich zwei Angebeteten fliehen musste. Wie so oft hatte Peter Altenberg die beiden wunderbaren Damen erst kennengelernt, als diese längst vergeben waren. Nun hockt er wild gestikulierend im Café Stefanie, dem hiesigen Größenwahn, und versetzt mit seinen Geschichten ganz Schwabing in Verzückung. Altenberg will in München noch einmal von vorne beginnen, seine Triebe zügeln und fleißig an Texten arbeiten. Er wohnt im Hotel Stachus, weil er überzeugt ist, es sei dort angenehm still, worüber seine neuen Bekannten lächeln, schließlich liegt die Unterkunft an der lautesten Straßenecke der Stadt. Aber noch geht es in München viel gemächlicher zu als in Wien. Altenberg hat einen guten Moment gewählt, um an der Isar heimisch zu werden. Den Münchnern gefällt es jedenfalls, dass Altenberg schwärmt, an der Isar sei alles viel schöner, feierlicher und geselliger als in der, wie er spottet, ranzigen Donaumetropole. Am stärksten fesseln den Wiener die vielen jungen Künstlerinnen.

Zum Schreiben kommt Altenberg jedoch wenig. Ständig wird er eingeladen. Er genießt die Aufmerksamkeit, auch wenn ihm die Schwabinger Künstler wie christlich-germanisch verbummelte Trinkbrüder vorkommen. »Sie halten sich naiv durch Saufen, sind der letzte Gegensatz zu Schnitzler – Salten – Beer-Hofmann – Loris«, schreibt er einem Freund. »Wer gut saufen kann, könnte es hier mit den Künstlern sehr gut aushalten. Dieses aber ist die wichtigste Erfordernis. Denn alle Freundschaft und Gemütlichkeit erblüht aus dieser Quelle. Man ist naturgemäß misstrauisch gegen einen, der nicht saufen kann, hält ihn für einen ›spintisierenden Juden‹. Ich gewann alle Sympathien durch meine Spatenbräu-Verehrung.« Altenberg kann die anderen locker unter den Kaffeehaustisch trinken.

Jeden Nachmittag sitzt er im Münchner Größenwahn und versammelt gestandene Autoren wie junge englische Malerinnen um sich. Einige haben sein Buch *Wie ich es sehe* gelesen, sie lieben seine Geschichten über vermeintliche Nichtigkeiten, in denen Altenberg letzte Weltgeheimnisse entdeckt. Von seinem Schriftstellerkollegen Max Halbe wird Altenberg einige Male nach Hause eingeladen. Er kommt gerne, schon weil er Halbes Frau Louise mag, gegenüber der er sich noch blumiger als sonst ausdrückt.

Halbe hat Altenberg vor einigen Monaten im elegant-modernen Wiener Café Museum getroffen. Er ist mit ihm durch die Nacht gezogen und hat ihn dabei als einen Flaneur kennengelernt, der auf dem Boulevard daheim ist und sich in der freien Natur wie ein ans Ufer geschleuderter Fisch gebärdet. Halbe behandelt ihn mit größter Verehrung, und Altenberg gefällt es, als großer Dichter gefeiert zu werden.

Trotz vieler Einladungen geht ihm das Geld aus. Seinem Bruder Georg teilt er mit, er brauche dringend einen schwarzen Anzug, eine englische Hose und ein Jackett, um sich in den Redaktionen der *Jugend* und des *Simplicissimus* vorzustellen und Aufträge zu erhalten. Sein Koffer ist nämlich verschwunden. Er hat ihn aus der Sommerfrische nach Wien geschickt, wo er nie angekommen ist. So trägt Altenberg weiterhin leichte Kleidung, obwohl es nun, im Spätherbst, ziemlich kühl wird. Zurück nach Wien will er allerdings auch nicht: Er müsste dort einen Ofen für sein ungeheiztes Hotelzimmer kaufen, also wiederum lästige Ausgaben tätigen. »Die ökonomischen Fatalitäten meines Äußeren sind immer schuld an den Hindernissen meiner Carrière«, klagt er dem Bruder.

Immerhin lernt er zu seiner Freude im Kaffeehaus eine junge Frau kennen, die noch nicht vergeben ist. Die Angebetete heißt Alice Auerbach und sitzt jeden Tag von drei Uhr nachmittags bis acht Uhr abends neben ihm im Café. Altenberg gerät so sehr ins Schwärmen, dass er Alice zur Weisheit, zur Schönheit und zum Adel der Menschheit erhebt. Verglichen mit ihr sind ihm alle anderen Frauen nichts als Flittchen. Selbst seine letzte Angebetete, die bezaubernde Modejournalistin Emma Rudolph, schimpft er nun eine neurasthenische Hure der Seele.

Mit Alice Auerbach geht er ins Theater und zum Soupieren in die American Bar, ehe er seine neue Freundin, seine »Fürstin«, eines Nachts um eins nach Hause begleitet. Am Tore sagt sie ihm: »Ja, ich bin glücklich, Sie kennengelernt zu haben. Man ist nach Ihren Büchern nicht enttäuscht von Ihnen. Sie sind ein großer Mensch.« Altenberg küsst daraufhin ergriffen den Saum ihres Theatermantels – und verschwindet glücklich in die Nacht.

Ihm gefällt München und all die Zuneigung, die er hier erfährt. Kaum ist die Verehrte eine Weile einmal nicht in München, lernt Altenberg zwei entzückende Schülerinnen kennen. Und dann schauen auch noch drei gute Bekannte aus Wien vorbei: der Dichter Alfred Polgar, der Journalist Stefan Großmann und die eben erst gescholtene Emma Rudolph, die ihn sofort wieder entflammen lässt.

Tatsächlich bereitet sie ihm in diesen Tagen einen seltenen Höhepunkt in seinem ansonsten tristen Liebesleben: Beim Abschied im Januar 1900 darf er unfassbare fünfzehn Minuten lang an ihrem Bette knien. Er küsst ihre goldenen Locken, ihre weißen Schultern, ihre Arme, ihre Hände. Sie lässt es nicht nur geschehen, sondern zieht ihn nun zu sich ins Bett und gibt sich weltentrückt mit geschlossenen Augen und offenem Munde seinen Liebkosungen hin. Zumindest wird Altenberg die Geschichte so verbreiten.

Seinem Bruder Georg offenbart er: »Emma Rudolf hat mir in dieser einzigen Viertelstunde des Abschieds mehr gegeben als alle, alle anderen Frauen, die ich erlebt habe, zusammen.«

Dann wieder begeistert er sich im Schwabinger Größenwahn für neue Frauen, und eine Weile sieht es für die Münchner so aus, als richte sich Altenberg dauerhaft in ihrer Stadt ein. Doch nach Fasching 1900 reist er plötzlich wieder zurück nach Wien, um dort sein nächstes Buch zu vollenden.

FESTUNG KÖNIGSTEIN – MÜNCHEN

Feuerwerk erleuchtet den Nachhimmel, aus dem Elbtal tönen Glocken den Berg hinauf zur Festung. Frank Wedekind steht an einem der Fenster seines Gefängniszimmers und schaut in die Weite. Das alte Jahrhundert ist vorbei, das neue hat soeben begonnen. Während er womöglich an sein Spottgedicht über Kaiser Wilhelm II. denkt, besucht dieser just in diesem Moment in Berlin eine Mitternachtsmesse. Anschließend begrüßt er im Weißen Saal seines Schlosses ein Defiliercour. Wahrscheinlich hat der Herrscher keine Zeile aus dem Werk Wedekinds gelesen und sich nicht einmal über den *Simplicissimus* geärgert, weil man ihm die Ausgabe gar nicht erst vorgelegt haben wird, selbst den Prozess wegen Majestätsbeleidigung wird er allenfalls am Rande wahrgenommen haben.

Seit dem Sommer 1899 sitzt Frank Wedekind in Haft. In Leipzig, wo der *Simplicissimus* gedruckt wird, stellte er sich der Polizei. Anfang August verurteilte ihn ein Richter zu sieben Monaten Gefängnis, von denen er sechs Wochen in einer Haftanstalt absitzen musste, bevor er zur vergleichsweise lockeren Festungshaft nach Königstein nahe Dresden kam. Die Festung empfindet der Dichter als überraschend angenehm: Er ist in einem gelb getünchten Zimmer mit zwei Fenstern und einer prächtigen Aussicht über das Elbtal untergebracht. Wenn der Wind pfeift, klappern zwar die Fenster, aber das Essen ist so gut, dass er an Gewicht zunimmt. Bevor jemand sein Zimmer betritt, wird angeklopft.

Wedekind ist nicht der einzige politische Häftling auf Königstein. Gleich nebenan sitzt der *Simplicissimus*-Zeichner Thomas Theodor Heine ein, der das lästerliche Deckblatt zur kaiserlichen Palästinareise angefertigt hatte. Dabei wirkte die Illustration an sich zahm: Stauferkaiser Barbarossa krümmt sich vor Lachen und hält dabei eine preußische Pickelhaube in der Hand, während neben ihm Gottfried von Bouillon steht, der christliche Heerführer des Ersten Kreuzzugs von 1096. Unter dem Bild stand noch der nicht ganz so freundliche Satz: »Gottfried von Bouillon zu Kaiser Barbarossa: ›Lach nicht so dreckig, Barbarossa, unsere Kreuzzüge hatten doch eigentlich auch keinen Zweck.‹« Zwar wird Kaiser Wilhelm II. mit keinem Wort erwähnt – und ansonsten auch nur eine preußische Pickelhaube gezeigt –, aber die Anspielung auf seine Palästinareise genügte für eine Bestrafung wegen Majestätsbeleidigung.

Heine hat sich unmittelbar nach dem Skandal den Behörden gestellt und deshalb seine Strafe bald abgesessen, was das Beste für die beiden Eingesperrten ist. Wedekind und Heine tauschen höfliche Worte aus, können sich ansonsten aber kaum leiden. Wedekind ärgert sich, wie fürstlich der Zeichner vom Verleger unterstützt wird. Heine erhält von Albert Langen jeden Monat siebenhundert Mark. Wedekind dagegen musste sich sogar fünfzig Mark leihen, um seine Überführung in die Festung Königstein bezahlen zu können. Zwar hatte Langen auch ihm monatelang dreihundert Mark überwiesen, dies dann jedoch sofort gestoppt, als Wedekind vor Gericht in Leipzig meinte, alle Schuld für den Presseskandal auf Langen abwälzen zu können: Der habe ihn zu den Spottversen gedrängt. Tatsächlich widersprächen sie nämlich seinen Überzeugungen. Der Richter glaubte Wedekind nicht, und Langen zürnte in seinem Pariser Exil.

In der Festung arbeitet Frank Wedekind an dem Stück weiter, das er gleich am ersten Tag nach seiner Flucht in Zürich begonnen und anschließend in Paris umgeschrieben hat. Weil es ihm noch immer entsetzlich skelettartig vorkommt, beginnt er erneut von vorne und formuliert in der Ruhe seiner Zelle legendäre Sätze wie: »Der Mensch wird abgerichtet oder er wird hingerichtet.«

Als Wedekind am 3. Februar 1900 aus der Festung Königstein entlassen wird und nach München fährt, hat er ein neues Schauspiel im Gepäck, das den Titel *Der Marquis von Keith* trägt. Keines wird ihm mehr am Herzen liegen, ja er hält es für sein künstlerisch reifstes und geistig gehaltvollstes Stück und die Rolle des Keith für die gelungenste, die er je geschrieben hat. Er könnte bester Laune sein, zumal es gute Nachrichten gibt: Sein neues Schauspiel soll in der kürzlich gegründeten Zeitschrift *Die Insel* veröffentlicht werden, und sein Drama *Der Kammersänger* wurde gerade in Berlin uraufgeführt, weshalb ihn der junge, einflussreiche Theaterkritiker Alfred Kerr seither zu den humorvollsten deutschen Dichtern zählt. Ferner ist sein Gedicht »Das Goldstück« vertont worden. Und nicht zuletzt hat er einen freundlichen Brief eines Journalisten aus der Hauptstadt erhalten: Demnach lesen sich Berliner Studenten bei Whiskey und Zigarren seine Gedichte vor, kaufen seine Bücher und haben ihn – pardon! – sogar ein bisschen lieb.

Trotzdem hadert Wedekind mit seiner Situation und greift nur widerwillig zur Feder, weil ihm neuer Stoff fehlt. Zudem beschwert sich sein Verleger Langen, er habe ihm dreitausend Mark an Vorschüssen gezahlt, ohne dafür je etwas erhalten zu haben. Im Frühling findet Wedekind immerhin eine entzückende Wohnung in Schwabing, hat jedoch kein Geld für Möbel. Erst als ihm Max Halbe und andere Freunde einige Tausend Mark überweisen, kann er sich Möbel kaufen und das Schlafzimmer weiß lackieren, das daraufhin wie ein züchtiges Jungmädchenstübchen aussieht.

Überhaupt geht es gerade viel um Zucht und Ordnung. Neuerdings werden in der Münchner Glyptothek sogar die Penisse antiker Statuen mit papiernen Feigenblättern verdeckt. Was die brave Feige verbrochen hat, dass man ihr schön geformtes großes Blatt für solche Schweinereien missbraucht, fragt sich ein Autor der Zeitschrift *Jugend*.

Der Grund für die neue Prüderie ist das vom Kaiser initiierte »Lex Heinze«, das der Reichstag im Februar 1900 verabschiedet hat. Eigentlich soll das Gesetz die Zuhälterei beenden, aber es ist so weit gefasst, dass alles, was das öffentliche Scham- und Sittlichkeitsgefühl grob verletzt, zu einer Anzeige führen kann – ob in Badeanstalten, Kunstakademien oder auf Theaterbühnen. Wer unzüchtige Schriften verkauft oder verteilt, muss sogar mit einem Jahr Gefängnis oder einer Geldstrafe von eintausend Mark rechnen.

Aus Protest gegen das neue Gesetz haben in Berlin hundertfünfzig Künstler und Intellektuelle den »Goethebund zum Schutze freier Kunst und Wissenschaft« gegründet. Sie werden angeführt vom Historiker Theodor Mommsen. Auch die Sozialdemokraten mobilisieren die Massen. Tatsächlich wird das Gesetz daraufhin noch im Frühjahr abgemildert: Der »Theaterparagraph« wird gänzlich gestrichen, und der »Kunst- und Schaufensterparagraph« wird auf einen Absatz verkürzt, der lediglich den Verkauf schamloser Schriften und Bilder an unter Sechzehnjährige verbietet.

WIEN

Peter Altenberg ist empört. Während seiner Zeit in München haben die Kellner des Café Central aufgehört, seine Briefe anzunehmen. Man sei kein Postamt für abwesende Dichter, erklären sie, was ihm absurd vorkommt. Überhaupt wäre er besser an der Isar geblieben. Alle wollen Geld von ihm. Die Marqueure, der

Zimmerwirt, die Wäscherin. So muss Altenberg im Mai 1900 einen Mäzen anpumpen. Er brauche ein unbefristetes Darlehen, erklärt er Friedrich Eckstein, sonst müsse er seinen kleinen Stall verlassen, womit er sein Hotelzimmer meint. Der großbürgerliche Freund hat Erbarmen und rückt Geld raus.

Trotzdem geht es Altenberg nicht gut. Ständig fühlt er sich erschöpft, und um schlafen zu können, trinkt er immer mehr Bier. Schließlich zieht er bei seinem Bruder in die Wohnung an der Votivkirche am Ring ein. Auch den Bruder Georg plagen Sorgen. Die Familienfirma wirft fast nichts mehr ab. Ein Bankrott ist absehbar. Schon jetzt sind ihm die monatlichen Raten an seinen Bruder Peter kaum mehr möglich. Ständig sprechen die beiden über Geld und Gesundheit.

Als Georg Engländer – wie die Familie von Peter Altenberg ja eigentlich heißt – den Dichter in eine Klinik bringen will, wehrt dieser sich vehement. Es ginge nicht, seine Gewohnheiten passten nicht zu den Vorschriften einer solchen Anstalt. Er esse, trinke und schlafe in einer besonderen Weise. Überhaupt brauche er ein ruhiges Zimmer, frische Luft bei Tag und Nacht und leichte Nahrung, was er allenfalls in Bad Vöslau am Wienerwald finde. Altenberg liebt den Kurort mit seinen neoromantischen Bauten, den antiken Statuen und den Wasserfällen. Bad Vöslau macht ihn sentimental. Wenn er nur daran denkt, riecht er Lindenblüten, triefende Schwimmanzüge, wohltuenden Tannenharz, Tausende Blumen. Kindheitserinnerungen an den Bach mit den lustigen Enten werden wach, an die üppigen Wiesen mit ihrem herrlichen Unkraut, an die graublaue murmelnde Quelle und den Park mit seinem wilden Blütendunst.

Mitte Mai ist es trotzdem so weit. Sein Bruder Georg bringt ihn in ein Sanatorium in Sulz-Stangau im Wienerwald. Altenberg fühlt sich dort gefangen wie in einer ekelhaften und trostlosen Mausefalle. Die Pfleger verweigern ihm Bier. Stundenlang liegt er nachts wach und überlegt, ins Ausland zu fliehen, nach München.

Selten kam ihm ein Aufenthalt so sinnlos vor wie der in dieser Wasser-Heilanstalt. Als ihm dann auch noch Geld gestohlen wird, überkommt ihn Panik. Um Geist und Seele zu beruhigen, hat er seit Jahren immer zwei Hunderter dabeigehabt, von denen er sich nie, nie, nie getrennt hat. Alles andere konnte er im Sanatorium entbehren, aber nicht dieses Geld. Nun ist es weg. Ein Stubenmädchen oder der Hausknecht muss es ihm entwendet haben. In seiner Not schreibt er an Georg: »Oh mein Bruder, rette mich, hole mich ab, rasch, rasch!«

Erst im Sommer verlässt Peter Altenberg die Anstalt, aber an eine Sommerfrische ist nicht zu denken. Er arbeitet an seinem nächsten Buch, dessen Titel perfekt zu ihm, dem größten Wiener Bohemien, passt: *Was der Tag mir zuträgt*. Monatelang feilt er im Café Central an den Skizzen, während der Rücken schmerzt. Er fühlt sich kraftlos und frustriert. Die Vorschüsse des Buches sind längst verprasst, alle Geldquellen versiegt, das Rückenleiden wird ständig schlimmer. Wäre doch wenigstens das Buch fertig. Es soll eine Art Lebensabschluss werden. Man will doch etwas zurücklassen.

MÜNCHEN – SAMOS

Franziska zu Reventlow wirft sich unterdessen in die starken Arme eines neuen Geliebten: Adam ist für sie wie ein heller Morgen. Mit ihm will sie im Sommer auf eine Insel in Kleinasien reisen. Er heißt eigentlich Albrecht Hentschel, ist Paläontologe und plant, auf Samos alte Gesteinsschichten zu erforschen. Seit Wochen freut sich Reventlow auf die Reise, zumal das Jahr so schlecht begonnen hat, mit tausend Mark Schulden und einer schweren Operation am Bauch. »Samos zieht jetzt sehr, mir kommt es vor, als ob ich direkt ins Sonnenland hineinfahren sollte«, hält sie im Tagebuch fest. »Das Leben lacht, nun lach auch du!«

Am Abend des 31. Mai 1900 bricht sie mit ihrem bald dreijährigen Sohn Rolf auf. Wie sehr sie den Jungen liebt und braucht! Er beruhigt die Stürme, die in ihr toben. Er ist ihr Glück, ihr Friede, ihr Ein und Alles. Solange sie ihn hat, kann sie gut und rein sein, mit ihm fühlt sie sich stark und fest. Ohne ihn wäre alles vorbei. Keine Liebe, keine Leidenschaft hielte sie am Leben. Sie reisen zu dritt mit der Bahn zunächst nach Wien, dann nach Belgrad und weiter mit einem Schiff donauabwärts nach Konstanza am Schwarzen Meer. Dort läuft Bubi nackt mit einem roten Hut am Strand entlang, ehe ein tobendes Gewitter aufzieht.

Im Mondschein setzen sie mit einem Schiff nach Konstantinopel über, wo Zöllner mit dem Kleinen spielen und ihm einen echten Affen in den Arm drücken. Mutter, Sohn und Adam bleiben für einige Tage, machen Ausritte, sitzen in Kaffeehäusern, trinken Limonade, besuchen Derwische, einen Teppichbasar, die Hagia Sophia und den Galata-Turm. Schließlich setzen sie nach Lesbos über, wo sie tagelang bei Hitze und Bauchweh auf den Dampfer nach Samos warten.

Die Gräfin sehnt sich nach Ruhe. Tausende Seiten hat sie in den vergangenen Jahren für den Verlag von Albert Langen übersetzt, es waren Dutzende Seiten täglich, bis die Migräne nicht mehr von ihr wich. Im Frühjahr musste sie zu allem Übel für eine Operation ins Krankenhaus. Immerhin fühlte sie sich dort auf Urlaub von ihren Alltagssorgen, wie sie in der Redaktion des *Simplicissimus* Korfiz Holm erzählte. Zu halben Leichen verhalte sich alle Welt nett. Nur die ewige Leibaufschneiderei für die Operationen und das ständige Zusammennähen seien auf die Dauer monoton. Sie habe deshalb dem Arzt vorgeschlagen, die Wunde mit Druckknöpfen zu versehen, sodass man sie beim nächsten Mal rascher öffnen könne.

Dann kam sie gegenüber Holm aufs Geschäftliche zu sprechen. Sie wolle einen dicken Roman über ihre Kindheit schreiben. Und zwar auf Samos, in aller Ruhe. Sie werde dort ein halbes Jahr bleiben, fleißig arbeiten und das fertige Manuskript pünktlich abliefern. Sie hätte deshalb gern einen Vorschuss. Holm kontaktierte seinen Verleger Langen im Pariser Exil, der keine Einwände hatte, schon weil sie so liebenswürdig fragte – ganz anders als dieser penetrante Wedekind.

Fünf Wochen nach ihrem Aufbruch kommen der Paläontologe, die Gräfin und ihr Rolf auf Samos an. Es ist Anfang Juli und heißer als gedacht. Tagsüber liegt Reventlow apathisch im Zimmer, erst abends wagt sie sich nach draußen. Sie sitzt am Kai von Vathy, als ihr auf einmal klar wird, dass Adam doch nicht die große Liebe ist. Ihm fehlt nicht nur das Lachen, er trägt auch keinen Schmerz in sich, der auf das antwortet, was ihr wehtut. Er weiß sie nicht anzufassen und versteht nicht einmal, warum sie sich ihm seit einigen Tagen entzieht. Einmal sprechen sie eine halbe Nacht lang über ihre Liebe, aber sie fühlt sich zugeschlossen. Es kommt ihr wie Unrecht vor, bei ihm zu bleiben. Und sie hat den Eindruck, ihm auf die Nerven zu fallen.

Kaum nähern die beiden sich wieder an, erzählt sie ihm von einem Abenteuer, das sie mit einem Herrn in Konstantinopel hatte. Adam tobt daraufhin, und sie versteht nicht, warum er wegen solch einer Kleinigkeit einen derartigen Lärm veranstaltet. Es kann doch keine Beleidigung sein, von einem Mann begehrt zu werden. Dass Adam dann sogar ihre Schmach rächen will, hält sie für unreif und vollkommen übertrieben.

Peinliche Tage vergehen, bevor sie beschließen, sich zu trennen. Die letzte Aussprache ist wie ein leises Gewitter. Kaum ist es vorbeigezogen, haben sie das Gefühl, wieder Freunde werden zu können. Und sie verspürt erstmals Lust, ihren Roman anzugehen. Eine stille Zeit liegt vor ihr. Sie schreibt ihre Kindheitserinnerungen auf, schickt Briefe an ihren Münchner Freund Ludwig Klages, raucht weniger und freut sich, dass ihr Sohn allein essen kann. Mit jedem Tag lebt sie auf. Sie möchte Griechisch und Italienisch lernen, Homer, Shakespeare, Nietzsche lesen, wieder malen und den Roman fertigstellen.

Satz für Satz taucht sie hinab in ihre Vergangenheit wie in ein unendliches Meer, wird von melancholischen Erinnerungen überflutet, sieht vor sich das alte Husumer Schloss mit den großen Räumen, hört die Herbststürme durch die Kamine heulen, spürt den Nebel, der von der Nordsee herüberweht und den verwunschenen Garten in einen grauen Schleier hüllt. An das Schloss erinnert sie sich gern, nicht aber an die Mutter. Wenn diese ins Zimmer kam, wehte es eisig. Als Kind träumte sie nachts, wie die Mutter mit der großen Schere hinter ihr herlief und sie töten wollte.

Im August 1900 schließt die Gräfin das erste Kapitel ab. Sollte sie in dem Tempo weiterschreiben, wäre das Buch in einem halben Jahr fertig. Sie beginnt das zweite Kapitel, denkt an ihren Jugendfreund aus dem Ibsenclub. Tagelang versenkt sie sich in die alten Briefe. Ihre stürmische Jugend steht ihr vor Augen, ganz ohne Wehmut. Sie hat Wort gehalten, ist sich treu geblieben und hat nun, mit nach wie vor nicht mal dreißig Jahren, noch so viel vor.

Als sich plötzlich die Schmerzen am Bauch melden, sucht sie einen Arzt auf, der ihr Morphium verschreibt. Er heißt Anakréon, ist nicht unattraktiv und erklärt sich bereit, ihr Griechisch beizubringen. »Gestern in der griechischen Stunde arabisches Sprichwort zitiert: si un homme et une femme sont ensembles dans un endroit, le diable etc.«, notiert sie ins Tagebuch – »sind ein Mann und eine Frau zusammen an einem Ort, der Teufel etcetera«.

Selbst ihr Sohn bemerkt, wie die Mama den Arzt verzaubert, was Reventlow im Tagebuch festhält: »Die Maus hat nicht ganz unrecht: Herr Doktor hat Kopf verloren.« Oder meint sie nicht den Arzt, sondern den Paläontologen Adam?

An einem ihrer letzten Tage auf Samos trifft sie Anakréon und dessen Frau. Im Nu verfliegt ihre böse Lust. Sonderbar, findet sie, einmal im Leben nicht getan zu haben, was momentweise reizte. Einer Liebe wäre sie vielleicht untreu geworden, meint sie, aber nicht einem helfenden Freund. Sie hätte den Augenblick und die Erinnerung eingetrübt.

Bevor sie am 23. November gegen halb zwei am Mittag mit einem Schiff die Insel verlässt, sucht sie Anakréon zum Abschied auf. Er begleitet sie aufs Schiff, drückt ihr fest die Hand, während ihr wehmütig zumute ist. Da war etwas zwischen ihnen, denkt sie, auch wenn es nicht vollzogen wurde. Sie blickt ihm nach, wie er erst von Bord geht und am Quai in einer dunklen Spalte zwischen den weißen Mauern verschwindet. »Etwas verliebt war ich doch«, gesteht sie ihrem Tagebuch.

MÜNCHEN

Während die Gräfin fort ist, taucht im Schwabinger Café Größenwahn ein nicht mehr ganz so junger Dichter auf und erklärt den Ort zu seinem künftigen Hauptquartier. Die Boheme tuschelt sofort über diesen Mann. Es heißt, er leide an einer tückischen und unheilbaren Krankheit. Er stamme aus einem alten kurländischen Grafengeschlecht und habe aus gesundheitlichen Gründen lange in Rom gelebt. Einer seiner Vorfahren sei von Immanuel Kant unterrichtet worden, ein anderer soll mit Friedrich dem Großen befreundet gewesen sein.

An einem Abend im Sommer 1900 sitzt Max Halbe mit dem Schriftsteller Ernst von Wolzogen im Restaurant des Hotels »Vier Jahreszeiten«, als dieser Fremde am Nachbartisch Platz nimmt. Halbe blickt hinüber und erschrickt über dessen Hässlichkeit. Als ihn jemand fragt, ob man ihm den Herrn vorstellen dürfe – er sei ein netter Kerl, ein kurischer Graf Keyserling –, winkt Halbe unauffällig ab. Nett, meint er, mag schon sein, aber der Mensch sehe aus wie einer, der vor hundert Jahren als Siebzigjähriger gestorben ist und bis heute Nachmittag im Grab vor sich hin moderte.

Trotzdem sitzen sie kurz darauf an einem Tisch zusammen. Vielleicht hat sich Halbe erbarmt, vielleicht war er auch zu neugierig. Unwahrscheinlich jedenfalls, dass sich der Graf aufdrängte. Es wäre nicht seine Art. Keyserling hat eine schlottrige Figur, ein bleiches, faltiges Gesicht und eine müde Haltung. Sein Kopf ist schmal, die blauen Augen sind seltsam vorgewölbt, das Kinn flieht zurück. Nur das gewellte blonde Haar und die roten Lippen wirken hübsch und lebendig.

Kaum beginnt Eduard Graf von Keyserling jedoch zu plaudern, sind Halbe und alle anderen am Tisch wie verzaubert. Der Graf kennt sich nicht nur verblüffend gut mit Plato und Aristoteles aus, sondern kann fabelhaft von Pferden, Kühen und Schweinen erzählen, von baltischen Wäldern und Äckern, von Knechten und Mägden, von blauen Seen und klaren Flüssen. Mühelos entführt er die Zuhörer in seine kurländischen Kindertage, nimmt sie mit ins Elternhaus in Paddern, wo eine baltische Herrenschicht über lettische Diener und Bauern gebot. Die Jugend lässt er aus und schwärmt lieber von seinen Studentenjahren in Wien, bis die Heimat rief, wo er für einen minderjährigen Verwandten einen Gutsbetrieb leiten musste. Danach zog er wieder in die Welt hinaus, diesmal nach Rom. Nun, mit Mitte vierzig, lebt er in Schwabing mit zwei älteren Schwestern zusammen und schreibt Bücher. Kürzlich wurde sein Erstlingsdrama *Frühlingsopfer* uraufgeführt. Er habe sich davon geschäftlich wenig versprochen, aber gelegentlich müsse man halt etwas für die Literatur tun.

Max Halbe und Eduard von Keyserling sind fortan unzertrennlich. Bald sitzen die beiden auf der Veranda von Halbes Sommerwohnung am Starnberger See und unterhalten sich, während Lovis Corinth ein Porträt des Grafen anfertigt, das zu den großen der Schwabinger Jahrhundertwende zählen wird. Der Maler und sein Modell verstehen sich bestens. Corinth spricht in einem ostpreußischen Tonfall, der Keyserling vertraut ist. Für andere ist der Maler mit seinem Tatarenschnurrbart ein spröder Kerl. Er wird erst locker, wenn er das Weinglas schwingt. Corinth malt unmittelbar auf die Leinwand und dann in der nassen Farbe weiter. Bei Porträts beginnt er mit Nase, Augenbrauen oder Mund und lässt daraus mit leichter Hand alles andere hervorwachsen.

Als Keyserling vor dem fast vollendeten Porträt steht, rümpft er die Nase: »Es mag, trotz der Brutalität, die drinsteckt, gut jemalt seein, und gut unterhalten hat er mich dabeei. So aussehen aber möcht ich lieber nich.« Er wird nie wieder irgendwem Porträt sitzen.

Es ist kurz vor Weihnachten 1900, als Franziska zu Reventlow nach Schwabing zurückkehrt, sich alsbald zum Verlag von Albert Langen aufmacht und direkt ins Büro des Prokuristen Korfiz Holm geht:

»Da bin ich wieder.«

»Na, wie war's auf Lesbos?«

»Nein, Samos. Ich bin überhaupt mit einem Mann gereist.«

»Sollt man es glauben! Na, und wie steht's mit dem Roman? Ich seh kein Manuskript.«

»Ja, damit ist mir etwas Schreckliches passiert. Er steckt in meinem großen Koffer, und der liegt noch in Venedig auf dem Zoll, und ich bekomm ihn nicht heraus. Wir hatten nämlich da auch einen geladenen Revolver mit hineingepackt, der offenbar nicht gut gesichert war. Denn, stellen Sie sich vor, gerade wie ihn die Facchini vor die Zöllner niedersetzen, geht ein Schuss drin los. Na! Haben Sie schon Italiener kreischen hören? Selbstverständlich fiel es uns nicht ein, uns zu dem Unglücksmöbel zu bekennen. Sie wissen doch, wie rigoros Italien in Bezug auf Waffen ist. Man hätte uns ganz sicher ein paar Jahre eingesperrt. Und wie ich nun zu meinen Sachen und zu meinem Manuskripte kommen soll, ist mir vollständig schleierhaft.«

»Ja aber, liebe Gräfin, wäre die Mühe denn so groß, um sich wenigstens etwas um eine Kleinigkeit Wahrscheinlicheres auszudenken?«

»Sie glauben mir das nicht?«

»Bedaure, nein. Ich hab zu wenig Phantasie.«

»Nun ja, dann, dann ... Ich wollte eigentlich ... – Das hat jetzt keinen Zweck! Adieu!«

Sie dreht sich um und verlässt das Büro, ohne Korfiz Holm die Hand zu geben. Er bleibt gelassen und geht davon aus, sie bald wiederzusehen, aber sie schaut monatelang nicht im Verlag vorbei, schickt kein Manuskript und zahlt auch den Vorschuss nicht zurück. Sie hat andere Dinge im Kopf, will Klavier spielen und singen, weiterhin Griechisch lernen, Schlittschuh laufen und sich mit Kunstgeschichte befassen. Erst viel später wird Holm erfahren, dass die Geschichte mit dem Revolver wohl nicht erfunden war. Allerdings lagen im Koffer nur ein paar Seiten ihres Romans.

WIEN

Arthur Schnitzler legt in diesen Monaten zwei Werke vor, die sich im Laufe der Zeit zu Skandalen auswachsen. Für rasche Empörung sorgt seine Novelle *Leutnant Gustl*, die Ende 1900 in der Weihnachtsbeilage der *Neuen Freien Presse* erscheint. Als erster deutschsprachiger Autor setzt Schnitzler auf einen inneren Monolog, was an Freuds Buch *Traumdeutung* erinnert, das er bereits gelesen hat. Mit seiner Novelle kritisiert er den militärischen Ehrbegriff und schreibt überhaupt gegen Duelle und Militär an. Ihm selbst ist die Armee seit seinem Freiwilligenjahr am Wiener Garnisonsspital zuwider.

Den Konservativen missfällt die Novelle. In der antisemitischen *Reichspost* mokiert sich der Chefredakteur über »dieses Gemisch aus Unflat, niedrigster Gesinnung und Verdorbenheit des Herzens, von Feigheit und Gewissenlosigkeit«. Es sei unfassbar, dass Schnitzler für seine schäbigen Überlegungen die Figur eines Leutnants missbrauche. Auch das Militär meldet sich zu

Wort: Schnitzler habe nicht nur die Standesehre der Armee verletzt, als Reserveoffizier dürfe er vor allem die ätzende Kritik des Chefredakteurs nicht hinnehmen. Er solle diesen gefälligst zum Duell herausfordern.

Mehrfach wird Schnitzler gedrängt, sich in Uniform in der Landwehrkaserne einzufinden. Dass ihm schließlich der Rang als Reserveoffizier aberkannt wird, erfährt er aus der *Neuen Freien Presse*.

Für einen noch viel größeren Skandal wird ein anderes Theaterwerk sorgen, das Schnitzler im Laufe des Jahres 1900 auf eigene Kosten in kleiner Auflage hat drucken lassen. Es heißt *Reigen* und wird einmal als sein erfolgreichstes Bühnenstück gelten. In zehn Dialogen begegnen sich fünf Männer und fünf Frauen in immer neuen Konstellationen, von der Dirne und dem Soldaten bis zur Schauspielerin und dem Grafen, bis sich der Kreis schließt. Sie treffen sich immer paarweise und geben sich einander hin, was jedoch nicht gezeigt oder erzählt wird: Es geht nur um das Davor und Danach – und das ist schon Unzucht genug.

Als seine Freunde Richard Beer-Hofmann und Hugo von Hofmannsthal das Stück lesen, verfassen sie gemeinsam einen Brief an den »Pornographen« und »Schmutzfinken«. Immerhin finden sie das Stück nicht so glatt wie *Liebelei*, auch nicht so unsäglich langweilig wie die läppischen Novellen. Sie raten Schnitzler, er solle vom Verleger viel Geld für das Theaterstück verlangen. Denn es werde ohnehin konfisziert, und dann müsse er sich nicht so sehr über das Geschwätz der Leute ärgern.

Weil sein Verleger Samuel Fischer tatsächlich vor einer Veröffentlichung zurückschreckt, kursiert es vorerst nur unter Freunden und Bekannten. Erst 1903 wird ein Wiener Verlag das Buch auf den Markt bringen und in kürzester Zeit vierzehntausend Exemplare verkaufen, ohne dass es einen Aufschrei gäbe.

Zum Skandal wird der *Reigen* fast zwei Jahrzehnte später. Nicht bei der Uraufführung im Dezember 1920 im Kleinen Schauspielhaus in Berlin, sondern bei der Wiener Premiere im Februar 1921: Während der Aufführung dringen hundertfünfzig Sittenwächter in das Volkstheater ein, zertrümmern die Einrichtung und beschimpfen Schnitzler als »jüdischen Schweineliteraten«. Daraufhin müssen plötzlich auch in Preußen der Direktor, der Regisseur und die Darsteller des Kleinen Schauspielhauses vor Gericht erscheinen. Schnitzler selbst verhängt schlussendlich eine sechzigjährige Aufführungssperre für den *Reigen*. Ihn vergrätzen die Reaktionen auf das Stück, die er als verlogen, unverständig und feige empfindet.

Verleger und Ehemann von Lasker-Schüler:
Herwarth Walden (1903)

Dichten, singen, tanzen

JANUAR 1901 BIS JUNI 1902

Eine neue Kunstform schlägt ein: Sie kommt aus Frankreich und heißt Kabarett. Im Berliner Café Größenwahn sind sofort alle begeistert und schmieden alsbald eigene Pläne: das Theatergenie Max Reinhardt, der Stegreifredner Ernst von Wolzogen und auch Else Lasker-Schüler mit ihrem neuen Freund Herwarth Walden. Die einen können ihren raschen Erfolg kaum fassen, die anderen sammeln Erfahrungen. Die beste, witzigste und bissigste Kabarettgruppe entsteht jedoch in München: Sie nennt sich »Die Elf Scharfrichter«. Sogar Frank Wedekind macht mit. Ihm bleibt allerdings auch keine Wahl.

Das Berliner Größenwahn:
Café des Westens (ganz links, 1913)

BERLIN

Nach ihren Auftritten gehen die Schauspieler des Deutschen Theaters jetzt immer ins nahe Café des Westens. Hier im Berliner Größenwahn wollen sie etwas Neues erfinden, das Publikum kurzweilig ergötzen und dazu eine neue Kunstform ins Leben rufen, die es bislang nur in Paris gibt. Mit großem Erfolg werden auf den Bühnen am Montmartre so kluge wie unterhaltsame Stücke aufgeführt, wobei man dort auch nicht vor Gesang, Pantomime, Balladen und Satire zurückschreckt. Warum sollte so etwas im Deutschen Reich nicht ebenfalls funktionieren?

Nächtelang diskutieren sie im Größenwahn. Als Erstes schwebt ihnen eine Parodie von Schillers *Don Carlos* vor. Während einer laut daraus vorliest und ein anderer wie ein Löwe umherlaufend nach Einfällen sucht, sitzt der siebenundzwanzigjährige Charakterdarsteller Max Reinhardt an einem langen Tisch und schmaucht nachdenklich an einer Zigarre. Zwischendurch streiten sie über den Namen ihrer künftigen Bühne, bis Reinhardt einen Spruch von Goethe zitiert: »Der Name ist Schall und Rauch.« So soll die Bühne denn auch heißen: Schall und Rauch.

Ein paar Tische weiter denkt auch Ernst von Wolzogen über etwas sehr Ähnliches nach. Immer wieder hat er mit Freunden über ein literarisches Kabarett gesprochen. Das, was sie am Montmartre machen, will auch er ausprobieren: Ein Theater, das mit Kleinkunst die Menschen der großen Metropole anzieht, selbst wenn man hierzulande auf politische Tagessatire wird verzichten müssen. Anders als in Frankreich ist die Zensur in Preußen nämlich kleinkariert.

Wolzogen hat kluge Unterhaltungsromane verfasst und war Spielleiter des Akademisch-Dramatischen Vereins in München. Er hat bewiesen, dass er Talente finden und als Stegreifredner ein Publikum fesseln kann. Doch weder in München noch in Darmstadt konnte er Mitstreiter für seine Idee von einem intelligenten Varieté gewinnen, das mehr sein soll als triviales Tingeltangel.

Nun, im Winter 1900/01, sitzt der Mittvierziger im Café Größenwahn auf einem roten Sofa an einem langen Tisch, kalkuliert Kosten und sucht nach Geldgebern für seinen Traum. Ungeduldig spürt er, wie sehr eine solche Bühne in der Luft liegt. Kaum irgendwo waren die Proteste gegen das Zensurgesetz, das »Lex Heinze«, so heftig wie in Berlin, der Hauptstadt des Deutschen Reiches. Noch immer erregen sich die Menschen über die staatliche Bevormundung. Sein Kabarett will er »Buntes Theater« nennen, eben weil es bunt zugehen soll. Vielleicht wird er es auch – halb münchnerisch, halb nietzscheanisch – als »Überbrettl« bezeichnen, schließlich reden alle um ihn herum vom Übermenschen, einem Menschen, der über sich hinauswächst, sich zu etwas Höherem entwickelt und die christliche Moral hinter sich lässt, einem Menschen, der Dasein und Genuss liebt.

Als ihm der Verein zur Förderung der Kunst siebentausend Mark zusichert, wird es ernst. Wolzogen handelt rasch, mietet eine Bühne im Victoria-Theater am Alexanderplatz und stellt ein Programm mit Balladen, Sketchen, Couplets und Dirnenliedern auf. Zumindest eine Saison lang will er durchhalten und sich danach wieder mit anderen Dingen beschäftigen.

Am 18. Januar 1901 steht Ernst von Wolzogen auf einer Bühne am Berliner Alexanderplatz und eröffnet die erste Kabarettveranstaltung in Deutschland überhaupt – was sehr passend ist, denn an ebendiesem Tag feiert die preußische Monarchie ihren zweihundertsten Jahrestag und das Deutsche Reich seinen vierzigsten. Der Kabarettabend beginnt mit einem Einakter, es folgen Pantomime, Schattenspiele, Chansons und Parodien. Die Zuschauer sind begeistert, und die Zeitungskritiker loben die graziöse Kleinkunst so überschwänglich, dass sich Wolzogen keine Sorgen machen muss. Neues Publikum wird kommen.

Nur fünf Tage später tritt am 23. Januar auch Max Reinhardt mit seiner Truppe Schall und Rauch erstmals auf, und zwar im Künstlerhaus am Potsdamer Platz. Er wird ebenfalls von Presse und Publikum gefeiert – und sich von nun an zu einem der Theatergenies des neuen Jahrhunderts entwickeln. Bald darauf gastiert seine Truppe bei einer Matinee im Deutschen Theater: »Wir kommen ins Deutsche Theater / und machen Schall und Rauch / Und wenn Sie sich dabei amüsieren / Amüsieren wir uns auch.«

Während Reinhardt nach einer dauerhaften Bühne suchen muss, sind Wolzogens Aufführungen im Victoria-Theater monatelang ausverkauft. Ganz Berlin singt ein Lied aus seinem Kabarett, den Schlager »Der lustige Ehemann« mit Nonsenswörtern wie »Ringelringelrosenkranz« und »Klingklanggloribusch«. Die Kassen klingeln, und das Unternehmen ist viel erfolgreicher, als Wolzogen es sich hat vorstellen können. Längst hat er beschlossen, das Kabarett nicht nur eine Saison lang zu betreiben. Und weil er nicht weiß, wohin mit den sagenhaften Einnahmen, unternimmt er eine Luxusreise nach Italien, um über alles nachzudenken. Statt unterwegs wieder Abstand und Erdung zu gewinnen, verliert er sich in einer Phantasiewelt.

Zurück in Berlin, mietet er ein größeres Gebäude mit neunhundert Plätzen in der Köpenicker Straße im Berliner Südosten, im Arbeiterstadtteil Luisenstadt. In den kommenden Monaten wird das Gebäude mit großem Aufwand umgebaut: Wolzogen lässt sogar den Hauptsaal versetzen, den ersten Rang mit Smyrnateppichen ausstatten, neue Foyers einziehen, die Wände mit schalldämpfendem Stoff bedecken, alle Türen, Fenster, Teppiche, Türklinken, Kleiderhaken und selbstverständlich auch die verstecktesten Tapeziernägel nach den Entwürfen eines exquisiten

Architekten herstellen. Alles soll glänzen und verzaubern! Ihm schwebt nichts Geringeres vor als das schönste Jugendstiltheater des Deutschen Reiches.

MÜNCHEN

Kaum wird es im Frühjahr wärmer, reist Peter Altenberg erneut an die Isar. Auch dort hat sich bereits eine Kabarettgruppe zusammengefunden, die sich »Die Elf Scharfrichter« nennt. Der Name ist eine Kampfansage: Sie wollen über alles richten, was ihnen nicht passt, die ganze verklemmte Prüderie im wilhelminischen Reich. Rund ein Dutzend Männer sammeln sich um den Franzosen Marc Henry, ehemals Conferencier im Pariser Kabarett »Chat noir«, und seine elsässische Lebensgefährtin, die siebenundzwanzig Jahre junge, laszive Chansonniere Marya Delvard. Allem Anschein nach leben die beiden in wilder Ehe, was allerlei Gerüchte und Phantasien anheizt, die gut fürs Geschäft sind. Dass sie verheiratet sind, bleibt ihr Betriebsgeheimnis. Und sie wissen es gut zu schützen.

Zunächst sollte im Hof des Münchner Café Größenwahn eine Bühne entstehen. Cafétier Karl Oberdorfer hatte zugesichert, ein Gebäude nach den Plänen eines der Scharfrichter, eines Architekten, zu bauen und an die Truppe zu vermieten. Doch im letzten Moment weigerte er sich, einen Vertrag zu unterschreiben. Die Scharfrichter wollten schon aufgeben, als sich nur drei Minuten vom Größenwahn entfernt eine andere Auftrittsstätte fand: ein alter Fechtboden im Hinterhaus eines Restaurants, das in der Türkenstraße in Blickweite der Alten Pinakothek liegt. Dass dort alles herrlich schäbig proletarisch wirkt, erinnert manch einen an den Charme von Montmartre.

Alle aus der Truppe sammeln Geld für die Miete und den Umbau des Fechtbodens in einen schmalen Theatersaal für rund einhundert Zuschauer. Anders als in Berlin will man keine nummerierten Stühle, kein Parkett, keine Ränge, keine Galerien und keine vom Zuschauerraum getrennte Bühne. Das Publikum soll sich zugehörig fühlen. Auf der Bühne gibt es modernste Beleuchtung und einen Vorhang auf zwei halbrunden Eisenschienen. Die Wände sind glatt und bis auf halbe Höhe mit Holz getäfelt, darüber mit Stoff bespannt und mit den Porträtmasken der Scharfrichter behängt. Am Eingang befindet sich das Wahrzeichen der Scharfrichter: ein Schandpfahl mit einem Totenschädel, in dem ein Henkerbeil sitzt.

Die Elf Scharfrichter wollen alles exekutieren, was das Kaiserreich an Heuchelei, Zensur und Bigotterie zu bieten hat. Und davon gibt es nicht wenig. Die Mitglieder der Truppe geben sich Namen wie Kaspar, Beil, Serapion, Grab, Till Blut oder Frigidius Strang. Unter ihnen sind Freunde von Frank Wedekind, der selbst nicht mitmachen will, weil er um seinen Ruf als ernsthafter Dramatiker fürchtet. Andererseits braucht er Geld und überlässt den Scharfrichtern daher einige seiner Lieder.

Um Zensur und Fiskus zu entgehen, nutzen die Scharfrichter eine Gesetzeslücke aus: Sie geben vor, eine geschlossene Veranstaltung mit freiem Eintritt durchzuführen. Allerdings werden die Gäste gebeten, ihre Mäntel an der Garderobe abzugeben und dafür neun Mark neunundneunzig zu bezahlen. Bis in den späten Herbst werden sie mit dem Trick durchkommen, erst dann dringt die Stadt München auf eine ordnungsgemäße Theaterkonzession.

Am 13. April 1901 findet der Eröffnungsabend statt. Im Publikum sitzt Peter Altenberg und erlebt fasziniert, wie es gleich ordentlich zur Sache geht. Erst macht sich ein Mystodrama über Anhänger von Henrik Ibsen lustig, dann persifliert ein Schattenspiel die europäische Realpolitik, bevor die zauberhafte Marya Delvard in einem schwarzen Kleid auf der Bühne steht. Mit weißem Gesicht und blutrotem Mund beginnt sie ein anzügliches Lied zu singen, es heißt »Ilse« und stammt von Wedekind:

Ich war ein Kind von fünfzehn Jahren,
Ein reines unschuldsvolles Kind,
Als ich zum ersten mal erfahren,
Wie süß der Liebe Freuden sind.

Er nahm mich um den Leib und lachte
Und flüsterte: Oh welch ein Glück!
Und dabei bog er sachte, sachte
Den Kopf mir auf das Pfühl zurück.

Seit jenem Tag lieb ich sie alle,
Des Lebens schönster Lenz ist mein;
Und wenn ich keinem mehr gefalle,
Dann will ich gern begraben sein.

Wie in Berlin schlägt auch in München das Kabarett ein. Publikum wie Kritiker klatschen Beifall. »Fräulein Delvard lebte in und mit den Versen, sie blieb jeden Moment wahr, und das schenkte ihr den Erfolg des Abends«, heißt es in einem Bericht. Bald gibt es eine Scharfrichter-Hymne, mit der jede Vorstellung anfängt:

Erbauet ragt der schwarze Bock
Wir richten scharf und herzlich,
Blutrotes Herz, blutroter Rock,
All unsere Lust ist schmerzlich.
Wer mit dem Tag verfeindet ist,
Wird blutig exequieret,
Wer mit dem Tod befreundet ist,
Mit Sang und Kranz gezieret.

Die Schwabinger Boheme liebt die Elf Scharfrichter, aber jenseits der Szene des Café Größenwahn verstehen nur wenige Menschen, was das Ganze soll. Arbeiter erreichen die Kabarettisten ohnehin kaum. Ihnen fehlt das nötige Eintrittsgeld und manchmal auch die Toleranz für die spitzen Lästereien und lüsternen Anspielungen. Überhaupt wird die Zensur weniger aufgrund politischer Aussagen einschreiten als wegen angeblich unmoralischer Verse und sadomasochistischer Dialoge.

Eines Abends schlüpft Wedekind überraschend durch einen Vorhangspalt aufs Podium und tut so, als hätte er gar keine Lust. Es reizt ihn nun doch, sich einen Namen als Schauspieler zu machen, weshalb er denn auch als einziger Scharfrichter auf ein Pseudonym verzichtet. Er hat sich verändert, trägt nicht mehr seine teuflischen Bärte, ist glattrasiert und seit seiner Festungshaft füllig. Vor allem ist er für Provokationen zu haben: Seine Gitarre hält er wie einen Phallus schräg gegen den Boden, und seine Auftritte beginnt er mit einer verheißungsvollen Ankündigung: »Ich singe zunächst die Lieder, die von der Polizei erlaubt sind, und später diejenigen, die von der Polizei verboten sind.« Das gefällt.

Zu Letzteren gehört ein Lied mit einem brutalen Einstieg: »Ich hab meine Tante geschlachtet/ Meine Tante war alt und schwach.« Und drei Strophen weiter singt er: »Nacht war es rings um mich her. / Ich stieß ihr den Dolch in die Därme, / Die Tante schnaufte nicht mehr.«

Nach dem »Tantenmörder« trägt er lüsterne Stücke vor. In einem heißt es: »Aber deinen Mund enthülle, Mädchen, meinen Küssen nie«, wobei er »Mund« so betont, dass das Publikum sich was auch immer darunter vorstellen mag. Er singt selbst komponierte Lieder über Lebemänner und arme Mädchen, über Geldmenschen und Prostituierte. Nie klagt er seine Figuren an, vielmehr pflichtet er ihnen bei – und lässt die Peitsche knallen.

Und doch wirkt er seltsam unglücklich, wie der im Publikum sitzende Schriftsteller Heinrich Mann bemerkt. Der sieht dem Künstlerkollegen den furchtbaren Druck an, die zehrende Ungeduld, die Sehnsucht nach Erfolg. Mann findet Wedekinds Auftritte von »schauriger Niegesehenheit« und wundert sich, wie dieser mit allen Wassern gewaschene Kerl in solch einem Hinterhoflokal landen konnte.

Aber Wedekind braucht Geld, und so überwindet er sich, obwohl ihm das Kabarett eigentlich zuwider ist. Dabei passen seine Balladen, Romanzen und Moritaten perfekt auf die Kleinkunstbühne. Es sollte nur niemand wagen, ihn einen Brettldichter zu nennen. Oder, noch schlimmer, ihn gar in einer Kneipe auffordern, eines seiner Lieder zum Besten zu geben.

Nach den Auftritten sucht Frank Wedekind das Münchner Größenwahn auf, das nur drei Minuten entfernt ist. Dort, im Café Stefanie, hat er meist schon am Nachmittag mit seinen Freunden Eduard Graf von Keyserling, Max Halbe und anderen zusammengesessen. Nun gehen die Unterhaltungen weiter bis in den frühen Morgen. Einer von ihnen, Arthur Holitscher, wird sich später an keine einzige mit Geschwätz oder Fachsimpelei verbrachte Stunde erinnern. Trotzdem entstehen keine tiefen Freundschaften. Selbst im Schwabing der Jahrhundertwende bleibt ein jeder Kämpfer in eigener Sache. Der Mythos des Viertels flackert nur auf, wenn die Männer spätnachts das Kaffeehaus verlassen und ihren Heimweg antreten. Keyserling besteigt dann halb gelähmt einen Einspänner, die Zigarette zwischen den dünnen Lippen. Man verabschiedet sich melancholisch, jemand meint: »Seht ihr – das ist der innere Zusammenhang!«

Eines Abends im Mai 1901 speist der *Simplicissmus*-Redakteur Korfiz Holm mit seiner Frau in einem Weinrestaurant, als plötzlich Peter Altenberg und Eduard Graf von Keyserling eintreten und nach Gesellschaft suchen. Es wird eine gleichermaßen lange wie kurzweilige Nacht, die sich Holm so stark einprägt, dass er sich noch dreißig Jahre später beim Verfassen seiner Memoiren daran erinnern wird. Während Altenberg enthusiastisch bis zur Naivität wirkt, aber doch die Geheimnisse des Lebens erfasst, durchschaut der Graf die Dinge lächelnd und pflegt eine wehmütige Ironie. Beide sind sie unglücklich ins Leben verliebt.

Als sich Keyserling gerade lebhaft mit Holms Frau unterhält, wird ihr Mann von Altenberg angestupst. Der Wiener flüstert Korfiz Holm zu: »Stammt Ihre Gattin wohl von Königen ab? Sie sitzt so schön, als hätten Generationen ihrer Ahnen das auf einem Thron gelernt.«

Just in dem Moment verstummt das Gespräch der beiden anderen, Holms Frau errötet, halb geschmeichelt, halb geniert.

Verlegen meint Korfiz Holm: »Herr Altenberg, Sie sehen alles so romantisch an. Das Sitzen kann einem ja auch woanders zur Gewohnheit werden als auf einem Thron.«

»Sie sind ein fürchterlicher Mensch!«, brüllt Altenberg empört.

»Ja, Korfiz! Pfui, wie kann man nur!«, wirft Keyserling ein. »Lassen Sie sich durch den Desillusionisten nicht beirren, lieber Altenberg! Das passte gut und war sehr hübsch gesagt. Ein Kompliment im besten Wiener Stil!«

»Erstens war es die Feststellung einer Tatsache und kein Kompliment. Und zweitens lege ich nicht den geringsten Wert auf Wiener Stil.«

»Ja, warum schreiben Sie ihn dann beeispielsweeise?«

»Wer? Ich? Sie wollen mich beleidigen, Herr Graf?«

»Ich werd nu Peter Altenberg beleeidijen wollen! Janz im Jejenteil. Ich habe in Wien zweei wirklich schöne Jugendjahre zujebracht und liebe es. Und sehe es jerade immer um diese Jahreszeit vor mir: im Mai. Der Abend wird beei langsam schummrig, die Kastanien blühten leeuchtend rot. Ja, das ist Wien!«

»Und Kitsch ist Trumpf! Ich hasse Wien und geh in meinem Leben nicht mehr hin!«

»Nur nichts verschwören!«

Als sich die vier Freunde am frühen Morgen trennen, lädt Holms Frau die beiden Dichter spontan für den Abend zum Essen in ihre Mansarde nach Schwabing ein. Altenberg und Keyserling sagen erfreut zu. Doch am Nachmittag trifft bei den Holms überraschend ein Telegramm aus Salzburg ein. Peter Altenberg bedauert unendlich, der Einladung nicht folgen zu können, weil er aus dringendem Grund plötzlich nach Österreich reisen müsse.

Von Eduard von Keyserling erfahren die Holms, was passiert ist. Altenberg hatte ihn am Vormittag verzweifelt in einer Weinstube aufgesucht. Er habe die Zusage in einer Weinseligkeit gemacht, erklärte der Wiener, aber mit seinen peinlichen Essmanieren wolle er unmöglich eine Dame belästigen. Er fresse wie ein Schwein. Einfach so zu tun, als habe er die Einladung vergessen, verbiete ihm sein Feingefühl. Obwohl er gerne ewig an der Isar bliebe, werde er München sofort verlassen.

Vierzehn Tage lang schreibt Peter Altenberg täglich eine Postkarte aus einem anderen österreichischen Ort, eine jede mit freundlichen Versen an Holms Frau. Die letzte kommt aus Wien. Danach lesen oder hören die Holms nie wieder direkt von ihm.

Mitte Mai erhält jedoch Frank Wedekind noch eine Karte von Altenberg. Er will wissen, wann das Münchner Kabarett denn nach Wien komme. Offenbar gefällt es ihm an der Donau wieder bestens, wirbt er doch ungeniert für einen Auftritt: »Unerhört schön ist's in Wien.«

BERLIN

Vielleicht ist es die Leichtigkeit, vielleicht das Phantasievolle oder das Spielerische des neuen Theaters, vielleicht auch der große Erfolg: Jedenfalls will auch Else Lasker-Schüler ein Kabarett gründen, nicht allein, sondern zusammen mit ihrem Bekannten, dem dichtenden Vagabunden Peter Hille, und einem jungen, aufgeschlossenen Mann, dessen Name im Sommer erstmals in ihren Briefen auftaucht. Er ist fast zehn Jahre jünger als sie, also gerade zweiundzwanzig, heißt Georg Levin, hat Klavier und Komposition studiert und interessiert sich für alle Arten von neuester Kunst. Die Dichterin nennt ihn Herwarth Walden, was an ein nordamerikanisches Buch erinnert, das kurz zuvor unter dem Titel *Walden oder Leben in den Wäldern* ins Deutsche übersetzt wurde. Dabei findet sie Naturapostel eher merkwürdig, und Levin alias Walden ist auch alles andere als ein Großstadtflüchtling.

In einem Prospekt kündigen Walden, Lasker-Schüler und Hille zusammen mit weiteren Freunden ein Theater mit einem sonderbar verstiegenen Namen an: »Teloplasma-Cabaret für Höhenkunst«, wobei das griechische Wort »Teloplasma«, frei übersetzt, »auf ein Ziel hin Geformtes« bedeutet. Mit jeder Aufführung wollen sie einen neuen Gipfel erklimmen. Finanziert wird das Ganze von dem Buchhändler Samuel Lublinski, der gerade eine Tragödie fertigstellt. Er streckt dreitausend Mark vor, um zwei Veranstaltungen auf die Bühne zu bringen, die unter den Überschriften »Tragischer Abend« und »Erotischer Abend« laufen sollen.

Kaum erscheint Mitte September im *Berliner Tageblatt* eine Ankündigung, erhalten Herwarth Walden und sein Mitstreiter Lublinski eine Vorladung ins Polizeipräsidium. Sie sollen in Zimmer 147 alle Texte vorab einreichen. Die beiden leisten Folge, überreichen das Programm, fünf Gedichte sowie ein Drama. Der Zensor streicht zwei Wörter in dem Poem »Ballade« und gibt die Texte den Veranstaltern ansonsten ohne weitere Beanstandung zurück. Bei dem Gedicht handelt es sich vermutlich um Else Lasker-Schülers »Ballade (Aus den sauerländischen Bergen)«, die wie folgt beginnt:

Er hat sich
In ein verteufeltes Weib vergafft,
In sing Schwester!

Wie ein lauerndes Katzentier
Kauerte sie vor seiner Tür
Und leckte am Geld seiner Schwielen.

Am 27. September 1901 steigt der »Tragische Abend« im Künstlerhaus am Potsdamer Platz. Während geschminkte Pagen den Vorhang zur Seite ziehen, erscheint eine wilde Gebirgslandschaft, zu der eine Sonate von Beethoven erklingt. Jemand rezitiert aus einem Alterswerk von Goethe, dann folgen Gedichte von Peter Hille und Else Lasker-Schüler. So richtig von den Stühlen gerissen ist von denen, die überhaupt gekommen sind, niemand.

Für den Finanzier ist der Abend eine Katastrophe. Weil die Hälfte seiner Gelder fort ist, überlegt er, den zweiten Abend abzublasen. Entweder man macht sofort die Bude dicht, sinniert er, und hat noch tausendfünfhundert Mark in der Kasse. Oder man zieht es durch, bis alles verloren ist.

Sie ziehen es durch. Am »Erotischen Abend« behängt Walden einen Nebensaal mit Kopien berühmter Gemälde, darunter Tizians *Himmlische und irdische Liebe*. Alle Gedichte und Musikstücke drehen sich um das Thema des Abends, aber das Publikum ist erneut alles andere als gnädig und verlacht die Dichtungen von Hille und Lasker-Schüler. Damit ist der Finanzier endgültig ernüchtert. Das Vorhaben musste scheitern, klagt Lublinski. Statt mit dreitausend Mark hätte man das Ganze mit zwanzigtausend Mark angehen müssen. Die Gruppe lässt fortan vom Kabarett die Finger. Nur Peter Hille will nicht so schnell aufgeben und gründet nun eben allein das »Cabaret zum hungrigen Pegasus«. Regelmäßig wird er im Hinterzimmer eines Weinhauses in der Nähe des Potsdamer Platzes auftreten und mal diesen, mal jenen Bekannten für einen Gastauftritt gewinnen.

Theatermacher Max Reinhardt hingegen kann nicht klagen. Seine Truppe Schall und Rauch gibt am 9. Oktober 1901 – wenige Tage nach dem Scheitern des Teloplasma-Kabaretts – die erste offizielle Premiere in einem Saal im Viktoria-Hotel am Boulevard Unter den Linden. Der Saal mit seinen vierhundert Plätzen wird bald zum dauerhaften Sitz der Truppe.

Und sieben Wochen nach Reinhardts Premiere ist auch Ernst von Wolzogen wieder dabei: Am 28. November findet die Eröffnung des Bunten Theaters in der Köpenicker Straße in der Berliner Luisenstadt statt. Wie gehabt gibt es Parodien, Satiren, Sketche und Bänkellieder. Die Hoffnungen sind groß, Wolzogen hat viel Geld in sein exorbitant teures Jugendstiltheater investiert. Der Wiener Jungstar Arnold Schönberg ist als Kapellmeister engagiert und das ganze Unternehmen nun eine Aktiengesellschaft. Um Publikum anzulocken, wirbt Wolzogen mit frischer Luft: Allabendlich wird der Innenraum mit einem Präparat aus aktivem Sauerstoff und ätherischem Öl aus der Edeltanne aufgefrischt.

Das Publikum ist allerdings nicht mehr so leicht zu beeindrucken, schließlich sind inzwischen überall in der Stadt neue Kabaretts entstanden. Wenigstens die Buntheit habe alle Erwartungen erfüllt, meint ein mitfühlender Zeitungskritiker, wenn nun auch das Theater noch mehr zur Geltung komme, werde das keine Schande sein. Immerhin wird das Gebäude gelobt, was auf Dauer jedoch nicht reicht, zumal es dummerweise weit entfernt von den vornehmen westlichen Vororten liegt, wo die vermögenden Theatergänger wohnen.

WIEN

Schon im Frühjahr 1901 hat Ernst von Wolzogens Berliner Kabarettgruppe in der Wiener Leopoldstadt gastiert, die übrigens vier Jahre zuvor ein spektakuläres und weithin sichtbares Wahrzeichen erhalten hat: das zum fünfzigsten Thronjubiläum des Kaisers errichtete, fünfundsechzig Meter hohe Wiener Riesenrad. Es wird alle Kriege überstehen und unzählige Touristen aus aller Welt in die Höhe hieven.

Der Auftritt der Berliner Künstler wurde so laut beklatscht, dass der einstige Jungwiener Felix Salten daraufhin selbst ein Kabarett gegründet hat. Er preist es als Jungwiener Theater an, so als hätten die namhaften Autoren Schnitzler und Hofmannsthal etwas damit zu tun. Dass es »Zum lieben Augustin« heißen soll, wird im Witzblatt *Die Bombe* allerdings verlacht: »Wem fällt nicht der alte populäre Reim ein: ›O du lieber Augustin, 's Geld ist hin, 's Geld ist hin.‹ Möge der Name diesmal kein Vorzeichen sein!«

Salten ist denn auch nervös, als sein Kabarett im November im Theater an der Wien erstmals das Publikum empfängt. Er hat sechstausend Kronen bereitgestellt und hofft mit einem Potpourri aus Gesang, Tanz, Theater und Lyrik auf das große Geld. Zumindest ist er sich sicher, einiges richtig gemacht zu haben: So konnte er Frank Wedekind für Auftritte gewinnen, zudem setzt er auf eine moderne, sachlich gehaltene Bühne ohne komplizierte Panoramabilder und sinnlosen Ausstattungsprunk. Geplant sind sowohl öffentliche Abende als auch solche nur für geladene Gäste.

Doch die Wiener sind alles andere als begeistert. Dieses Kabarett sei zu plump, heißt es, zu talentlos, nicht mehr als eine Nachäffung des Berliner »Überbrettls«. Nach sieben Vorstellungen ist Schluss. Felix Salten hat alles Geld verloren, aber der Misserfolg bleibt ihm unerklärlich. Sicher, der Name »Zum lieben Augustin« war nicht geschickt gewählt, aber dass es Leute gibt, die Wedekind als Idioten hinstellen, findet er rätselhaft, auch wenn der kein großer Sänger sein mag. Es will ihm auch nicht in den Kopf, warum niemand die revolutionär simple Bühne würdigte.

Allerdings hätte er gewarnt sein können: Er hatte auf seine Kaffeehausfreunde Hofmannsthal, Schnitzler und Bahr gesetzt, aber die hatten sich früh zurückgezogen und sich nicht mehr blicken lassen. Die einstigen Jungwiener sind längst viel zu gut im Theatergeschäft etabliert, um sich auf Experimente einlassen zu müssen. Vor allem Hermann Bahr hat sich stark verändert. Er hat das Stadtzentrum verlassen und sich mit seiner Frau in ein Haus im Grünen zurückgezogen. Die anderen werden ihm folgen. Sie alle bleiben einander verbunden, auch wenn sie sich fortan nicht mehr in den Kaffeehäusern treffen, sondern in den Vorstädten oder auf Sommerfrische.

MÜNCHEN

Die dreißigjährige Franziska Gräfin zu Reventlow schreibt das ganze Jahr über an ihrem Jugendroman. Zeile für Zeile geht es voran, wenn sie denn gerade nicht Gitarre übt, im Café Luitpold mit Freunden zusammensitzt oder sich um ihren vierjährigen Sohn kümmert, der in diesem Sommer zum ersten Mal nach seinem Papa fragt, worauf sie ihm knapp antwortet: »Du brauchst keinen.« Die Arbeit an ihrem Buch empfindet sie als eine innere Befreiung, wenngleich die Erinnerungen an Kindheit, Eltern und Jugend weiterhin schmerzhaft sind. Aber erst indem sie sie aufschreibt, wird sie sie los. Manchmal gehen die Wogen bei der Arbeit hoch und verschlingen sie regelrecht. Sie quält sich in längst überwunden geglaubte Zeiten, Abgründe reißen wieder auf. Ihr ist dann, als könnte sie kaum mehr atmen, alle Glieder zittern, bis sie sich wieder auf die Wirklichkeit besinnt. In Momenten, in denen sie Selbstzweifel überkommen und sie sich in einem Gewirr aus Erinnerungen gefangen fühlt, hält sie ihr Manuskript für entsetzlich, schlecht, sentimental, affektiert. Hätte sie doch die Finger davon gelassen! Sie fürchtet ein Fiasko und meint, einmal werde sie alles jämmerlich bereuen. Sie wollte etwas Ungeheures schaffen, einen fulminanten Roman, aber so einer wird's nicht. Schreiberei bleibt Plackerei. Es ist, als zöge man sich mühsam einen Stachel aus dem eigenen Fleisch. »O Gott«, hält sie im Tagebuch fest, »wenn ich nur malen könnte, ich glaube, dann wäre mir das ganze Leben ein fortwährender Rausch, aber ich darf gar nicht daran denken.«

Schließlich findet ihr Freund Ludwig Klages im Herbst 1901

eine reiche Fabrikantengattin, von der sie den nächsten Winter über finanziert wird. So kann sie sich zum Schreiben nach Schäftlarn südlich von München zurückziehen. Klages spricht auch die einzelnen Kapitel mit ihr durch, spornt sie an, versorgt sie mit Zigaretten und Kopfschmerzpulver. Er will die geliebte Gräfin vor sich selbst und vor billigen Affären schützen. Als er fordert, sie solle sich auf wertvolle Männer beschränken, womit er zuallererst sich selbst meint, wehrt sie sich massiv. Niemand soll ihr Vorschriften machen, wie sie ihr Leben zu leben hat.

Eine Woche bevor in Stockholm erstmals der Literaturnobelpreis vergeben wird – er geht an den französischen Schriftsteller Sully Prudhomme –, notiert Franziska zu Reventlow erleichtert ins Tagebuch: »Roman fertig, d. h. bis zum Schluss, zum letzten Fertigsein fehlt noch manches.« Da ist sie allerdings recht optimistisch. Es braucht noch einige Überarbeitungen, bevor ihre autobiographische Abrechnung *Ellen Olestjerne* endlich in den Druck gehen kann. Sollte sich das Buch, wie erhofft, gut verkaufen, wird die Gräfin endlich so frei leben können, wie sie es sich seit langem wünscht.

EUROPA

Am 10. Dezember 1901, auf den Tag genau fünf Jahre nach dem Tod des Industriellen Alfred Nobel, werden in Stockholm erstmals die Nobelpreise verliehen, darunter an zwei Deutsche: Als Entdecker der nach ihm benannten Strahlung erhält Wilhelm Conrad Röntgen jenen für Physik. Und Emil von Behring, der Pionier der Diphtherie- und Tetanus-Impfung, bekommt jenen für Medizin.

Der Friedensnobelpreis, der in der norwegischen Hauptstadt Kristiania überreicht wird, geht zu gleichen Teilen an den französischen Pazifisten Frédéric Passy und an den Gründer des Roten

Kreuzes, den Schweizer Henry Dunant. Letzterer schreibt an die österreichische Erfolgsautorin und Friedensaktivistin Bertha von Suttner: »Dieser Preis, gnädige Frau, ist Ihr Werk.«

Tatsächlich hatte von Suttner einst Nobel zu diesen Preisen inspiriert. Sie ist weniger freundlich, nennt Dunant und seine Hilfsorganisation »Kriegserleichterer« statt Kriegsverhinderer, weil sie die Gräuel nur mit einigen Pflastern und Mullbinden linderten. Trotzdem setzt sich allmählich in den Köpfen der Europäer fest, dass man nicht nur im Krieg große Orden verdienen kann, sondern auch mit Friedensarbeit.

MÜNCHEN

Ende 1901 reist Peter Altenberg im Orientexpress nach München. Sein Bruder hat ihm einiges an Geld gegeben, und so kann er sich im teuersten Hotel der Stadt, im »Vier Jahreszeiten«, ein Zimmer nehmen, das Zimmer eines Prinzen! Abends sitzt er im Kabarett der Elf Scharfrichter und schlürft Champagner. An Silvester trifft er in dem schmalen, knapp hundert Leute fassenden Lokal auch Korfiz Holm vom *Simplicissimus*. Ein geschlossener Kreis ist dieses Mal eingeladen. Das nur für diesen Abend einstudierte Programm ist voller Anspielungen auf die verheißungsvolle Zukunft des noch jungen Jahrhunderts. Das Publikum, in dem fast jeder jeden kennt, wird beim Sekt warm. Die Gäste schwatzen über die Tische hinweg.

Als kurz vor Mitternacht ein erster tiefer Gong ertönt, erlöschen alle Lampen. Die Gäste sitzen für ein paar Momente im Finstern. Plötzlich leuchten Glühbirnen auf, die versteckt unter den Tischplatten angebracht sind. Geisterhaft strömt rötliches Licht durch die Tischdecken nach oben, alle Gesichter sehen sonderbar verwandelt aus, was als überraschende Sensation belacht wird. Solch einen Zauber hat keiner bisher erlebt.

Beim zwölften Gong rauscht der graue Vorhang auseinander: Auf einer winzigen Bühne stehen die Scharfrichter mit roten Mänteln und Kapuzen. Sie haben sich im Halbkreis um einen Henkersblock versammelt, auf den sie ihre Schwerter niedersausen lassen. Feierlich sprechen sie im Chor einen gereimten Gruß an das neue Jahrhundert, für das sie ewigen Völkerfrieden erwarten. Was sollte auch passieren? Zwischen Deutschland und Frankreich hat es seit drei Jahrzehnten keinen Krieg mehr gegeben. Und es scheint auch keiner in der Luft zu liegen, wenngleich es ein paar kleinere Streitigkeiten um das Elsass gibt.

Die Scharfrichter präsentieren bekannte Nummern aus ihrem Repertoire und einige Stücke, die sie exklusiv für diesen Abend vorbereitet haben. Das Publikum springt freudig auf, prostet sich zu, lässt die Gläser klingen. Die Münchner Boheme fühlt sich den Göttern nahe. Auf die Moderne! Auf die Zukunft! Auf das junge, verheißungsvolle Jahrhundert!

BERLIN

So etwas hat Stefan Zweig in Wien nie erlebt. Er sitzt in einem Café am Nollendorfplatz in Schöneberg, wo sich lauter junge Leute einfinden. Vagabunden, Snobs, russische Studenten, hellblonde Skandinavierinnen, junge Mädchen, von denen sich manche wie Kunstgewerblerinnen, andere wiederum wie Bildhauerinnen drapieren. Ein Mal die Woche kommen sie zusammen, erfährt er, um eigene Gedichte und kleine Stücke vorzutragen. Sie nennen sich »Die Kommenden«, als sei ihnen künftiger Erfolg gewiss.

Stefan Zweig, gerade zwanzig Jahre alt, studiert eigentlich in Wien Philosophie und Literatur, hat sich aber eine Auszeit genommen. Regelmäßig schreibt er für *Die Gesellschaft*, das führende Blatt der Berliner Moderne. Zweig hat einen Schnurrbart und trägt gern eine Brille, um intellektueller zu wirken. Seit dem

1. April 1902 wohnt er in einem Zimmer in der Bernburger Straße, von dort aus ist es nicht weit bis zum Landwehrkanal oder zum Potsdamer Platz.

Nun hockt er mitten unter diesen lärmenden Lebenskünstlern, von denen ihm ein Dichter besonders auffällt, weil er offenbar von jedermann respektiert und geliebt wird: Der alte, graubärtige Mann hört fast nur zu und mischt sich kaum in ein Gespräch ein, streitet mit niemandem, hebt stattdessen zuweilen mit freundlichem Gruß diesem oder jenem das Glas entgegen. Er könnte als Siebzigjähriger durchgehen, auch wenn er jünger sein dürfte. Auf Stefan Zweig wirkt er rührend wie ein Weihnachtsmann.

Gutmütig und arglos sitzt der Alte mit seinen blauen Hundeaugen in dieser sonderbaren Kinderschar, die ganze Zeit in seinen grauen Wettermantel gehüllt, unter dem ein zerfranster Anzug zu erkennen ist. Ständig wird er von den anderen bedrängt, eigene, neue Stücke vorzulesen, und offenbar gilt hier niemand so sehr als wirklicher Dichter und Bohemien wie dieser Mann, dessen Namen der Gast aus Wien schließlich erfährt: Peter Hille. Irgendwann gibt dieser dem Drängen nach und zaubert aus einer seiner Manteltaschen ein zerknülltes Manuskript hervor. Der Tumult erstirbt, denn alle lauschen nun seinen lässigen Improvisationen.

Just so dichtet Hille: Fällt ihm eine Zeile ein, schreibt er sie mit einem Bleistift auf Papier auf – wo immer er sich befindet, ob in einer Straßenbahn oder in einem Café. Er hält seine Einfälle auf einem bedruckten Ticket oder, eher selten, einem weißen Stück Papier fest – was eben gerade zur Hand ist. Dann steckt er die Notizen in eine seiner Manteltaschen und hat sie im nächsten Moment schon wieder vergessen. Erst wenn jemand nach einem Gedicht fragt, kramt er in seinen Taschen, bis er einen der vielen dort verborgenen, längst verdreckten und fleckigen Notizzettel zu fassen bekommt, um ihn dann zu seiner eigenen Freude zu entziffern.

Der Dichter zieht Stefan Zweig in den Bann. Geld hat dieser Peter Hille nie, er kümmert sich auch nicht darum. So weltvergessen, so absolut ohne jeden Ehrgeiz ist er, dass Zweig auf Jahrzehnte hinaus von ihm fasziniert sein wird und später einmal schreibt: »Man verstand eigentlich nicht, wann und wie dieser gute Waldmensch in die große Stadt Berlin geraten war und was er hier wollte. Aber er wollte gar nichts, nicht berühmt, nicht gefeiert sein, und war doch sorgloser und freier dank seiner dichterischen Traumlosigkeit, als ich es je später bei einem anderen Menschen gesehen.«

Zweig folgt seinen neuen Freunden durch die Berliner Kaffeehäuser und Kneipen, wobei sich ihm eine neue Wirklichkeit eröffnet: Er sitzt am Tisch mit Säufern, Homosexuellen und Morphinisten, schüttelt stolz einem abgestraften Hochstapler die Hand. So viele angeblich realistische Romane hat er gelesen, dass er nur staunen kann, wie sehr sich doch die Welt dieser Berliner Cafés und Wirtsstuben von all dem Gelesenen und Fürwahrgehaltenen unterscheidet. Je fremder etwas ist, desto stärker wird seine Neugier geweckt. Je schlimmer der Ruf eines Menschen, desto mehr will er diesen Menschen persönlich sprechen. Und er wundert sich bald nicht mehr, warum sich in den Literaturzeitschriften neben Werbeanzeigen für Tinten und Schreibwerkzeuge auch solche für Schaumwein und Entziehungskuren finden.

Er selbst wird nicht in diesem Leben versumpfen. »Ich glaube – im Grunde leben wir – ich meine mit ›wir‹, die wir uns verwandt fühlen – alle ziemlich gleich«, schreibt er einmal in einem Brief. »Auch ich habe mich viel verschwendet an's Leben – nur jenes letzte Überfließen fehlt mir: der Rausch. Ein bisschen bleibe ich immer nüchtern.« Ihm ist nicht danach, die großbürgerliche Herkunft abzuschütteln. Er bleibt beobachtender Chronist.

Während Stefan Zweig noch in Berlin weilt, geht für den Kabarettunternehmer Ernst von Wolzogen ein Traum zu Ende. Dabei hatte alles grandios begonnen. Im Sommer 1902 gesteht er sich sein Scheitern ein. Nach dem ersten gigantischen, völlig unerwarteten Erfolg mit seinem Kabarett kamen nur noch Misserfolge. Er hat alle Fehler gemacht, die man sich denken kann – und es zu spät erkannt. Der größte Fehler war der luxuriöse Umbau eines Gebäudes in der Luisenstadt, ausgerechnet in der Luisenstadt! Dort leben zwar dreihunderttausend Menschen und damit mehr als in allen anderen Berliner Stadtteilen, aber es sind nun einmal Arbeiter, die sich allenfalls höchst selten eine Theaterkarte leisten können. So musste er, um neue Gelder einzuwerben, aus seinem Kabarett ein Aktienunternehmen machen. Als dessen Aufsichtsrat mehr Kommerz forderte, machte Wolzogen sich für Kunst stark – und wurde beurlaubt. Nun, an einem Abend im Juni, darf er ein letztes Mal die Bühne des Bunten Theaters betreten, um sich von seinem Publikum zu verabschieden: »Ich bin der größte Idiot des Jahrhunderts!« Ernst von Wolzogen verbeugt sich und verlässt verbittert die Bretter, die für ihn ein paar Monate lang die Welt bedeutet haben.

Schriftsteller Peter Hille (li.)
und Anarchist Erich Mühsam um 1904

Bulldogge mit Sektflasche

JULI 1902 BIS MÄRZ 1904

Peter Altenberg hat sich wieder einmal hoffnungslos verliebt und – viel schlimmer – seinen besten Freunden Geld geliehen. In Berlin lernt der junge Erich Mühsam eine anarchistische Kommune kennen, was ihm nicht guttut. Immerhin begreift er, was mit ihm los ist. Franziska zu Reventlow bändelt derweil mit einem schweigsamen Glasmaler an und gründet in München eine Wohngemeinschaft, die manchmal lauter feiert, als der Nachbarschaft lieb ist. Während auf dem Balkan geschossen wird, fällt die resolute Schwabinger Wirtin Kathi Kobus vor dem Verleger Albert Langen auf die Knie – und bekommt dafür, was sie will.

Kutschen und Passanten in der
Wiener Prachtstraße Graben (1907)

WIEN

Er hätte nicht fragen sollen. Gerade saß Peter Altenberg noch ruhig auf seinem Stuhl, aber jetzt springt er auf, läuft durch das fast leere Kaffeehaus und brüllt: »Und das ist mein Sonntag!« Er kann nicht fassen, dass der Kollege so viel Geld für sein erstes Werk erhalten hat und nun trotzdem so unschuldig guckt, als sei das ein normales Honorar!

Ihm selbst geht es schlecht, denn er ist pleite. Immerzu muss er jemanden anschnorren, muss Druck machen und sich von allen einladen lassen. Ein schlechtes Gewissen hat er deswegen nicht. Schließlich sind sie selbst schuld, wenn sie sich an seinen Tisch setzen, ihm tausend Fragen stellen, alles Mögliche wissen wollen und er sie mit seinen Schnurren stundenlang glänzend unterhält. Wenn sie schon einen schönen Abend haben, sich gar über ihn amüsieren, dann sollen sie ihn gefälligst einladen.

Eigenes Geld braucht er trotzdem. Sein Bruder Georg hat ihm zuletzt dreimal die üblichen Monatsraten verweigert. Dabei sind dringend neue Schuhe und überhaupt neue Kleidung erforderlich. Er ist die abgewetzten, schäbigen Sachen leid und findet es furchtbar, dass der Bruder so herzlos ist und sich nicht um ihn sorgt. Der hat nur die Familienfirma im Kopf und rückt nichts raus.

Wahrscheinlich kann Adolf Loos weiterhelfen. Angebracht wäre es, denn schließlich hat er, Altenberg, dem Freund kürzlich Geld geliehen. Höchste Zeit, es zurückzufordern. Also schreibt er Loos einen Brief: »Ich trage seit sieben Jahren ein einziges Paar Schuhe um fünf Florin, die sogar am Oberleder dreimal vernäht sind. Ich leide entsetzlich und dennoch hast Du mir im Laufe von drei Wochen ruhig siebenundzwanzig Florin weggenommen. Ich saß heute um neun Uhr morgens im Café Central bis acht Uhr abends, habe aus Hunger um ein Uhr mittags einen Häring für vierzehn Kreuzer gegessen! Das begreifst Du alles nicht. Hartherzigster, Grausamster!« Das alles ist ein bisschen übertrieben formuliert, aber womöglich versteht Loos sonst nicht, wie schlimm es um den Dichterfreund steht.

Zum Glück schmeckt der Tee noch. Altenberg nippt und atmet beruhigt den Duft ein. Besonders gern mag er jene nach Almwiese duftende Mischung aus dem Café Central. Täglich sehnt er sich danach und nimmt sich Zeit, um die Prozedur ausgiebig in seinem Zimmer in der Wohnung des Bruders zu zelebrieren. Sobald sich der Uhrzeiger der Sechs nähert, beginnt die frühabendliche Zeremonie, die ihn an die weihnachtliche Bescherung zu Kinderzeiten erinnert. Der Genuss fängt an, wenn er das gute Hochquellwasser in ein weites Halblitergefäß aus Nickel gießt. Er hört den Singsang des Wassers, während es aufkocht, und wartet geduldig ab, bis es blubbernd siedet. So schildert er die Prozedur in seinem nächsten Buch *Pròdrŏmŏs*. Das brodelnde Wasser gießt er in eine große halbkugelige Schale aus ziegelroter, feiner englischer Keramik. Minutenlang wartet er ab, bis der Tee goldgelbstrohgelb wird – niemals darf er bräunlich werden, es soll leicht und schwebend schmecken.

Unterdessen fingert Altenberg eine ägyptische Zigarette der Marke Chelmis aus der Schachtel, zündet sie mit einem Streichholz an, zieht genüsslich an ihr, ehe er um Punkt sechs Uhr anfängt, langsam, geradezu bedächtig an seinem heiligen Tee zu nippen, der sogleich seine Nerven angenehm anregt. Beim Trinken spürt er, wie sich Tee und Blut in seinem Innern zu einem Organismus vereinigen. Alles erscheint ihm im Nu leichter und der schnöden Wirklichkeit enthoben. Es sind Momente friedvoller Glückseligkeit. Momente, die in seiner eigenen Macht liegen, ganz unabhängig von seinem sonstigen Schicksal. Könnten doch nur Frauen eine solch wohlige

Wirkung in ihm auslösen! Um wie ein warmer goldgelber Tee zu wirken, müssten sie freilich erst Sanftmütigkeit erlernen, doch davor fürchten sie sich, weil sie damit ihre Macht riskierten. Vom Tee fühlt sich Peter Altenberg nie enttäuscht. Solange noch welcher in der Tasse ist, kann er sein belastetes Dasein verdrängen.

Nach der Teezeremonie zieht er den Mantel an und macht sich auf in den Abend. Zunächst geht es ins Löwenbräu. Dort treffen nach und nach die Bewunderer ein, setzen sich lauschend zu ihm, und es beginnt für ihn die Zeit des Plauderns, der Geschichten und Tiraden, also die Zeit des täglichen Geldverdienens. Immer wieder fordert er seine Zuhörer auf, dass sie ihn fürs Erzählen bezahlen.

Eines Abends um die Jahrhundertwende sitzt er jedoch lange allein und trübselig an einem der Tische, bis endlich ein Freund auftaucht, der Jurist Karl Federn. Altenberg freut sich und fängt sofort an zu lamentieren. Er hat den meisten seiner Tischgenossen Geld geliehen, weshalb sie ihn meiden und er nun allein und einsam die Abende verbringen muss. Zwar ist auch er selbst oft pleite, aber viele Freunde wissen, dass er immer ein paar Notgulden in seiner Tasche versteckt hält. Bedrängt ihn einer zu arg, gibt er jammernd und maulend nach und rückt ein paar Münzen heraus. Kaum hat der andere zugegriffen, fordert Altenberg vehement die Rückzahlung ein. Er beschimpft den Schuldner, verfolgt und bedroht ihn, sodass dieser sich lieber so lange vor ihm versteckt, bis er die Schulden begleichen kann – was oft länger dauert, als Altenberg lieb ist. An diesem Abend fragt er Federn:

»Wann wird Adolf Loos zu Geld kommen?«

»Ich weiß es nicht; ich wünschte es ihm.«

»Ich habe ihm zehn Gulden geliehen, und ich schreibe ihm täglich eine offene Postkarte: Wann werden Sie mich bezahlen, elender Saukerl?«

»Lieber Altenberg, wegen zehn Gulden! Mir ist er viel mehr schuldig, und ich warte schon, weil mir nichts anderes übrig bleibt.«

»Ja, Sie! Sie sind eben leichtfertig! Man kann einem Freund alles opfern! Aber Geld! Die ökonomische Basis! Wissen Sie, wie ich bin?«, hebt Altenberg an und erzählt von einer Wienerin, die alles für ihn tun würde. Erst an Weihnachten habe sie ihm geschrieben, dass sie ihrer Tochter kein Geschenk machen könne, weil sie kein Geld habe. Sie habe ihn gebeten, ihr drei Gulden zu leihen, damit sie ihrem Kind eine Puppe kaufen könne.

»Wissen Sie, was ich geantwortet habe?«, fragt Altenberg und wartet auf keine Antwort: »Meine Gnädige! Wie kommen Sie mir vor?« Genau das habe er ihr mitgeteilt. »So bin ich. Immer korrekt.« Ohne es klar auszusprechen, will er seinem Zuhörer begreiflich machen, wie großzügig er sein kann und dass er der armen Frau natürlich die Puppe gekauft hat.

Karl Federn kennt Altenberg gut und weiß, wie sehr der Freund leiden kann, vor allem wenn er verliebt ist. Kaum bringt ein Bekannter seine neue Freundin oder Geliebte mit ins Caféhaus, entdeckt der Dichter, dass es genau die Frau ist, die für ihn geschaffen worden ist. Verzweifelt und wehmütig himmelt er die Schöne an und schickt ihr hymnische Postkarten, was deren Liebhaber gleichmütig hinnehmen, weil sie in dem Dichter keine Konkurrenz sehen. Mit seiner Begeisterung gibt Altenberg vielen jungen, unsicheren Frauen erst Mut und Sicherheit. Sie freuen sich, flirten ein wenig mit dem Sonderling und gewinnen dabei an Selbstvertrauen, bis es ihnen zu viel wird oder er zu sehr drängelt, sodass sie ihn böse, hochmütig oder herablassend behandeln und sich von dem glatzköpfigen, trinkenden Übertreiber abwenden.

Geknickt zieht der sich dann zurück, leidet, schimpft, zürnt und flennt lauthals, damit es auch ja niemandem entgeht. Als er einmal seinen kahlen runden Kopf wie eine mächtige Billardkugel theatralisch auf den Kaffeehaustisch legt und bitterlich weint, tritt ein Kellner mitleidig neben ihn und versucht zu trösten: »Herr Altenberg, Herr Altenberg, weinen S' doch nit so! Es wird alles wieder gut!«

Ein anderes Mal fragt ihn der befreundete Karl Federn besorgt, wie es ihm gehe.

»Schlecht!«

»Warum?«

»Ich liebe eine Frau! Und ich kann ihr keine Veilchen und Bonbons kaufen, weil ich zu sparsam bin! Aber da sind andere, die lieben die gleiche Frau, und die leihen sich von mir Geld aus und kaufen ihr vor meinen Augen dafür Veilchen und Bonbons!« Vor lauter Schluchzen versagt ihm die Stimme.

Im Sommer 1902 ist Peter Altenberg erneut unsterblich verliebt. Mal wieder in die Freundin eines seiner besten Freunde. Seit Adolf Loos ihm die Schauspielerin Lina Obertimpfler vorgestellt hat, fühlt sich Altenberg verzaubert. Sie hat ein faszinierend ebenmäßiges Gesicht, engelhafte blonde Haare, eine Nase wie eine antike Frauenstatue, eine Haut wie aus Marmor, offene, neugierige Augen und ein feines, zartes Kinngrübchen. Die schöne Lina ist neunzehn Jahre alt und damit vierundzwanzig Jahre jünger als er. Von den Briefen, die Altenberg ihr nun schreibt, fühlt sie sich zwar geschmeichelt, aber statt sich auf den alten, pathetischen Kahlkopf einzulassen, geht sie lieber weiterhin mit dem eleganten, schlanken Architekten Loos aus.

Altenberg schäumt, missgönnt dem jüngeren Freund den Erfolg und beklagt sich bitterlich, ehe er nach Wochen doch großzügig verzichtet, um die liebe Lina nicht gänzlich zu verprellen. Im Stillen träumt er freilich weiter von ihr. Als das Paar sich ihn als Trauzeugen wünscht, freut er sich und sagt zu, aber am Hochzeitstag, dem 21. Juli 1902, taucht er nicht auf. Er habe verschlafen, erklärt er später und weigert sich standhaft, die Ehe anzuerkennen. Stattdessen schwebt ihm insgeheim eine Liebe zu dritt vor.

Regelmäßig mischt sich Altenberg ungeniert ins Eheleben der beiden ein und schreibt der Verehrten distanzlose Briefe. In einem heißt es: »Lina, für mich sind Sie das Opfer der schamlosen Sexualität des Mannes, dem nichts heilig und künstlerisch ist, sondern eine Fress-Gelegenheit!« Dann ergeht der Dichter sich in ungenierter Anbetung: »Niemals hatte man Achtung vor diesen aschblonden Haaren, diesen lieblichen Achselhöhlen mit dem unbeschreiblich zarten und beglückenden Dufte, vor dem Schimmer dieser oft verzweifelten und jammernden Augen, vor diesem elfenbeinfarbigen Rücken, der in einer edelsten elfenbeinfarbigen Rundung endet oder seine Krönung fand, vor diesen glatten polierten Beinen. Niemals wussten sie es dem Schicksale in exaltierter Weise zu danken, diesen ambrafarbigen Leib langsam in seine eigene Extase bringen zu dürfen und das heilige Maß ihrer tiefsten Erregung in sich hineintrinken zu dürfen!« Schließlich mündet die Briefhymne jedoch in Wut, Verzweiflung und Aggression: »Die ›männliche Eitelkeit‹, der ›männliche Wollust-Egoismus‹ siegten über diese mysteriösen und märchenhaften Welten, und schaffen diese Dichtung ›Weib‹ zu einer Kloake um für ihre überschüssigen Säfte – – –. Fluch ihnen!!!« Er steckt den Brief in ein Kuvert und schickt ihn ab.

Adolf Loos bleibt ruhig, er ist sich der Liebe seiner Frau sicher und gestattet es sogar freimütig, dass der dreiundvierzigjährige Dichter sich vor ihr niederknien und öffentlich den Kopf an ihre Knie legen darf. Altenberg mimt einen Minnesänger und lässt sich in der verzweifelten Pose mit der Angehimmelten ablichten. Für ihn ist es, als vollzöge er dabei mit ihr einen Akt, womit er sich allerdings auch zufriedengeben muss, weil sie mehr nicht zulässt.

Für Lina wiederum sind und bleiben seine Hymnen unglaubwürdig. Viel später einmal, nach seinem Tod, wird sie notieren: »Peter Altenberg galt als Frauenverehrer. Er war es nicht! Er hat uns gehasst. Er hat uns Frauen gehasst, wie er reiche Leute hasste, die ihren Reichtum nicht zu verwenden wussten. Er, der so viel Schönheit erkannte, verzweifelte an den Frauen, wenn er sie ihr Wertvollstes an die untauglichsten Objekte vergeuden sah. An ihm, dem Ewig-Bereiten, sind die Frauen vorbeigegangen, so wurde er gezwungen, in Buchstaben zu gestalten, was Unerlebtes übrigblieb.« Dabei mag sie ihn durchaus und trägt seine Texte gern im Theater vor.

BERLIN

Im Sommer 1902 bezieht der dreiundzwanzigjährige Erich Mühsam einen Raum in einem ehemaligen Sanatorium am Schlachtensee im Südwesten Berlins. In dem Gebäude hat sich eine Gruppe von ungefähr zwei Dutzend jungen Anarchisten – Frauen wie Männer – niedergelassen, die sich »Neue Gemeinschaft« nennt. In der Eingangshalle haben sie eine Büste des vor zwei Jahren verstorbenen Nietzsche aufgestellt. Es gibt Ateliers, Räume für Lesungen und eine Bibliothek. Die Mitglieder feiern monatliche Weihefeste, bauen Obst und Gemüse in dem riesigen Garten an und haben sogar eine eigene Währung mit Zetteln und Marken. Ursprünglich sollten sich die Frauen mit dem Küchendienst abwechseln, so hatten sich die Gründer um Julius und Heinrich Hart das gedacht. Als sich die Damen weigerten, stellte man Küchenpersonal ein.

Mühsam ist begeistert und schlägt sein Quartier in der unbeheizbaren Waschküche auf, in der andere ihre Möbel deponiert haben. Er gibt sich voller Enthusiasmus der Gemeinschaft hin und drückt bereitwillig die wenigen Münzen, die er hier und da zusammenscharrt, für die große Sache ab. Erich Mühsam, hager, mit wuscheligen, lockigen dunklen Haaren, Vollbart und einer randlosen Brille, ist in Berlin zur Welt gekommen und als Sohn eines strengen Apothekers in Lübeck aufgewachsen. Es setzte Prügel, wenn er heimlich in Klassikern wie Wieland oder Goethe schmökerte oder einige Pfennige stibitzte. Auf dem Gymnasium eckte er an, war widerspenstig, verträumt und mit anderen Dingen beschäftigt. Als er Schulinterna an eine linke Lokalzeitung weitergab, musste er wegen sozialistischer Umtriebe gehen. Er begann zu schreiben, um seine Gedanken zu ordnen und, wie ihm dabei klar wurde, seinen Widerstand gegen die Repressionen auszubuchstabieren. Nachdem er den Schulabschluss nachgeholt hatte, absolvierte er eine Lehre als Apothekergehilfe. Doch jetzt will er sich in Berlin neu erfinden.

In der Kommune freundet sich Erich Mühsam mit einem Mann an, der um einiges älter ist, aber bei dem ihm sofort klar wird, dass man »Du« zu ihm sagen sollte. Peter heißt er, Peter Hille. Er stellt sich als Dichter und Kabarettist vor, hat ein Zimmer über dem Hühnerstall, in dem das furchtbarste Chaos herrscht, und muss als Einziger keine Miete zahlen. Als einmal Mitbewohnerinnen in seiner Abwesenheit bei ihm aufräumten, drohte er mit dem Auszug, doch selbst dazu fehlte ihm das Geld.

Erich Mühsam fängt in diesen Tagen als Redakteur bei einer jungen, anarchistischen Zeitschrift an, die perfekt zu ihm passt: *Der arme Teufel.* Er lernt dort neue Begriffe und Theorien kennen und begreift, dass er immer schon Anarchist war, sogar bevor er überhaupt wusste, was Anarchismus ist, nämlich: persönliche Freiheit, keine Hierarchien, keine Vorgesetzten, dafür Kommunen und Genossenschaften. Und er wird zum Sozialisten, als er allmählich die Ursprünge sozialer Ungerechtigkeit begreift.

Ausgerechnet die Neue Gemeinschaft am Schlachtensee, in der er seine Ideale leben will und die sich so sozialistisch und anarchistisch gibt, vertreibt ihn schneller als gedacht. Auf zügellosen Enthusiasmus folgt große Enttäuschung. Gerüchte gehen um. Es heißt, er suche nur Anschluss an bekannte Namen und nütze die neuen Freunde aus. Er wehrt sich, sammelt Unterschriften, schreibt einen Brief an die Gründer der Kommune – und wird am Ende vor allen vorgeführt. Vollkommen enttäuscht zieht Mühsam daraufhin zur Untermiete in eine Wohnung in der Stadt Charlottenburg, in die Nähe des Café Größenwahn am Kurfürstendamm.

Gut möglich, dass auch Else Lasker-Schüler eine Weile mit dem Gedanken spielt, in der Neuen Gemeinschaft einzuziehen. Ihr Freund Peter Hille wohnt immerhin dort, und ihr gefällt, dass der Mitgründer Julius Hart alle Besucher duzt, was sie sich gleich von ihm abschaut. Ihr Sohn Paul hätte dort Spielkameraden, die in farbigen, geschlechtslosen Kittelchen lustig umherspringen. Aber sie zieht nicht ein, wird überhaupt nie in einer Wohngemeinschaft leben und tituliert ohnehin alle Naturapostel, von denen es eine Menge in der Neuen Gemeinschaft gibt, als Wanderfledermäuse. Vielleicht ist ihr auch die Miete zu hoch. Oder das Gebäude zu abgelegen.

Sie lebt mit ihrem Sohn für fünfundsiebzig Pfennig im Monat in einer einfachen Wohnung in der Uhlandstraße in Charlottenburg. Dabei könnte sie es besser haben, denn Bertold Lasker, mit dem sie noch verheiratet ist und der offenbar nicht auf eine Trennung dringt, will in New York ein Institut aufbauen. Sie könnte vielleicht mit ihm dorthin ziehen und schauen, was sich in der Weltstadt ergäbe. Aber sie hat sich anders entschieden. Und während sie sich in ihrer winzigen Wohnung eingerichtet hat, ist ihr erster Gedichtband *Styx* erschienen. Hille wird ihn in der Zeitschrift *Kampf* als großen Wurf überschwänglich loben: »Ihr Dichtgeist ist schwarzer Diamant, der in ihrer Stirn schneidet und wehetut. Sehr wehe.« Das klingt gut, nur dummerweise liest kaum jemand das anarchistische Blättchen.

MÜNCHEN

Als ihr autobiographischer Roman im November 1902 endlich vollständig abgeschlossen ist, zieht Franziska Gräfin zu Reventlow nicht nur einen Strich unter Kindheit und Jugend, sondern auch unter ihre Beziehung mit Ludwig Klages. Sie will sich nicht länger von ihm erlösen lassen. Es ist ihr Leben, sie bestimmt, niemand sonst. Dass er sich ständig wie ein Retter aufspielt, stört sie gewaltig. Eines Tages wird sie sich über diesen Typus Mann lustig machen: »Und er leidet durch die Bank an unheilbarer Selbstüberschätzung, hält sich eben für den, der imstande sei, unser zerflattertes Liebesleben einzufangen und auf einen Hauptpunkt, nämlich auf sich selbst zu konzentrieren. Die Bekanntschaft mit dem Retter ist natürlich immer ein Missgriff. Man fällt ihm bei irgendeiner Gelegenheit in die Arme.« Sie dürfte innerlich lachen, als sie diese Zeilen ihres Romans *Von Paul zu Pedro* formuliert, aber bis dahin ist noch viel Zeit.

Nur zu bald geht sie eine neue Liebschaft mit einem Mann ein, von dem sie sich unfassbar erotisch angezogen fühlt: Er ist ein Glasmaler und Puppenspieler, kommt aus Polen und heißt Bohdan von Suchocki. Sie nennt ihn Such. Seiner stürmischen Art kann sie nicht widerstehen, obwohl er Dolche und Kettenhemden sammelt und nur gebrochen Deutsch spricht, aber er reitet, jagt, tanzt und kocht wunderbar. Such darf auch das Titelbild ihres Romans gestalten, den sie nach ihrem fiktiven Ich *Ellen Olestjerne* nennt.

Als der Roman 1903 in einem kleinen Verlag erscheint, sind einige angetan und andere entsetzt. Während Rainer Maria Rilke, der ihr einst Gedichte in den Briefkasten warf, ihn wohlwollend bespricht, ist ihre Familie schockiert über all die persönlichen, kaum verschlüsselten Details aus ihrer Kindheit und Jugend in Husum. Sie selbst ist enttäuscht über den mangelnden Erfolg. Zwar wird eine zweite Auflage gedruckt, aber die großen Honorare, die sich die Gräfin erhofft hat, bleiben aus. Es wird nicht reichen, um in großer Freiheit leben zu können. Und später wird sie ihr Erstlingswerk gar einen sentimentalen Schmarren nennen.

Felix Salten musste sich länger als alle anderen seiner Freunde aus der einstigen Runde des Café Größenwahn gedulden. Nun aber erscheint auch von ihm ein erster längerer Text im Berliner Fischer-Verlag, die Novelle *Die kleine Veronika*. Doch nicht sie sorgt in Wien für Furore, sondern seine journalistischen Geschichten in der *Zeit*.

Schon länger stecken ihm Adelige höchst pikante Gerüchte aus dem Kaiserhaus zu, die er nach und nach veröffentlicht: Es geht um Erzherzog Leopold Ferdinand von Österreich-Toskana. Der sorgt gerade für einen Skandal, den sich kein Journalist ausdenken kann. Dass der Kaiser daran nicht ganz unschuldig ist, macht die Angelegenheit umso pikanter. Ursprünglich wollte der junge Erzherzog die Tochter des spanischen Thronanwärters heiraten. Dies wusste jedoch Franz Joseph I. zu verhindern, was er vielleicht besser nicht getan hätte. Aber der Kaiser fürchtete, in den Wirrwarr der spanischen Innenpolitik hineingezogen zu werden. In seiner Wut schwängerte der Erzherzog die Tochter eines Wiener Zuckerbäckers und verguckte sich in eine junge Frau mit tizianroten Haaren: Wilhelmine Adamovic. Seinen Eltern stellte er sie als talentierte Schauspielerin vor. Als der Kaiser von Gerüchten hörte, es handle sich um eine Prostituierte, versetzte er den Erzherzog zur Armee nach Galizien. Dass der Erzherzog seine Geliebte heimlich als Haushälterin dorthin mitnahm, blieb nicht lange verborgen. So wurde der junge Mann in eine Anstalt für Nervenkranke an den Rhein geschickt. Von dort aus floh er mit der Geliebten in die Schweiz.

Nun, im Dezember 1902, bietet der Erzherzog dem Kaiser an, auf seine Adelstitel zu verzichten. Er nennt sich fortan Leopold Wölfling und heiratet seine Liebste. Sie werden erst in Zürich leben, bevor sich seine Frau für eine Aussteigerkolonie in Ascona begeistert. Wölfling wird es unter den Naturaposteln nicht lange aushalten, sich schließlich von Wilhelmine wieder scheiden lassen, nach Bayern weiterziehen, sich in München in die nächste Prostituierte verlieben – und noch viel später einmal im Berliner Café Größenwahn auftauchen, ehe er sich eines noch fernen Tages verzweifelt den Nationalsozialisten anzudienen versucht.

Die Enthüllungsgeschichte vom Erzherzog und der Wiener Prostituierten macht Felix Salten zu einem berühmten Klatschreporter. Fortan wird er als Erster über alles Skandalöse aus dem Kaiserhaus berichten. Und davon gibt es jede Menge: So sorgt auch die Schwester des Erzherzogs für einen Skandal, als sie mit ihrem Französischlehrer in die Schweiz flüchtet. Salten erhält wieder das erste Interview. Ein anderes Mal überschreitet er jegliche Grenzen: Nachdem eine Affäre zwischen der Tochter des belgischen Königs und einem ungarischen Offizier ans Licht gekommen ist, wird die Prinzessin in ein Sanatorium und ihr geliebter Offizier in ein Gefängnis gesperrt. Journalist Salten verhilft dem Paar zur Flucht nach Paris – und darf sie dafür exklusiv im Exil interviewen.

BERLIN

Nach Eduard Graf von Keyserling ist jetzt der Schriftsteller Peter Hille an der Reihe: Im Sommer 1902 wird dieser von Lovis Corinth gemalt. Hille muss deshalb für mehrere Sitzungen in Corinths Atelier kommen, wofür er eine Entschädigung von achtunddreißig Mark erhält. Als Hille die Räumlichkeiten in der Klopstockstraße im Tiergarten das erste Mal betritt und es sich gerade bequem machen will, meint der Maler spontan, er solle den Mantel nicht ausziehen: »Lassen Sie man, ich male Sie, wie Sie sind.«

Corinth betrachtet den Dichter, der wie ein Sonderling mit

Kindergemüt wirkt. Hille sitzt also im dunklen Mantel auf einer Sofabank, stützt die rechte Hand aufs rechte Knie und hält in der linken Hand eine zerknitterte Zeitung. Scheu und verloren schaut der Schriftsteller am Betrachter vorbei nach rechts oben. Das fertige Gemälde nennt Corinth schlicht *Porträt des Dichters Peter Hille*. Es wird auf der fünften Ausstellung der Secessionskünstler als besonderer Clou gezeigt. Ein Konsul Rosenberg kauft das Gemälde für fünfzehnhundert Mark und schenkt es an Heiligabend seiner Frau.

In einer wehmütigen Kurzgeschichte stellt sich Peter Hille daraufhin vor, wie er an Heiligabend aus seiner Unterkunft geworfen wird. Er irrt hungrig durch die Stadt, wird von Mitmenschen verlacht und bleibt erst an einem Herrenhaus stehen. Dort beobachtet er, wie der Konsul das Gemälde als Weihnachtsgeschenk seiner Gattin überreicht. »Da würde es hergehen, da vorn! Wie ich da bewirten mochte, wie mir zu Ehren die gebranntesten Korken sprangen!«, schreibt Hille.

Das echte Gemälde bleibt nicht im Besitz der Familie Rosenberg, sondern wird von der Kunsthalle Bremen für fünftausend Mark erstanden. Und weil der Gewinn so ungeheuerlich ist, mehr als dreihundert Prozent, lässt Konsul Rosenberg dem Maler Corinth zwei große Körbe voll mit Rotwein zukommen, dem besten aus der Delicatessen- und Wein-Großhandlung Borchardt.

Lovis Corinth wiederum lädt zur Feier des Tages einige Freunde zum Schlemmen ein, einen Verleger, eine Schauspielerin, eine Dichterin, einen Malerkollegen. Nur an Peter Hille denkt er nicht.

MÜNCHEN

Manchmal sehnt sich Franziska zu Reventlow nach ihrem alten Freund Ludwig Klages, aber sie meint schon lange nicht mehr, dass er fliegen könne. Sie schätzt zwar weiterhin seinen wunderbaren Verstand, hält ihn ansonsten jedoch für einen Menschen mit Größenwahn und Ichsucht. In diesen Februartagen des Jahres 1903 ist sie ohnehin abgelenkt, denn überall finden gerade Faschingsfeiern statt. Und jeden Abend kommt ihr neuer Begleiter Bohdan von Suchocki in einem anderen Kostüm vorbei. Mal geht es auf dieses, mal auf jenes Fest, sie verzichtet heroisch auf einen Bauernball, besucht dafür eine Nachtkirchweih. Such verkleidet sich am liebsten als Krieger mit Schwert und Panzerhemd. Mit ihm zu tanzen ist für die Gräfin schöner Wahnsinn.

Zum Ball der Elf Scharfrichter gehen die Gräfin und ihr Glasmaler als griechische Knaben in schwarzen Trikots, roten Kränzen und weiß beschnürten Beinen. Während Such sich mit jemandem prügelt, flirtet Reventlow mit Frank Wedekind, den sie seit langem bewundert. Gegen Morgen nimmt der sie an die Hand, führt sie um sich herum und schaut ihr in die Augen. Ob sie ihm jetzt gefalle, will sie wissen. Doch als Wedekind ihr, wie sie findet, fabelhaft in die Augen schaut, erträgt sie die Spannung nicht mehr und nimmt Reißaus. Sie will den großen Augenblick durch nichts zerstören, aber das ist lediglich ihre Wahrnehmung. Wedekind selbst schreibt in seinen Briefen nur dann über Reventlow, wenn er sich über sie ärgert. Sonst erwähnt er sie nie.

Auf einem der Feste wird sie amüsiert von Korfiz Holm beobachtet. Sie fühlt sich an jenem Abend als die Wildeste und Schönste im Saal, zeigt sich in einem viel zu weiten türkischen Gewand, das weder gewaschen noch gebügelt ist. Um ihren Kopf hat sie wie einen Turban einen blauen Fetzen Crêpe de Chine geschwungen, an ihren Ohren hängen an schwarzem Zwirn große halbmondförmige Messingringe. So ausgelassen tanzt die Gräfin, dass ihre goldbestickten türkischen Pantoffeln in alle Ecken des Lokals sausen, bis sie entscheidet, nur noch in Strümpfen zu tanzen.

Unentwegt wird sie von Männern angeflirtet, darunter von einem angetrunkenen Kollegen aus dem Verlag. Er legt erst den Arm um sie und dann die Wange an die ihre. Reventlow bleibt geduldig, trinkt sogar aus seinem Sektglas und lässt sich von ihm küssen. Ihn sofort zurückzuweisen, käme ihr so oder so spießig vor. Sie wartet eine passende Gelegenheit ab, um sich unauffällig zu entziehen.

Als die beiden sich einige Tage später im Verlag treffen, gibt er sich reumütig und bittet sie um Verzeihung.

»Entschuldigen? Wieso?«, fragt Reventlow verblüfft und schaut ihn mit ihren blauen Augen an. »Wo ich Ihnen dafür doch so von Herzen dankbar bin!« Dann erzählt sie von einem Mann, der einst eine große Liebe gewesen sei, aber sich das bis heute nicht abgewöhnen wolle. Vielleicht meint sie Ludwig Klages. »Lästig – was?« Der kleine Flirt und die paar Küsse hätten dem Kerl ein für alle Mal bewiesen, dass sie eine abgrundtief frivole Frau sei, weshalb er sie zum Glück nie wieder sehen wolle. »Und das vergess' ich Ihnen nie!«

Auch die Kosmiker wollen ausgelassen Fasching feiern und laden für Sonntag, den 22. Februar 1903, ins Haus des Schriftstellers Karl Wolfskehl zu einem Antikenfest ein. Man wird sich davon in Schwabing noch jahrelang erzählen, auch wenn letztlich gar nicht so viel darüber bekannt ist. Franziska zu Reventlow kleidet sich an jenem Abend in ein griechisches Kostüm, setzt sich einen Weinlaubkranz auf den Kopf und spaziert zur Wohnung von Wolfskehl, den sie seit einiger Zeit regelmäßig trifft. Er ist wohlhabend, amüsant, gebildet und, nun ja, verheiratet. Mit ihm besucht die Gräfin die Cafés, geht Schlittschuh laufen und spazieren. Seine Frau redet sich die Affäre schön, und Bohdan von Suchocki muss wohl damit leben, dass seine Gräfin tut, was sie nicht lassen kann.

In dieser Nacht sind alle Kosmiker gekommen: Gastgeber Karl Wolfskehl geht als Bacchus umher, als Gott des Weines und Rausches, Reventlows ehemaliger Geliebter Ludwig Klages ist als indischer Mönch verkleidet, Stefan George steckt als Caesar in einer weißen Toga und hofft, in dieser Rolle vollends aufzugehen. Auch die große Urmutter Magna Mater gibt sich die Ehre, andere spielen antike Ritualtänzer, sind flötenspielende Bacchantinnen oder Hierodulen, also Priestergehilfen.

Während sich Klages betrinkt, gibt sich Wolfskehl ausgelassen der Feier hin. Er tanzt und springt wie befreit zur Musik, hebt eine junge Frau nach der anderen in die Luft und wünscht sich, das Fest würde nie enden. In ihrem Tagebuch widmet die Gräfin dem Fest gerade mal zwei Sätze. Erst viel später wird sie es in einem Roman ausschmücken und damit einen Mythos erschaffen: Schwabing taucht darin nicht unter seinem richtigen Namen auf, sondern unter einem anderen, der die Stimmung der Jahrhundertwende perfekt einfängt: Wahnmoching.

Sie erzählt von ungeheuerlichen Gerüchten, die nach dem Fest im Stadtteil kursierten, verbreitet von jenen, die dabei waren, und weitergetuschelt von jenen, die es gerne gewesen wären. Ausgelassene Orgien habe es gegeben. Rauchendes Blut sei aus Schalen zu Ehren der Götter getrunken worden. Über solche Gerüchte macht sie sich in ihrem Roman lustig. Nicht einmal der heidnischste Kosmiker trinke rauchendes Blut. So etwas stellten sich nur Spießer vor, die allesamt molochitisch und damit lebensfeindlich seien – also genau das, was keiner aus der Runde der Kosmiker sein wolle.

Nach einem der letzten Faschingsfeste 1903 spazieren die Gräfin und ihr neuer Liebhaber Such zu ihr nach Hause. So lange hat er über sich geschwiegen, aber nun, während es in Strömen regnet, öffnet er sich und erzählt ihr aus seinem Leben. Berührt hört sie zu. Als sie in der Morgenfrühe bei ihr ankommen, erleben sie, wie sie im Tagebuch schreibt, »einen Sturm«. Anschließend betrachtet sie stolz, mitfühlend und erosdurchleuchtet ihren zornigen, verwundeten Krieger.

Sie schlafen lange, und als er später noch liegen bleibt, nimmt sie ihren Sohn und geht zum Straßenkarneval. Am Abend wird sie wieder von Freunden zum nächsten Fest abgeholt. Sie tanzen lange, um irgendwann ermüdet im Café Luitpold zu stranden. Wieder daheim, ist sie glücklich, dass der Krieger auf sie wartet. An der Wand hängt sein Panzerhemd, darüber ihr roter Weinlaubkranz.

Im Frühling 1903 beginnt in Schwabing ein neues Kapitel, das einige Jahre braucht, ehe es seine volle Wirkung auf die Kulturszene entfaltet: Gar nicht weit vom Münchner Café Größenwahn übernimmt Kathi Kobus am 1. Mai ein eigenes Lokal. Es wird zu einer der Kultstätten der Jahrhundertwende, in der auch all jene verkehren, die ansonsten im Größenwahn abhängen, phantasieren und Schach spielen. Kobus trägt einen fassrunden Reifrock und ein buntes Brusttuch. Sie ist so robust wie geschäftstüchtig, duzt jede und jeden ungefragt, und wird es laut, was oft der Fall ist, kann sie locker noch lauter brüllen. Notfalls raunzt sie ihre Gäste auf gut Bayrisch derb an, um sich Respekt zu verschaffen. Trotz ihrer tiefschwarz gefärbten Haare und ihrer tadellosen Zähne hält manch einer sie für eine alte Frau, dabei ist sie erst Mitte vierzig.

Ihr Lokal liegt in der Türkenstraße und damit nur wenige Minuten Fußweg entfernt vom Größenwahn. Anfangs will sie es »Neue Dichtelei« taufen, schließlich war sie bisher in der Dichtelei angestellt. Ihre alten Gäste wüssten sofort, wo ihre Kathi abgeblieben ist. Doch der Name wird ihr als unlauterer Wettbewerb untersagt. Es gibt zum Glück noch einen, der ihr ausnehmend gut gefällt: Simplicissimus.

Wie es ihr gelingt, das Lokal nach dem bissigen Schwabinger Satireblatt zu benennen, weiß später niemand mehr genau. Vermutlich kehren dessen Mitarbeiter schon bei ihr ein, bevor ihre Kneipe überhaupt einen Namen hat. Die Redakteure und Illustratoren lieben die lauschigen, von rotem Dämmerlicht ausgeleuchteten höhlenartigen Räume. Angeblich steht Kobus eines Abends mit einer Flasche Sekt am Tisch der Herren, sagt etwas von einer Spende des Hauses und fragt nebenbei, ob jemand etwas einzuwenden habe, wenn sie ihr Lokal nach der großartigen Zeitschrift benenne. Die Gäste schauen auf den Sekt und geben gern ihr Einverständnis.

Nur einer hat was dagegen. Und zwar ganz massiv: Albert Langen, der Verleger des *Simplicissimus*. Er will nicht, dass jemand sein Lokal nach seiner Zeitschrift benennt und einfach auf seinem Erfolg mitreitet. Nach fünf Jahren im Pariser Exil, wohin er ja aufgrund des Presseskandals wegen der Majestätsbeleidigung fliehen musste, ist er dieser Tage nach München zurückgekehrt – gegen eine Strafzahlung von dreißigtausend Mark. Dass nun eine dreiste Wirtin mir nichts, dir nichts den Namen seines Satireblatts abkupfern will, findet er alles andere als witzig.

Langen tobt so laut, dass Kobus eiligst zum Verlag in die Kaulbachstraße rennt und vor dem Verleger auf die Knie fällt. Sie habe die Schilder doch längst bestellt. Und vielleicht profitiere am Ende nicht nur ihr Lokal von der Zeitschrift, flötet sie, sondern auch umgekehrt: die Zeitschrift vom Lokal. Der theatralische Auftritt rührt ihn. Vielleicht hat sie ja recht. Schließlich stimmt Langen zu, und Kobus darf nicht nur den Namen verwenden, sondern sogar die rote Bulldogge, das ikonische Wappentier seiner Zeitschrift. Allerdings wird das Wappentier vom Zeichner Thomas Theodor Heine auf dem Eingangsschild etwas anders dargestellt: Darauf zerrt die rote Bulldogge gerade mit ihren Zähnen am Korken einer Sektflasche.

Das neue Etablissement ist rasch brechend voll. Die Studenten der Kunstakademie kommen und fertigen vor Ort eigene Bilder, Radierungen und Skizzen an, die Kobus als Schmuck an die Wände hängt. Bald darf sie auch länger als die übliche Polizeistunde öffnen. Die Gäste müssen erst um drei Uhr morgens raus. An manchen Abenden steigt sie mittlerweile auf ein Podium und singt mit herber Stimme fröhliche Gstanzln, bis die von Wein und Bier beseelte Menge jubelt. So entwickelt sich das Simplicissimus zu einem Lokal der Künstler und Bohemiens.

BALKAN

Seit Jahrzehnten brodelt die Region im Südosten Europas, was nicht zuletzt von den Großmächten verschuldet ist. Besonders die Habsburger fühlen sich zuständig. Mit zunehmender Sorge beobachtet die Regierung in Wien, dass das Königreich Serbien alle Serben in seinem Staat versammeln will – auch jene in Bosnien und der Herzegowina. Beide Länder werden nämlich seit einem Vierteljahrhundert von Österreich-Ungarn verwaltet.

Schon sie zu besetzen war einst schwierig gewesen und gelang erst nach einem blutigen, monatelangen Krieg. Im Zuge der Okkupation wurde beiden Ländern viel versprochen: großzügige Agrarreformen, mehr Schulen, weniger Steuern, eine moderne Justiz und die Gleichbehandlung von Muslimen, Christen und Juden. Nichts davon setzte Wien um. Die Steuern wurden sogar erhöht, Straßen und Gleise nur gebaut, um die Rohstoffe der Region auszubeuten. Allein in Bosnien ließ Wien fünfmal mehr Polizeistationen als Schulen errichten.

Bis jetzt können neun von zehn Menschen in Bosnien und der Herzegowina weder lesen noch schreiben. Schlimmer ist es nirgends in Europa. Immer vehementer fordern die Menschen auf dem Balkan ihre Bürgerrechte ein. Nicht wenige greifen zu den Waffen und begehen Attentate. Sollte es Serbien nun gelingen, sich Bosnien und die Herzegowina einzuverleiben, würde es zu einem mittelgroßen Staat und damit zu einer Bedrohung für Österreich-Ungarn. So mancher hochrangige Wiener Militär will deshalb ein Exempel statuieren und fordert gar einen Präventivkrieg gegen Serbien. Nur mit Brutalität lasse sich der Freiheitswille auf dem Balkan brechen.

Anfang Sommer 1903 lässt jedoch erst einmal ein Coup den Balkan erzittern: In der Nacht vom 10. auf den 11. Juni stürmen

Verschwörer den Königspalast in Belgrad und sprengen mit einer Granate die Tür zu den königlichen Gemächern auf. Doch Alexander I. von Serbien und seine Gemahlin Draga sind unauffindbar.

Seit langem schlittert das Königreich Serbien von einer Krise in die nächste. Mit der Unabhängigkeit im Jahr 1878 begann ein hitziger Stammeskrieg zwischen zwei serbischen Häusern: Obrenović gegen Karađorđević. Ersteres setzte sich durch und stellt seither die Könige, die jedoch nicht geschickt agieren.

Zuletzt hat König Alexander das Reich in ein autoritäres Regime verwandelt. Seine Frau ist gar derart verhasst, dass nach der Hochzeit die Regierung geschlossen zurückgetreten ist. Kürzlich haben hohe Offiziere beschlossen, das Königspaar zu beseitigen und stattdessen einen Mann aus der anderen Sippe auf den Thron zu heben: den im Genfer Exil weilenden Petar Karađorđević.

Stundenlang durchsuchen die Putschisten an diesem 11. Juni den Königspalast, bis sie am frühen Morgen eine Kleiderkammer öffnen, in der sich das Paar versteckt hat. König und Königin werden erschossen und ihre Leichen aus einem Fenster geworfen.

Knapp anderthalb Jahre später wird Petar Karađorđević am 9. Oktober 1904 als Peter I. zum neuen König von Serbien gekrönt werden. Unter seiner Herrschaft erhält der Organisator des Putsches alle Freiheiten: Der junge großserbische Nationalist Dragutin Dimitrijević, genannt Apis, zu Deutsch »Biene«, baut seine Terrortruppe beständig aus. Sie heißt »Einheit oder Tod« oder auch »Schwarze Hand« und tritt gut zehn Jahre später auf dem Balkan einen Funken los, der einen kontinentalen Flächenbrand mit vielen Millionen von Toten entfachen wird.

WIEN – BERLIN

Er hat es geschafft! Jubelnd teilt der neunundzwanzigjährige Hugo von Hofmannsthal seinem Schwager im November 1903 mit: »Der sogenannte große äußere Erfolg ist also eingetreten.« Seine neue Tragödie *Elektra* ist von zweiundzwanzig Bühnen angenommen worden, und das Buch war im Nu vergriffen. Die Presse rezensiert es teils enthusiastisch, teils wütend.

In Berlin bringt das Theatergenie Max Reinhardt in dem kurz zuvor von ihm eröffneten Kleinen Theater das Stück als Erster auf die Bühne. Einige erklären das Drama mit seinen Orgien voller Blut und Sex zum Skandal, andere lieben es gerade deshalb. Reinhardt lässt die Titelheldin das neue Programm so verkünden:

> Schweig und tanze! Alle müssen
> herbei! Hier schließt euch an! Ich trag' die Last
> des Glückes, und ich tanze vor euch her.
> Wer glücklich ist wie wir, dem ziemt nur eins:
> schweigen und tanzen!

Als der Komponist Richard Strauss die Aufführung sieht, erkennt er sofort die Genialität der Dichtung. Zu einem Welterfolg wird sie jedoch erst, nachdem er *Elektra* als Oper vertont hat.

MÜNCHEN

Im November beginnt für Franziska zu Reventlow und ihren Sohn ein neues Kapitel, das sie einmal in einem ihrer Romane verarbeiten wird: Sie ziehen mit zwei Freunden in ein Eckhaus in der Schwabinger Kaulbachstraße. Man betritt das Grundstück durch ein großes Tor und läuft durch einen verwachsenen Garten.

Im Haus geht es durch einen dunklen Flur und eine Treppe hinauf in einen lichten Raum, die große Wohnküche. In der einen Ecke steht ein Herd, in der anderen ein Tisch mit Bänken und Stühlen, an den Wänden hängt Kupferzeug. Es gibt einige Zimmer, ein Atelier, eine Wohnküche mit Veranda. Die Gräfin wohnt mit ihrem Sohn im ersten Stock, daneben zieht der junge Student Franz Hessel ein, unten im Parterre hat es sich ihr Freund Bohdan von Suchocki gemütlich gemacht.

Franziska zu Reventlow hat Hessel beim Fasching kennengelernt und ein paarmal im Kaffeehaus getroffen. Er ist neun Jahre jünger als sie, gerade dreiundzwanzig, stammt aus einer wohlhabenden Kaufmannsfamilie und hat sich für ein Jurastudium eingeschrieben, dem er allerdings nicht nachgeht, weil ihm ein üppiges Erbe seinen Traum von einem Leben als Schriftsteller ermöglicht.

Im Sommer hat er die Gräfin zu einem Aufenthalt auf dem Land eingeladen, und dort ist der Plan zur Wohngemeinschaft entstanden. Reventlow gefiel der Gedanke, mit Freunden in einer großen Wohnung in Schwabing zu leben, jeder mit eigenen Räumen, aber mit einer gemeinsamen Küche. Hessel müsste nur alle Rechnungen bezahlen, was für ihn kein Problem sein sollte. Sie will nach dem Haushalt schauen und sich fortan nicht mehr vom Malen abhalten lassen.

Als sie nun erstmals nach Jahren zitternd vor Aufregung einen Pinsel in die Hand nimmt, spürt sie beglückt, wie sehr sie die Kunst zum Leben braucht. Doch so einfach ist das Leben in der Wohngemeinschaft nicht: Hessel vergisst ständig, die Rechnungen zu begleichen, und ihr Liebhaber Bohdan von Suchocki verbummelt seine Zeit mit Nichtstun. Immerhin schauen regelmäßig Freunde vorbei. Es steigen Feste, bis die Polizei kommt, weil sich Nachbarn beschwert haben. Reventlow öffnet den Beamten dann freundlich die Tür, lächelt entwaffnend und bietet eine Tasse Kaffee an.

BERLIN

Wie viele langhaarige Männer und eigenartig gekleidete junge Frauen sich im Café des Westens herumtreiben! Stundenlang sitzen sie vor einer Schale schwarzen Kaffees und plaudern einfach nur. Die Schauspielerin Tilla Durieux geht selten in das Berliner Café Größenwahn, aber jedes Mal amüsiert sie sich über das Publikum dort. Sie studiert die Mädchen mit ihren dämonischen Blicken und die Jünglinge mit ihren verachtungsvollen Mienen. Herrlich!

Ihr fällt auch eine schmächtige Frau von knabenhafter Gestalt auf, die kurzgeschnittenes Haar trägt, was ungewöhnlich ist. Sie nennt sich Prinz Jussuf von Theben und behauptet, in einem früheren Leben ebendieser Prinz gewesen zu sein. Eigentlich heißt sie Else Lasker-Schüler. Begleitet wird sie von einem jungen Mann mit langem Haar, der sich als Herwarth Walden vorstellt. Die beiden haben sich am 30. November 1903 das Jawort gegeben. Im Größenwahn kann man das Paar von mittags bis spätnachts unter all den wilden Kunstjüngern und Kunstfrauen antreffen.

Tilla Durieux beobachtet, wie Else Lasker-Schüler schreibt und malt. Was die Schauspielerin sprachlos macht, ist deren unglaublich verzogener Sohn. Während sich die kleine Familie nur von Kaffee ernährt, den ihnen der bucklige Oberkellner mitleidig stundet oder ein freimütiger Gast bezahlt, spaziert der vierjährige Paul heimlich zu den Kuchenschüsseln und nimmt sich, was ihm gefällt.

NORDAMERIKA

Am 17. Dezember 1903 beginnt in Amerika ein neues Zeitalter, das die menschliche Phantasie auf neue Höhenflüge führt. Die Brüder Wilbur und Orville Wright starten auf einer Wiese nahe dem Ort Kitty Hawk an der amerikanischen Atlantikküste ihre »Flyer I«. Sie sind zwölf Sekunden lang in der Luft und kommen sechsunddreißig Meter weit – und damit weiter als je ein Mensch zuvor in einer motorisierten Maschine, aber es hat auch nie zuvor jemand ein solches Experiment gewagt. Beim vierten und letzten Versuch an diesem Tag landen die Brüder sogar erst nach neunundfünfzig Sekunden und zweihundertsechzig Metern. Damit sind sie um mehr als das Siebenfache weiter geflogen als bei ihrem ersten Versuch. Bei solch rasanten Fortschritten wird es nicht lang dauern, bis die ersten Flugzeuge weite Strecken zurücklegen, gar über Ozeane fliegen und, mit Waffen ausgestattet, als Kriegswerkzeuge eingesetzt werden können. Der Phantasie sind kaum Grenzen gesetzt. Manch ein Zeitgenosse schließt aus der Pioniertat der Brüder, dass man sich einfach nur größtmögliche Dinge vornehmen muss. Am Ende wird selbst das aberwitzigste Vorhaben irgendwie klappen.

MÜNCHEN

Die Elf Scharfrichter sind am Ende. Nicht einmal für ordentliche Programmhefte ist Geld übrig. Die Gäste erhalten nur lieblos gestaltete Papierzettel. Der Konkurs ist bereits angemeldet. Am 7. Februar 1904 erfolgt noch die Premiere des sechzehnten Programms. Diese »Ehrenexekution« wird von ihren größten Bewunderern trotzig beklatscht, darunter von Max Halbe, Eduard von Keyserling und Korfiz Holm, aber die Scharfrichter wirken ausgelaugt. Zwischenzeitlich ist ein Investor eingestiegen, hat alle Schulden übernommen, dafür aber Dinge verlangt, die nicht zu einer anarchischen Künstlertruppe passen: tägliche Vorstellungen, ständige Gastspiele und eine Disziplin bis zur Selbstaufgabe. Dann verbot auch noch die Zensur angeblich unsittliche Szenen. Als Peter Altenberg die zahme, traurige Truppe zuletzt in Wien sah, blieb ihm nichts anderes, als in der *Fackel* enttäuscht über die flachen Stücke zu räsonieren: »Man applaudierte bei allen Nummern. Denn wir haben gute Manieren Fremden gegenüber.« Am 18. Februar ist endgültig Schluss in München. Zuletzt folgt eine Tournee durch deutschsprachige Städte, die vielerorts frappierend laut bejubelt wird. Danach tritt das beste Kabarett der Wilhelminischen Zeit nie wieder auf.

Bohemien John Höxter (re.) und
Schauspielerin Spela Albrecht (1909)

Die lange Nacht der Schüttelreime

APRIL 1904 BIS APRIL 1905

Der Dichter Peter Hille hat im Leben noch viel vor und muss doch loslassen. Sein Freund Erich Mühsam wandert durch die Alpen und schließt sich in der Schweiz einer Aussteigerkolonie an. Im Berliner Größenwahn taucht der junge Graphikstudent John Höxter auf und wird zum Chronisten der Boheme. Derweil wünscht sich Peter Altenberg gefälligst Filets mignons. In Sankt Petersburg protestieren hungernde Arbeiter, was auch die Familie von Keyserling im Baltikum mitbekommt. Und in Schwabing taucht ein junger Kunststudent namens Leonhard Frank auf, der im dortigen Größenwahn seine Universität findet.

Szene mit Straßenbahnen
am Potsdamer Platz um 1900

BERLIN

Es ist das versteckteste und eigensinnigste Kabarett der Metropole, obwohl es mitten in Berlin stattfindet, im Weinlokal »Zum Vesuv« unweit der Potsdamer Brücke. Am Eingang ein Schild: »Zu hören krauser Künste Flug. Ist eine Mark ja schon genug.« Das Publikum geht durch das Lokal, vorbei an einem Mandolinenspieler und gelangt durch einen schmalen Korridor zu einem schmucklosen Hinterstübchen. Darin stehen nicht mehr als fünf Tische. Man trinkt Chianti und raucht französische Zigaretten.

Als im Frühjahr 1901 überall erfolgreich Kabaretts gegründet wurden, begann der größte Bohemien des Landes in diesem Hinterzimmer dem Publikum aus seinen Manuskripten vorzulesen. Peter Hille blieb nichts anderes übrig. Seine Freunde in der Neuen Gemeinschaft hatten ihn dazu gedrängt, denn sie konnten – oder besser: wollten – ihn nicht länger unterstützen. Hille ernährte sich in seiner engen Kammer fast nur noch von Sonnenstrahlen. Seinem Kabarett gab er zunächst den Namen »Cabaret zum hungrigen Pegasus«, bevor er es selbstbewusst in »Cabaret zum Peter Hille« umbenannte.

Nun, drei Jahre später, hat sein Kabarett fast fünfzig Mal stattgefunden, meist an Montagabenden ab einundzwanzig Uhr. In der Regel tritt er alleine auf, hin und wieder lädt er aber auch Freunde wie Else Lasker-Schüler und Erich Mühsam ein. Dann lässt er ihnen spontan am Nachmittag eine Nachricht zukommen, sie mögen bitte am Abend auftreten.

Hille selbst erscheint jedes Mal erst um halb zehn mit seinem grauen Zauberbart und dem abgewetzten Gehrock im Türrahmen des Hinterzimmers. Während ihm zwei bleiche Jünger folgen, setzt er sich an einen Tisch, blättert eine Zeitung durch, um dieses oder jenes vorzulesen. Zuweilen blickt er auf, als wollte er sich vergewissern, ob noch jemand im Raum ist. Sein Publikum schaut er dabei wie durch einen Nebel an, bevor er in seine Taschen greift, einige Zettel daraus hervorzieht und Gedichte des Pariser Lyrikers Charles Baudelaire oder Texte des Wiener Bohemiens Peter Altenberg vorträgt, über den er sich gewisse Gemeinheiten nicht versagen will. Einmal, nachdem er ein paar Altenberg'sche Skizzen vorgetragen hat, hält Hille inne und meint mitleidig: »Der wird vor lauter Feinheit einfältig!« Sein Publikum muss darüber lachen.

Während ein junger Mann still mit einem Teller herumgeht, um das Eintrittsgeld zu erbitten, eine Mark je Person zur Deckung der Kosten, beginnt Hille eigene Werke vorzutragen, was aber weiter Geduld erfordert. Mal kann er das Quergeschriebene nicht entziffern, mal erwischt er einen falschen Zettel. Wenn so gar nichts klappen will, erzählt er einfach seine Geschichte vom Weihnachtsabend – jene über das Gemälde von Lovis Corinth, das ein Kaufmann für viel Geld erwarb.

Für Ende April oder Anfang Mai 1904 plant Peter Hille den fünfzigsten Abend seines Kabaretts. Er bittet Else Lasker-Schüler, zwei, drei kleine Sachen zu lesen, der persönlichen Note wegen würde er sich über ihr Kommen freuen. Es geht ihm nicht gut, er ist müde und schwach. Seit Monaten leidet Peter Hille an einem Katarrh, am ständigen Asthma und an Erkältungen. Mit letzter Kraft schleppt er sich am Abend des 27. April 1904 zum Bahnhof Zehlendorf im Berliner Südwesten, schafft es an den Bahnsteig, dort aber bricht er zusammen, stürzt auf die Schienen, verletzt sich dabei am Kopf und verliert für Momente gar das Bewusstsein, ehe er wieder zu sich kommt. Eine Freundin hilft ihm auf und bringt ihn zurück zur Neuen Gemeinschaft. Es ist kurz vor Mitternacht, als er daheim auf seinem Zimmer ist.

Tagelang liegt Hille im Bett, erholt sich nur langsam. Er fühlt sich abgespannt, fiebernd im Gehirn, ohne Funken und Munterkeit im Körper. Er hat keinen Appetit, dafür Schmerzen in den Gelenken. Freunde wollen ihn ins Krankenhaus bringen, doch er weigert sich standhaft. Es hilft nichts, sagt er, er müsse arbeiten, auch ein Märchen abliefern. Er braucht das Honorar. Zudem muss mit einem Verleger eine Sammlung seiner Werke besprochen werden, die im Spätsommer zu seinem fünfzigsten Geburtstag erscheinen soll.

Am 1. Mai gibt Hille dem Drängen seiner Bekannten in der Neuen Gemeinschaft nach. Ihm fehlt alle Kraft. Ob er ins Krankenhaus solle, fragt er einen Freund. Der umarmt ihn und sagt: »Es ist besser für dich, Peter. Hier bist du ohne Pflege.«

Im Krankenhaus in Groß-Lichterfelde machen die Ärzte zur Bedingung, dass er nur von einer einzigen Person besucht werden darf. Von sonst niemandem. Er müsse sich dringend erholen. Am Tag darauf flüstert Hille dieser Person, dem Schriftsteller Peter Baum, zu: »Weißt du, Peter, mein Geist hat keine Schwungkraft mehr. Einmal im Leben muss es mir ja auch schlecht gehen.«

Vier Tage später stirbt Peter Hille gegen siebzehn Uhr im Krankenhaus an einer Kopfrose, also der Viruserkrankung Herpes Zoster. So ist es im Register für Sterbefälle notiert. Darin steht auch, dass er neunundvierzig Jahre, acht Monate und sechsundzwanzig Stunden alt wurde. Von ihm bleiben nur wenige Schriftstücke. Viele gehen in Schubladen und Manteltaschen verloren.

Seine Bekannten sind schockiert, und nicht wenige von ihnen fragen sich, wer Peter Hille eigentlich war, dieser wunderliche Dichter, der sich selbst einmal in seinem Gedicht »Höhenstrolch« als Weltbeglücker bezeichnete:

Ein großer Lump schreitet durch die Himmel.
Seine gewaltigen Kniee verlieren sich
in strahlendem Glanz:
Aus allen Taschen muß es fallen, aus allen zerrissen hängenden
Taschen.

Und der lallende Schritt in schreienden Schuhen, stark
und fröhlich singt er weiter.
Und alle Gassenjungen der weiten Welt – in grinsend
kichernder Freude, – lautlos schlau, sammeln die
goldene Ernte hinter diesem verwahrlosten Schreiten!
Was für ein Lump: der Weltbeglücker.

Else Lasker-Schüler ist erschüttert, nicht nur über Hilles Tod, über den vor allem, sondern auch darüber, dass ihr geliebter Freund erst jetzt, nach seinem Tod, entdeckt wird. »Nun schreiben sie alle über ihn«, klagt sie und setzt sich an den Schreibtisch, um Hille mit einem eigenen Werk vor dem Vergessen zu bewahren. Sie fühlt sich dazu von ihm beauftragt. Monatelang verlässt sie kaum ihre Wohnung und verfasst nur wenige Briefe. Jede freie Minute schenkt sie ihrem *Peter Hille-Buch*. Als es 1906 erscheint, ist es ihr erster Prosaband und zugleich eine Selbstvergewisserung und eine Art Programm, an dem sie sich fortan orientieren will. Manche ihrer siebenundvierzig Stücke sind nur wenige Zeilen lang, andere umfassen mehr als drei Seiten.

In ihren zauberhaft verstiegenen, märchenhaften Miniaturen durchwandert sie mit dem toten Peter Hille alle Jahreszeiten und trifft unterwegs lauter Bekannte aus dem Café Größenwahn. Und genauso wie es ihr einstiger Gefährte sein Leben lang handhabte, gibt sie ihren Kaffeehausbekanntschaften phantasievolle Namen. Während sie sich selbst »Tino« nennt, bezeichnet sie Hille als »Petrus der Felsen«. Tino lernte ihn kennen, als sie aus der Stadt floh, erschöpft vor einem Felsen niedersank und dort tausend Jahre lang rastete, bis eine Stimme vom Gipfel des Felsens rief: »Was geizt Du mit Dir!« So begegnete sie ihrem Heiland der Dichtkunst. Er führte sie in die Welt der Kunst und der Kulturen ein. Am Palmsonntag etwa begleitete sie ihn in eine katholische Kirche und am Versöhnungstag in eine Synagoge, wo er ihr die hebräischen Gesänge der Bibel vorlas und von dieser alten Sprache schwärmte.

Als Jüngerin folgte sie ihrem Heiland auf Berggipfel, zu Frühlingsfesten, in Gärten und Wälder. Peter Hille heißt in dem Buch nicht nur Petrus, sondern auch Poseidon, Noah, Baldur und Wotan.

So sehr treibt die Autorin ihr Verwirrspiel, dass selbst engste Freunde nicht mehr verstehen, was sie erzählen will. Dabei klingt der Titel *Das Peter Hille-Buch* nach einer sachlichen Biographie. Nun rätseln alle, wer von ihnen der Narr Tabak, der König Otteweihe und der Kämpfer Senhulf sein könnte. Nur Goldwarth dürfte niemand anderes als ihr Ehemann Herwarth Walden sein und der kleine Pull wohl ihr Sohn Paul. Dabei will die Dichterin berichten, wie ihr verstorbener Freund zum Künstler wurde. Während die Kaffeehausfreunde über all die seltsamen Namen rätseln, halten jene Zeitgenossen, die nie etwas von dem Dichter Peter Hille gehört oder gelesen haben, ihr Werk für eine gefühlige Heiligenlegende.

Nach dem Tod Peter Hilles verlässt sein Freund Erich Mühsam die Metropole Berlin und begibt sich mit einem Bekannten auf eine Reise über die Alpen nach Italien. Sie haben zwar kaum Geld bei sich, schnorren sich aber erfolgreich durch die Lande, worin Mühsam einige Erfahrung besitzt. Notfalls stellt er sich, wie er es Jahre zuvor in Paris handhabte, vor eine Bäckerei und markiert einen Schwächeanfall. Unterwegs denkt er auch über seinen lässigen Lebensstil nach und hält seine Gedanken in einem Brief fest: »Ein Bohèmien ist in erster Linie ein *Skeptiker*, ein Mensch, der die Welt so fatalistisch wie nur denkbar ansieht, einer, der vom Leben nichts erhofft und der *deshalb* darauf los lebt mit der erhabenen Wurschtigkeit, die ihn dem bourgeoisen Geschäftstrotter gegenüber als Ausnahmewesen, als komischen Kauz erscheinen lässt. Aus diesem Darauflosleben mag dann wohl bei diesem oder jenem der goldige Optimismus entstehen, der – wie bei Peter Hille – erst recht die Fühlung mit der Umwelt aufhebt und in tausend sternbunten Illusionen entschwebt.«

An einem Tag im Juli 1904 gelangen Erich Mühsam und sein Begleiter Johannes Nohl an den Lago Maggiore im Süden der Schweiz. In Ascona lernen sie eine Kolonie von deutschen Aussteigern kennen, mit denen sie sich sofort verstehen. Es ist eine Art Boheme auf dem Lande. Junge Männer und Frauen, viele von ihnen aus München, haben auf einem fast unbesiedelten Flecken am Hügel des Monte Verità einige Grundstücke gekauft, um eine Naturheilanstalt aufzubauen. Unter ihnen sind Nudisten, Rohkostler, Abstinenzler, Lebensreformer, Asketen, Vegetarier, Pazifisten, Anarchisten, Kommunisten, Frauenrechtler.

Mühsam ist begeistert und bringt anschließend eine Broschüre über dieses entzückende Fleckchen Erde bei Ascona heraus. Darin wirbt er für die deutsche »Sonderlings-Colonie«, deren Bewohner »in ihrer Vielfarbigkeit und der Originalität« so wunderbar abwichen »von der öden Schablonenhaftigkeit des teuren deutschen Vaterlandes«. Sein Bericht und seine Erzählungen werden etliche Freunde im Berliner Café des Westens und im Münchner Café Stefanie dazu bewegen, einmal selbst zum Monte Verità zu reisen.

BERLIN

Niemand tritt so überzeugend die Nachfolge von Peter Hille an wie John Höxter, und das, obwohl er Hille vermutlich nicht mehr persönlich kennengelernt hat. Höxter ist gerade zwanzig Jahre alt, stammt aus Hannover und kommt im Sommer 1904 erstmals nach Berlin, wo er Malerei an der Kunstgewerbeschule studieren will. Er ist nachtverliebt, und so dauert es nicht lange, bis er das Café Größenwahn am Kurfürstendamm entdeckt, wo bis tief in den Morgen diskutiert wird. Über Gedichte und Malerei, über Naturalismus und Neuromantik, Impressionismus und den gerade aufkommenden Expressionismus. Stundenlang kann Höxter sich über die großen Ideen unterhalten und dabei die Kunst mal für tot und dann wieder für quicklebendig erklären. Letztlich beginnt für ihn das wahrhafte, erkenntnisreiche Gespräch erst dann, wenn es um nichts mehr geht und niemand mehr einen Zweck verfolgt und alle vor Müdigkeit kaum mehr die Augen aufhalten können. Dann blüht für ihn im Tabakqualm, Kaffeedampf und Alkoholdunst das freie Wort auf. Wie eine morgenblaue Wunderblume. Was er nicht versteht, sind jene meist bürgerlichen Leute, die solche ewig dauernden Gespräche seltsam finden. Dabei, so argumentiert er, schätzten doch auch Bürgerliche die Ewigkeit, ob in der Kunst oder der Liebe. Was Letzteres angeht, erwärmt sich Höxter, so wird er einmal mitteilen, mehr für die Praxis als für die Theorie. Allerdings lässt er ein Leben lang offen, von welchem Geschlecht er sich angezogen fühlt.

Jahrelang wird John Höxter das Größenwahn aufsuchen, sich viel Absinth gönnen und dort überhaupt die lustigsten und erfülltesten Nächte seines Bummlerlebens verbringen – und mit der Zeit zu einem der wichtigsten Chronisten des Café des Westens am Ku'damm aufsteigen. Nie wird er vergessen, wie zu sehr später Stunde die Sprachspieler und Wortjongleure das Wort ergreifen und das Kaffeehaus zum Toben bringen, wovon er dereinst in seinem Buch *So lebten wir!* berichtet. Es sind die Stunden, in denen sich die Boheme zur Unsterblichkeit aufschwingt. Sie ist in jenen Momenten so sehr bei sich und zugleich außer sich, dass später niemand mehr genau weiß, was wer wann genau gesagt hat. Geschweige denn, wer überhaupt in jenem Jahr schon dabei oder bereits wieder fort war. In der Erinnerung wird alles verschmelzen. Und niemanden wird es kümmern, ob diese oder jene Person nun etwas früher oder doch erst einige Zeit später zu der Runde dazugestoßen ist.

An einem dieser vielen Hundert Abende im Café Größenwahn – möglicherweise schon im Jahr 1904 – tritt Erich Mühsam vor. Vielleicht ist er schon von seiner Reise über die Alpen zurück, vielleicht macht er sich auch erst noch auf. Als nur noch ein

Tuscheln zu hören ist und erwartungsvolle Blicke von Tisch zu Tisch wandern, bittet er um Ruhe und beginnt der Mittzwanziger spontan einen ersten Reim zu schütteln:

»Das war das Fräulein Liebetraut, das an den Folgen einer Traube litt, quälend rumorten ihre Triebe laut, weshalb sie schnell in jene Laube tritt.«

Alle im Kaffeehaus sind hellwach. Mit seinem Spruch hat Mühsam die Schlaftrunkensten aufgeweckt. Und es bleibt nicht bei dem einen Scherz.

»Sie brauchten gar nicht umzusteigen, drum gab sie sich ihm stumm zu eigen«, ruft er laut, »doch da verkehrt die Weichen lagen, fuhr man sie heim im Leichenwagen.« Wo andere einen ganzen Roman brauchen, um ein Bahnunglück zu beschreiben, genügen ihm zwei prägnante Verse.

Immer wieder muss er dann einen seiner kürzesten Schüttelreime aufsagen, den sie alle im Kaffeehaus lieben. Erich Mühsam reckt sich und spricht so laut, dass ihn jeder im Raum hört: »Man wollte sie zu zwanzig Dingen – in einem Haus zu Danzig zwingen.«

Irgendwann hält es auch Mynona Salomo Friedlaender nicht mehr auf seinem Thonetstuhl aus. Er will etwas beitragen, springt auf und ruft: »Für Lohn kreuchte er – auf den Kronleuchter.« Friedlaender ist ein Schriftsteller mit Hang zur Philosophie. Wer sich über seinen Spitznamen – Mynona – wundert, dem erklärt er, man solle ihn sich buchstäblich vorstellen und rückwärtslesen: Mynona, Anonym.

Kaum sind die Lacher verhallt, gibt Friedlaender einen weiteren Unsinnsreim zum Besten: »Von deutschen Dichtern lies am meisten – nur die so viel wie Mühsam leisten.«

Jetzt ist es so weit, das Wortspiel entwickelt sich zum Wettkampf. Ein jeder, der mitmachen will, muss möglichst vertrackte Vokabeln zu Reimen formen. Friedlaender darf noch mal: »Ja, schiele man, Karo, das ist der Kilimandscharo.«

Das geht besser, auch dem stillen John Höxter fällt jetzt etwas ein: »Ich malte so gerne im Kaffeelein Steinplatz, doch leider ist da für Staffelein kein Platz.«

Beim nächsten Bier vergnügen sie sich damit, Sprichwörter möglichst sinnfrei zu verkuppeln. Alle rufen sie beim Spiel namens »Verwechselt das Bäumchen« durcheinander:

»Lügen haben Gold im Munde.«

»Morgenstund hat kurze Beine.«

»Müßiggang ist Goldes wert.«

»Eigener Herd ist aller Laster Anfang.«

»Blinder Eifer schützt vor Torheit nicht.«

»Alter schadet nur.«

Plötzlich meldet sich die junge Lotte Pritzel zu Wort. Wie konnte man sie nur übersehen, sie, die Wortwitzige, die Erotische, Graziöse, die sich nicht um Moral schert! Ihr Lied von den zwei Königskindern bewundern sie alle hier im verrauchten Café Größenwahn:

»Es waren zwei Elefanten, die hatten einander so lieb; doch sosehr sie in Liebe entbrannten, sich *Kleiner* und *Dickerchen* nannten: Das Wasser war viel zu tief.«

Mehr!

»Es waren einmal zwei Molche, die hatten einander so lieb; das Männchen jedoch griff zum Dolche, denn die Molchin war eine *Solche*: Und das Wasser war viel zu tief.«

Applaus!

»Es waren einmal zwei Kühe, die hatten einander so lieb; sie gaben sich große Mühe, vom Abend bis in die Frühe: Doch das Wasser war viel zu tief.«

Die Lotte!

»Es waren einmal zwei Ratten, die hatten einander so lieb, sie suchten ein Plätzchen im Schatten, um sich in Ruh' zu begatten: Doch das Wasser war viel zu tief.«

Weiter!

»Es waren einmal zwei Hengste, die hatten einander so lieb; sie litten die schlimmsten Ängste. Sublimierste nu oder verdrängste? Und das Wasser war viel zu tief.«

Das war alles recht harmlos, nur scherzhaftes Wortgeplänkel. Aber dann gibt es noch das Spiel, das sie »Anklänge« nennen. Dabei werden bekannte Verse mit kleinen persönlichen Bosheiten angespitzt. Niemand versteht sich darauf besser als John Höxter, der jetzt vortritt:

»Rilke, Rilke, Rainer; George kann mir kann keiner, wir sitzen unterm Lorbeerbusch, die anderen, die sind kusch, kusch, kusch! Schreib's nieder!«

Einen weiteren Vers hat er: »Wenn mancher Mann wüsste, wer Thomas Mann wär', tät mancher Mann Heinrich Mann manchmal mehr Ehr'.«

Auch zu den Jungwienern fällt ihm was ein: »Hofmannsthal empfängt beim Wandern; von dem einen Band zum andern, liest erst hier, schreibt dann da, mal goethisch, mal Homerika.«

Zu Hofmannsthal will auch Lotte Pritzel nicht schweigen. Ihre Mischung aus Schüttelreim und Anklang stellt die höchste Kunst der Boheme dar. Mit einem schlüpfrigen Vers, der verdammt nach dem Wiener Stardichter klingt, begrüßt sie laut eine Freundin: »Zwischen deinen Lidern dieser Glanz – Und zwischen deinen Gliedern dieser Lantz.«

WIEN

Es geht zu Ende mit ihm. Peter Altenberg spürt es in diesem Sommer 1904 deutlich. Er ist fünfundvierzig Jahre alt und kann partout nicht mehr. Er will nicht mehr leiden, denkt an Selbstmord und schreibt Abschiedsbriefe an seine Freunde. Adolf Loos teilt er mit: »So wird Lina's Wünschen erfüllt. Aber es müsste nicht so grausam geschehen.« Allein, ihm fehlt die Kraft zum Freitod. Das Ehepaar Loos sorgt sich so sehr, dass es Altenberg mit auf Landausflüge nimmt, wofür er sich herzlichst bedankt. Für den Fall, dass sein Tod unausweichlich wird, bittet er den Freund in einem weiteren Brief eindringlich – samt drei Ausrufezeichen –, für eine katholische Taufe zu sorgen. Warum er sich nicht selbst um eine solche bemüht, erklärt er nicht.

Am meisten ängstigt Altenberg, dass er die Wohnung des Bruders verlassen soll, woran Loos nicht unschuldig ist. Schließlich hat der ihm einen Kater geschenkt, den wiederum sein Bruder Georg absolut nicht in seiner Wohnung duldet. Was freilich viel schlimmer ist als das Theater um den Kater: Georg kann die Familienfirma nicht mehr halten. Sie ist pleite und wird noch in diesem Jahr aufgelöst. Zwar findet der Bruder eine Stelle in einer Bank, aber das Gehalt reicht fortan nicht mehr, um den dichtenden älteren Bruder wie bisher großzügig zu unterstützen. Peter Altenberg malt sich seither eine düstere Zukunft aus, wie er als verarmter, todkranker Mann bei fremden Leuten wohnen muss.

Nur sein Stammtisch kann ihn retten. Statt auf Lebensgenuss zu verzichten und sich einzuschränken, will er versuchen, durch aggressives Schnorren an Geld zu gelangen. Mal steckt ihm eine alte Freundin einen Schein zu, mal hilft ihm Karl Kraus mit einem kleinen Betrag aus. Auf diese Weise gelingt es dem Dichter doch tatsächlich, zur Sommerfrische nach Ischl zu reisen. Allerdings treibt ihn auch dort die Frage um, ob er im Herbst eine akzeptable Bleibe in Wien finden wird. Er schickt verzweifelte Briefe an den Bruder und teilt ihm mit, was er bisher vor der Familie geheim gehalten hat: Sein Verleger Samuel Fischer sammelt in Deutschland für einen »P. A.-Fonds«, um ihn, Peter Altenberg, zu unterstützen. Es seien bereits 1786 Mark zusammengekommen.

Nach seiner Rückkehr nach Wien verabreden sich die engsten Freunde zu einem Treffen, um dem Dichter aus der Not zu helfen. Der Architekt Adolf Loos und seine junge Frau Lina kommen, dazu einige andere, darunter Hugo von Hofmannsthal, der alles notieren wird. Während sie beraten, liegt Altenberg auf einem

Fauteuil und lauscht. Mal verdeckt er mit der Hand sein Gesicht, als wolle er den Schmerz abwehren, dann murmelt er gut hörbar: »Ich bin ein Bettler und ein Sterbender, was wollt ihr von mir? Lasst mich ruhig sterben.«

Die Freunde lassen sich davon nicht ablenken. Während sie dieses und jenes erwägen, winkt der Dichter resignierend ab oder er zittert wie im Fieber, bis die verehrte junge Lina Loos aufsteht und etwas sagen möchte. »Ich liebe Altenberg mehr als ihr alle«, gesteht sie, »ich liebe seine Seele und die Gebärden seiner Seele.« Und sie wisse nichts Schöneres, als ihn so sterben zu sehen, in einem Winkel mit einer dürftigen Decke zugedeckt. »O, rührt nicht an das Wunder dieses Sterbens! Pauvre Lélian! Wer wollte ihn um die Schönheit seines Endes bringen?«

Da springt Altenberg wütend von seinem Fauteuil auf. »Dumme Gans«, schreit er, »verfluchte dumme Gans! Ich will nicht sterben! Ich will leben! Ich will ein warmes Zimmer mit einem Gasofen, einen amerikanischen Schaukelstuhl, eine Rente, Orange Jam, Kraftsuppe, Filets mignons: Ich will leben!«

RUSSLAND

Das neue Jahr beginnt mit einem Aufstand im fernen Zarenreich. Am Sonntag, dem 22. Januar 1905, sammeln sich in der russischen Hauptstadt Sankt Petersburg viele Tausend Menschen, um zum Winterpalais zu ziehen. Dort wollen sie Zar Nikolaus II. in einer Bittschrift über ihr Elend unterrichten: »Wir ersticken unter der Despotie und Rechtlosigkeit.« Die allermeisten Arbeiter malochen mehr als fünfzig Stunden die Woche in einer Fabrik, bekommen kargen Lohn und teilen sich mit fremden Menschen ein Zimmer. Zuletzt sind aufgrund eines Krieges gegen Japan überall im Zarenreich die Preise für Lebensmittel gestiegen, worunter die Malocher besonders leiden. Als die friedliche Menge, angeführt von einem Popen, auf dem weiten Platz vor dem Palast ankommt, lässt sich der Zar nicht blicken. Stattdessen legen seine Wachmannschaften die Gewehre an, zielen in die Menge, schießen, laden nach, schießen. Mehr als tausend Männer und Frauen sterben im Kugelhagel. Der Blutsonntag 1905 geht als eine der schlimmsten Sünden des zaristischen Russlands in die Geschichte ein. Die brutale Reaktion führt zu landesweiten Protesten. Auch auf dem kurländischen Gut der Keyserlings im Baltikum ziehen die Bauern mit ihren Familien zum Schloss ihres Herrn.

MÜNCHEN

Eduard Graf von Keyserling erfährt bald von den Geschehnissen auf dem Gut seiner Familie. Die Bauern hätten sich vor dem Schloss im Baltikum zusammengerottet, erzählt er in München seinem Kaffeehausfreund Max Halbe. Im Plauderton gibt er weiter, was vorgefallen sei. Die Menschen hätten einen Heidenlärm veranstaltet, bis sein Bruder, der Majoratsherr von Keyserling, auf die Freitreppe getreten sei und gefragt habe, was die Leute denn wünschten.

»Nu, Eer Graf, weeil Rewluzion is, muss man doch …«

»Was muss man? Wollt ihr weniger Arbeit?«

»Nee, Eer Graf, arbeeiten soll der Mensch, wie es in der Bibel drinsteht, und das weeiß man ja.«

»Na, dann wahrscheinlich höherer Lohn?«

»Ach nee, Eer Graf, Lohn is ganz gut, und man is auch nich unverschämt.«

»Dann also mehr zu essen!«

»Nee, Eer Graf, mehr wie satt essen kann man nich.«

»Dann wollt ihr wohl im Schlosse Wohnung haben?«

»Weei, was sollen wir in Schloss, Eer Graf! Das is ja unjemietlich, und es passt sich nich.«

»Ja, weiter weiß ich nichts. Dann müsst ihr mir schon selber sagen, was ihr wollt.«

Daraufhin kratzte sich der Sprecher der Aufständischen unsicher am Kopf und zögerte, bis ihm jemand etwas zuraunte. Mit leuchtenden Augen rief er wie erlöst: »Fresspreeiheeitt wollen wir!«

Der Majoratsherr sagte lächelnd: »Gut! Pressfreiheit könnt ihr haben. Die bewillige ich euch.«

»Nu, denn danken wir Eer Graf auch schön.«

Damit seien die Aufrührer zufrieden abgezogen. Ansonsten äußert sich Eduard Graf von Keyserling nie groß zur Politik. Sie zieht an ihm vorbei wie eine Wolke am Sommerhimmel. Wenn Freunde sich über Politik ereifern, hört er gern zu, ohne je einen völkischen Spruch oder eine anarchistische These zu kommentieren. Solange er jemanden mag, lässt er ihn erzählen. Während er über das, was ihn im Innersten bewegt, schweigt, plaudert er im heiteren Ton über diese oder jene Begegnung. Noch der belanglosesten gewinnt er mühelos eine ironische Seite ab.

Überhaupt lockt ihn die Geselligkeit, die er zusammen mit Korfiz Holm vom *Simplicissimus* bei Max und Louise Halbe mitunter bis zum frühen Morgen auskostet. In den Lehnstuhl gesunken, meint er: »Durchsaufen muss der Mensch manchmal, sonst sieht er nie, wie blau die Luft in der Morjenschlummerstunde wird, und hört auch nie, wie schön in der Früh die Amselväter ihren Damen etwas pfeifen.«

Einmal, als sich die Halbe-Kinder bereits zur Schule verabschieden, bemerkt er: »Jugend hat Tugend, wie Figura lehrt. Das Alter tröstet sich mit Lasterhaftigkeit … Sag, Korfiz, is noch etwas in der Bowle drin?«

Noch immer treffen sich Keyserling, Frank Wedekind und andere regelmäßig im Münchner Café Größenwahn wie auch im Café Luitpold. Dort zechen sie bis spät in die Nacht, um irgendwann betrunken mit einer Droschke zurück nach Hause zu fahren. Auf einer dieser Fahrten, es muss um 1905 sein, fordert Wedekind plötzlich Keyserling auf, sich zu entscheiden: für ihn, Wedekind – oder für den verfluchten Halbe, mit dem Wedekind sich wieder heftigst zerstritten hat.

Keyserling rührt sich nicht und schweigt, bis die Droschke vor seinem Haus hält.

»Hast du geschlafen?«

»Neein, lieber Frank, wie stellst du dir das vor?«

»Wie ist es also, Keyserling? Entscheide dich: ich oder er?«

Mühselig steigt der Graf aus der Droschke und reicht Wedekind zum Abschied die Hand. »Ich schätze es im Grunde mehr, wenn man mich nich vor solche Alternativen stellt. Und Halbe hat es nich jetan. Sagen wir also: er! Und nun, meein lieber Frank: auf ewig lebe wohl!« Er sagt es mehr im Scherz.

Als er auf seine Haustür zugeht, brüllt ihm Wedekind nach: »Ist mir sehr recht. Es ist mir immer eine Überwindung, mit Leuten zu verkehren, die so hässlich sind!«

Der Graf pariert gelassen, auch wenn er getroffen sein dürfte: »Ich habe mir *dich* natürlich nach der Schönheeit ausjesucht.«

EUROPA

Misstrauen und Argwohn breiten sich zwischen Frankreich und dem Deutschen Reich aus. Von Erbfeindschaft ist die Rede. Berlin und Paris gönnen sich nichts mehr. Beide streben nach nationaler Macht und Größe. Und sie haben einen neuen Zankapfel gefunden. Seit Monaten streiten die beiden Staaten über ein Land in Nordafrika: das Sultanat Marokko.

Dabei war alles geregelt. Vor fünfundzwanzig Jahren, im Sommer 1880, hat sich das Sultanat zu einer Politik der offenen Tür verpflichtet: Jeder darf im Land Handel treiben. Im Gegenzug haben die europäischen Staaten unterschrieben, Marokko nicht zu kolonisieren. Doch daran fühlt sich Frankreich nicht mehr gebunden. Paris will den gesamten Nordwesten Afrikas unterwerfen und sich Marokko als Kolonie einverleiben.

Während sich Großbritannien dem Vorhaben nicht entgegenstellt, interveniert das Deutsche Reich. Am 31. März 1905 trifft Kaiser Wilhelm II. an Bord des Reichspostdampfers *Hamburg* an der Nordspitze Marokkos ein. In der Hafenstadt Tanger fordert er freien Handel und sichert dem Sultan seine Hilfe gegen Frankreich zu.

Paris gibt sich unbeeindruckt, Berlin will nicht nachgeben. Bald liegt gar ein Krieg in der Luft. Und der könnte sich zu einem europäischen Großbrand ausweiten. Denn die Weltmacht Großbritannien würde nicht einfach zusehen, sondern sich auf der Seite Frankreichs einmischen. Nichts fürchtet London mehr, als im Falle einer französischen Niederlage einem von Deutschland beherrschten Kontinent ausgeliefert zu sein. Sollte Berlin das Nachbarland angreifen, will London seine Marine losschicken: Das Deutsche Reich bekäme es mit der größten Seestreitkraft aller Zeiten zu tun.

Erst im nächsten Jahr, am 6. April 1906, wird die Marokko-Krise auf einer Konferenz beigelegt. Weil sich im Großen und Ganzen dann Paris durchsetzt, ist es nur eine Frage der Zeit, bis der Konflikt mit Berlin ein zweites Mal hochkocht.

MÜNCHEN

Keine deutsche Stadt zieht so viele Touristen an wie München. Vor nicht langer Zeit eröffnete das Prinzregententheater, auch der neobarocke Justizpalast glänzt noch neu, und das eben erst eröffnete Bayerische Nationalmuseum wird gerade um neue Säle erweitert. Es ist ein Wettlauf um die größte Pracht. Besonders die Kaffeehäuser müssen ständig Neues bieten, um die verwöhnte Kundschaft hereinzulocken. Zuletzt hat das Café Modern aufgemacht, in dem sogar Konzerte stattfinden. Da treten ganze Orchester auf, spielen Walzer, Opernstücke oder auch mal die beschwingte Kaffeekantate von Johann Sebastian Bach. Um all die Musiker bezahlen zu können, sind die neuen Kaffeehäuser mit Galerien und Sitzplatzreihen ausgestattet.

Während die Touristen die Altstadt erkunden, bleiben die Künstler in Schwabing unter sich. Dort fällt jeder Mensch auf, der ohne Palette, Leinwand oder Mappe unter dem Arm durch die Straßen läuft. Nirgends gibt es so viele Ateliers wie in dem Stadtteil rund um die Königliche Kunstakademie, einen gewaltigen Prunkbau im Stil der Neorenaissance. Seit jeher fördern die Wittelsbacher die Akademie großzügig, weil sie ihre Herrschaft weniger durch Krieg als durch Kunst und Monumente erstrahlen lassen wollen. Obwohl die Akademie die altbackene Historienmalerei und den überholten Geschichtsmythos pflegt, zieht sie junge Talente aus der halben Welt an. Und wenn diese Leute gerade mal nicht malen, sitzen sie zusammen, reden über neue Kunst aus Paris, über Symbolismus und Impressionismus, über Cézanne, van Gogh, Gauguin, sie prosten einander zu und träumen von eigenen Künstlergruppen.

Im Frühjahr 1905 bewirbt sich ein junger Würzburger an der Kunstakademie. Er wird zu einem der wichtigsten Besucher des Café Stefanie, des Münchner Größenwahn: Leonhard Frank ist zweiundzwanzig Jahre alt und ein wenig schüchtern. Ein Schlossergeselle ohne große künstlerische Vorbildung, aber mit Talent. Um den Semesterbeitrag von zweiunddreißig Mark bezahlen zu können, braucht er zwei Stipendien. Er verschickt Bewerbungen samt Vermögenszeugnissen der Eltern und einem Anschreiben, dem zufolge er sich mit Lithographie und Radierung befassen will. Während der Vater das Kunststudium ablehnt, lässt die Mutter dem Sohn regelmäßig Kartoffelklöße zukommen. Tatsächlich erhält Frank die Stipendien, aber er geht eher selten zur Akademie. Lieber besucht er eine legendäre private Malschule in der Georgenstraße.

Dort lehrt Anton Ažbe, der klein, bucklig, streng und genial ist. Ažbe studierte an der Akademie und betreibt seit fast anderthalb Jahrzehnten eine Malschule in Schwabing. Zu ihm kommen Schüler aus vielen Ländern, aus Polen, England, Italien, Frankreich, Amerika und Russland wie der hochbegabte Wassily Kandinsky und der geniale Alexej von Jawlensky. Die Schule ist beliebt, und Ažbe gilt als modern. Er spürt, wie sich die Malerei entwickelt. Dass Farbe, Ausdruck und Gefühl wichtiger werden als die präzise Abbildung eines Objektes oder der Natur. Letzteres kann die noch junge Fotografie viel besser.

Leonhard Frank bezeichnet seinen Meister als »Professor Nämlich«, weil Ažbe immerzu »nämlich« sagt. Der Mann kann anstrengend sein, fordert perfekte Kenntnisse in Anatomie, die seine Schüler aber vor der Staffelei vergessen sollen. Und er kann gnadenlos sein. Ažbe zögert nicht, die Studie, an der ein Schüler eine Woche lang gearbeitet hat, kurzerhand mit einem Stück Zeichenkohle von links oben nach rechts unten durchzustreichen. Manch einer verlässt die Schule frustriert, Leonhard Frank bleibt. Er kann mithalten.

Fernab der Staffelei ist Ažbe ein gut gelaunter Lebemensch, den man Zigarre schmauchend im Café Größenwahn antrifft. Auch fragt er nie, ob jemand die Studiengebühr beglichen hat. Solange Geld für Modelle und Cognac im Nachttisch ist, bleibt er entspannt. Trotz der Stipendien muss Leonhard Frank gut haushalten. Von den neunzig Mark, die er angespart hatte, ist nicht mehr viel übrig: Er hat ein Zimmer in Schwabing gemietet, braucht Pinsel und Papier, jeder Liter Milch kostet zwanzig Pfennig, jedes Ei sechs Pfennig, ein Pfund Butter 1,24 Mark.

Je länger er in München lebt, desto fremder wird ihm die Heimat Würzburg. Die alten Freunde, die ihn besuchen kommen, sind ihm peinlich. Erst bestaunen sie übermäßig die gigantische Stahlkonstruktion des Hauptbahnhofs, an dem täglich dreihundert Züge abgefertigt werden. Dann machen sie sich über ein Mädchen lustig, das Sandalen und ein einfaches Kleid trägt – einen Kartoffelsack, wie sie spotten. Auf seinem Zimmer betrachten sie verlegen seine Aktbilder, und im Kaffeehaus gaffen sie um sich, als wären sie Pennäler in einer Schaubude auf dem Jahrmarkt.

Als Frank erstmals das Café Größenwahn betritt, tut er dies ehrfürchtig, schielt in den Nebenraum, an dessen Fenstertischen berühmte Münchner jeden Nachmittag Schach spielen, während ihnen von draußen Passanten zuschauen. Er setzt sich in den Hauptraum, wo ein Kohlenofen glüht und die muffigen Polsterbänke stehen. Beim Kellner Arthur bestellt er sein Getränk, was dieser in einem zerschlissenen Büchlein aufschreibt. Arthur notiert darin selbst Pfennigsummen, die seine Gäste ihm schuldig bleiben. Frank fühlt sich in dem überfüllten Hauptraum rasch daheim. Er saugt den warmen, fast modrigen Geruch in sich auf und wird ihn nicht wieder vergessen: diese spezielle Mischung aus herbem Kaffeedampf und dickem Zigarettenrauch.

Im Größenwahn begegnet Frank gestandenen Dichtern, Malern, Musikern, Autoren und Philosophen, an denen er sich orientieren kann. Schweigend hört er den Menschen zu, die in allerlei Sprachen reden und sich über Malerei, Musik und Literatur, über das Wesen des Menschen, über die Ungerechtigkeiten und die Gesellschaft der Zukunft unterhalten. In dieser Loge des Widerstands gegen das Kaiserreich fühlt er sich angenommen. Später wird er einmal sagen, dass irgendwo im Keller des Kaffeehauses oder im Himmel ein Elektrizitätswerk sein müsse, aus dem die Gäste ihre Kraft bezögen. Sie wirkten, als wären sie an Starkstrom angeschlossen. Sie zuckten unter elektrischen Schlägen, gestikulierten in alle Richtungen, sprängen von den Polsterbänken hoch, weil sie Weltbewegendes zu sagen hätten, bevor sie, ermattet vom Kampf der Meinungen, in den Plüsch zurücksänken, nur um dann doch gleich wieder mitten im Satz mit aufgerissenen Augen in die Höhe zu schnellen.

Für Leonhard Frank ist das Größenwahn die Schule seines Lebens. Hier, im Café Stefanie, lernt er in Worte zu fassen, was ihm auf der Seele lastet. Die neuen Freunde bestärken ihn in seinem Tun und nehmen ihm Ängste, auch wenn er anfangs fürchtet, man amüsiere sich über seine miese Bildung. Aber er kommt wieder, immer wieder, viele Jahre lang. Er begegnet hier Erich Mühsam, der nun immer öfter in München weilt und ihm von der seltsamen Aussteigerkolonie am Monte Verità berichtet. Frank wird sich auch mit dem jungen Dichter Johannes R. Becher anfreunden, der Jahrzehnte später einmal Kulturminister in einem ostdeutschen Staat werden wird. Gemeinsam stellen sie sich an die Tür des Größenwahn, um Passanten anzupumpen. Zwanzig Pfennig reichen für zwei Eier im Glas oder eine Tasse Kaffee. Damit können sie bis drei Uhr früh im Stefanie bleiben.

Zu seinem Glück und zu seinem Unglück trifft Leonhard Frank im Stefanie einen genialen österreichischen Mediziner, der nur wenig älter ist als er – und der im Guten wie im Schlechten perfekt ins Größenwahn passt: Otto Gross redet über Anarchie, Psychoanalyse und Sozialismus. Nichts Geringeres als eine Menschheit ohne Komplexe und Hemmungen schwebt dem Mann vor. Gross litt als Kind unter einem übermächtigen, autoritätsverliebten Vater. Der Sohn wehrte sich, so gut es ging, trug aber seelische Schäden davon. Während des Medizinstudiums begann Otto Gross, Drogen zu nehmen, die um die Jahrhundertwende immer häufiger in Europa zirkulieren – Opium, Morphium und Kokain –, ohne dass den Menschen bisher klar ist, wie gefährlich diese Substanzen sind. Seither braucht Gross die Stoffe und redet sich ein, sonst keine klugen Dinge schreiben zu können.

Früh begeisterte er sich für die Psychoanalyse, las alles von Seelenarzt Sigmund Freud, bis er erkannte, dass für Freud die Ursachen einer seelischen Krankheit nur in den menschlichen Trieben und Erfahrungen liegen können. Aus Sicht von Gross reicht das nicht. Es sei die Gesellschaft, die als Ganze verändert werden müsse, doziert er im Kaffeehaus. Sie mache den Einzelnen krank und unterdrücke die Individualität eines jeden Menschen. Und sie tue das mit ihren Mitteln: vom militärischen Drill bis zum typisch männlichen Machtgehabe, vom Obrigkeitsstaat und öffentlicher Zensur bis zur autoritären Erziehung. All das hänge miteinander zusammen.

Leonhard Frank kann dem neuen Freund stundenlang zuhören, der sich so klug und visionär über alles Menschliche ausbreitet. Selbst Sigmund Freud meinte, Gross sei nicht nur hochintelligent, sondern – neben dem Psychiater Carl Gustav Jung – der Einzige, der etwas Eigenständiges zur Psychoanalyse beitragen könne. Als Gross jedoch begann, von Revolution zu sprechen, wandte sich Freud entsetzt ab. Für ihn, Freud, stand fest: Ärzte sollten Ärzte bleiben.

Otto Gross aber will die Menschheit von ihren Psychosen erlösen und deshalb das große Ganze stürzen: den Glauben an die Autorität. Und so führt er aus, dass schon das Kleinkind darauf trainiert werde, alle ureigenen Triebe und Neigungen zu unterdrücken. Für manche stelle dies kein Problem dar, sie akzeptierten, was von ihnen verlangt werde, und merkten gar nicht, wie krank sie im Grunde seien. Empfindsame Menschen hingegen spürten die innere Verformung. Denn bei ihnen schaffe es selbst die strengste Erziehung nicht, das Wesenseigene ganz auszutreiben.

Für Otto Gross ist Leonhard Frank einer, der Hilfe braucht, den er retten möchte und an dem er seine Überlegungen testen will. Aus seiner Sicht wird der junge Künstler zerrissen: Einerseits zerrt die Gesellschaft an ihm, andererseits regen sich noch seine ureigenen inneren Bedürfnisse. Der Kunststudent fühlt sich wiederum vom Psychiater verstanden. Wenn jemand sein Gefühlschaos ordnen kann, dann Otto Gross. Es ist eine tragische Freundschaft, die da im Café Größenwahn beginnt.

Der schärfste Kritiker in der Zeit der Jahrhundertwende:
Karl Kraus (1908)

Eine Liebe in Ascona

MAI 1905 BIS JULI 1908

Das Berliner Café Größenwahn wird verkauft und renoviert, aber für die Boheme sind das keine schlechten Nachrichten. In Wien muss Karl Kraus mal wieder Prügel einstecken, Franziska zu Reventlow will sich in Schwabing am Riemen reißen und ordentlich Geld verdienen. Während Generalfeldmarschall Alfred Graf von Schlieffen einen verwegenen Kriegsplan ausheckt, sitzt Peter Altenberg in einem Wiener Kabarett neben der Dichterin Else Lasker-Schüler. Und Leonhard Frank erblickt am Berg der Wahrheit das Licht, das zwei Menschen miteinander verbindet.

Am Ku'damm mit Blick in
die Grolmannstraße um 1900

BERLIN

Sieben Jahre lang hat der italienische Koch Rocco das Café des Westens am Ku'damm geführt und es zu einem Ort der Boheme gemacht, zum Größenwahn. Nun verkauft er es an seinen Schwager Ernst Pauly. Und der lässt das Kaffeehaus gleich einmal umbauen, sodass es monatelang geschlossen bleibt. Obwohl überall im Viertel neue Cafés aufgemacht haben und sich der Boulevard überhaupt von einer Wohnadresse zu einer Flaniermeile wandelt, wissen die Künstler nicht, wohin. Sie sehnen sich nach dem verräucherten Raum mit dem Rokoko-Stuck. Sie alle mochten ihr kleines Eckcafé so, wie es war. Niemand störte sich an der überhitzten Luft in den niedrigen Räumen. In einem der neumodischen Etablissements herumzusitzen kommt für keinen von ihnen infrage.

Zum Glück lässt Ernst Pauly nur die erste Etage umbauen und dort Billardtische aufstellen. Das eigentliche Café im Erdgeschoss tastet er nicht an. Seine Stammgäste sollen weiter die stickige, verräucherte Luft genießen und sich an den schäbigen Gobelins wie dem schwülstigen Deckenstuck erfreuen.

Als das Größenwahn im Frühling 1905 von neuem eröffnet, kehrt die Boheme wieder freudig in ihr Kaffeehaus ein und stellt beglückt fest, dass der alte Barockschmuck und die Goldleisten allesamt noch da sind. Nur größer ist das Kaffeehaus geworden – und sauberer als je zuvor.

Kurz nach der Wiedereröffnung erscheint am 21. Mai 1905 in der illustrierten Sonntagsbeilage des *Berliner Tageblatts* ein Bericht über Stammtische, in dem es eben auch um jenen im Café des

Westens geht. Zwar liegt es in Charlottenburg, aber aus Sicht der Berliner ist die Stadt geistig schon eingemeindet. Auf einem Foto sind Else Lasker-Schüler und ihr junger Mann Herwarth Walden zu sehen. Sie sitzen, beide elegant gekleidet, auf Thonetstühlen an einem runden Marmortisch in einer Ecke unter Garderobenhaken. Zwischen ihnen steht ein halbleeres Glas. Während die Lyrikerin einen Hut trägt und direkt in die Kamera schaut, blickt Walden seine Frau an. »Die moderne und modernste Literatur trifft sich in einem Café des Westens alltäglich an derselben Stelle«, klärt der Text auf.

Bereits am Vormittag schauen die ersten Bohemiens im Kaffeehaus vorbei, mit jeder Menge neuer Ideen im Kopf, aber nur wenigen Pfennigen in der Tasche. Für die Arbeit beansprucht ein jeder trotzdem einen ganzen Tisch. Sollte ein Gast etwas zu essen mitgebracht haben oder nicht mehr als ein Glas Wasser bestellen wollen, erweisen sich die Kellner als gnädig und diskret. Schließlich weiß Besitzer Ernst Pauly, was er an seinen Bohemiens hat. Den Kellnern verbietet er daher, die Porträts, Skizzen und Karikaturen abzurubbeln, die einige der Künstler auf die Marmorplatten der Tische kritzeln.

Mittags bringen Kunstgewerbler, Theaterschauspielerinnen und Filmkomparsen eine spielerische Note ins Kaffeehaus. Sie tauschen sich aus, geben einander Tipps und träumen vom Entdecktwerden. Am Nachmittag wird es vorübergehend ruhiger. Voll und bunt ist es wieder am Abend, wenn die Vorstellungen in den umliegenden Theatern zu Ende sind. Dann mischen sich Stile, Ansichten, Generationen, Szenen und Milieus. Eitle Frackträger und elegante Damen im Abendkleid, neugierige Bürgerliche, leicht verrückte Adelige sowie natürlich die üblichen Habitués, also jene ohnehin ständig präsenten Gäste. Längst dürfte auch der Kunststudent John Höxter zum inneren Kreis der Boheme zählen, die mit ihren rubenshaften Spitzbärten und den flatternden Locken immer mehr Publikum anlockt, das auf den ersten Blick gar nicht zum Café Größenwahn passt. Durch Berichte und

Zeitungsartikel neugierig geworden, wollen sie sich das bunte Treiben einmal aus der Nähe ansehen.

Kaum einer wirkt so seltsam fehl am Platz wie der so drollige wie weltgewandte Hofrat Dr. Gabriel Jacques von Rosenberg. Er weiß die unglaublichsten Geschichten zu erzählen, die er auch noch alle selbst erlebt haben will. Aber in einer Runde von Lebenskünstlern interessiert sich niemand so genau für die Wahrheit, schon gar nicht, wenn sie das phantasievolle Kopfkino stören könnte. Wenn Rosenberg mit seinem Monokel, dem weißen Rauschebart und den Orden an der Brust das Café betritt, winkt er als Erstes einen Kellner herbei, um Frack, Stock und Chapeau Claque abzugeben. Dann bittet er um einen Platz am Tisch der Künstler. Während er sich setzt, lässt er seine Orden in einer Hosentasche verschwinden. Einzig eine kleine rote Rosette der Ehrenlegion bleibt an seiner Brust. Er komme gerade aus einer Gesellschaft, in der solche Dinge gerne gesehen würden, macht er sich über seine Auszeichnungen lustig. Eine habe die nächste nach sich gezogen, rechtfertigt er sich. Er habe sich gar nicht wehren können. Ursprünglich war Rosenberg ein Kaufmann mit guter Bildung, bis er zur richtigen Zeit am falschen Ort stand. Oder zur falschen Zeit am richtigen Ort, wie auch immer man es drehen will. Aber der Reihe nach.

Während der Hofrat erzählt, wie er zu seinen Orden gekommen ist, lauschen die Bohemiens um John Höxter und Else Lasker-Schüler gebannt und können nicht fassen, wer sich da zwischen sie gesetzt hat. Ob das alles stimmt, was der Mann so vergnügt von sich gibt? Aber so viel scheint ja in dieser aufregenden Epoche möglich zu sein. Es begann spektakulär, berichtet Rosenberg. Während einer Orientreise in Abessinien wurde er als reicher Fremder an den Hof des Königs geladen.

»Sind Sie Russe?«, fragte Menelik II., Kaiser von Äthiopien. Und er wollte wissen: »Ist es wahr, dass es in Russland Bären gibt? Ich habe noch nie einen Bären gesehen.«

Nach der Audienz lief Rosenberg zum Postamt, telegrafierte nach Hamburg und bestellte bei Hagenbeck's Tierpark zwei junge Bären, die umgehend nach Alexandrien transportiert wurden. Keine zehn Tage später konnte er dem Kaiser sein Gastgeschenk übergeben – und erhielt dafür den abessinischen Elefantenorden I. Klasse.

Seine Karriere als Ordensammler ging weiter, als man in Russland die Silberwährung abschaffte. Weil er nicht verstand, was der Zar damit bezwecken wollte, setzte Rosenberg sich an den Schreibtisch und verfasste eine Einführung in Nationalökonomie. Ein hoher deutscher Finanzbeamter las den Text, hielt ihn für glänzende antirussische Propaganda und ließ ihn deshalb auf Staatskosten in einer Riesenauflage verbreiten. Seither führt Rosenberg nicht nur den Titel Hofrat, sondern trägt auch eine dekorative Galatracht mit Degen, Zweispitz und Eskarpins.

Als er mit diesem Prachtgewand schließlich in einem Luxushotel einkehrte, war Auszeichnung Nummer drei nicht mehr fern. Im Hotel fand nämlich eine Prinzessinnenhochzeit statt. Zwar kannte ihn niemand, aber jeder hielt ihn aufgrund der Uniform und der Orden für einen wichtigen Gesandten. Man lud ihn ein, wogegen nichts vorzubringen war. Auch dass man ihm den Hausorden eines mitteldeutschen Herzogs umhängte, fand Rosenberg nicht weiter schlimm: Nicht wo man sich Orden verdient, meint er launig, sollte man sein, sondern wo sie verteilt werden.

Es dauert nicht lange, bis die Künstler, Musiker, Schauspielerinnen und Nachtschwärmer mit ihren qualmenden Zigaretten und Tabakpfeifen den weißen Wänden des Café des Westens wieder die geliebte braungelbe Patina verliehen haben. Während draußen die Bürger vorbeispazieren und sich immer öfter was von »Café Größenwahn« zutuscheln, versucht die Boheme mit Witz und Charme von den Kellnern einen Kaffee zu erschnorren. Es ist ihre Form des Protests gegen den neuen Reichtum der Nachbarschaft, die schwülstigen Stuckfassaden, die Edelgaststätten mit ihrem Tafelsilber, die weitläufigen, großbürgerlichen Siebenzimmerwohnungen. Bei allem gepflegten Knausertum mag sich der eine oder die andere von ihnen aber durchaus heimlich nach einem gewissen Luxus sehnen.

So sitzen sie, die Kunstzigeuner, wie sie sich ironisch selbst nennen, die Nacht lang mit einer Tasse Kaffee oder einem Glas Bier für fünfundzwanzig Pfennig im Café, ohne vom Inhaber zu einer weiteren Bestellung gedrängt zu werden. In ihrem Refugium verlieren sie sich in stundenlangen Gesprächen und fabulieren sich in verstiegene Gedankenwelten, die allen offenstehen und tatsächlich immer mehr Menschen erreichen. Der Kunststudent John Höxter wird diese im Größenwahn verlebten Stunden einmal in einem Gedicht mit dem treffenden Titel »Café Wolkenkuckucksheim« feiern, das wie folgt beginnt:

Dies rauchige Café ist unser Reich,
Vor Gott und dem Kellner sind alle gleich.
Anfänger und Prominente
Zahlen ihm zehn Prozente.
Der allerwürdigste Barde
Gleich dem grünsten der jungen Garde
Hält treu zu unserem ›Union Jack‹:
Kaffeeschwarz, Herzrot und Gold-Tabak.

Bis zum Morgengrauen bleibt die Boheme wie um ein Lagerfeuer vereint beisammen, bevor sie wieder hinausmuss in die wilhelminische Welt des Säbelklirrens, der erfolgreichen Parvenüs, des Tschingderassabum und der hektischen Nervosität. Nichts fürchten sie daher mehr, als dass Oberkellner Hahn pünktlich um halb vier in der Früh sein »Feierabend, meine Herrschaften!« brüllt. Einige gehen schlafen, andere ziehen weiter ins Café Steinplatz.

Zu lange sollten sie dort allerdings nicht laut plaudernd vor der Tür herumstehen, sonst schimpft wieder die halbe Nachbarschaft über die Kaffeehauslungerei.

WIEN

Viele hassen Karl Kraus, aber für Frank Wedekind ist der Kritiker ein großes Glück. Zuletzt hat Kraus in seiner *Fackel* das Wedekind-Drama *Die Büchse der Pandora* veröffentlicht. Wie viele andere Stücke Wedekinds ist es hoch umstritten: Bei der Uraufführung in Nürnberg im Februar 1904 sorgte es für einen Skandal, nach einer weiteren, geschlossenen Aufführung in München kam es gar zu einem Prozess, der noch läuft und am Ende durch drei Instanzen geht, ehe der Autor freigesprochen wird.

So unzüchtig ist die Sprache des Stücks, dass Wedekind vorsichtshalber etliche Passagen auf Englisch und Französisch verfasst hat. Es handelt, wie so oft bei ihm, von Sex, Lust und Missbrauch. Nicht zufällig erinnert der Titel an die griechische Mythologie: Einst öffnete die schöne Pandora eine unheilvolle Büchse, aus der alles Übel in die Welt kam. In Wedekinds Stück steht die Büchse der Pandora für die menschliche Vagina. Sie gilt ihm als Sehnsuchtsort männlicher Triebhaftigkeit, was in seinem Stück einen Frauenmörder zu einer bestialischen Schändung der Protagonistin Lulu treibt.

Nun, im Mai 1905, bringt Karl Kraus die Tragödie in Wien auf die Bühne. Offiziell ist es eine geschlossene Vorstellung, weshalb man die Tickets nur brieflich bestellen kann. Doch auf diese Weise muss das drastische Stück nicht der Zensurbehörde vorgelegt werden.

Das Trianon-Theater ist mit sechshundert Menschen fast ausverkauft. Kraus lässt es sich nicht nehmen, vor der Aufführung einen einstündigen Vortrag zu halten. Er selbst und Wedekind spielen im Stück mit, auch Schnitzlers einstige Geliebte, die furiose Adele Sandrock, ist engagiert, aber die Hauptrolle der Lulu hat eine zarte Neunzehnjährige erhalten: Tilly Newes. Wedekind, einundvierzig Jahre alt, ist von ihrem Spiel so angetan, dass er ihr anschließend einen enthusiastischen Brief schreibt: Ohne ihr kluges und so madonnenhaftes Spiel hätte das Publikum sein abscheuliches Stück nicht so geduldig hingenommen.

In den nächsten Monaten werden sich die beiden näherkommen. Sie wird sich in ihn verlieben und ihm Ende des Jahres nach Berlin nachreisen. Er würde es wohl bei einer Affäre belassen, aber sie will nicht mehr ohne ihn leben, bedrängt ihn und springt im Winter einmal gar aus Verzweiflung in die eisige Spree. Schließlich gibt er nach und wird sie – im nächsten Jahr – heiraten. Kurz darauf zeichnet sich sein lang ersehnter Durchbruch ab.

Einen solchen hat sich auch Peter Altenberg lange gewünscht. Mittlerweile akzeptiert der Fünfundvierzigjährige jedoch, dass er vom Schreiben allein nicht wird leben können. Er hat sich daher eine weitere Geschäftsidee überlegt, der er praktischerweise im geliebten Café Central nachgehen kann: Er fertigt jetzt Broschen und Halsketten an. Für seine PA-Colliers hat er bei der Handelskammer sogar Musterschutz angemeldet und sich vom Magistrat einen Hausiererpass geben lassen, den er stolz herumzeigt: Hier, ich darf!

Als eine der Ersten ersteht Katie Schratt ein PA-Collier, immerhin. Dass sie eine Freundin des Kaisers ist, hilft aber leider auch kaum weiter. Ständig stockt das Geschäft, es ist schwieriger als gedacht, und als es ein wenig anläuft, will es nicht von alleine weiterlaufen. Dabei trifft Altenberg in den elegantesten Restaurants und den größten Theatern lauter Damen, die noch keines seiner Colliers tragen. Doch eines kaufen wollen sie nicht. Sie wollen nur gucken.

Wie kann das sein? Da erfindet er so wunderbare Perlenschnüre – und alle Welt verhält sich renitent! Und das, obwohl er seinen Schmuckstücken die schönsten Namen verleiht: »Vorfrühling« heißt die apfelgrün-hellbraune Kette, »Heidelbeere« die schwarzbraune, »Spätherbst« die dunkellila-hellbraune, »Gmundener Schnur« die grün-schwarz-graue. Und »Salamander« die gelb-schwarze. Aber so ein Geschäft braucht eben seine Zeit. Unverdrossen knüpft Peter Altenberg im Café Central weiter neue Ketten – und wird drei Jahre lang durchhalten.

MÜNCHEN

So viele Männer hat Franziska zu Reventlow in den vergangenen Jahren getroffen. Oft hat sie sich verguckt, und auch künftig möchte sie nicht auf Affären verzichten, selbst wenn ihr Geliebter Bohdan von Suchocki sie dafür eifersüchtig anbrüllt, ihr bitterböse Sachen an den Kopf wirft, etwa dass niemals, niemals ein Mensch bei ihr bleiben werde.

Sie fühlt sich in solchen Momenten wie versteinert und versteht nicht, warum alle Männer sie immer nur ganz für sich haben und mit keinem anderen teilen wollen. Dass ausgerechnet Such sich beschwert! Hat sie jemals einem Menschen so viel Wärme gegeben wie ihm? Sie will ihn nicht gehen lassen, aber auch auf sonst niemanden verzichten. Nun herrscht wieder diese entsetzliche, lähmende, krankmachende Spannung zwischen ihnen.

Keiner kann sie ändern, nicht einmal sie selbst kann das. Dabei möchte sie es durchaus, wenn auch nicht in Liebesdingen, so doch im Alltag. Sie ärgert sich über ihre Bummeleien, ihre Willensmattigkeit und verordnet sich eine strenge Tageseinteilung. Gleich morgen, spätestens übermorgen wird sie sich grausam und energisch aufraffen, nur raus aus all dem Gedusel, dem Herumhocken und Herumlieben. Sich ans Arbeiten machen auf Leben und Tod. Nicht einmal mehr malen tut sie noch, nur in Gedanken kommt sie dazu – doch dann empfindet sie es als wundervoll.

Sie will jetzt wenig Menschen treffen, wenig sprechen, unangenehme Eindrücke vermeiden, dafür viel nachdenken und mit sich ins Gericht gehen. Aber dann kommt eben doch wieder alles Mögliche dazwischen: Zahnschmerzen, Regen, Streit. Trotzdem wird das Leben für sie eine Weile sorgloser. Ihre Mutter ist gestorben. Die Frau, von der sie sich nie geliebt fühlte, hinterlässt ihr sagenhafte achttausend Mark.

BERLIN

Gelassen beobachtet Generalstabschef Alfred Graf von Schlieffen das Tohuwabohu in Russland: Erst gab es im Februar 1905 den brutalen Blutsonntag in Sankt Petersburg, als Nächstes folgte im Sommer die Meuterei auf dem Panzerkreuzer *Potemkin*, im Herbst die russische Niederlage im Krieg gegen Japan. Russland ist militärisch so schwach wie lange nicht und wird sich so schnell nicht erholen. Das Land im Osten stellt für das Deutsche Reich vorerst keine Gefahr dar. Mit anderen Worten: Wann, wenn nicht jetzt, sollte Deutschland ernsthaft einen Angriff gegen Frankreich erwägen?

Im Dezember 1905 legt der zweiundsiebzigjährige Schlieffen einen verwegenen Plan vor: Es geht darum, den Feind im Westen möglichst schnell zu besiegen – bevor Russland seine Truppen zum Kampf mobilisieren und den Franzosen zu Hilfe eilen kann. Weil Letztere ihre Grenze nach Deutschland jedoch mit starken Festungen gesichert haben, schlägt Schlieffen einen Umweg vor: Die deutsche Armee soll durch das neutrale Belgien marschieren und Frankreich von Nordosten her attackieren, dann die feindliche Armee schnellstmöglich einkesseln und vernichten. Anschließend müssten die deutschen Truppen zügig nach Osten verlegt werden, um einen möglichen russischen Angriff abwehren zu können.

Ein Problem lässt sich allerdings nicht übergehen: Das Deutsche Reich muss sich vor der Welt als Opfer darstellen. Nur dann ließe sich ein Feldzug als notwendiger Verteidigungsschlag rechtfertigen. Und dazu braucht es eine internationale Krise.

Der Plan bleibt Schlieffens Vermächtnis. Am letzten Tag des Jahres 1905 wird er von Kaiser Wilhelm II. seines Postens enthoben. Neuer Generalstabschef wird dessen persönlicher Helfer: Helmuth von Moltke der Jüngere, der Neffe des legendären Helmuth von Moltke dem Älteren. Der Kaiser hofft, dass die Verwandtschaft abfärbt. Sollte es Krieg geben, will er ohnehin selbst den Generalstab leiten.

Der Schlieffen-Plan wird in den kommenden Jahren mehrmals überarbeitet. Denn Russland erholt sich rascher als vermutet vom verlustreichen Krieg gegen Japan und den revolutionären Wirren im eigenen Land. Schon 1915, so heißt es bald in deutschen Militärkreisen, könnte die russische Armee wieder voll einsatzfähig sein, womit erneut ein Krieg an zwei Fronten droht.

Daher fordert Moltke der Jüngere mehrmals einen präventiven Angriff auf Frankreich. Sollte zu lange gewartet werden, verspiele man einen entscheidenden militärischen Vorteil gegenüber Russland: Noch verfügen Deutschland und Österreich über ein dichtes, solides und überlegenes Schienennetz. Beide Länder können ihre Armeen in kürzester Zeit mit Zügen an die Front bringen. Es dürfte nur eine Frage der Zeit sein, bis Moskau ein ebenso leistungsfähiges Schienennetz besitzt – und ein solches Szenario bereitet deutschen Militärs schwere Albträume. Schließlich gilt Russland vielen Beobachtern als die europäische Industriemacht der Zukunft.

ASCONA

Voller Neugier reist der Kunststudent Leonhard Frank im Januar 1906 zum Monte Verità, dem Berg der Wahrheit, bei Ascona im Süden der Schweiz, von dem ihm Erich Mühsam im Münchner Café Größenwahn erzählt hat. Der Berg ist nicht mehr als ein Hügel, aber er zieht Vegetarier, Lebensreformer und Weltverbesserer an. Die lokale Polizei hat unter ihnen bereits suspekte Gestalten ausgemacht, ganz zu schweigen von einigen Männern, deren Beziehungen offenbar nicht bloß rein freundschaftlicher Art sind. Dort, in der Aussteigerkolonie, verliebt sich Frank in Sofie Benz, die eine süße Stupsnase, schöne Augen und ein anmutiges Lächeln hat. Sie ist zwei Jahre jünger als er und studiert ebenfalls Kunst. Dank ihr hat er den Eindruck, zum ersten Mal in seinem Leben jenes Licht zu erblicken, das Mann und Frau miteinander verbindet. Vielleicht werden sie auch von dem Psychoanalytiker Otto Gross verkuppelt, der ebenfalls am Monte Verità weilt. Der führt mehrmals Paare nach seinen psychologischen Überlegungen zusammen und überlässt sogar seine eigene Frau anderen Männern. Frank und Sophie werden bis zum Spätherbst in Ascona bleiben, um dann in München in eine gemeinsame Unterkunft zu ziehen. Otto Gross wird alles genau verfolgen und besonders mit Sophie innigen Kontakt pflegen.

WIEN

Es hat ein paar Jahre gedauert, aber jetzt gibt es auch in Wien ein richtiges Kabarett: Marc Henry und seine Sängerin Marya Delvard haben am 5. Jänner 1906 mitten in der Stadt das »Nachtlicht« eröffnet, das – wie der Name sagt – spätabends beginnt und bis zum frühen Morgen dauert. Im Innern des Theaters ist quer über einer Ecke ein winziges Podium aufgebaut. Vor der Wand steht eine Statue von Marya Delvard. Die Wände sind grob gespritzt und mit Karikaturen behangen. Eine besondere Beleuchtung sorgt für die passende Stimmung.

Die Wiener mögen das Nachtlicht. Schließlich wird dort nicht gespielt wie im normalen Theater, sondern gelebt. Wenn Henry, Delvard und ihre Schauspieler das Podium betreten, vertrauen sie auf ihre Persönlichkeit. Das Publikum spürt, dass es gerade der Dilettantismus ist, der diese Form von Theater ausmacht. Unter den Zuschauern sitzt immer wieder auch Peter Altenberg, um für die *Wiener Allgemeine Zeitung* weitschweifig über die Aufführungen zu berichten. Für ihn ist Kabarett ein Kleinkunsttheater. Die Kunst wirke dort im Kleinen so wie sonst die ganz großen Dinge im Theater, schreibt er. Mit anderen Worten: Es sei, als müsse man nur drei Seiten Extrakte statt zweihundert Seiten lesen. Altenberg plant sogar eine Zeitschrift, die *Nachtlichter* heißen soll.

Nach dem Besuch einer Nachtlicht-Vorstellung zeigt sich auch Erich Mühsam in der *Fackel* angetan: »Vorläufig kann Wien also zufrieden sein.« Und er steht selbst auf der Bühne, als im Mai 1906 eine gute Berliner Freundin im Publikum sitzt: Else Lasker-Schüler erlebt, wie Mühsam sein Gedicht »Amanda« vorträgt – mit den treffenden drei ersten Strophen:

Niemals ist es zu empfehlen,
daß sich eine Maid, die liebt,
ohne ihm sich zu vermählen,
einem Mann zu eigen gibt.

Hat sie aber doch verleugnet
einmal alle Konvention,
macht sie ja sich ungeeignet
vorher für der Liebe Lohn.

Denn die Männer sind doch schließlich
Leute, denen nicht zu traun,
und die Folgen sind verdrießlich
ganz alleine für die Frau'n.

Die Dichterin findet ihn, ihren Läuserich, wie sie ihn nennt, noch lebenslässiger als in Berlin. Sein Anzug sitze ohne Tadel, und seine löwengelbe Mähne sei gepflegter als im Berliner Größenwahn – dass er eigentlich dunkelhaarig ist, nimmt sie offenbar in ihrem Überschwang nicht so genau. Trotz Müdigkeit muss Mühsam bis in die frühen Morgenstunden durchhalten, ehe er seine Nummer vortragen darf.

Mehrmals besucht Else Lasker-Schüler das Nachtlicht, um weitere charmante Humoresken zu hören. Während Geschäftsleute, Damen der Gesellschaft, Offiziere und selbst Erzherzöge kommen, macht sie es sich in einer der günstigen Logen gemütlich. Einmal, als sie gerade die Statuette von Madame Delvard betrachtet, die neben dem Podium steht, verkündet die echte Delvard plötzlich von der Bühne herab zu der deutschen Dichterin: »Ich werde extra einige Chansons für Sie singen.«

Else Lasker-Schüler liebt die graziöse Stimme der Diseuse, ihre graublauen Augen und ihre anrührende Nervosität. Für sie ist die Sängerin eine erwachte Klimt-Blume, die mit kindlicher Schüchternheit beginnt, Wedekinds Straßenlieder vorzutragen, wobei sie von Monsieur Marc Henry am Klavier begleitet wird. Das Publikum ist hingerissen und applaudiert so lange, bis sie weitere Zugaben gibt.

Gebannt beobachtet die Dichterin die Sängerin, während sich Peter Altenberg neben sie in die Loge setzt und ihr fröhlich zunickt. Er hält sie auch zurück, als sie später vom Zuschauerraum an einen Künstlertisch wechseln möchte: »Das Meißnerfigürchen müssen Sie noch sehen und die drei Handwerksburschen.« Daraufhin bleibt sie sitzen, schaut sich das Stück an und beobachtet aus ihren Augenwinkeln den Wiener Dichter. Sie ahnt, welche Wohltat die Kunst für diesen sensiblen Nachtflaneur sein muss. Seine Seele hält sie für ein kostbares Spitzengewebe, in dem jedes holprige Wort hängen bleibt. Und sie bewundert sein Schelmenauge, das sie am liebsten ergreifen und als Andenken in einen Umschlag stecken möchte.

All die Anerkennung, die Marya Delvard vom Publikum erfährt, steigt der Diseuse enorm zu Kopf. Am 15. April 1906 lässt sie in der Osterbeilage des *Fremden-Blatts* einen Text drucken, in dem sie sich selbst als geniale Künstlerin darstellt, die angeblich von den ganz Großen ihrer Branche bewundert wird.

Als Karl Kraus den Beitrag liest, kann er nicht anders, als sich in seiner nächsten *Fackel* über ihren Größenwahn lustig zu machen: »Es ist der Trick aller, die selbst keine Persönlichkeit sind, sich durch eine Verbindung mit berühmten Namen Reklame zu machen.« Seine Glosse kommt bei der Künstlerin und ihrem Mann nicht gut an.

Der Eklat folgt kurz darauf. Spät in der Nacht, um fünf Uhr früh am 1. Mai, sitzen Kraus, Altenberg und Mühsam in einem Weinlokal am Petersplatz mitten in der Stadt. Erich Mühsam hat gerade einen Vertrag für ein Engagement in Wien erhalten, was sie feiern wollen. Da treten die Kabarettkollegen vom Nachtlicht ein und setzen sich an einen freien Tisch.

Alles bleibt friedlich, bis Kabarettdirektor Marc Henry aufspringt, sich wie aus dem Nichts auf Kraus stürzt und ihn bewusstlos prügelt. Schockiert und angewidert steht Mühsam dazwischen, wird weggedrängt und dabei an der Hand verletzt. Seine Brille zerbricht, sein Vertrag liegt zerfetzt am Boden, während Altenberg seufzend zwischen den umgestürzten Tischen umherirrt, die letzten Sektreste austrinkt und stöhnt: »Ich bin verzweifelt!«

Der Rechtsstreit Kraus vs. Henry/Delvard zieht sich einige

Monate hin: Schließlich wird das Ehepaar für die Schlägerei zu einer Geldstrafe von siebenhundertfünfzig Kronen verurteilt.

MÜNCHEN

Es hätte so schön werden sollen. Als sie vor drei Jahren mit dem Studenten Franz Hessel und ihrem Bohdan von Suchocki zusammenzog, hatte sich Franziska zu Reventlow vorgestellt, von den Geldsorgen befreit zu sein und wieder Zeit zu haben, für ihren Sohn, ihre Kunst, ihre Liebschaften. Es klappte nicht. Zuletzt war Such wegen einer ihrer läppischen Affären derart wütend geworden, dass er sich auf sie stürzte und sie am Hals würgte. Sie liebt ihn trotzdem, ist er doch so anders als alle anderen Männer, aber sie fürchtet sich vor seiner Gewalt. Daher sucht sie sich im Sommer 1906 mit ihrem neunjährigen Rolf eine neue Bleibe. Nie wieder wird sie mit Freunden eine gemeinsame Unterkunft beziehen. Solcher Lebenskommunismus ist nichts mehr für sie.

Auch die beiden anderen Mitbewohner bleiben nicht im Eckhaus. Franz Hessel zieht nach Paris, Bohdan von Suchocki nach Würzburg, um dort – mit Zustimmung der Gräfin – eine ihrer Freundinnen zu ehelichen. Weil die Frau ein Kind erwartet, das sie nicht abgeben will, hat sie Suchocki um eine Scheinheirat gebeten und ihm dafür Geld geboten. Kaum sind die beiden verheiratet, verlangt sie von ihm Unterhalt für das nun offiziell gemeinsame Kind, was für ihn wiederum so überraschend kommt, dass er die Flucht ergreift und nach Amerika auswandert.

In München rennt Franziska zu Reventlow da schon wieder verzweifelt dem Geld hinterher. Das Erbe der Mutter, die achttausend Mark, ist längst verjubelt. In den Bars am Hofgarten versucht sie mit reichen Männern anzubändeln. Es sind unangenehme, dürftige Rendezvous, für die sie nicht mehr als dreißig

Mark kassiert. Sie hält die Demütigungen kaum aus, will raus aus all dem Gräuel und nicht länger ums Sendlinger Tor schleichen.

BERLIN

Endlich wird das Café des Westens gebührend gefeiert. Im Jahr 1906 erscheint der Roman *Café Größenwahn* von Rose Austerlitz. Über die Autorin ist wenig bekannt, obwohl sie bereits ein erfolgreiches Werk über die Berliner Boheme vorgelegt hat, das in die vierte Auflage geht. Ihr Verlag preist seine Autorin als hochtalentierte, amüsant plaudernde Darstellerin und feine Kennerin aller Intimitäten des Berliner Künstlerlebens an. Es klingt, als wäre sie mit ihren Helden bestens bekannt, nur taucht sie in deren Biographien nirgends auf. Auf dem Umschlag ihres neuen Buches sind die beiden berühmtesten Größenwahnsinnigen als Karikaturen abgebildet: eine schräg lächelnde Else Lasker-Schüler und ein verzottelter, sich am Kopf kratzender Erich Mühsam. Den Verlag rettet das Buch auch nicht, er schlittert unaufhaltsam in den Konkurs.

So schlimm steht es um Else Lasker-Schüler noch nicht. Die siebenunddreißigjährige Dichterin reist im Sommer mit ihrem Sohn Paul und ihrem Mann Herwarth Walden sogar an die Ostsee. Genießen kann sie den Urlaub im mondänen Seebad Ahlbeck auf Usedom allerdings kaum. Es fehlt vorne und hinten an Geld, weshalb sie sich nicht mehr als ein höhlenartiges Kellerquartier voller Spinnweben und tausendjährigem Schimmel leisten können. Um sich zu waschen, müssen sie eine Pumpe im Hof bedienen. Während im Haus laut die Säugetiere brüllen, wie es in einer Notiz heißt, womit fremde Kinder gemeint sein dürften, versucht Walden eine Oper zu komponieren. Seine Else träumt sich derweil in den fernen Orient und schreibt an ihrem nächsten Buch, das unter dem Titel *Die Nächte Tinos von Bagdad* Gedichte und Novellen versammeln wird. Nach neun grässlichen Tagen geben sie den Urlaub auf und reisen mehr erleichtert als enttäuscht zurück nach Charlottenburg.

Während Else Lasker-Schüler und Herwarth Walden unbeirrbar für ihren künstlerischen Durchbruch kämpfen und dabei kaum über die Runden kommen, feiert Frank Wedekind in Berlin einen Erfolg. Nicht zuletzt aufgrund von Exil und Festungshaft hat er fünfzehn lange Jahre warten müssen, bis seine Karriere endlich Fahrt aufnimmt. Nun findet am 20. November 1906 die Uraufführung seiner Kindertragödie *Frühlings Erwachen* in den Berliner Kammerspielen statt – jenes Stück, das bereits seit 1891 fertiggestellt ist.

Es wird von Theatergenie Max Reinhardt persönlich inszeniert, dem Gründer des einstigen Kabaretts Schall und Rauch. Als Co-Regisseur konnte Reinhardt wiederum einen Mann aus Wien gewinnen: Hermann Bahr. Der sitzt zwischen den Proben im Café Monopol in der Friedrichstraße, wo er in großer Runde neue Kunstrichtungen proklamiert und herrlich über Berlin schimpft. Im Café Größenwahn in Charlottenburg lässt Bahr sich offenbar eher selten blicken – anders als Wedekind, der dort nach allem, was zu hören ist, regelmäßig an einem Tisch sitzt und stundenlang arbeitet, ohne dabei sonderlich mit anderen Menschen in Kontakt zu treten.

Mit der Aufführung seines Stücks wird Wedekind zu einem der meistgespielten Dramatiker des neuen Jahrhunderts, was sein Münchner Freund Graf Keyserling so kommentiert: »Der gute Frank hat unverschämtes Glück: er is jetzt in Berlin mosaischer Kultjejenstand jeworden.« Wedekind ist fortan kein Geheimtipp mehr, sondern plötzlich berühmt, was ihm jedoch auf einmal auch nicht sonderlich behagt, zumal ihm das Leben an der Spree wenig zusagt.

Berlin verändert sich, wächst unablässig. Zwar ist es weiterhin die Hauptstadt des zackigen preußischen Stechschritts, aber die Metropole wird auch immer weltgewandter und kapitalistischer. Gar nicht weit vom Berliner Größenwahn, nur ein paar Schritte von der Kaiser-Wilhelm-Gedächtniskirche entfernt, eröffnet im Frühling 1907 ein dem Konsum huldigendes Schlaraffenland. Später wird man es kaum glauben können, aber von der Planung bis zur Eröffnung des fünfgeschossigen neoklassizistischen »Kaufhaus des Westens«, das schon jetzt häufig nur KaDeWe genannt wird, sind nicht mehr als zwei Jahre ins Land gezogen.

Für noch mehr Aufsehen als die rasche Errichtung sorgen die Anzeigen in den Zeitungen, ganzseitige Bildinserate eines Jugendstilgrafikers, schlicht gehalten und mit einer klaren Botschaft: Eröffnung am Mittwochmorgen, dem 27. März 1907, um Punkt neun Uhr. Das versteht jeder. Als einer der ersten Prominenten schaut der siamesische König Rama V. vorbei, was Bürgertum und Adel mit Genugtuung zur Kenntnis nehmen. Schließlich zeigt der Besuch, dass Berlin endlich Weltstadt ist.

Weniger wahrgenommen wird, dass auch ein angeblicher Prinz mit einer angeblichen Tänzerin durchs Kaufhaus stöbert. Dabei stoßen sie mit einer dicken Dame zusammen, woraufhin sich ein Streit entfacht: »Wissen Sie überhaupt, wer ich bin? Ich bin der Prinz von Theben und« – auf die Person neben sich zeigend – »dieses ist Zobeide, meine erste Tänzerin!« Tatsächlich sind es Dichterin Else Lasker-Schüler und der Bohemien John Höxter, die sich einmal in der für sie unerschwinglichen Warenwelt umschauen wollen.

EUROPA

Auf dem Kontinent nimmt das Wettrüsten zwischen den großen Nationen derweil Fahrt auf. Das Deutsche Reich will nicht mehr nur die Industriemacht von morgen sein, sondern schleunigst mit der Weltmacht Großbritannien gleichziehen. Seit zehn Jahren baut Admiral Alfred von Tirpitz deshalb eine Flotte auf, was von London misstrauisch beobachtet wird. Die britischen Generäle drängen ihre Regierung deshalb zu einem Präventivschlag gegen die deutsche Marine, aber davor scheut die politische Führung in London zurück.

Stattdessen wird die britische Seestreitkraft weiter aufgerüstet. Erst kürzlich ist das größte Kriegsschiff der Welt vom Stapel gelaufen: Typ Dreadnought, einhunderteinundsechzig Meter lang, fünfundzwanzig Meter breit, mit schwerer Panzerung und zwei mächtigen 30,5-Zentimeter-Geschützen, die fünftausendfünfhundert Meter weit feuern können. Damit wird der neue Schiffstyp die Seeschlachten revolutionieren und zum Urtypus für alle Schlachtschiffe des zwanzigsten Jahrhunderts avancieren.

Zugleich stellt der neue Schiffstyp die deutsche Regierung vor ein Dilemma: Wenn Berlin nachziehen und ebenfalls solche gigantischen Schiffe bauen will, muss der erst vor wenigen Jahren eröffnete Kaiser-Wilhelm-Kanal zwischen Nord- und Ostsee verbreitert werden. Die neuen Riesenkriegsschiffe müssten sonst um Dänemark herumfahren, was viel Zeit in Anspruch nähme. Aber Berlin will nicht klein beigeben und auch einen lauten Wumms von sich geben: Die Schiffe werden in Auftrag gegeben und der achtundneunzig Kilometer lange Kanal von 1907 an entsprechend verbreitert.

Für Berlin stellt sich noch ein Problem: Am 31. August 1907 schmieden Moskau und London einen umfassenden Vertrag. Es geht darin um ihre jeweiligen Interessen in Zentralasien, die fortan klar geregelt sind. Der Ausgleich führt zudem zu einer weiteren Annäherung: Das bisherige Bündnis zwischen Großbritannien und Frankreich wird nun um Russland erweitert.

Berlin und Wien können dagegen wenig unternehmen. Ihnen bleibt nur ein Bündnis mit den Osmanen in Konstantinopel, dem kranken Mann am Bosporus.

Wien wächst und wächst, immer mehr Menschen drängen in die Metropole. Irgendwann in diesem Jahr 1907 dürften es erstmals zwei Millionen sein, vielleicht auch erst im nächsten oder übernächsten Jahr. So genau weiß das niemand. Es wird jedenfalls hektischer auf den Boulevards und Straßen, mitunter gleichen sie wilden Alpenflüssen. Mancherorts in der Altstadt herrscht so viel Verkehr und so viel Gedränge, dass man aufpassen muss, nicht von einer Stromschnelle fortgerissen zu werden. Überall hupen Omnibusse und Tramways, viele von Pferden gezogen, manche elektrisch betrieben.

Niemand findet ein besseres Bild für diese nervösen Zeiten als der Reporter und einstige Jungwiener Felix Salten: In seiner 1908 erscheinenden Novelle *Die Wege des Herrn* lässt er einen Hund hinter einem gelben Bus herlaufen, in den sein Herrchen eingestiegen ist. Der Hund läuft und läuft, hetzt von Straßenecke zu Straßenecke, kommt kaum hinterher, hechelt und ist andauernd abgelenkt, weil ständig Eindrücke auf ihn einprasseln. An einer Kreuzung gerät er in ein furchtbares Gewusel: Von überall rauschen Omnibusse herbei, fahren kreuz und quer durcheinander, streben hierhin und dorthin. Im Moment der größten Verwirrung meldet sich die Verdauung. Während sich der Hund schnellstmöglich am Straßenrand erleichtert, verschwindet der Bus mit seinem Herrchen. Der Hund holt ihn aber wieder ein, folgt ihm keuchend, schnaufend und schwitzend bis an den Rand der Metropole. Dort stellt sich heraus, dass es der falsche Bus war und dass sein Herrchen verschwunden ist. Erschöpft und verloren krepiert das Tier am Ende auf einer Mülldeponie.

Mit seinen alten Freunden aus dem Wiener Café Größenwahn trifft sich Felix Salten weiterhin. Kaum einer von ihnen wohnt noch im Zentrum. Es hat sie stattdessen in die stillen, grünen Vororte verschlagen. Schnitzler lebt am Sternwartepark in Währing, wo er in diesem Jahr seinen zweiten Roman fertigstellt, in dem es auch um seine Zeit im Café Griensteidl geht: *Der Weg ins Freie* erinnert halb ironisch, halb melancholisch an die Zusammenkünfte im legendären Kaffeehaus. Es fehlte an Unbefangenheit, sich selbst und den anderen gegenüber, heißt es in dem Roman, selbst wenn sie einander frivole Gedichte vorlasen. Mal sei es etwas zu intim, mal zu witzelnd, mal zu pathetisch gewesen.

Nur einer der alten Kaffeehauskumpane verlässt die Stadt nicht, sondern streift weiter Nacht für Nacht durch die Gassen und über die Plätze. Und falls er Wien einmal verlassen müsste, dann nur als Vogel: Peter Altenberg möchte gerne fliegen. Er war kürzlich im neuen »Cabarett Fledermaus«, wo er die junge Grete Wiesenthal gesehen hat, wie sie den Walzer »Frühlingsstimmen« tanzte. Er verliebte sich sofort in sie und ergatterte ein Foto von ihr. »Die Tänzerin!« hat er draufgeschrieben, und weiter: »Eine der wenigen, die unsereiner hätte heiraten müssen, um sie vom spielerischen Tanz des Lebens zum edel-ernsten Leben selbst zu geleiten!«, wobei er »spielerischen Tanz« und »edel-ernsten« in Großbuchstaben notierte.

Seither tanzt er in tiefster Nacht über die Plätze und durch die Gassen seiner Heimatstadt. Er breitet seinen Lodenmantel aus, schwingt die Arme auf und ab und flattert in weiten Schwüngen umher. Nur das Abheben klappt noch nicht. Schaulustige bleiben irritiert stehen und werden von Wachmännern beruhigt, das sei der Herr Altenberg, der verrückte Dichter, der wolle so gerne fliegen. Mehrmals wird er auf eine Wache gebracht, bis ein Kommissar ihm gnädig einen Zettel schreibt, auf dem »Fluglizenz« steht. Er möge von seinem Privileg aber bitte nicht vor zwei Uhr nachts Gebrauch machen.

Die Schauspielerin und ihr Dramaturg:
Tilly und Frank Wedekind (1907)

Revoluzzer und Hausdichter

AUGUST 1908 BIS JUNI 1910

Frank Wedekind ist berühmt, aber auch so frustriert wie nie zuvor. In der Kneipe Simplicissimus trifft ein junger Abenteurer mit lustigen Gedichten den Ton der Zeit. Während die Habsburger Monarchie gierig nach Bosnien und der Herzegowina greift, verpasst der Maler Leonhard Frank in München die Chance seines Lebens und geht daraufhin nach Berlin. Herwarth Walden verfolgt unterdessen eine neue Geschäftsidee: Er plant eine Deutschland-Ausgabe der *Fackel*, ohne die Folgen zu bedenken. In Wien betritt Oskar Kokoschka das Kaffeehaus und will Peter Altenberg malen, was alles andere als einfach ist.

In der Kneipe Simplicissimus:
der spätere Joachim Ringelnatz (1910)

MÜNCHEN

Frank Wedekind lebt wieder in München. Er hat es in Berlin nicht länger ausgehalten und sich zuletzt sogar geschämt, überhaupt dort zu leben, obwohl er ein Mensch der Metropolen und Kaffeehäuser ist. Seine Tragödie *Frühlings Erwachen* feierte an den Berliner Kammerspielen zwar Erfolge, und sein Name ist an der Spree jetzt bekannt, aber die Riesenstadt war ihm eine Nervenfolter, ein trauriger Notbehelf, vor allem der gefeierte Regisseur Max Reinhardt hat ihn enttäuscht. Der ließ ihn nach einem Misserfolg keine Rollen mehr spielen. Gleichzeitig weigerte er sich, ihm, Wedekind, die vereinbarte Gage zu zahlen, und entließ ihn auch nicht aus einem Arbeitsvertrag.

Immerhin verkaufen sich seine Bücher gut, sodass regelmäßig ordentliche Tantiemen fließen. Trotzdem ist Wedekind unzufrieden. Für ihn bedeutet Berühmtheit die krasseste Enttäuschung. Er hatte gedacht, er würde im Purpurgewand umherwandeln. Stattdessen sieht er im Spiegel eine fette Vogelscheuche.

Nun, im Spätsommer 1908, will Wedekind wieder in Form kommen. Er ist Mitte vierzig und so dick wie ein gewöhnlicher Spießer, was ihn zutiefst anwidert. Doch ob Dampfbäder, Fastenkuren oder Spazierrennen, der Bauch will nicht schrumpfen. Hoffentlich hilft die Treppe, die er täglich hoch- und runterlaufen muss. Seine Wohnung liegt im dritten Stock an der vornehmen Prinzregentenstraße in der Nähe des Englischen Gartens. Es musste eine im Dachgeschoss sein, denn Wedekind hasst es, wenn ihm andere Leute auf dem Kopf herumtrampeln.

Während er vom Schlafzimmer aus über den Garten eines

Nonnenklosters weit nach Süden sehen kann, geht der Blick vom Arbeitssalon aus nach Norden, wo auf der anderen Straßenseite gerade das neue Gebäude der preußischen Gesandtschaft entsteht. Um nicht ganz so bürgerlich zu wirken, beschafft er sich für seinen Arbeitsraum einen roten Teppich, eine rote Tapete, rote Vorhänge, rote Bücherregale, rote Sessel und einen rotgerahmten Spiegel. An die Wand hängt er neben ein freizügiges Gemälde, das seine Frau Tilly in der Rolle der skandalösen Lulu zeigt, seine Instrumente, darunter Laute, Gitarre, Mandoline, Flöte, Geige und Becken. Tilly hält das Zimmer für eine Zirkusarena, aber ihr gefällt's.

Frank Wedekind ist angekommen und wird München nicht wieder verlassen. Als die preußische Gesandtschaft im nächsten Jahr vom Kaiser pompös eingeweiht wird, steht er mit Freunden am Fenster und denkt womöglich an sein einstiges Gedicht im *Simplicissimus*, die Flucht in die Schweiz und seine Zeit auf der Festung Königstein bei Dresden, in der er erstes Fett angesetzt hat. In seiner Wohnung wird 1911 auch sein zweites Kind Epiphanie Kadega Mathilde Franziska geboren. Nach dem Mittagessen widmet sich der Papa dann seinen beiden Töchtern: Zwei Stunden lang spielt, musiziert, tanzt und singt er mit der kleinen Kadidja und ihrer fünf Jahre älteren Schwester Pamela. Abends lässt er es sich nicht nehmen, die Torggelstuben am Platzl aufzusuchen, um den Stammtisch im hinteren Teil des Weinlokals zu beherrschen. Im Größenwahn, dem Café Stefanie in Schwabing, schaut er seltener vorbei, obwohl dort weiterhin die Boheme zusammenkommt.

Dazu gehört seit kurzem auch ein junger Mann von fünfundzwanzig Jahren, der perfekt ins Milieu der Lebenskünstler passt. Schon jetzt könnte er über seine Abenteuer mehrere Romane verfassen. Er heißt Hans Gustav Bötticher, stammt aus Wurzen in Sachsen und wird später einmal als Joachim Ringelnatz berühmt. Kaum hatte er die Realschule in Leipzig abgeschlossen – als »Schulrüpel ersten Ranges«, wie es im Zeugnis hieß –, erfüllte er sich einen Traum: Er heuerte als Schiffsjunge auf einem Segelboot an und kam bis nach Britisch-Honduras in Zentralamerika. Weil man ihn an Bord in einem fort als Nasenkönig verspottet hatte, türmte er, verlief sich prompt im Urwald und hatte Glück, dass ihm dort kein Puma auflauerte.

Zurück in der deutschen Heimat, suchte er wochenlang nach Arbeit, bis er als Aushilfe auf dem Hamburger Jahrmarkt an einer Bude arbeiten und Riesenschlangen umhertragen durfte. Anschließend übernahm er mal diesen, mal jenen Job, meldete sich erneut als Leichtmatrose und strandete in der nordenglischen Hafenstadt Kingston upon Hall, wo er sich Lebensmittel erbetteln musste und beinah als Obdachloser verhungert wäre. Er überlebte knapp, kam erneut zurück nach Deutschland, fand eine Stelle in einem Seemannsheim und frönte heftigen Trinkgelagen, bis es ihn wieder fortzog.

Nach einem freiwilligen Militärdienst bei der Kaiserlichen Marine schleppte er als unbezahlter Lehrling für eine Firma Dachpappen und war zugleich für ein Studium der Handelswissenschaften in Leipzig eingeschrieben. Nirgends hielt es ihn lange. Er tauchte in Eltville im Rheingau auf, wo er den Leuten weismachen wollte, er sei der Kalif von Bagdad. Schließlich saß er in Amsterdam als Betrüger im Gefängnis.

Seit August 1908 lebt dieser Hans Gustav Bötticher nun in München und hat dort eine Stelle als Buchhalter in einem Reisebüro erhalten. Noch glaubt dessen Inhaber, sein neuer Angestellter beherrsche fünf Sprachen. Und er merkt nicht, dass der junge Mann heimlich unsinnige Verse niederschreibt.

Nach der Arbeit streunt Bötticher mit einem Freund durch die Bars und Kneipen von Schwabing, bis er in der Türkenstraße zu seiner Bestimmung findet. Über der Tür eines Lokals hängt ein lustiges gelbes Plakat, darauf eine rote Bulldogge, die eine Sektflasche entkorkt. Das ist genau sein Humor. Sie treten ins Simplicissimus ein, aber noch ist nichts los. Erst gegen Abend füllt sich das Lokal in einem beängstigenden Maße, was die Wirtin Kathi Kobus nicht davon abhält, unentwegt Stühle herbeizuschaffen. »Rücken's halt a bisserl z'samm!«

Während im vorderen Raum die Kutscher ihr Bier genießen, gelangt Bötticher durch einen engen Flur in ein Hinterzimmer, das rötlich ausgeleuchtet ist. An den Wänden hängen von der Decke bis zur Fußleiste unzählige Bilder. In einer Ecke befindet sich eine kleine Bühne.

Als er am nächsten Abend wieder das Hinterzimmer betritt, steht ein schmächtiger Mann mit Kneifer und wildem Vollbart auf einem Tisch und trägt laut ein Spottlied vor, das der deutschen Sozialdemokratie gewidmet ist:

War einmal ein Revoluzzer,
Im Zivilstand Lampenputzer;
Ging im Revoluzzerschritt
Mit den Revoluzzern mit

Und er schrie: »Ich revolüzze!«
Und die Revoluzzermütze
Schob er auf das linke Ohr,
Kam sich höchst gefährlich vor

Doch die Revoluzzer schritten
Mitten in der Straßen Mitten,
Wo er sonsten unverdrutzt
Alle Gaslaternen putzt

Sie vom Boden zu entfernen,
Rupfte man die Gaslaternen
Aus dem Straßenpflaster aus,
Zwecks des Barrikadenbaus

Aber unser Revoluzzer
Schrie: »Ich bin der Lampenputzer
Dieses guten Leuchtelichts.
Bitte, bitte, tut ihm nichts!

Wenn wir ihn' das Licht ausdrehen,
Kann kein Bürger nichts mehr sehen,
Laßt die Lampen stehn, ich bitt!
Denn sonst spiel' ich nicht mehr mit!«

Doch die Revoluzzer lachten,
Und die Gaslaternen krachten,
Und der Lampenputzer schlich
Fort und weinte bitterlich

Dann ist er zuhaus geblieben
Und hat dort ein Buch geschrieben:
Nämlich, wie man revoluzzt
und dabei doch Lampen putzt.

Die Leute johlen. Sie lieben das Lied »Der Revoluzzer«. Auch Hans Gustav Bötticher ist begeistert und will von den Umstehenden wissen, wer denn dieser Mann da auf dem Podium ist. Er wird schief angeschaut. Erich Mühsam, wer sonst!

Von da an schaut Hans Bötticher jeden Abend vorbei, so als spürte er, dass hier seine Zukunft auf ihn wartet. Bald wagt er sich selbst aufs Podium, bittet um Ruhe und trägt ein Gedicht vor, nicht mehr als ein paar langweilige Verse, für die es mitleidige Klatscher gibt. Doch so schnell gibt er nicht auf! Wenn die Leute nur wüssten, was er alles im Leben überstanden hat. Er muss nur den richtigen Dreh finden, muss die Stimmung im Lokal treffen. Witzig sollte es sein, aber nicht albern, eher phantasievoll, überraschend, absurd. Er lässt seine Gedanken schweifen, durchs Lokal, hinaus vor die Tür, durch die Straßen, hinauf zum Himmel. Ihm fallen die Luftschiffe des Grafen Zeppelin ein. Erst in diesem Jahr hat ein solches, das Luftschiff *Zeppelin 3*, kurz *LZ 3*, erfolgreich den deutschen Himmel durchfahren – und wird in den kommenden Jahren mehr als viertausend Kilometer zurücklegen. Auch über München wird es zu sehen sein.

Plötzlich ruft Bötticher laut von der Bühne:

Wahrhaftig, der Äronautikus,
flog 'rein in den Simplicissimus,
fuhr dreimal im Vorderzimmer herum,
warf Stühle, Menschen und Tische um,
und blieb dann natürlich hinten stecken.
Denkt euch die Panik, denkt euch den Schrecken!

Er hat sie gepackt, die Leute johlen – so eine Geschichte, die in der kleinen Säuferwelt ihres Lokals spielt, spricht sie an. Und er weiß nun, wie es funktionieren kann. Rasch trägt er weitere Gedichte vor:

Mitternacht ist's,
Längst im Bette,
Liegt der Spießer steif und tot,
Ja, dann winkt das traulich nette,
Simpel-Gasglüh-Morgenrot.
Und mich zieht's mit Geisterhänden,
Ob ich will, ob nicht,
ich muss,
Nach den bildgeschmückten Wänden,
In den Simplicissimus.

Wo sich zum gemeinen Wohle,
Künstler und Boheme trifft,
Wo die Kathi still zur Bowle,
Mischt das tödlich scharfe Gift;

Wo mit Mandolinenklängen,
Sich verwebt der Weißwurst Dampf,
Lausch ich fröhlichen Gesängen,
Und dem Mords-Klaviergestampf.

Am Ende gipfeln seine Verse in der Sentenz: »Scheid ich einst von diesem Globus,/Sei mein letzter Abschiedsgruß:/›Pfüat di Gott, mein' Kathi Kobus./Heil dir Simplicissimus.‹« Kein Wunder, dass er offiziell als Hausdichter engagiert wird. Als Gage gibt's ein paar Schoppen Wein und ein deftiges Essen.

Im Simplicissimus reift Bötticher zum Dichter und entwickelt einen eigenen Ton. Er selbst wird von Stumpfsinn in Versen sprechen und sich damit Unrecht tun. In seinen Gedichten geht es zwar nicht um Menschheitsfragen, aber eben auch nicht um stumpfsinnige Langeweile, sondern um einen humorvollen Blick auf die kleinen Dinge, ob Ameisen oder Schuhsohlen, eine Badewanne oder ein Bumerang.

Während Bötticher seine Zukunft allmählich klar vor sich sieht, erblindet ganz in der Nähe der Schriftsteller Eduard Graf von Keyserling. Zudem kann der Graf kaum mehr gehen, und sein Rücken schmerzt höllisch. Auf kaum einer Theaterpremiere taucht er noch auf. Nur zu den Abendgesellschaften im Hause von Max und Louise Halbe kommt er weiterhin. Sein Diener hilft ihm die Treppe zu deren Wohnung hinauf.

Nach dem Essen, das Keyserling zusehends hilflos einnimmt, setzt er sich im Wohnzimmer in einen gemütlichen Lehnstuhl, den sie Grafenstuhl taufen. Er stellt den Krückstock zur Seite und beginnt mit den Freunden und Bekannten zu plaudern. Sie trinken flaschenweise Wein und gehen erst auseinander, wenn mit dem Sonnenaufgang die Amselväter aufwachen, wie Keyserling es formuliert.

Eines Abends erscheint er nicht einmal mehr zum Essen, sondern wartet nebenan im Wohnzimmer ab, bis die Freundesrunde gespeist hat. Als sich die anderen dann zu ihm gesellen, streckt Keyserling einem jeden erfreut die Hand entgegen, erweist sich als vergnügt und amüsant wie eh und je und greift sehr, sehr vorsichtig nach seinem Weinglas, als fürchte er, es mit einer zu hastigen Bewegung umzustoßen. Wie schlimm es um seine Augen bestellt ist, fällt erst auf, als ihm jemand Feuer für seine Zigarette geben will. Die Streichholzflamme leuchtet hell, aber Keyserling bemerkt sie nicht. Max Halbe blinzelt seinen Gästen warnend zu. Niemand sagt etwas. Sie wissen, der Graf hasst Mitleid.

Manchmal streift Eduard Graf von Keyserling noch durch Schwabing. Er stützt sich dabei auf seinen Diener, der ihm kurz etwas zuflüstert, sobald sich alte Bekannte nähern. Keyserling bleibt rechtzeitig vor ihnen stehen, zieht höflich den Hut und gibt ihnen die Hand. Zur Frau von Korfiz Holm sagt der alte Charmeur in jenen traurigen Tagen: »Ja, liebe gnädige Frau, Sie blühen wieder wie der Tag! Ach, das schöne blaue Kleeid!« Es wird still um den einst munteren Plauderer.

BALKAN

Aus Bosnien und der Herzegowina ist ein gefährliches Grummeln zu vernehmen. Von Jahr zu Jahr immer lauter. Die Menschen dort wollen nicht länger von Wien verwaltet und von Konstantinopel beherrscht werden. Sie fordern einen eigenen Staat.

In Wien hält man das für ein nationales Hirngespinst. Österreich-Ungarn verfolgt andere Pläne in der Region und stört sich besonders am Königreich Serbien, das man zum Revoluzzernest erklärt. Nachdem im Frühjahr 1908 in den habsburgischen Balkanprovinzen eine Koalition aus Serben und Kroaten die Wahlen gewonnen hat, schreitet Österreich-Ungarn zur Unterdrückung: Die Habsburger verbieten serbische Zeitungen, lassen den ganzen

Sommer über serbische Anführer verhaften und gliedern Bosnien und die Herzegowina kurzerhand offiziell in ihr Reich ein.

Schließlich wendet sich Kaiser Franz Joseph am 6. Oktober 1908 an seine neuen Untertanen in Bosnien und der Herzegowina. Feierlich erklärt er, wie gut Wien die Region in den zurückliegenden dreißig Jahren – seit der Besetzung 1878 – entwickelt habe: Man sei damals als Freund gekommen und habe das Böse besiegt. Statt Gewalt und Unterdrückung herrschten Ordnung und Sicherheit, und davon profitierten wiederum Handel, Verkehr und Bildung. Jedermann genieße die Früchte seiner Arbeit.

Die Menschen auf dem Balkan fühlen sich verhöhnt. Zumal kaum einem Bauern das Land gehört, das er tagtäglich mühevoll bewirtschaftet. In der serbischen Hauptstadt Belgrad führt die Annexion zu den größten Protesten in der Geschichte Serbiens. Zehntausende demonstrieren. Nur die Regierung bleibt erstaunlich zurückhaltend. Serbien geht es weniger um Bosnien und die Herzegowina als um Gebiete im Süden: das Kosovo und das nördliche Mazedonien. Um die Stimmung im Land zu beruhigen, verlangt der serbische Außenminister von Wien territorialen Ersatz an der Südwestgrenze und bekommt überraschenderweise zwei kleine Gebiete zugesprochen: Sandschak und Novi Pazar.

Die Wut besänftigt dies nicht. Überall auf dem Balkan beginnen paramilitärische Gruppen damit, Freiwillige zu bewaffnen. Tausende bekämpfen fortan in einem Guerillakrieg in Bosnien die feindlichen Österreicher. Der nationalistischen Geheimgesellschaft Mlada Bosna (Junges Bosnien) schließt sich ein wütender junger bosnischer Serbe namens Gavrilo Princip an. Von ihm wird man noch hören.

Auch im Königreich Serbien rumort es. Dort plant die Terrorgruppe Schwarze Hand gar einen Staatsstreich. Zu ihren Anführern zählt Oberstleutnant Dragutin Dimitrijević, berüchtigt als Apis – jener Mann, der vor fünf Jahren die Ermordung des serbischen Königspaares organisiert hat. Nun will er die Regierung von Premierminister Nikola Pašić stürzen, den er für einen unfähigen Verräter hält.

MÜNCHEN

Während sich auf dem Balkan militante Gruppen formieren, plant eine Runde avantgardistischer Maler in einem Schwabinger Hinterzimmer eine friedliche, künstlerische Revolution: Marianne von Werefkin, ihr Gefährte Wassily Kandinsky, Alexej Jawlensky, Gabriele Münter und einige andere versammeln sich im Spätherbst 1908 um einen Tisch, darunter auch der Kunststudent Leonhard Frank.

Angeführt von Kandinsky, gründen sie an diesem Abend die »Neue Künstlervereinigung München«, aus der später der »Blaue Reiter« hervorgeht. In einem Gründungszirkular halten sie fest, worum es ihnen geht: Der Künstler solle nicht nur die Eindrücke der äußeren Welt sammeln, sondern ebenso die Erlebnisse der inneren Welt. Es gelte, nach künstlerischen Formen zu suchen, die Inneres wie Äußeres zum Ausdruck bringen. Offenbar haben sich die Mitglieder der Gruppe mit der noch jungen Freud'schen Psychoanalyse befasst.

Für Leonhard Frank könnte der Abend zum Glücksfall seines Künstlerlebens werden, aber er folgt der Diskussion eher gelangweilt und zeichnet lieber eine Kellnerin, woraufhin er von Kandinsky gerüffelt wird. Er solle gefälligst zuhören. Frank empfindet die Rüge als schullehrerhaft und lehnt sich missmutig zurück. Als sich die Gruppe im kommenden Jahr auf einer ersten Ausstellung präsentiert, ist keines seiner Bilder zu sehen. Leonhard Frank lebt dann bereits in Berlin, was er nicht bereuen wird.

WIEN

Ist es so weit? Wird Karl Kraus wahnsinnig? Im Oktober 1908 scheint ihm das Selbstbewusstsein gefährlich zu Kopf zu steigen, wäre da nicht ein kleines Wörtchen, das ihn vor der Psychiatrie rettet und sein Publikum zum Nachdenken bringt. »Ich bin größenwahnsinnig: ich weiß, dass meine Zeit nicht kommen wird«, formuliert er in einem offenen Brief, der mit »Apokalypse« betitelt ist. Und er hat ja recht – mit beiden Aussagen, auch wenn sich sein Brief ansonsten wie ein Fiebertraum liest. Das Thema Größenwahn beschäftigt ihn, und immer mehr fürchtet er sich offenbar vor dem Weltuntergang. Diesen datiere er, so teilt er der Leserschaft mit, »von der Eröffnung der Luftschifffahrt«. Wohl deshalb kündigt er die Einstellung der *Fackel* zum 1. April 1909 an, was aber schlicht ein vorgezogener Aprilscherz sein könnte, weil er sich dafür dann doch noch einige Jahrzehnte Zeit lässt.

MÜNCHEN

Vielleicht liegt es am Namen, vielleicht an der Lage, vielleicht am Mythos, der seine Kreise zieht. Vielleicht spielen alle drei oder noch ganz andere Dinge eine Rolle: In Schwabing ist das Café Stefanie für jeden Lebenskünstler weiterhin das Kaffeehaus schlechthin, zumal es bis drei Uhr nachts geöffnet haben darf, was eine verlängerte Polizeistunde bedeutet. Nur etwaige Musikauftritte haben um Mitternacht zu enden. Cafétier Karl Oberdorfer möchte mehr und stellt noch im Sommer 1909 ein Gesuch für eine Nachtkonzession. Dieses wird jedoch von der Polizeidirektion »im Einverständnis mit dem Stadtmagistrat München abgewiesen«. Er wird es noch jahrelang versuchen, allerdings weiterhin ohne Erfolg.

Trotzdem: Kein Bohemien geht an diesem Café Größenwahn vorbei, ohne das flaue Gefühl zu bekommen, etwas Wichtiges zu verpassen. Denn wer nicht reingeht, erfährt nicht, was draußen in der weiten Welt vor sich geht. Richard Seewald, der in diesem Jahr nach München kommt, um Architektur zu studieren, wird einmal so amüsiert wie melancholisch von diesem Umschlagplatz der neuesten Großideen berichten.

Spätestens als Seewald seine Studentenbude gegen ein Atelier in Schwabing tauscht, Tisch, Stuhl, Chaiselongue und Staffelei beim Trödler kauft und sich mit Karikaturen eine Zukunft aufbaut, die ihn weit bringen wird, lernt er das Größenwahn kennen. Er zieht die Glastür auf und den dicken Friesvorhang beiseite, setzt sich an einen der Marmortische und bestellt einen giftgrünen Absinth, womit er sich allen als Künstler zu erkennen gibt.

Er blickt sich um. Im großen Raum stehen zwei Billardtische und auf einer Estrade das Büfett. Vor den Fenstern des kleinen Raumes haben es sich Schachspieler bequem gemacht, während von draußen Passanten zuschauen. Einer der Schachspieler hat lange Koteletten und gehört okkultistischen Geheimbünden an. Sein fülliger Gegner trägt eine rote Weste und ein Monokel. Einen Tisch weiter spielt der Anarchist Erich Mühsam gegen einen ehemaligen österreichischen Offizier, den ein Buch über Bandenkriege auf dem Balkan berühmt gemacht hat. Zu ihnen gesellt sich – mit Zwickelbart – Heinrich Mann. Dessen Bruder Thomas lässt sich hingegen nie im Größenwahn blicken.

Richard Seewald lauscht den mit religiöser Inbrunst vorgetragenen Philosophien und wird alle diese Leute im Kopf behalten: den Maler Albert Weisgerber, der beim Billard gekonnt die Elfenbeinkugeln auf gezirkelten Bahnen rollen lässt. Den schwarz gekleideten, morbid-dekadenten Berliner John Höxter mit seinem blassen Pferdegesicht, der nur mal zu Besuch gekommen ist und meint, Schnorrer brauche man immer.

Dann ist da auch die knabenhafte, großherzige und liebenswerteste Amoralistin Lotte Pritzel – die einst im Berliner Größenwahn das Lied von den zwei Königskindern vorgetragen hat –, über die Mühsam lakonisch kalauert: »Ach, an Lottes Wegen sind alle gelegen.« Nicht zu vergessen eine umherflatternde Sängerin mit ihrem blonden Pagenschnitt, deren Motto lautet: »Fesch, flott, aber nie gemein muss die Soubrette im Leben wie auf der Bühne sein.« Sie heißt Emmy Hennings und ist mal in München, mal in Berlin anzutreffen.

Seewald trifft auch den unglücklichen Psychoanalytiker Otto Gross, dessen Weste ständig von Kokain bestäubt ist. Gross braucht das Zeug, seit er als junger Schiffsarzt eine Reise nach Südamerika unternahm. Auch von Opium und Morphium lässt der Doktor nicht die Finger.

Jede Menge irrer Geschichten kursieren im Größenwahn: Einer will gar das Mittelmeer trockenlegen, um mit dem Wasser die Sahara zum Blühen zu bringen, während sich ein anderer damit zufriedengibt, für fünf Mark neue Witze für die *Jugend* und den *Simplicissimus* zu erfinden. Zudem kehren viele ausländische Künstler ein, darunter ein sanfter, schweigsamer Zeichner aus Rumänien, ein randalierender Bildhauer aus Serbien, der behauptet, er sei ein Nachfahre eines byzantinischen Kaisers.

Und dann ist da noch der Ober Arthur, ein unheilbarer Spieler durch und durch. Geschickt balanciert er auf drei Fingern ein Tablett voller klirrender Tassen und Gläser. Arthur ist der Lieblingsbankier aller Bohemiens. Jeder darf ihn anpumpen, und braucht einer mal Wechselgeld, greift der Kellner in seine Tasche und wirft es dem Gast auf den Tisch. Mal passt es, mal weniger. Für ihn ist es ein Spiel, das früher oder später aufgeht.

Während der selbsternannte Anarchist Erich Mühsam auf seinen täglichen Gängen durch Münchner Kaffeehäuser, Weinstuben und Bierkeller alle Szenen miteinander verbindet – ob Bohemiens, Ästheten, Honoratioren, Schauspieler, Sozialisten und viele andere Kreise –, wendet sich Richard Seewald nach unzähligen durchplauderten Nächten wieder vom Café Größenwahn ab. Er will Kunst schaffen, sich auf die Arbeit konzentrieren und nicht als Bohemien in einer Gosse enden.

Einer, den sie alle kennen, hinterlässt im Größenwahn übrigens erstaunlich wenig Spuren: Hans Gustav Bötticher. Der spätere Ringelnatz und derzeitige Hausdichter des Simplicissimus lebt seit dem Frühjahr 1909 bei einer alten Bekannten seines Vaters. Er nennt sie Seelchen und revanchiert sich für Wohnung und Verpflegung, indem er ihr bei der Pflege ihrer Mutter hilft. Manchmal macht er sich einen Spaß, kleidet sich in die Garderobe seiner Gastgeberin, um als Frau durch die Stadt zu laufen und Blicke wie Pfiffe zu provozieren.

Seine Stelle im Reisebüro hat Bötticher längst verloren, was ihn allerdings wenig schert. Zum einen erhält er im Simplicissimus für seine Gedichte ein wenig Essen, zum anderen hat er im März in Schwabing ein Zigarrengeschäft erworben, das er »Tabackhaus: Zum Hausdichter« nennt. Er will von jetzt an als Kaufmann gutes Geld verdienen und hat ein Skelett und Totenköpfe ins Schaufenster gestellt. Sogar Reklamekarten hat er drucken lassen, auf denen zu lesen ist: »Vorzügliche Cigarren und Cigaretten. (Bisher noch kein Todesfall). Prompte Lieferung nach Auswärts.« Er preist sein Geschäft als Treffpunkt der gebildeten Raucherwelt an und bittet die Menschheit, möglichst zahlreich zu erscheinen.

ARKTIS

Der Planet ist fast vollständig kartiert und birgt kaum noch Geheimnisse. Nur wenige, sehr abgelegene Orte gelten noch als Terra incognita, als unbekanntes Land. Dazu zählte bislang auch der Nordpol. Nach einer Vorbereitung von zwanzig Jahren und einem Gewaltmarsch von sechshundertsiebzig Kilometern übers ewige Eis ist auch dies Geschichte: Am 6. April 1909 stehen Robert F. Peary, Matthew Henson und vier Inuit auf Position 89° 57′ nördlicher Breite. Der Nordpol befindet sich in unmittelbarer Nähe und gilt als erreicht.

Damit bleiben nicht mehr so viele unbetretene Orte: der südlichste Punkt des Planeten und auch der höchste Gipfel – aber um den Südpol wird es bereits in zwei Jahren ein dramatisches Wettrennen geben, und bis zur Geburt des älteren der beiden Erstbesteiger des Mount Everest sind es gerade noch fünf Jahre. Selbst dass einmal Menschen den Erdtrabanten betreten könnten, gilt nicht mehr als völlig undenkbar. Schließlich ist der phantastische Stummfilm *Die Reise zum Mond* von George Méliès auch schon sieben Jahre alt. Ständig erleben die Menschen, wie das, was gerade noch als größenwahnsinnig galt, auf einmal machbar wird.

BERLIN

Herwarth Walden hätte sich nicht darauf einlassen sollen. Aber was will er sich beschweren? Es war seine Idee, und sie erschien keineswegs verwegen: Er hatte Karl Kraus geschrieben, er wolle in der deutschen Hauptstadt die beste deutschsprachige Zeitung veröffentlichen, womit er natürlich die *Fackel* meinte. Zum einen war er sich sicher, die satirisch-böse Zeitschrift müsse im konservativ-biederen Preußen zünden und einen kleinen Flächenbrand entfachen, zum anderen veröffentlicht Kraus ohnehin ständig Texte aus Berlin, allen voran von Else Lasker-Schüler.

Kraus seinerseits hatte nicht vergessen, wie sehr ihn Walden schätzt. Dass der ihn für den definitiv besten deutschsprachigen Schriftsteller hält, wird ihm gefallen haben. Solch ein Urteil, hatte Walden ihm mitgeteilt, habe er bislang nur über zwei andere Autoren gefällt: über Heinrich Mann und Else Lasker-Schüler, die zufällig seine Frau sei. Auch dieser Vergleich dürfte Kraus zugesagt haben.

Von Mitte August 1909 an darf Herwarth Walden also die Berliner Ausgabe der *Fackel* verkaufen. Kraus schickt ihm immer die aktuelle Ausgabe mit der Post nach Halensee in Charlottenburg. In seiner Wohnung kopiert Walden die Texte und lässt die Zeitschrift nachdrucken. Eigentlich eine einfache Sache, wenn nicht ständig peinliche Druckfehler passieren würden. Ein falsches Komma in der Berliner *Fackel* – und Kraus tobt so laut, dass man es bis ins Café Größenwahn am Ku'damm hört.

Walden hetzt deshalb ständig von Kaffeehaus zu Kaffeehaus, um in den ausliegenden Ausgaben alle noch so kleinen Fehler höchstpersönlich per Hand zu korrigieren. Nebenbei muss er zusehen, wie sein »Verein für Kunst« an frisches Geld kommt. Ein erfolgreicher Rezitationsabend, bei dem hundert Mark in der Kasse landen, rettet ihn über den November. Auch im Dezember kann er gerade so eine Pfändung verhindern.

Seine Frau sitzt derweil im Café Größenwahn, schreibt Gedichte und beobachtet die Leute, darunter den Oberkellner Hahn, in dem alle den wahren Herrscher des Kaffeehauses sehen. Hahn kümmert sich zuvorkommend um seine Gäste, ohne dass dabei seine Autorität litte. Else Lasker-Schüler wird ihn einmal als »König mit dem Zauberstab« bezeichnen. Er notiert penibel alles, was die Bohemiens bestellen, aber ihre Rechnungen lösen sich dann stets in Luft auf.

Tatsächlich legt der Kellner sie nicht seinen Habenichtsen, sondern deren Mäzenen vor, die still all die Kaffees, Kuchenstücke und Mineralwasser ihrer Künstler übernehmen. So begleicht der Galerist Paul Cassirer die Rechnungen von Else Lasker-Schüler. Nur für Bier, Sekt oder Schnaps kommen die Förderer ungern auf. Oberkellner Hahn bleibt in solchen Fällen nichts übrig, als mit der Rechnung zu mogeln. Aus einer Flasche Wein wird kurzerhand ein Wiener Schnitzel.

Irgendwann im Sommer 1909 betritt Leonhard Frank zum ersten Mal das Berliner Größenwahn. Er hat München, die Malerei, seine Freundin Sophie, den Psychiater Otto Gross und das dortige Café Größenwahn hinter sich gelassen. Gross zerstörte zwar die Beziehung zwischen Leonhard und Sophie – tatsächlich ist sie seit Jahren seine Geliebte –, aber mit seinem Gerede von der Triebsteuerung des Menschen vermochte er es dennoch nicht, Franks Glauben an die romantische Liebe zu zerstören. Warum er München so plötzlich den Rücken gekehrt hat, wird Leonhard Frank später selbst nicht mehr so genau wissen. Der Neubeginn in Berlin war jedenfalls mühsam. Bald konnte er sein Zimmer nicht mehr bezahlen. Als Obdachloser schlief er einmal auf einer Parkbank im Tiergarten ein und merkte nicht, wie es zu regnen begann. Als er aufwachte, war er vollkommen durchnässt. Zum Glück fand er rasch wieder eine Unterkunft.

Jetzt sitzt Leonhard Frank an einem der runden Marmortische im Größenwahn am Kurfürstendamm und lässt den Blick von Tisch zu Tisch wandern, bis er an einer jungen Frau haften bleibt. Sie ist schlank, grazil und hat braunes Haar, das bis auf die Schultern fällt. Als sie seinen Blick bemerkt, schaut sie mit einem Ausdruck zurück, der ihn dahinschmelzen lässt. Welch ein empfindsames Herz, schießt es ihm durch den Kopf, und er ist sich plötzlich sicher, seine künftige Lebensgefährtin vor sich zu haben.

So lernt er Louise Elisabeth Erdelyi kennen, die von ihm Lisa genannt wird. Sie ist Schauspielerin. Eigentlich stammt sie aus einer wohlhabenden jüdischen Wiener Familie, aber ihr Vater ärgert sich so sehr über ihre Berufswahl, dass er ihr jegliche finanzielle Hilfe versagt. Erst wenn sie heiratet, will er ihr Geld geben. Sie mag empfindsam wirken, aber in großen Lebensfragen, so stellt Frank bald fest, gibt sie nicht nach. Der Liebe auf den ersten Blick folgt die Heirat am 28. August 1909. Vielleicht spielt dabei auch Mitgefühl eine wichtige Rolle. Denn Lisa ist krank, die Eierstöcke sind entzündet. Die Tatsache, dass seine Tochter einen Hungerleider heiratet, stimmt ihren Vater nicht glücklich, aber nach der Hochzeit erhält sie das versprochene Geld und kann sich operieren lassen.

WIEN

Seit anderthalb Jahrzehnten verkehrt Peter Altenberg im Café Central und gilt den Kellnern damit als Inventar. Er hat Tausende von Kaffees und Tees getrunken und unzählige Zigaretten genossen. Zahllose Menschen haben sich an seinen Tisch gesetzt. Er hat vor aller Augen geweint und geschimpft, gelacht, seine Geschichten verfasst und Halsketten geknüpft. Er sah Personal kommen und wieder verschwinden, während er blieb. Mit dem Zahlkellner, der ebenfalls Peter heißt, versteht er sich seit langem prächtig. Sie sehen sich gegenseitig beim Altern zu, aber als ihm Zahlkellner Peter in einem vertrauten Moment das »Du« anbietet, brüllt der Dichter empört:

»Was erlauben Sie sich?«

»Herr Altenberg, dann brauchen Sie mir auch kein Trinkgeld mehr zu geben!«

»Ist das Ihr Ernst?«

»Gewiss, Herr Altenberg.«

»Topp!«

Sie schütteln sich die Hände, woraufhin der eine Peter glücklicher ist als der andere.

Im Central nimmt Altenberg weiterhin seine Post entgegen und fast alle Mahlzeiten ein. Überhaupt erledigt er im Kaffeehaus sämtliche Geschäfte und Besprechungen. Er empfängt sogar seinen Schneider, um Anzüge anzuprobieren.

An einem Abend im Herbst 1909 kommt der dreiundzwanzigjährige Maler Oskar Kokoschka, um ihn zu porträtieren. Altenberg sieht an diesem Tag wie ein Seehund aus. So verwundert schaut er drein, dass Kokoschka an ein eben zur Welt gebrachtes, ins Weltmeer gesetztes Junges denken muss. Er kennt die Sprunghaftigkeit des Dichters, aus dem mal muntere Geschichten hervorsprudeln, bevor er sich plötzlich – etwa wenn Kraus ihn spitzbübisch geneckt hat – in kindlichem Zorn ereifert, worüber der ganze Tisch lachen muss, weshalb sich der Dichter wiederum nicht ernst genommen fühlt.

Karl Kraus sitzt auch jetzt neben Altenberg am Tisch, zudem gesellt sich der Architekt Adolf Loos zur Runde. Am liebsten würde Kokoschka den Dichter an einem ruhigeren Ort porträtieren, aber Altenberg weist alle Einwände zurück, stört sich kein bisschen am Tumult um ihn herum, beginnt lebhaft zu erzählen und wie ein Magier zu gestikulieren. Vor aller Augen lässt er arabische Jungfrauen, japanische Geishas und Favoritinnen aus *Tausendundeiner Nacht* auftauchen.

Oskar Kokoschka beobachtet jede Regung genau, betrachtet die dicken, weißen Hände des Dichters, die im prismatischen Licht des Kaffeehauses zauberhaft zu leuchten scheinen. Er beginnt zu malen.

Doch Loos und Kraus übertreiben es mit ihren Neckereien, die Stimmung kippt, und auf Altenbergs Gesicht macht sich ein verzweifelter Ausdruck breit, den Kokoschka nicht mehr aushält: »Ihr dürft den Peter nicht so reizen, wenn ihr vorgebt, seine Freunde zu sein. Er hat euch doch nichts getan! Ihr schadet ihm mit den Sticheleien, die er tragisch nimmt. Es tut ihm weh, und mir auch!«

Kraus und Loos sticheln trotzdem weiter, bis Kokoschka zornig aufspringt, um den Dichter zu verteidigen – aber da greift Altenberg ein, hält den jungen Maler zurück und bestellt ihm ein paar Würstel mit Senf und überdies eine volle Schachtel Zigaretten.

Nie zuvor hat der knauserige Altenberg seine Freunde so überrascht wie mit dieser Bestellung. Von da an verläuft der Abend heiter und entspannt, während Kokoschka sein Ölbild fertigstellt. Es sei nicht das eines Clowns, wird er eines Tages erklären, vielmehr zeige es einen zornigen Oktopus in Menschengestalt.

Peter Altenberg ist die Sticheleien seines Stammtisches gewohnt und lässt sie leidend über sich ergehen. Freunde? Da kann er nur lachen. »Man sitzt vereint, eigentlich also entzweit, am Stammtisch von neun Uhr abends bis zwölf«, schreibt er einmal. »Kunst, Politik, Literatur sind rasch erledigt. Was nun?! Man versuche es, dem Peter seine Freundin, die jeweilige, abspenstig zu machen!« Und ein anderes Mal: »Ein Stammtisch ist ein Tisch, an dem abends die Ungezogenheiten, Frechheiten und Egoismen der Nebenmenschen ins Unermessliche auswachsen! Ein Spülwasser-Ausguss für alles, was die beschäftigte Lebensmaschine bei Tag belastet und irritiert hatte.«

Manchmal wäre er gerne allein, aber sie lassen ihn nicht, sie brauchen ihn als Narren, Unterhalter und Opfer ihrer Scherze. Umgekehrt braucht er sie aber auch als Zuhörer, Bewunderer und Geldgeber. Er stellt sogar Tarife für seine Geschichten auf. Wer zuhört, muss zahlen. Wer Fragen stellt, muss ebenfalls noch tiefer in die Geldbörse greifen, sonst gibt es keine Antworten. Und wer meint, ihm mit Schmeicheleien kommen zu können, wie »Peter, Sie wissen doch alles«, der soll ihm erst einmal eine Monatsrente zahlen, was nicht günstig wird. Fünfzehn Kronen reichten nicht, meint er, um den geistigen Horizont einer jungen Dame zu erweitern. Sein billigster Horizont koste fünfundzwanzig Kronen monatlich. Sonst bleibe die Dame halt a blöde Gans!

Altenberg schnorrt offensiv. Rund ein Dutzend wohlhabende Menschen zahlen ihm tatsächlich eine Monatsrente von je zehn bis fünfzehn Kronen, womit er in manchen Monaten zweihundert bis dreihundert Kronen einnimmt, was zum Überleben reicht. Alles Geld gibt er freimütig her, wenn er von einem Unglück hört. Regelmäßig spendet er zehn Kronen an die Kinderschutzgesellschaft. Auch Kellner und Stubenmädchen erhalten von ihm gute Trinkgelder.

Im anbrechenden Winter 1909 zieht es den Dichter wieder durch Kaffeehäuser, Casinos, Kabaretts und Varietés. Es ist seine Welt. Einer jungen Künstlerin teilt der mittlerweile Fünfzigjährige brieflich mit: »Was haben Sie von mir? Nichts! Was habe ich von Ihnen? Alles! Wieso? Weshalb? Warum? Weil ich Sie sehen und bewundern darf! P. A.« Mit Gefolge zieht er von einem Etablissement ins nächste, bis sie gegen drei, vier Uhr in einem Nachtcafé landen.

Seine Freunde wundern sich, mit wem sich dieser Schwärmer, der so hohe ästhetische Ideale im Kopf hat, zuweilen begnügt. Zumal Altenberg mit den Jahren weniger wählerisch wird. Dass er, den sie für den genialsten Menschen überhaupt halten, sich mit abschreckenden Frauengestalten abgibt, können sie kaum fassen. Sie lachen, wenn sie ihn mit einem Mädchen ertappen, das sie für ein schlichtes Gemüt halten. Und doch rechnen sie es ihm an, wie sehr er sich jahrelang um die ärmsten Straßenmädchen kümmert, dass er ihnen zuhört, sich mit ihnen unterhält und sogar ihren Dialekt beherrscht.

Morgens, wenn er sich zum Schlafen durch die Stadt auf sein Hotelzimmer begibt, verkaufen die Marktfrauen schon Gemüse und Blumen. Er atmet den Duft von Erdbeeren und blühenden Levkojen, schnuppert den Geruch des aufgehenden Tages und den frisch gesprengten Straßenstaub. Staunt über die taufeuchten Blumen, die aufgetürmten Gemüseberge – und die hübschen Töchter der Marktfrauen. Sie alle nicken ihm zu: »Grüß Ihnen Gott, Herr von Altenberg.«

Geschichten kommen und gehen. Eine ist endgültig vorbei: die Geschichte des Café Griensteidl, des Wiener Größenwahn. Offiziell heißt es schon lange anders, nämlich Café Glattauer, aber in den Köpfen der Wiener hat sich der alte Name festgesetzt. In der Sonntagsausgabe der *Neuen Freien Presse* vom 31. Oktober 1909 beklagt eine feuilletonistische Trauerrede den Konkurs des »Geschäftslokals des Wiener Literaturbetriebs«. Mehr als fraglich sei, ob sich das Kaffeehaus von seinen finanziellen Wunden erholen könne. Darin, dass es jetzt am Ende sei, liege eine beinah menschliche Tragik.

Als Autor des Nachrufs erzählt Raoul Auernheimer noch einmal, wie das Café zum Hauptquartier der Literatur werden konnte. Er selbst war zwar zu jung, um es miterlebt zu haben, es war vor seiner Zeit, aber man hat ihm von den alten Tagen im legendären Größenwahn berichtet. Wie nun wurde es zum literarischen Hauptquartier? »Nun, wie man eben alles im Leben wird: durch Zufall, sagen diejenigen, denen es nicht gelingt, durch Talent, behaupten die Erfolgreichen.«

Beim Griensteidl sei es eine Mischung aus beidem und vor allem die Lage in der Nähe des Burgtheaters gewesen. Erst kamen die Schauspieler, dann die Dichter, bis es ein Künstlertaubenschlag par excellence war. Dabei könne kein Kaffeehaus von den Dichtern leben, die ja nicht mehr als eine kleine Tasse Schwarzen bestellten, um fünfundzwanzig Tageszeitungen und zwölf Revuen unentgeltlich zu lesen.

Ganz schlimm seien die modernen Dichter. »Je weniger Geld sie haben, desto moderner sind sie im Allgemeinen«, schreibt der Auernheimer. »Und erst später, wenn sie zu Geld kommen, hören sie nämlich auf, modern zu sein.«

Am Ende bringt der Nachruf das Treiben des einstigen Wiener Größenwahn auf den Punkt: »Das Kaffeehaus ist der Sammelplatz von Müßiggängern und Schwätzern, in vielen Fällen. Aber zuweilen ist es auch ein kleines Parlament, eine ungebundene Universität, eine improvisierte Akademie; und manchmal ganz einfach der Salon derjenigen, die keinen haben. All das war auch das Café Griensteidl.« So schön hat es bislang niemand formuliert.

Hans Gustav Bötticher gibt seinen Tabakladen auf. So viele Nachmittage hat er im Geschäft verbracht und kaum etwas verdient. Hin und wieder hatte er Spaß. Einmal wollten ihn zwei Studenten übertölpeln. Sie besprachen sich vor seinem Geschäft, was er mit anhörte. Als sie eintraten und eine Phantasiemarke verlangten, kramte er seine billigste Zigarette ohne Etikett hervor und bat gelassen um zehn Mark. Ohne weitere Fragen zahlten die beiden den horrenden Betrag. Es war sein bestes Geschäft.

Im Dezember verschenkt er seine restlichen Waren, bevor die Firma zum 31. Dezember 1909 erlöscht. Eine Katastrophe ist das nicht, weil er im Simplicissimus nicht mehr nur Essen und Wein erhält, sondern mittlerweile ein echtes Honorar und sogar Urlaub bekommt. Lange wird er es in der Kneipe trotzdem nicht mehr aushalten. Er hat allmählich genug von dem verrauchten Lokal, den missgünstigen Kollegen und der raffgierigen Wirtin. Die wird sich ohnehin in nicht allzu ferner Zeit als wohlhabende Frau in eine Villa bei Wolfratshausen zurückziehen und dort ein Schild anbringen, auf dem weithin sichtbar »Kathis Ruh« zu lesen ist.

So löst sich Bötticher aus seiner Rolle als Kneipendichter. Er liest jetzt viel, schreibt an einem Kinderbuch und verfasst seinen ersten Beitrag für die *Jugend*: »Die wilde Miß vom Ohio«. Darin stellt er sich vor, er säße an einem gottverlassenen Bahnhof. »Die Einsamkeit ist die Treppe zum Gedankenkeller«, formuliert er. »Sie ist selbstverständlich wertlos für denjenigen, der unten nichts auf Lager hat. Wer aber sein Fässchen oder gar Fässer, Tonnen dort liegen weiß – meistens die, welche oben nur wenig verzapfen –, dem fällt es nicht schwer, die Stunden in dieser erfrischend kühlen Tiefe totzuschlagen.« Die menschliche Phantasie blüht demnach vor allem dann auf, wenn nichts geschieht und damit Zeit zum Nachdenken bleibt.

Das war's, Herwarth Walden ist pleite. Die Berliner Ausgabe der *Fackel* wirft einfach zu wenig ab. »Mein ganzes Vermögen besteht zur Zeit aus vierzig Mark«, klagt er gegenüber Karl Kraus, den er kurz zuvor nach Berlin eingeladen hatte. Kraus hielt eine Lesung und war so begeistert von den Reaktionen, dass er ernsthaft überlegt, Wien zu verlassen und an die Spree zu ziehen.

Um den Monat zu überstehen, schreibt ihm Walden nun, brauche er bis zum 16. Februar 1910 hundert Mark. Danach sollten die Einnahmen aus einer neuen Zeitschrift alle seine Kosten decken. Das Blatt soll *Der Komet* heißen, was seine Frau Else Lasker-Schüler vorgeschlagen haben dürfte, die Kometen als Glückssterne verehrt.

Doch wenige Tage bevor die erste Ausgabe erscheinen soll, kommt in München eine Zeitschrift mit demselben Namen heraus. »Ein Saublatt«, schimpft Walden und teilt Kraus daraufhin einen anderen Namen mit: »Die Zeitschrift heißt nun Der *Sturm*. Finden Sie es gut? Meine Frau ist noch immer sehr aufgeregt.« Vielleicht ist der neue Name tatsächlich besser, der Münchner *Komet* verglüht nämlich so rasch wie spurlos.

Am 3. März 1910 liegt die erste Ausgabe des *Sturm* aus. Dummerweise springt ein Förderer ab, und Anzeigen werden nicht bezahlt. Aber solange Walden noch Zigaretten kaufen kann, ist er nur am Hungern. Schlimm wird es, wenn kein Geld mehr für Rauchwaren da ist. Ihm bleibt nichts anderes übrig, als erneut an Kraus zu schreiben und ihm penibel alle Kosten aufzulisten, Miete für Wohnung und Büro, für Sekretärin, einen *Fackel*-Redakteur, die Pension des Sohnes Paul sowie Porti. Alles in allem: sechshundertfünfundzwanzig Mark.

Karl Kraus hilft aus und bittet sogar, wofür er sich überwinden muss, seine Verwandten um Geld. Walden schickt ihm dafür

Schuldscheine, während seine Frau ein Porträt über Kraus verfasst, das sie ihm nervös ankündigt: »Ich bin so aufgeregt, nun hab ich über Dich so wunderbar geschrieben. Ich hatte ja noch nicht geschrieben, ich konnte noch nicht, ich schämte mich und sagte es Dir! So prachtvoll, ich bin nur bang, Du könntest beleidigt sein, aber großartig!« Wenn sie schreibe, sei sie wie besoffen. »Du wirst dennoch entzückt sein. Ich habe plötzlich den Griff gekriegt, ich konnte Dich nicht schleudern, Dich muß man schleudern, nicht werfen.«

Ihr Porträt, das schlicht »Karl Kraus« heißt, steht am 19. Mai 1910 im *Sturm*. Else Lasker-Schüler beschreibt den Lesern sein Gesicht darin als »Katzenform eines Dalai-Lama«. Ansonsten nennt sie ihn wahlweise Papst, Herzog oder Kardinal. Neben ihrem Text ist eine große Federzeichnung mit kräftigen schwarzen Strichen abgedruckt, die Oskar Kokoschka von Kraus erstellt hat: Der gefürchtete Kritiker schaut darauf konzentriert und in Gedanken versunken zur Seite.

Und dann findet im April 1910 mal wieder eine turbulente Krisensitzung im Größenwahn statt. Der junge Maler Georg Tappert bittet einige Kollegen dringend, am 22. des Monats ins Kaffeehaus zu kommen. Man müsse unbedingt miteinander reden, denn so könne es nicht weitergehen. Gerade eben hat es einen Eklat in der angesehenen Berliner Künstlergruppe Secession gegeben, der heftiger verlaufen ist als frühere.

Der dreiundsechzigjährige Malerpräsident Max Liebermann hat ein Gemälde von Emil Nolde für die alljährliche Ausstellung abgelehnt. Der Impressionist Liebermann kann mit dem expressionistischen Gepinsel des jüngeren Kollegen aus Schleswig nichts anfangen. Das Gleiche gilt für die Bilder des neunundzwanzigjährigen Tappert. Während der stillhielt, rastete Nolde aus, bis ihn die distinguierten Malerherren um Liebermann aus ihrer Vereinigung warfen.

In dieser Aprilnacht gründen die Künstler um Tappert und Max Pechstein im Kaffeehaus die Neue Secession. Schon im Mai findet in einer Galerie ganz in der Nähe des Café Größenwahn ihre erste Ausstellung statt. Für den Fall, dass jemand den Streit nicht mitbekommen haben sollte, geben sie ihr den Namen »Ausstellung von Werken Zurückgewiesener der Berliner Secession«.

WIEN

So kann es nicht weitergehen. Peter Altenberg säuft einfach viel zu viel, jede Nacht krügeweise. Mittlerweile sorgt sich sein Bruder so sehr um ihn, dass er den Dichter drängt, seinen Alkoholismus und auch alle anderen seelischen Störungen in einer Klinik behandeln zu lassen. Es werde höchste Zeit. Wenigstens ist Altenberg halbwegs fürs Alter abgesichert. Seit etwa anderthalb Jahrzehnten legt er jeden Gulden zurück, den er entbehren kann, was jedoch niemand weiß. Nur seinem besorgten Bruder hat er kürzlich anvertraut, er wolle sich von dem Geld, wenn er dereinst verlassen und vergessen sei, eine Leibrente kaufen.

Das heimliche Gelddepot verschafft Altenberg innere Ruhe. Und es ist größer, als man vermuten könnte, auch wenn er sich über den genauen Betrag ausschweigt. Seine Gönner sollen es besser nicht erfahren, könnten sie doch sonst ihre monatlichen Zahlungen einstellen. Zuletzt hat ihm Hedwig Fischer, die Frau seines Verlegers, viertausend Mark geschickt. Aus Anlass seines fünfzigsten Geburtstags hatte man in Berlin seine Stücke gelesen und um Spenden gebeten. Auch Kraus überlässt ihm regelmäßig Vorlesungshonorare. So spart Altenberg aus Tantiemen und Geschenken fürs Alter und schnorrt sich ansonsten durch den Alltag.

Im Frühjahr 1910 hat es der Bruder geschafft. Peter Altenberg ist in der Fango-Heilanstalt einquartiert, was ihm nicht durch und durch unangenehm ist. Täglich liegt er eine halbe Stunde in warmen Wasserbädern mit vulkanischem Schlamm. In Wien spricht sich der Aufenthalt herum, sodass sich Erfolgsautor Schnitzler besorgt aufmacht, um den Kollegen zu besuchen. Er findet ihn weinend und von Schmerzen geplagt im Bett vor, während eine junge Verehrerin mit aufgelösten Haaren neben ihm sitzt, Bittbriefe schreibt und sich bemüht, seine Texte an Zeitschriften zu verkaufen. Vom behandelnden Arzt erfährt Schnitzler, was er sich denken konnte: Organisch lasse sich nichts finden, der Patient leide an den Folgen des Alkohols.

Von der Fango-Heilanstalt aus geht es für Altenberg als Nächstes ins Sanatorium von Dr. Emil Fries in Inzersdorf im Wienerwald. Er hasst es dort, leidet unsäglich, sehnt sich nach Alkohol, fühlt sich verfolgt und meint, man wolle ihn vergiften. »Ich lag wieder einmal im Sterben«, notiert er später lakonisch. »Einer sandte mir daher Kalbsfußgelee in Glasdose, statt mir seine junge, schöne Geliebte zu senden, die mich unbedingt eher hätte retten können als Kalbshaxen.« Trotz Beaufsichtigung gelingt es ihm, sich ordentliche Mengen an Bier zu verschaffen.

Nach seiner Entlassung im Sommer veröffentlichen Freunde, Bekannte und Bewunderer zwei Spendenaufrufe. »Peter Altenberg, der viele Monate mit einem schweren Nervenleiden gekämpft hat, ist jetzt wieder genesen«, lautet der erste Satz, der mehr ein Versprechen als eine Tatsache ist. Es unterzeichnen etwa der aufstrebende Schriftsteller Hermann Hesse, der gefürchtete Berliner Literaturkritiker Alfred Kerr und das Theatergenie Max Reinhardt. Dass sehr viel gespendet wird, beeindruckt den Dichter indes sehr wenig.

Auf Phantasiereise:
Else Lasker-Schüler als Prinz von Theben (1912)

Angriff aufs Kaffeehaus

JULI 1910 BIS DEZEMBER 1911

Else Lasker-Schüler nimmt Oskar Kokoschka mit ins Berliner Größenwahn und verguckt sich ein wenig in den Maler. In der deutschen Hauptstadt sorgen zwei junge Dichter für Furore: Georg Heym und Jakob van Hoddis beschwören den Untergang und das Weltende. Zwischen Frankreich und dem Deutschen Reich knirscht es. Aber solange nichts Gefährliches geschieht, feiert der Landschaftsmaler Friedrich von Schennis nächtelange Champagnerpartys. Gräfin Franziska zu Reventlow heiratet derweil einen versoffenen Adeligen, Peter Altenberg schwört auf Diäten, Karl Kraus versteht seine Lieblingsdichterin nicht mehr, und Herwarth Walden kehrt seltsam verändert von einer Auslandsreise zurück.

Säuleneingang zum
Berliner Größenwahn um 1900

BERLIN

Peter Altenberg hat er bereits gemalt und von Karl Kraus eine spitze Federzeichnung erstellt, die kürzlich im *Sturm* erschienen ist. Mittlerweile veröffentlicht die deutsche Zeitschrift unter dem Titel »Menschenbilder« eine ganze Bilderserie von ihm, dem jungen Malertalent Oskar Kokoschka. Nun reist der Österreicher im Sommer 1910 nach Berlin. Unterwegs sieht er verdorrte Felder. Zwar ist es nicht ungewöhnlich heiß, aber es fällt so wenig Regen, dass die Ernte vielerorts ausfallen wird.

In Berlin trifft der Maler den *Sturm*-Verleger Herwarth Walden, von dem er gleich einmal ein Gemälde anfertigt: im seitlichen Profil mit einer kahlen Stirn, langen schwarzen Haaren, die auf dem Bild stellenweise goldblond wirken, einer roten Nase und übermüdeten, traurigen Augen, der Blick gleichwohl konzentriert.

Walden findet das Bild gelungen, und seine Frau Else Lasker-Schüler erkennt ihren blonden Hamlet, wie sie den eigentlich Dunkelhaarigen in ihrer künstlerischen Freiheit nennt. Auch sie möchte daraufhin porträtiert werden, aber Kokoschka fühlt sich nicht imstande, ihr Wesen zu erfassen, und lehnt ab.

Else Lasker-Schüler nimmt ihn trotzdem mit ins Café Größenwahn am Kurfürstendamm. Vom Zeitungskellner Moritz erfährt sie üblicherweise gleich als Erstes den neuesten Klatsch, auch wenn sie die Eitelkeiten manchmal nicht mehr hören mag, aber auf die Gemeinschaft kann sie nicht verzichten. Sie alle hielten das Kaffeehaus heimlich für den Teufel, meint sie einmal, aber ohne den Teufel sei doch nun mal nichts.

Kokoschka setzt sich auf die Terrasse, hält seinen kurzgeschorenen Kopf in die Sonne und grinst zufrieden, wenn sich Passanten über so viel Nacktheit erschrecken. Er lernt auch John Höxter kennen, dem er einige Porträtzeichungen zeigt. Aber Höxter kann damit wenig anfangen. Für ihn sind es seltsame Linienspiele voll krauser Kratzer. Wenn er nachfragt, hört er dunkle Erklärungen. »Dös is so a grauslicher Worm«, meint Kokoschka etwa über eine Stirnader. Auch wenn nicht jeder seine Kunst versteht, genießt der Wiener die Aufmerksamkeit.

Und Else Lasker-Schüler mag diesen jungen Mann mit seinen kräftigen Gesichtszügen und dem prägnanten Kinn. Sie verguckt sich ein wenig in den siebzehn Jahre jüngeren Künstler, was sie später schuldbewusst ihrem Mann beichtet.

Im Taubenschlag des Café des Westens geht es nie wilder zu als in dieser Zeit um das Jahr 1910, obwohl einige der Lebenskünstler ins freiere, ungezwungenere München abgewandert sind: der Anarchist Erich Mühsam etwa oder die verführerische Lotte Pritzel, deren schlüpfrige Gedichte sie einst im Berliner Größenwahn bejubelten. Wenn sie auf Stippvisite in Berlin sind, schauen sie noch immer gern im Kaffeehaus am Ku'damm vorbei, wo immerzu neue Künstlerinnen und Bohemiens auftauchen.

Viel zu groß ist die Runde, als dass sich behaupten ließe, dort säßen nur ein paar Größenwahnsinnige in einem winzigen, abgeschotteten Elfenbeinturm. Ihre Welt der Wörter und Farben, der Gedichte, Romane und Gemälde, der Ideen und Vorhaben strahlt weit über das Kaffeehaus hinaus ins Land. Viele waren bereits hier, und viele schauen noch vorbei, seit kurzem etwa der elsässische Schriftsteller René Schickele und immer mal wieder der Arzt Alfred Döblin, der später einmal mit seinem Roman *Berlin Alexanderplatz* berühmt wird. Wie alle anderen finden sie hier Inspiration und Gleichgesinnte, die ihnen zusprechen, sie antreiben und ihnen Mut machen.

Am meisten bestaunt die Welt des Café Größenwahn in diesem

Sommer 1910 zwei erst dreiundzwanzig Jahre alte Talente, die mit ihren Versen einen neuen, unerhörten Ton anschlagen. Sie sorgen mit so morbiden wie absurden Gedichten, oft vorgetragen in einem Ton der Verkündigung, für erhebliches Aufsehen: die Dichter Georg Heym und Jakob van Hoddis. Letzterer heißt eigentlich Hans Davidssohn, hat irgendwann aber die Buchstaben seines Nachnamens umsortiert. Sie tragen beide kurze Haare, sind tadellos gekleidet und wollen bei aller gegenseitigen Zuneigung ihre Konkurrenz nicht verbergen. So schreibt Georg Heym in einem van Hoddis gewidmeten Gedicht:

> Er singt. Ein Ton von krankem Violett
> Stößt an den Raum. Der Tod geht. Manches Haar
> Streicht er zurück. Ein Kreuz, Asche und Fett,
> So malt er seine Frucht in welkem Haar.

Dafür revanchiert sich Jakob van Hoddis:

> Feindselig reichst du mir die plumpe Hand,
> Von neuem Zorn die starke Stirn betört.
> Und als ich längst schon meinen Weg gerannt,
> Hat alle Schritte noch dein Traum gestört.

Gut möglich, dass Jakob van Hoddis schon an einem Gedicht arbeitet, das bald ein neues Kapitel in der deutschen Literatur begründen wird: den Expressionismus. Nicht unwahrscheinlich auch, dass er gerade im Größenwahn daran feilt. Es wird »Weltende« heißen, acht Strophen umfassen und wie folgt beginnen:

> Dem Bürger fliegt vom spitzen Kopf der Hut,
> In allen Lüften hallt es wie Geschrei.
> Dachdecker stürzen ab und gehn entzwei
> Und an den Küsten – liest man – steigt die Flut.

Jakob van Hoddis studiert alte Sprachen, während sein Widerpart Georg Heym das Studium bereits abgeschlossen hat und als Justiz-Referendar am Amtsgericht Groß-Lichterfelde angestellt ist. Er hasst diese Tätigkeit. Einmal zerreißt er aus Frust über die langweilige Arbeit eine Grundbuchakte und will sie in einem Klo des Gerichts versenken. Die verstopfte Toilette läuft jedoch über, sodass die Sache auffliegt und einen kleinen Skandal verursacht. Die beiden Konkurrenten kennen sich aus dem Neuen Club, einer Vereinigung von Studenten und jungen Künstlern. Seit einigen Monaten veranstaltet der Club das Neopathetische Cabaret, bei dem die Mitglieder selbst geschriebene Texte vortragen.

Während Georg Heym sich oft verhaspelt, obwohl es ihm nicht an Selbstbewusstsein mangelt, wirkt Jakob van Hoddis wie ein Rabe, dessen schwarz schillernder Kopf finster über das Lesepult blickt. Trotzig rezitiert er kurze Verse, die ihm die im Publikum sitzende Else Lasker-Schüler am liebsten stehlen möchte, weil sie so »blank geprägt« seien. Der Jungstar wird von Else Lasker-Schüler genau beobachtet. Sie selbst, die zwanzig Jahre älter ist, hat es schwer bei den jungen Leuten. Heym hält sie für eine wild gewordene Harfen-Jule.

Die beiden Dichter lassen sich nicht in Lasker-Schülers orientalische Zauberwelten ziehen, sondern schreiben lieber über Weltuntergang, Selbstmörder und Verwesung. Mit den schon etablierten Kollegen – ob George, Rilke oder Altenberg – wollen sie nichts zu tun haben. Für den jungen Heym sind es allesamt alte Narren, die in ein Spital gehören, wo sie von ihm aus gerne auf Krücken einen lahmen Veitstanz aufführen können. Seine Helden heißen Baudelaire, Dostojewski, Zola und Christian Dietrich Grabbe – jener tragische Dramatiker aus Detmold, der Anfang des neunzehnten Jahrhunderts in Berlin versackte und auch später in seiner lippischen Heimat nicht wieder nüchtern wurde.

Nur mit zwei Künstlern aus dem Größenwahn verstehen sich Heym und van Hoddis wirklich gut: mit Leonhard Frank, von dem es heißt, er schreibe an einem Roman, und vor allem mit dem schnorrenden Grafiker John Höxter. Heym stiftet dem Habenichts ein geblümtes Biedermeiersofa – unter der Bedingung, ein Mal in der Woche über die Zimmer und die Möbel des Freundes verfügen zu dürfen. Mit Jakob van Hoddis wird Höxter für einige Zeit sogar in seiner Zweizimmerwohnung zusammenleben und ständig darüber diskutieren, wo denn die Hausschlüssel abgeblieben sein könnten.

Georg Heym muss sich um Geld und Unterkunft wenig sorgen, aber ihn plagen Albträume wie in dieser Julinacht 1910: Er steht an einem großen See, der wie gefroren wirkt. Menschen mit Körben für einen Markt laufen darüber. Er wagt sich auf das Eis, das aus lauter Platten zu bestehen scheint. Sie sind dünn und schwanken unter seinen Füßen. Er lässt sich nicht beirren und läuft eine Weile, als er einer Frau begegnet, die ihn zur Umkehr drängt. Die Eisplatten, prophezeit sie, hielten nicht mehr lange. Er geht dennoch weiter, während die Platten unter ihm zurückweichen. Erst als ihm der Gedanke kommt, er könnte fallen, versinkt er tatsächlich in einem grünen, schlammigen Wasser voller Schlingpflanzen. Er gibt sich nicht verloren, beginnt zu schwimmen und landet glücklich in einer sandigen, sonnigen Bucht.

MÜNCHEN

Das Jahr begann vielversprechend. Franziska zu Reventlow hatte sich verliebt, fühlte sich jung und glücklich, bis alles wieder vorüber war. Inzwischen, im Sommer 1910, würde sie die Stadt am liebsten verlassen, aber eine letzte Geschäftsidee möchte sie ausprobieren. Wochenlang bemalt sie Gläser, die sie dem gläubigen Volk bei den Passionsspielen in Oberammergau anbieten will. Als sie dort im Herbst erwartungsvoll ankommt, vermasselt ihr der Regen das Geschäft.

Frustriert packt sie ihre Gläser ein, fährt zurück nach München, geht in den Englischen Garten, besteigt auf dem Kleinhesseloher See ein Boot und rudert los. Kaum will sie die Gläser in den See werfen, brüllt von weitem ein Parkwächter, sie solle das gefälligst unterlassen. Nicht mal das hat geklappt.

Deprimiert hält sie im Tagebuch fest: »Man ergebe sich in sein Schicksal – wenn man kein andres hat.« Mehr klagt sie nicht. Ein Wort wie »Not« kommt ihr nie über die Lippen, eher spricht sie von »Schlamassel«. Und nichts anderes ist München noch für sie. Sie wollte eine Hetäre sein, jetzt streift sie als Dirne ums Sendlinger Tor mit seinen Varietés, Singspielhallen und Kuriositätenkabinetten. Dazwischen und danach sucht sie wieder häufiger jenes Kaffeehaus auf, in dem sie zu Beginn ihrer Münchener Zeit so gern weilte: das Café Stefanie, das Schwabinger Größenwahn. Es scheint, als wollte sie sich dort von ihren alten Träumen von einem Leben als Künstlerin verabschieden.

Sie wird ein neues Leben beginnen und hat beschlossen, mit ihrem dreizehnjährigen Sohn Rolf in die Schweiz zu ziehen. Ihr alter Bekannter Erich Mühsam hat ihr von einem baltischen Baron erzählt, der in Ascona am Lago Maggiore lebt und dringend eine adelige Frau zum Heiraten sucht. Sollte er keine finden, werde er nichts vom großen Erbe seines Vaters erhalten. Als Gräfin zu Reventlow wäre sie eine geeignete Kandidatin und könnte den Mann heiraten – rein zum Schein natürlich. Sobald der Schwiegervater tot und das Erbe aufgeteilt sei, könne sie sich wieder scheiden lassen. Ihr Gatte gebe sich sicher pragmatisch und großzügig. Er, Mühsam, kenne ihn gut und habe oft mit ihm gezecht.

»Wie heißt der Kerl?«

»Alexander von Rechenberg-Linten.«

»Rechenberg ist ganz praktisch. Da brauche ich ja nicht einmal die Monogramme in den Taschentüchern umzusticken.«

Für solche Sätze bewundert Mühsam die Gräfin. Außer ihrem Namen habe sie nichts an sich, meint er, was nach modriger Vergangenheit rieche. Ihr Blick, ihr Denken, ihr Leben seien auf die Zukunft gerichtet. Für ihn ist sie ein froher und freier Mensch ohne Vorurteile. Er liebt es, wenn sie lacht, denn dann lacht nicht nur ihr Mund, sondern ihr ganzes Gesicht. Überhaupt hält er sie für eine schöne Frau, er mag ihr strahlendes Äußeres und schätzt ihr Herz, das sich nach einer schönen und freien Menschenwelt sehnt.

Bevor sie mit ihrem Sohn auf gut Glück in die Schweiz zieht, um ihren Künftigen zu treffen, nimmt sie einen letzten Auftrag an. Im Namen der Münchner Kunstgewerbeausstellung reist sie als sprachkundige Verkaufsdame nach Paris. Während ihr Sohn bei Bekannten unterkommt, macht sie sich auf und notiert im Zug: »Halbe Nacht wach gelegen und gedacht, nun fahre ich immer weiter weg und mein Kind ist irgendwo weit fort. Was wird aus uns beiden?« Es ist einer der letzten Tagebucheinträge, aber sie haben sich damit nicht erledigt: Sie wird ihre jahrelangen Notizen noch für eine Abrechnung mit der Männerwelt brauchen.

WIEN

Überall in den Cafés und Bars freuen sich die Menschen, dass Peter Altenberg wieder unter ihnen weilt und mit ihnen säuft. Der Dichter genießt den Herbst wie kaum einen zuvor und schwankt berauscht durchs Nachtleben, wirkt zugleich aber launischer, knausriger und exaltierter. Man solle nicht mehr mit ihm rechnen, notiert eine Freundin, die dabei ist, als er Ende 1910 wieder in der Klinik in Inzersdorf im Wienerwald landet. Zornig schimpft er dort auf den verräterischen Bruder, dem er den Aufenthalt zu verdanken hat, und motzt über die mörderischen, nichtsnutzigen Ärzte, denen er jedoch regelmäßig entwischt, um heimlich Bier zu beschaffen. Niemand wisse besser als er, meint er, was sein Körper brauche. Seit langem härtet er seine Haut ab, bespritzt sie mit Menthol-Franzbranntwein und legt sich unter die Decke, bis das Zeug in alle Poren eingezogen ist. Statt kalt zu duschen, verzichtet er lieber auf Unterwäsche, was seiner Meinung nach aufs Gleiche hinausläuft. Was das Essen angeht, setzt er grundsätzlich auf bekömmliche Kost: Seefische, Erdäpfelpüree, grünes Erbsenpüree, braunes Bohnenpüree in Zitronensaft, Fruchtsäfte, Erdbeerkompott, eingemachtes Hirn, Weichkäse, Poularde und Chicken Jelly. Darüber hinaus schwört er auf Sonnenlicht, seelische Liebe, Schlaf bei offenen Fenstern, Übungen im Freien und nicht zuletzt auf den Kräuterwein Vino Condurango, der Blähungen und Magenschmerzen lindert. Regelmäßig greift er zudem zu Tamar Indien Grillon, einem mit Schokolade überzogenen Abführmittel aus Sennesblättern. Es gibt für ihn nichts Besseres.

ASCONA

Im Spätherbst 1910 ziehen Franziska und Rolf zu Reventlow in die Schweiz, nach Ascona am Fuße des Monte Verità. Sie wohnen allerdings nicht in der Kolonie der Lebensreformer, sondern, jedenfalls anfangs, im besten Hotel des Ortes, dem Albergo Quattrini. Am ersten Morgen wacht Franziska zu Reventlow dort glücklich auf. Ascona ist bei Tageslicht betrachtet eine freudige Überraschung.

Ihren künftigen Gatten, den baltischen Baron Alexander von Rechenberg-Linten, findet sie nicht unsympathisch, auch wenn er ein wenig rau wirkt. Dass er eine arme italienische Waschfrau liebt, stört sie nicht. Sie will ihn ja nur heiraten. »Der Mann ist ein merkwürdiger Typ, sieht aus wie ein Seeräuber, hat sich früher als Matrose und Goldwäscher herumgetrieben und sitzt seit Jahren hier und trinkt«, teilt sie Freunden mit. Ansonsten scheint die ganze Sippe zu spinnen: Ein Bruder ist Vegetarier und Theosoph, die Schwester gibt sich fromm und trägt eine blaue Brille.

Nachdem die Gräfin und der Baron die Details ihrer Scheinehe geregelt haben, wird Reventlow dem Schwiegervater in spe präsentiert. Sie kommt sich vor wie beim Zahnarzt. Der alte Herr stellt ihr verfängliche Fragen, ob sie Vermögen habe und wovon sie einen Haushalt gründen wolle. Sie bleibt vage und erzählt lieber etwas von ernsten Neigungen, woraufhin dem Paar der Segen erteilt wird, was nicht selbstverständlich ist, schließlich ist sie vierzig Jahre alt und hat einen jugendlichen Sohn. An der ganzen Sache gefällt ihr der Schwiegervater am besten. Sie mag ihn.

Während die Hochzeit vorbereitet wird, arbeitet die Gräfin ihre alten Liebesgeschichten auf. Sie durchforstet ihre Tagebücher und plant einen Briefroman über all die Männertypen, die ihr in München über den Weg gelaufen sind: vom verheirateten Kerl über den angeblich selbstlosen Retter bis zur eleganten Begleitdogge. In ihrem autobiographisch inspirierten Roman *Von Paul zu Pedro. Amouresken* schreibt sie Sätze, die ihrer Zeit weit voraus sind: »Es kann wohl manchmal Liebe und ›große Leidenschaft‹ sein, aber ein andermal – viele, viele andere Male ist es nur Pläsir, Abenteuer, Situation, Höflichkeit – Moment – Langeweile und alles Mögliche. Jede einzelne Spielart hat ihre besonderen Reize, und das Ensemble all dieser Reize dürfte man wohl Erotik nennen.« Obwohl sie vermutlich nie mit einer Frau intim verkehrte, fragt sie ketzerisch: »Schon das diktatorische: die Frau, der Mann. Wer sind denn diese Frau und dieser Mann? Warum wohl überhaupt diese Sucht, diese schöne Vielfältigkeit des Lebens und all seiner Möglichkeiten abzuleugnen oder wenigstens nach Kräften einzuschränken?« Für viele ihrer Zeitgenossen sind es verstörende Fragen, aber ihr Buch wird trotzdem gedruckt und gelesen.

MÜNCHEN

In Berlin mögen die jungen Dichter schon das Weltende spüren, in Bayern merken die Menschen immerhin, dass ein goldenes Zeitalter zu Ende geht. Prinzregent Luitpold feiert am 12. März 1911 seinen neunzigsten Geburtstag. Er war nach dem rätselhaften Tod des verschwenderischen, fraglos größenwahnsinnigen Märchenkönigs Ludwig II. gut ein Vierteljahrhundert zuvor als Regent eingesprungen und versöhnte das Volk mit der Monarchie. Dass er Natur und Kultur liebt, sich volkstümlich und bescheiden gibt und die große Politik meidet, mögen sie in Bayern. Dabei veränderte sich München unter ihm so rasant wie nie zuvor: Zählte die Stadt zu Beginn seiner Regentschaft zweihundertsechzigtausend Einwohner, sind es nun mit sechshunderttausend Menschen mehr als doppelt so viele. Zugleich entstanden zahllose Theater, Museen, Ministerialgebäude, Palastcafés und Industriebetriebe. In keine andere deutsche Stadt strömen derart viele Touristen. Vielleicht auch deshalb, weil München trotz allem nicht wie eine stressige, nervenaufreibende Metropole wirkt, sondern wie eine frühneuzeitliche Residenzstadt, in der man sich noch zurechtfindet und bummeln kann. Zur Feier des Tages lässt der Prinzregent seinen Geburtstagsgästen im riesigen Palastcafé Luitpold große Mengen an Kakis, Langusten und Hummer auftischen.

LOCARNO

Fast wären sie zu spät zur eigenen Trauung gekommen. Sie konnten die protestantische Kirche in Locarno einfach nicht finden. Nach der Zeremonie sind sie ein Paar vor Gott und der Welt, bis dass der Tod sie scheidet. Franziska Gräfin zu Reventlow heißt fortan Franziska Baronin von Rechenberg-Linten und ist russische Staatsbürgerin. Dass die angeblich verliebten Eheleute nicht zusammenziehen, sondern in ihren jeweiligen Wohnungen bleiben, bemerkt die Familie des Gatten durchaus und tuschelt sicher darüber. Immerhin besucht der Baron seine Gattin hin und wieder mit Blumen in der Hand. Zu ihrem finanziellen Glück muss sie nur abwarten, dass der Schwiegervater stirbt, damit sie zusammen mit ihrem Mann erst reich erben und sich dann scheiden lassen kann. Bis dahin übersetzt die Baronin französische Romane, schreibt Erzählungen für den *Simplicissimus* und arbeitet an einem neuen Roman. Mit vierzig Jahren hat sie beschlossen, das Schreiben als ihr künstlerisches Schicksal zu akzeptieren.

EUROPA

Frankreich und Deutschland streiten wieder über Marokko. Auf zwei internationalen Konferenzen wurde beschlossen, dass das Sultanat grundsätzlich souverän bleibt, auch wenn Frankreich eigene Truppen im Land stationieren darf und eine politische Vormachtstellung innehat. Das Deutsche Reich konnte wenigstens durchsetzen, dass alle Staaten weiter gleichberechtigt in Marokko Handel treiben dürfen.

Nun spitzt sich der Streit erneut zu und droht in einen Krieg zwischen Frankreich und dem Deutschen Reich auszuarten: Der Sultan von Marokko bat die französischen Truppen um Hilfe gegen die aufständischen Berber. Die Franzosen besetzten daraufhin zwei marokkanische Festungen, was für Berlin gerade noch akzeptabel war. Aber dann stießen sie tief ins Landesinnere vor, weshalb Kaiser Wilhelm II. seine wirtschaftlichen Interessen gefährdet sieht.

Am 1. Juli 1911 schickt das Deutsche Reich das Kanonenboot *SMS Panther* nach Marokko. Die Machtdemonstration soll Frankreich zu neuen Verhandlungen zwingen. Berlin lässt Paris wissen, dass man bereit sei, auf Marokko zu verzichten, wenn man dafür Gebiete anderswo in Afrika erhalte. Es ist das mit Frankreich verbündete Großbritannien, das solche Forderungen abschmettert. Zugleich warnt London die Regierung in Berlin vor einem Angriff auf Frankreich.

Wilhelm II. und sein Reichskanzler geben nach, wofür ihnen daheim Feigheit vorgeworfen wird. Immer mehr Deutsche haben den Eindruck, ihr Land werde auf der Weltbühne benachteiligt, weshalb die Rufe nach einem Präventivkrieg gegen Frankreich zunehmend lauter werden.

Noch ist das Deutsche Reich nicht für einen solchen Konflikt gewappnet, aber der Ausbau des Nord-Ostsee-Kanals und die Aufrüstung der Marine schreiten zügig voran. In diesem Jahr beschließt die Regierung, dass mehr große Kriegsschiffe gebaut werden sollen: nicht wie bisher bloß zwei, sondern künftig drei pro Jahr. So will Berlin die britische Überlegenheit auf See schnellstmöglich ausgleichen. Denn Großbritannien kann bei solch einem Tempo nicht mehr mithalten, weil es in vielen Krisengebieten seines Empires präsent sein muss und nicht ohne Weiteres alle Kriegsschiffe in der Nordsee zusammenziehen kann.

Großadmiral Alfred von Tirpitz, zugleich Staatssekretär im Reichsmarineamt, wartet fortan täglich darauf, dass London einknickt und anfragt, was er für eine Beendigung des Wettrüstens verlangt. Tirpitz weiß es genau: Er will, dass London sich im Falle eines Krieges auf dem Kontinent zurückhält – ganz gleich, wie dieser Krieg begonnen haben mag. London soll ihm vertraglich Neutralität zusichern. Dann könnte Deutschland jederzeit Frankreich oder Russland angreifen, ohne es mit Großbritannien zu tun zu bekommen.

BERLIN

Mittlerweile thront Wilhelm II. auch im Café Größenwahn: Er steht als Gipsbüste auf dem Telefonhäuschen im Eingang, das John Höxter genervt als Quasselkasten bezeichnet. Von oben herab begrüßt der Herrscher alle Gäste, was jedoch kaum jemand wahrnimmt.

Wenn Höxter, elegant gekleidet wie immer, das Kaffeehaus betritt, wird er in der Tür vom Kellner Richard mit »'n Tag, Herr Höxter!« begrüßt. »Am Büfett liegt ein Brief für Sie«, meint Richard dann oft, während er seinem Gast den Zeitungshalter reicht. Über ihn, den Kellner, ist wenig bekannt, außer dass ihn alle den »roten Richard« nennen, jedoch nicht weil er ein Sozialist wäre – jedenfalls wüsste das niemand –, sondern weil er rote, lockige Haare hat. Er heißt mit vollem Namen Richard Frankewitz und arbeitet schon lange im Café des Westens. Er weiß, wem er welche Zeitung bringen muss und welches Talent er unbedingt welchem Verleger vorstellen sollte. Manchmal leiht er den Gästen sogar Geld, was er sich quittieren lässt. Außerdem verlangt er dafür Zinsen. Der Kellner kennt jede und jeden und weiß stets, was in all den ausliegenden Zeitungen steht. Dem einen Gast bringt er den Artikel, der von diesem selbst stammt, dem anderen alle Kritiken über seine letzte Premiere.

Der Brief, der gerade noch am Büfett lag, wird Höxter nicht vom roten Richard, sondern vom liebenswürdigen und stets bleichen Ober Anton überreicht. Der Umschlag enthält an diesem Tag zwei Theaterbillets für die Comédie Française, die gerade in Berlin gastiert. John Höxter soll sich die Vorstellung ansehen und der *Deutschen Theater Zeitung* eine Kritik samt Karikatur liefern.

Noch immer ereignen sich die schönsten Geschichten nicht in Berliner Theatern oder gar auf einem der Boulevards, sondern im Kaffeehaus am Kurfürstendamm. Manche sind so wunderbar nebensächlich, dass sie ganz schnell vergessen oder unbedingt ewig weitererzählt werden müssen. Vielleicht weil sie mehr über die Künstler aussagen, als diesen lieb sein dürfte. Eines Abends etwa schaut der aus Prag stammende expressionistische Maler Max Oppenheimer vorbei. Oppenheimer wird von allen schlicht »Mopp« genannt. Gerade versucht er sich bei der Boheme mit allerlei Witzchen beliebt zu machen, als sich Höxter still mit an den Tisch setzt, geduldig wie ein Jäger auf seine Beute wartet –

und so lange ins Gelächter mit einstimmt, bis sich der richtige Moment ergibt.

Nach vielen nervigen Witzen wendet sich Oppenheimer ihm plötzlich zu: »Nun, Herr Höxter, in Prag erzählt man, Sie seien ein so geistreicher Mann, Sie reden doch kein Wort?«

»In Ihrer Gegenwart, Herr Oppenheimer?«, fragt Höxter lauernd. »Wie könnte ich, ein kleiner Gelegenheitsarbeiter des Witzes, mit einem Warenhaus konkurrieren? Nein, nein, mein Lieber, alle Achtung! Welches Riesenlager, und alle so erstaunlich billig!«

Im Größenwahn wird sich Max Oppenheimer nicht allzu oft zeigen. Wenn sich John Höxter später als einer der letzten Bohemiens von Kaffeehaus zu Kaffeehaus schnorrt und, wohl um seine Not zu lindern, die alten Geschichten aufschreibt, werden darin andere Zeitgenossen eine größere Rolle spielen. Begeistert wird er sich etwa an den Dandy und Grandseigneur Baron Friedrich von Schennis erinnern. Kaum betritt Schennis die Bühne des Kaffeehauses, ist die Boheme um John Höxter und Else Lasker-Schüler freudig erregt. Sie alle wissen, dass ihnen ein sehr, sehr langer Galaabend bevorsteht. Schennis hält die Gesellschaft üblicherweise die ganze Nacht, den folgenden Tag und noch eine weitere Nacht lang zusammen. Mehrmals bringen sie es gemeinsam auf zweimal vierundzwanzig Stunden.

Dabei geht Baron von Schennis auf die sechzig zu. Er ist schlank und kräftig, hat einen Schnäuzer und kurze Haare. Obwohl er dem Schweizer Adel entstammt, wuchs er wie Lasker-Schüler in Elberfeld im Bergischen Land auf. Er studierte Kunst, reiste als Landschaftsmaler durch Italien und Frankreich und erhielt eine kleine Goldmedaille auf der Großen Berliner Kunstausstellung 1899. Seit einigen Jahren lebt er in einer Wohnung am Lützowplatz, die er mit Büchern, Gemälden, Münzen, Pokalen und Gobelins ausstaffiert.

Friedrich von Schennis liebt alte Dinge, aber nicht das deutsche Kaiserreich, das ja ohnehin gerade erst vier Jahrzehnte alt ist. Über die Hohenzollern lästerte er einmal so freimütig, dass ihn anschließend Kriminalspione verfolgten, bis er sich ganz oben beschwerte: beim Berliner Polizeipräsidenten Traugott von Jagow. Der bat ihn daraufhin ins Präsidium am Alexanderplatz und ließ im Hof sämtliche Kriminalbeamte antreten. Ihnen stellte er Schennis vor und beschied knapp: »Was immer dieser Herr nachts äußert, geht Sie nichts an!«

Manchmal findet selbst John Höxter, dass der Baron es übertreibt. Auf einer Feier etwa unterhielt er sich laut mit jemandem, der ohne Orden an der Brust herumlief, während alle anderen stolz ihre Auszeichnungen präsentierten. Schennis meinte gut vernehmbar: »Wie kommen denn Sie hierher? Sie scheinen doch ein ganz anständiger Mensch zu sein! Kein einziger Orden? Das grenzt ja an Unbestechlichkeit!« Alle, die es hörten, mussten sich provoziert fühlen. Schließlich sind Orden genau das, worauf es in der bürgerlichen Gesellschaft unter Wilhelm II. ankommt. Sie markieren den Rang im hierarchischen Gefüge der Kaiserzeit und sind für viele Träger nicht weniger als die stolze Selbstvergewisserung der eigenen Lebensleistung.

Selten kommt Friedrich von Schennis allein ins Kaffeehaus. Meist hat er Freunde dabei, Schauspieler, Antiquare und Schriftsteller. Mit Geld geht der Baron äußerst großfürstlich um. So lädt er jeden ein, der ihm ungewöhnlich erscheint. Es gibt dann natürlich kein schnödes Bier, sondern flaschenweise Sekt und Grand Marnier für alle. Selbst den Straßenfegerinnen wirft er, wie Höxter einmal beobachtet, frühmorgens vor dem Kaffeehaus sein Geld vor die Füße – und sagt nur: »Keinen Dank, Fürstinnen danken nicht!« Oder auch mal: »Liegen lassen, nicht bücken, Gold ist Dreck.«

Else Lasker-Schüler beobachtet den Adeligen amüsiert. Wenn sie neben ihm sitzt, muss sie Champagner trinken, weil er Begleiter braucht, um mit Alkohol die Welt zu vergessen. Dabei kann der Baron nicht vergessen, wie die Dichterin weiß. Er wird zwar trunken, aber nie betrunken oder gar ausfällig. »Friedrich von Schennis ist ein Andächtiger«, heißt es in einem liebevollen Essay, den sie am 26. August 1911 im *Sturm* veröffentlicht. »Noch zwischen losen Frauenlippen und seinem wilden Zynismus lauscht er nach Gott. Sein Zynismus schluchzt. Der Baron ist schön, sein Angesicht ist feierlich, immer liegt ein Schleier auf seiner feinen Haut. Die fältet sich schmerzlich dann, wenn sein Auge die Wirklichkeit erblickt, die Wirklichkeit ohne Zeremonie.«

Als sie einmal versehentlich den schäumenden Champagnerluxus vergießt, den er spendiert hat, bleibt der Baron gelassen. Sie schaut ihn an und denkt nur, dass Schennis aus der Zeit der Flötenkonzerte Friedrichs des Großen stammen könnte. Für sie hat er kein Alter, sondern ist wandelbar wie die Zeit, mal Frühling, mal Herbst, wonach immer er sich auch gerade fühlen mag. Und weil er Freude und Schwermut gleichermaßen liebt, muss er auch den Tod hassen, den er im Wein vergessen möchte. Sein Esprit erinnert die Dichterin an Voltaire, lauter Blitze, die treffen und Brände entfachen. Ein Abend mit ihm, das weiß sie, endet erst, wenn der Mond über dem Garten aufgeht.

Noch ist es nicht so weit. Noch wird im Café Größenwahn gefeiert. Und sollte dem Baron doch einmal das Geld ausgehen, lässt er sich, obwohl es nicht einmal zwei Kilometer sind, kurzerhand mit einem Auto zu seiner Wohnung am Lützowplatz fahren. Dort wird so lange gehupt, bis sein wohlerzogener Diener Karl verschlafen zum Wagen herunterkommt, einen guten Morgen wünscht und seinem Herrn, der sich verlegen für die Drängelei entschuldigt, einen Packen Hunderterscheine überreicht.

Zurück im Kaffeehaus, führt Schennis das Wort, als gelte es, der Welt möglichst viel von sich mitzugeben. Er lässt sich höchstens unterbrechen, wenn ihn jemand mehr oder weniger dezent auf eine am Nebentisch wartende Verehrerin hinweist. Im Größenwahn lieben sie es, wenn er aus seinen frühen Jahren erzählt, von all den prominenten Künstlern, die mit ihm plauderten: In

Weimar traf er den Musiker Franz Liszt, den Schriftsteller Iwan Turgenjew und den Philosophen Friedrich Nietzsche, in Paris den Lyriker Charles Baudelaire. Dort suchte er auch den Salon von Mathilde Bonaparte auf, der Nichte Kaiser Napoleons. Dass er sich nicht um gesellschaftliche Grenzen und Gepflogenheiten schert, bewundern die Bohemiens. Den einen Abend versackt er mit Anarchisten wie Erich Mühsam in einer Kneipe, den nächsten Abend parliert er mit Jesko von Puttkamer, dem früheren Gouverneur von Kamerun. Nur einer in der Runde wagt es, den Baron rüde zu unterbrechen – der aus Argentinien stammende Rudolf Johannes Schmied: »Hör auf, Schennis! Zwei Jahre hast du das Wort gehabt, nun bin ich dran!«

Im Kaffeehaus gilt Schmied als seltenes Beispiel naiver Genialität. Er ist unterhaltsam, auch wenn er von vielen belächelt wird, und er findet rasch Freunde wie Leonhard Frank, zu dem er gleich bei der ersten Begegnung meint: »Du könntest ein Dichter sein, Bruder, ich seh es dir an, es ist in deinen Augen.« Tatsächlich arbeitet Frank an einem autobiographischen Roman, was er jedoch noch für sich behält. Er werkelt geduldig daran wie ein Schreiner an einer Bettstatt, streicht, korrigiert, verbessert unentwegt, bis er seine eigene Handschrift kaum mehr entziffern kann.

Rudolf Johannes Schmied plant selbst eine umfassende Autobiographie, kommt aber nicht recht über die Schilderung seiner Kindheit hinaus. Weder in der Literatur noch in der Philosophie strebt er nach größerem Wissen, und auf organisierte Arbeit versteht er sich ebenfalls nicht. Dafür glänzt er mit Bonmots, die er mit komischem Pathos zum Besten gibt. Niemand hat je treffender auf den Punkt gebracht, was einen Bohemien – und damit die gesamte Runde im Größenwahn – ausmacht: »Unser Hintern fährt dritte Klasse, unser Haupt ragt über die Wolken.«

Und noch einen weiteren Kaffeehausvogel wird John Höxter sein Leben lang nicht vergessen. Er gehört nicht zur Szene, sondern flattert an der Spitze der Kellnerschar durchs Etablissement: Pauly Hahn springt von einem Marmortischchen zum nächsten, verweilt hier zum kurzen Plausch, geht dort schweigend weiter, als sei das Tischchen unbesetzt. Aus den Bewegungen des Kellners schließt John Höxter, der alles genau beobachtet, auf den öffentlichen Barometerstand eines Gastes, auf finanzielle Tiefdruckgebiete und die literarische Windrichtung, die gerade im Café herrscht.

»Sehen Sie, da schimpfen die Kritiker alle über den Herrn Wedekind; glauben Sie wohl, dass er mir einer der liebsten Gäste ist?«, sagt Kellner Hahn einmal zu John Höxter und redet sich in Fahrt: »Der kommt täglich zur gleichen Zeit, bestellt sein Pilsener, und schreibt er, ohne aufzugucken, lässt er sich durch nichts und niemand stören. Das ist ein fleißiger Mann, der bringt es noch mal zu was. Und dann noch etwas, Herr Höxter! Ob er ein Glas Wein trinkt oder zwei, vielleicht auch mal drei, er gibt jedes Mal zwanzig Pfennig Trinkgeld. Wie gesagt, auf den Herrn Wedekind lasse ich nichts kommen; da könnten sich viele ein Beispiel nehmen.« Schade nur für den Kellner, dass Wedekind inzwischen nicht mehr in Berlin, sondern wieder in München lebt.

John Höxter schweigt zu solchen Erzählungen, er findet die Kriterien seltsam, aber das Urteil nicht schlecht. Der Kellner vertraut ihm und lässt sich über andere Gäste aus, wenn er mal wieder übersehen wurde: »Herr Höxter, Ihnen will ich mal was sagen, die anderen Herren nehmen unsereins ja nicht für voll; glauben Sie wohl, dass ich eine wundervolle Bibliothek besitze, schöner vielleicht als mancher Herr Doktor? Die habe ich zu meinem fünfzehnjährigen Hochzeitstage angeschafft. Ich habe ja lange daran abgezahlt, drei Mark jeden Monat, aber da habe ich auch was von. Da sind, müssen Sie wissen, alle Klassiker drin, alle, wie sie da sind, nicht nur Schiller, Goethe und so. Nein, auch die ganz Kleinen, wo nur ein Band verfasst haben wie Körner und Kleist. Alle in rotem Leder mit Gold. Was meinen Sie, wie ich die in Ehren halte! Sehen Sie, hier ist der Schlüssel, da kommt mir niemand ran!« Er zieht ihn aus der Weste.

»Aber, Herr Hahn, Ihre Frau und vor allem Ihre großen Söhne sollten doch …«

»Ach was, die haben Besseres zu tun als Bücher lesen; ich komme ja auch nicht dazu. Und meinen Sie etwa, dass sie besser davon werden?«

Höxter ist zu erschüttert, um nachzuhaken, wen er denn genau meint: die Bücher oder die Söhne? Fortan wundert er sich jedenfalls nicht mehr über die eigenwillige Meinung des Kellners zur Malerei, Fotografie und Bildhauerei.

»Ich sage immer, lieber ein paar Pfennige mehr ausgeben«, meint Hahn ein andermal kaufmännisch, »dann weiß man doch, was man hat; ob das nun Anzugstoff ist oder Zigarren oder Kunst; wonach soll man auch sonst urteilen?« Für das Bild über seinem Sofa daheim habe er mit Rahmen fünfzig Mark ausgegeben, was er nie bereuen werde. Es zeige Othello und zwei Leonoren, sagt er, woraufhin der Maler Höxter die Augenbrauen hochzieht. Von solch einem Bild hat er, Höxter, in seinem Kunststudium nie gehört. Offenbar muss der Kellner da etwas verwechselt haben. Aber er sagt nichts.

Hahn lässt sich ohnehin nicht irritieren: »Und nun passen Sie mal auf, wie das gemalt ist. Wenn Sie nachts zu mir ins Zimmer kommen, ohne Licht anzudrehen, die Laterne von draußen brauch' auch nicht hereinzuscheinen, da können Sie immer noch den Othello erkennen! – Das sind gute Farben, sehen Sie!«

Auch dazu sagt John Höxter nichts, sondern er fragt sich im Stillen nur, welchen Nutzen er als Maler aus solchen Ausführungen ziehen sollte. Trotzdem verstehen sich Gast und Kellner weiterhin bestens – jedenfalls so lange, bis Hahn pünktlich um halb vier am Morgen sein »Feierabend, meine Herrschaften!« kräht und dabei die halbe Beleuchtung abschaltet, um erst gar keinen Protest laut werden zu lassen.

Der 27. August 1911 markiert den Anfang vom Ende einer Künstlerehe. An diesem Tag macht sich Herwarth Walden auf zu einer Reise nach Norwegen. Ein Freund hat ihn eingeladen, ein Rechtsanwalt, der ihn schon in einigen Prozessen vertreten hat. Walden selbst könnte sich die Fahrt nicht leisten. Seine Frau Else Lasker-Schüler bleibt in Charlottenburg, geht fast täglich ins Größenwahn und beginnt ihrem Mann mehr als hundert Briefe zu schreiben, die er später als »Briefe nach Norwegen« in seiner Zeitschrift *Sturm* abdrucken wird, weshalb sie ihr Briefprojekt auch noch Wochen nach seiner Rückkehr weiterführt.

Sprühend, lustvoll und wehmütig erzählt die Dichterin von allem, was sie unterdessen im Kaffeehaus, in Berlin und in ihrer Phantasie erlebt. Nur einmal ist sie zwei Abende lang nicht im Größenwahn, was ihr prompt nicht bekommt. »Ich fühle mich etwas unwohl am Herzen. Dr. Döblin kam mit seiner lieblichen Braut, um eine Diagnose zu stellen. Er meint, ich leide an der Schilddrüse, aber in Wirklichkeit habe ich nur große Sehnsucht nach dem Café«, schreibt sie in einem der Briefe.

Gleich mehrmals verguckt sie sich, wie sie in ihren »Briefen« erzählt, ohne dass je klar wird, welche erfundenen Liebhaber von wahren Begegnungen inspiriert sein könnten. Zuerst verliebt sie sich in Minn, den Sohn des Sultans von Marokko, mit dem sie in der Charlottenburger Vergnügungstätte Lunapark tanzt, bis er sie küsst. Dann in einen Slawen, der sich jedoch zurückhält, während ein Bischof nicht abwarten und alles von ihr haben will.

Immer wieder geht es in den Briefen um Freunde und Bekannte. Kokoschka werde steckbrieflich gesucht, behauptet die Dichterin. Sie erwähnt viele Weggefährten, die sie in den Cafés von Berlin und Wien getroffen hat: Peter Altenberg, Arnold Schönberg, John Höxter, Adolf Loos, Leonhard Frank, Emil Nolde, Karl Kraus und den vor Jahren verstorbenen Peter Hille. Nicht einmal den Zeitungskellner vergisst sie: »Aber Richard versteckte mich zwischen den Zeitungen, das bleibt jetzt mein Fach.«

Nach zwei Wochen kehrt Herwarth Walden von seiner Norwegenreise zurück. Es ist der 9. September 1911, und er bringt keine schönen Nachrichten mit: Er hat sich unterwegs nämlich nicht nur in seiner Phantasie verguckt, sondern in eine wirklich existierende junge blonde Frau. Dummerweise ist er völlig blank, weshalb er sich keine eigene Wohnung leisten kann. Er muss also vorerst weiter mit seiner Else zusammenwohnen. Und die Situation ist sogar noch dramatischer: Sollte es ihm in den nächsten Tagen nicht gelingen, zweihundert Mark aufzutreiben, landet sein Name auf einer schwarzen Liste, was eine künftige Wohnungssuche nahezu unmöglich machen dürfte.

Else Lasker-Schüler ist außer sich. Ihr Mann hat sich also in ein junges Blondchen verliebt. »Ich bin so wütend, ich bin so wütend, ich habe schon alle Stühle alle Tische Bettlehne Schrank tot geschossen mit einer Pistol«, schreibt sie noch am Tag seiner Rückkehr an Karl Kraus. »Ich sagte immer alles, auch die Schwärmerei damals zu Oskar Kokoschka und alles. Er heimlich.«

Was das Geld angeht, kann sie ihm nicht helfen. Sie hat wie immer auch keines. Zwar hat sie ein Manuskript mit Essays fertiggestellt, aber kein Verlag will es ihr abkaufen. Gerade erst ist die vierzehnte Absage gekommen. Die von ihr porträtierten Persönlichkeiten seien nicht groß, nicht berühmt genug, heißt es. Auch Walden kann es nicht fassen. »Es ist doch unglaublich, dass meine Frau heute noch solche Schwierigkeiten hat«, empört er sich in einem Brief an Kraus.

In dieser Frage sind die beiden Männer einer Meinung. Karl Kraus verehrt den Stil Lasker-Schülers, schätzt ihre Sprache, ihre Kompromisslosigkeit, ihre Verachtung für Gebrauchsliteratur, wohl wissend, auf was sie dafür alles verzichtet. Ihr Gedicht »Ein alter Tibetteppich«, das im vergangenen Jahr im *Sturm* erschienen ist, versetzte den Kritiker dermaßen ins Schwärmen, dass er es sofort in der *Fackel* nachdruckte:

Deine Seele, die die meine liebet,
Ist verwirkt mit ihr im Teppichtibet.

Strahl in Strahl, verliebte Farben
Sterne, die sich himmellang umwarben.

Unsere Füße ruhen auf der Kostbarkeit,
Maschentausendabertausendweit.

Süßer Lamasohn auf Moschuspflanzenthron,
Wie lange küßt dein Mund den meinen wohl
Und Wang die Wange buntgeknüpfte Zeiten schon?

Zum Gedicht stellte Karl Kraus einen hymnischen Kommentar, wie er in der Geschichte der *Fackel* noch keinen verfasst hatte – und wohl auch nie wieder verfassen sollte: »Das hier aus der Berliner Wochenschrift *Der Sturm* zitierte Gedicht gehört für mich zu den entzückendsten und ergreifendsten, die ich je gelesen habe, und wenige von Goethe abwärts gibt es, in denen so wie in diesem Tibetteppich Sinn und Klang, Wort und Bild, Sprache und Seele verwoben sind. Dass ich für diese neunzeilige Kostbarkeit den ganzen Heine hergebe, möchte ich nicht sagen. Weil ich ihn nämlich, was man hoffentlich jetzt schon weiß, viel billiger hergebe.«

Trotz dieser Hymne des gnadenlosesten Scharfrichters deutscher Sprache bleiben die Verleger zögerlich. Sie fürchten, mit der Dichterin kein gutes Geschäft machen zu können.

Ihren Briefroman aus dem Kaffeehaus, der aus ihren Briefen nach Norwegen besteht und bald unter dem Titel *Mein Herz* erscheint, wird Karl Kraus hingegen nicht verstehen. »Warum schreibt die Dichterin, sie sei gestern im Café des Westens gewesen, wenn sie doch eine Woche lang krank im Bett lag?«

»Die Briefe sind unerhört dichterisch und alle Details geradezu unaktuell«, wird ihm Walden antworten. Er solle die Geschichten über das Café das Westens nicht wörtlich nehmen.

Kraus versteht es immer noch nicht. Wenn von zwei Personen gesagt werde, sie hätten sich im Café des Westens wieder versöhnt, sei das eine Information. Falls erfunden, sei es eben »eine falsche Information aus dem CdW«.

Seit anderthalb Jahrzehnten zieht das Kaffeehaus nunmehr Literaten, Autorinnen, Journalisten, Darstellerinnen, Theatermacher, Dichterinnen und Maler an. Es hat in dieser Zeit nicht bloß unzählige ausgelassene Feiern und lange Nächte mit spöttischen oder leichtfüßigen Stegreifgedichten erlebt, in ihm wurden auch Kabarettveranstaltungen ausgeheckt und rebellische Künstlergruppen ins Leben gerufen. In der Szene hat sich der Name »Café Größenwahn« längst etabliert, aber viele Berliner haben trotz allem bisher nichts oder nur wenig vom Kaffeehaus am Kurfürstendamm gehört oder gelesen. Das ändert sich jedoch im Spätherbst 1911.

Ein Skandalprozess lässt das Größenwahn dann nämlich zum Sinnbild für alles großstädtische Übel und alle Verderbtheit werden.

Dabei geht es in dem Gerichtsprozess gar nicht um das Kaffeehaus selbst, sondern um einen Fall, der sich irgendwo im Berliner Westen abgespielt hat. Dort aber befindet sich eben auch das Größenwahn. Angeklagt ist ein Adeliger namens Gisbert Graf Wolff-Metternich, der beim Spielen massenhaft Schulden angehäuft hat. Unterschiedlichste, oft dubios wirkende Zeugen müssen aussagen: eine reiche Frau etwa, die ihre Tochter mit einem Aristokraten verheiraten wollte, zudem ein betrügerischer Automobilfabrikant, ferner ein habgieriger Schuhverkäufer; auch eine angesehene Kaufmannsfamilie wird in den Strudel hineingezogen, und sogar der preußische Kronprinz soll zu den Gläubigern gehören. All die Aussagen und besonders die Verdächtigten fachen die Phantasie der Journalisten an, die sich beim Texten ihrer Schlagzeilen gegenseitig überbieten wollen.

Tagelang echauffieren sich Leitartikler großer Zeitungen, vom seriösen *Berliner Tageblatt* bis zur boulevardesken *B.Z. am Mittag*, über den angeblichen »Sumpf von Berlin«. Sie schimpfen auf Tagediebe, Hochstapler, Schieber und Ehebrecher, auf Snobs und Snobdichter, auf Lackschuhe und mondäne Frisuren. In vielen Berichten und Tiraden fällt der Name »Café Größenwahn«, als käme dort alles antibürgerliche Gesindel zusammen.

Herwarth Walden kann die perfiden Angriffe auf das Kaffeehaus nicht fassen und schickt einen Reporter dorthin, der einen Spezialbericht für den *Sturm* verfassen soll. Der Mann trifft dort erst einmal Autoren, die selbst für jene Zeitungen arbeiten, welche in ihren Leitartikeln so aggressiv auf das Größenwahn schimpften. »Die Leitartikler sollten sich einmal in dieses Café wagen, und sie werden erstaunt ihre Freunde und Kollegen vom Feuilleton dort wiedertreffen«, heißt es in der Oktoberausgabe des *Sturm*. Wenn die Herren Leitartikler so um den Ruf von Berlin West besorgt seien, müssten sie als Erstes einmal den Kulturteil in ihren eigenen Blättern lesen.

Mit ironischer Süffisanz erzählt der Reporter des *Sturm*, der sich schlicht »Trust« nennt, vom Leben und Treiben im »Höllenpfuhl«. Er beobachtet, wie die Bürger am Kaffeehaus vorbeilaufen, vom ehrbaren Kaufmann bis zum sparsamen Rentier, vom mutigen Offizier bis zum standesbewussten Schauspieler. Er sieht sie scheue Blicke durch die »revolutionären Scheiben« ins Innere werfen und vor dämonischen Gestalten erschaudern: langhaarigen Männern mit schlangenhaften Locken, wild flatternden Krawatten, »sezessionistischen Socken« und »alkoholfreien Unterhosen«. Seltsame Teufelchen drücken sich im Größenwahn bedeutsam in die Sofaecken, werfen sich »biertonnengroße Weihegefäße« um die »stefangeorgischen Ohrmuscheln« und trinken so ruchlos und dekadent ihre Kaffees, dass die deutsche Kultur ihrem Ende entgegentaumelt.

Im Innern des Cafés verfolgt der Reporter auch, wie ein Dichter von Tisch zu Tisch spaziert, um die Hände geküsst zu bekommen. Während Peter Altenberg das Reisen leider nicht vertrage, schaue Hermann Bahr zweimal die Woche vorbei. Bahr ist derzeit am Deutschen Theater engagiert. Und ständig klingele das Telefon, weil Theaterkritiker Alfred Kerr mal wieder jemanden aus dem Kaffeehaus sprechen wolle. Unterdessen schicke Karl Kraus unablässig Depeschen. Und immerzu träfen Telegramme ein, in denen es etwa um Frank Wedekind oder Hugo von Hofmannsthal gehe.

Gegen Mitternacht beobachtet der Reporter, wie die gegenseitige Beweihräucherung beginnt, ein »gigantisches Überschreiten, Einandervorlesen: tolle Wortgebilde durchdringen die Lüfte«, die man weder bei Goethe noch Schiller finde. Und er selbst gerät ins Fabulieren: Immer lauter erhebt sich seinem Report zufolge das Geschrei. Es wird vorgelesen, unterbrochen, gestammelt, bis jede »germanische Deutlichkeit« absäuft. Der Kaffee rinnt, der Taumel steigt, »Monet wird zu Manet, Manet zu Monet«, Baudelaire, Verlaine und Flaubert zu Baulainebert oder Ähnlichem. Tische werden so lange gerückt, bis Peter Hille wiederauferstanden ist, während Else Lasker-Schüler sechs reimlose Gedichte vorliest. Oskar Kokoschka zeigt derweil stolz Straßenstaub herum, den er auf ein neues Kolossalgemälde schmieren will, und Max Pechstein verwechselt unterdessen noch immer Menschenleiber mit Paletten.

Am Ende steigert sich das Tohuwabohu ins Infernalische, was der Reporter mit größtmöglichen Übertreibungen ausmalt: »Und dann spreizt der Wahnsinn der Moderne seine Fangarme aus: lange Arme, viel länger, als anatomisch denkbar und erweislich wahr ist, mit Flederhänden, die es so wenig gibt als das Wort selbst, und Neo-Krallen: weißlich grüner Gischt tritt den Besessenen vor den Mund, ihre Augen werden van-Goghisch grün.« Damit endet der Report. Für die einen mag das Café Größenwahn ein Höllenpfuhl bleiben, für die anderen ist es fortan ein moderner Mythos.

Karl Kraus mit Zigarette und
Peter Altenberg nahe Venedig (1913)

Brüchiges Eis, brüchige Welt

JANUAR 1912 BIS MAI 1914

Der Winter ist kalt, die Havel fast gänzlich zugefroren, das Dichtergenie Georg Heym wagt sich aufs Eis. Bei den Reichstagswahlen gewinnen die Sozialdemokraten derart überzeugend, dass das Militär seine irrwitzigen Kriegspläne gefährdet sieht. Ahnt nur der Journalist Franz Pfemfert, wie sehr Europa dabei ist, dem Wahnsinn zu verfallen? Nicht ganz, auch Erich Mühsam erfasst die politische Lage recht genau. Franziska zu Reventlow ist plötzlich reich, und Peter Altenberg sieht das Meer. Auf dem Balkan fallen wieder Schüsse, und in Berlin begegnen sich Else Lasker-Schüler und Gottfried Benn.

Passanten, Hunde und Straßenbahn
am Ku'damm in Charlottenburg (1911)

BERLIN

Sie hat viele fabelhafte Dinge über diese Frau gehört, die sich für einen persischen Prinzen halten soll. Wie mag sie nur sein? Die Malerin Ida Freund, die sich sehr für die Sache der Frauen einsetzt, reist extra aus Prag an, um persönlich bei der bewunderten Else Lasker-Schüler vorzusprechen. Sie will die Dichterin für eine Lesung in ihrem Klub deutscher Künstlerinnen gewinnen. Es ist frostklar und eisig, als sie den Kurfürstendamm entlang drei Kilometer weit nach Halensee im Westen von Berlin läuft, wo die Dichterin wohnt. Je näher sie der Verehrten kommt, desto weniger Häuser säumen die Straße. Die Stadt franst ins Umland aus.

Freund spaziert an einer Rennbahn entlang und sieht rodelnde Kinder auf leeren Bauplätzen, bis sie die halb ausgebaute Katharinenstraße erreicht. Am Haus angekommen, steigt sie eine Treppe hinauf, klingelt an der Wohnung und wartet. Schritte sind zu hören, jemand fragt von innen:

»Wer ist's?«

»Frau Lasker?«

»Ja, aber ich kann nicht aufmachen, ich bin nicht angezogen.«

»Was tut das unter uns Frauen?«

»Ich bin keine Frau.«

»Dann müssen Sie sich schon gar nicht genieren.«

Nach einer Weile öffnet die Dichterin die Tür, sie ist in ein orientalisches Tuch gehüllt und bittet die Besucherin herein. In dem halbdunklen Vorzimmer erkennt Ida Freund eine schlanke Gestalt, ein feingeschnittenes Gesicht, schwarze Haare und dunkle Augen. Else Lasker-Schüler führt den Gast in ein Atelier, durch dessen große Fenster das Winterlicht hereinflutet. Für den Gast sieht die Haut der dreiundvierzigjährigen Dichterin im Tageslicht stumpfgrau aus, sie hat Falten und Furchen im Gesicht. Der Märchenschimmer ihrer Augen ist verflogen, und auf dem Kleid sind Fettflecken zu sehen. Die beiden Frauen reden über Menschen und Bücher, ehe sie auf den Vortrag zu sprechen kommen, ohne sich über ein Honorar einig zu werden.

Einige Zeit später, im Januar 1912, liest Ida Freund im *Sturm*, wie Lasker-Schüler ihre Begegnung schildert – und denkt sich: Komödiantin.

Soeben sei eine Dame aus Prag gekommen, berichtet die Dichterin. »Ich soll in ihrem Verein sprechen.« Sie habe dafür tausend Mark verlangt, schließlich schreibe sie ja schon umsonst – und für jedes ihrer Liebesgedichte zweihundert Mark, worüber die Dame mit ihrem Verein sprechen wolle. Sie selbst habe sich dem Gast in ihrem in wilde Falten geschwungenen Königsmantel präsentiert. Für Else Lasker-Schüler steht fest: »Ich spreche überhaupt nicht mehr ohne Bezahlung, nur Bindewörter; könnte ich doch eins finden, das mich binden würde.« Aber Prag reizt sie schon.

Am 12. Januar 1912 finden Reichstagswahlen statt. Noch dürfen nur Männer wählen, die mindestens fünfundzwanzig Jahre alt sind, keinen Wehrdienst leisten und keine Armenhilfe erhalten. Doch die nehmen ihr Recht wahr: Fünfundachtzig Prozent geben ihre Stimme ab. Gut jeder Dritte votiert für einen Kandidaten der Sozialdemokraten. Die Partei gewinnt in einhundertzehn Wahlkreisen und stellt damit ebenso viele Abgeordnete, mehr als jede andere Partei. Auch das katholische Zentrum und die linksliberale Fortschrittliche Volkspartei schneiden trotz einiger Verluste gut ab. Drastisch verloren haben Konservative und Nationalliberale.

Der Generalstab ist erschüttert: Deutschland wird sozialistischer, pazifistischer und weltoffener. Erst im vergangenen Jahr demonstrierten zudem Hunderttausende für das Frauenwahlrecht. Ein großer Krieg wird bald nicht mehr gegen die Mehrheit des Volkes durchsetzbar sein. Dabei drängt sich ein solcher aus Sicht nationalkonservativer Kreise auf, denn Russland wird immer mehr zur vermeintlichen Gefahr. Das Zarenreich verfügt über gigantische Rohstoffmengen, und seine Industrie entwickelt sich rasant. Bald dürfte es zu der kontinentaleuropäischen Supermacht des zwanzigsten Jahrhunderts aufsteigen. Noch besteht die Chance, das Zarenreich in einem kriegerischen Konflikt zu besiegen, aber in fünf Jahren dürfte es dafür zu spät sein. Dann wird sich Russland endgültig von seiner Niederlage gegen Japan erholt haben.

Als Sankt Petersburg nun auch noch Kredite aus Paris erhält, um sein Schienennetz auszubauen, ist Berlin vollends aufgeschreckt: Sobald das russische Schienennetz fertiggestellt ist, wird das Zarenreich sein Militär im Nu mobilisieren können, so schnell wie Österreich-Ungarn und fast so schnell wie Deutschland.

Das Reich braucht daher möglichst rasch einen triftigen Vorwand für einen Krieg. Irgendein Ereignis, das einen Angriff auf Russland als gerechtfertigte Selbstverteidigung erscheinen lässt. Dann würden auch das deutsche Volk und die Verbündeten mitgerissen. Und Großbritannien müsste sich zurückhalten.

In den Tagen und Nächten nach der Reichstagswahl herrscht Dauerfrost. Ein eisiger Ostwind weht, als der Jurist Georg Heym am Dienstag, dem 16. Januar 1912, mit einem Jugendfreund zum Schlittschuhlaufen aufbricht. Es ist vierzehn Grad unter null. Gegen neun Uhr morgens besteigen sie in Charlottenburg die S-Bahn und fahren Richtung Westen, um ihren freien Tag auf dem Wannsee und der überfrorenen Havel zu verbringen. Heym hat sich Rennschlittschuhe ausgeliehen, Butterbrote eingepackt, er trägt sportliche Wollsachen, eine Mütze und Handschuhe. Der Freund hat einen Eisstock dabei.

Manchmal kann der vierundzwanzigjährige Heym es gar nicht fassen, in was für eine Epoche er hineingeboren wurde. »In dreihundert Jahren werden die Menschen sich an den Kopf fassen, wenn sie unsere Leben sehen«, hat er kürzlich ins Tagebuch geschrieben. Die Menschen müssten sich wahrhaft fragen, wie es van Hoddis, Leonhard Frank und ihm in dieser trüben und vor Wahnsinn knallenden Zeit überhaupt möglich gewesen sei, sich so weit im Leben durchzuschlagen.

Während Heym in der S-Bahn sitzt, dürfte Leonhard Frank auf dem Weg ins Café Größenwahn sein. Jakob van Hoddis hingegen lebt inzwischen nicht mehr in Berlin, sondern ist der geliebten Emmy Hennings nach München gefolgt. Georg Heym hat den Dichterfreund dort an Silvester besucht und mit ihm im Simplicissimus auf das neue Jahr angestoßen, während Emmy in der Kneipe als Sängerin auftrat.

An der Station Pichelsberg im Westend steigen die beiden Männer aus. Heym und sein Freund Ernst Balcke gehen zur Dampfanlegerstelle Schildhorn an der Havel und genießen den kalten, klaren Tag. Nur wenige Menschen sind unterwegs, als sie sich aufs Eis begeben und erste Kurven drehen, ehe sie auf ihren Schlittschuhen südwärts zur vier Kilometer entfernten Insel Lindhorn laufen. Ob sich Georg Heym an seinen Traum erinnert, den er knapp zwei Jahren zuvor gehabt hat? Darin brach er auf einem zugefrorenen See ein, tauchte unter und rettete sich schwimmend an einen sonnigen Strand.

Gegen Mittag erreichen Heym und Balcke die Insel Lindhorn. Sie kehren in einer Gaststätte ein, wärmen sich auf und brechen gegen vierzehn Uhr erneut auf.

Am Abend sind sie noch nicht wieder in Berlin. Als sie auch am nächsten Morgen nicht zurück sind, zieht Balckes Bruder Rudolf los, um nach den beiden Dichtern zu suchen. Mit einem Freund fragt er sich von Restaurant zu Restaurant durch, bis sie einen Tipp in der Gaststätte auf der Insel Lindhorn erhalten. Ja, gestern seien zwei junge Männer da gewesen, hätten sich ausgeruht und seien wieder aufs Eis gegangen, wahrscheinlich in südliche Richtung zur Insel Schwanenwerder.

Rudolf Balcke begibt sich mit seinem Begleiter auf die zugefrorene Havel. Es hat geschneit, alles ist weiß, keine Spuren sind zu sehen. Sie wagen sich vor, immer weiter bis zur Mitte des gefrorenen Gewässers. Etwa dreihundert Meter vom Ufer entfernt liegen einige Dinge im Schnee: Mütze, Handschuhe, Eisstock. Aber niemand ist zu sehen, nichts Auffälliges zu hören. Sie schauen sich vorsichtig um und entdecken plötzlich nur wenige Schritte entfernt ein frisch überfrorenes Loch. Sie halten Abstand und kehren vorsichtig um.

Zurück an Land, treffen sie Waldarbeiter. Die erzählen, sie hätten just gestern beobachtet, wie zwei Menschen in der Havel eingebrochen seien. Der eine sei gleich verschwunden, der andere habe eine halbe Stunde lang um Hilfe gebrüllt. Dann habe wieder Stille geherrscht. Man hätte nichts tun können. Keiner habe eine Leiter oder ein Seil dabeigehabt. Und wer wolle schon für zwei Leichtsinnige sein Leben riskieren?

Tagelang sind Suchtrupps unterwegs. Fischer schlagen Löcher ins Eis und tasten mit Stangen den Havelgrund ab. Die Verunglückten können nicht weit sein, denn die Strömung ist an dieser Stelle gering. Bald steht fest, dass sich die beiden jungen Männer über die behördlich abgesteckten Wege hinausgewagt haben.

Am Mittag des 20. Januar 1912, vier Tage nach der Katastrophe, wird eine erste Leiche geborgen. Sie lag auf dem Grund der Havel, ist nicht vereist, aber grausam entstellt: Georg Heym hat zuletzt die Beine krampfhaft an seinen Leib gezogen, sein Gesicht ist zu einer schauerlichen Grimasse verzerrt, seine Hände sind zerkratzt. Offenbar hat er noch versucht, aus dem Loch herauszukommen, und sich dabei an den scharfen Eiskanten verletzt.

Vier Tage später wird das große Dichtertalent auf dem Luisenfriedhof im Westend beerdigt. Er wurde vierundzwanzig Jahre alt.

Freunde vom studentisch-literarischen Neuen Club trauern, und aus München ist ein schockierter Jakob van Hoddis herbeigeeilt, der über diesen Tod nicht hinwegkommen wird. Auch Heyms Eltern geben ihrem Sohn das letzte Geleit, ohne zu begreifen, was für ein Jahrhunderttalent er gewesen ist. Am liebsten möchte der Vater die vielen Hundert frühexpressionistischen Gedichte des Sohnes vernichten – wäre da nicht Verleger Ernst Rowohlt, der auf seinem Vertrag mit dem Dichter beharrt und über Wochen hinweg dem Vater mit juristischen Schritten droht. Es ist die einzige Sprache, die Staatsanwalt Hermann Heym versteht.

Drei Wochen nach dem Unglück entdeckt ein Fischer auch die Leiche von Ernst Balcke. Sie treibt unter dem Eis und ist kein bisschen verwest. Balcke schaut friedlich aus, nur an der Stirn klafft eine Wunde. Vermutlich ist er mit seinem Kopf auf die Eiskante gestürzt und dabei ohnmächtig geworden. Und Georg Heym hat ihn zu retten versucht.

Tief getroffen vom Tod seines Freundes wendet sich Leonhard Frank endgültig dem Schreiben zu und verfasst eine traurige Erzählung: Ein Dichter bricht im Eis ein, und alles, was er seinem Freund hinterlässt, ist ein Hut. Diesen trägt der Freund, weil er den einstigen Kumpel nicht vergessen will, fortan auf dem Kopf. Auch Leonhard Frank selbst wird lange über Heyms Tod verzweifelt sein und erst kurz vor seinem eigenen Tod diese Erzählung mit dem Titel »Der Hut« offiziell Georg Heym widmen. Frank ist mittlerweile fast dreißig Jahre alt, hat ständig Schulden, die immerzu anwachsen und sich auf Tausende Mark belaufen. Mit seiner Frau haust er in einem kargen Zimmer, aber statt sich eine geregelte Arbeit zu suchen, geht er ein neues Wagnis ein: Er will einen Roman schreiben. Nur gerüchteweise macht sein Vorhaben die Runde. Nicht einmal seine besten Freunde im Café Größenwahn glauben daran.

EUROPA

Im Februar 1912 reist der britische Kriegsminister Richard Burdon Haldane zu Gesprächen nach Berlin. Er will die Flottenrivalität zwischen beiden Ländern entschärfen, aber Haldane erreicht nichts. Stattdessen billigt der Reichstag den Bau von weiteren einundvierzig Schlachtschiffen, woraufhin Paris und London beschließen, alle ihre Kriegsschiffe nach Europa zurückzuholen. Die französischen sollen fortan im Mittelmeer patrouillieren, die britischen in der Nordsee. Zudem vereinbaren Paris und Sankt Petersburg einen weiteren Militärvertrag: Sollte Frankreich von Deutschland überfallen werden, verpflichtet sich Russland, binnen fünfzehn Tagen das Deutsche Reich anzugreifen.

BERLIN

Seit einem Jahr behauptet sich *Die Aktion* auf dem Markt. Der zweiunddreißig Jahre alte Franz Pfemfert hat sie als undogmatische linke Zeitschrift im Café Größenwahn entworfen und gewinnt dort eine Menge guter Autoren, obwohl er keine Honorare zahlt. Wer für ihn schreibt, lautet sein Credo, macht sich einen Namen. Anders als der *Sturm* unterscheidet die *Aktion* nicht zwischen Politik und Kultur, Moral und Ästhetik – weshalb sie von Karl Kraus als »Trottelblatt« verspottet wird.

Pfemfert ist gelernter Fotograf und ein politischer Kopf, der genau beobachtet, was in Europa vor sich geht. Im Moment treibt ihn die Kriegsbegeisterung der Italiener zur Verzweiflung. Italien kämpft zurzeit in Nordafrika gegen das Osmanische Reich, und das offenbar erfolgreich. Für die Ausgabe vom 26. Februar 1912 hat Pfemfert deshalb einen engagierten Essay verfasst, der es in sich hat. So heißt es darin unter anderem:

> Er scheint unheilbar, Europas Wahnsinn. Was gibt uns das Recht, von dem Fortschritt einer Menschheit zu faseln, die ihre erbärmlichsten Instinkte mit Enthusiasmus zur Schau trägt? Die so verbrecherisch ist, das Morden auf Kommando als Pflicht der *nationalen Ehre* auszuschreien. Die als Mut bejauchzt, was fanatische Unwissenheit ist? Was gibt uns das Recht, einem Zeitalter Kultur zuzugestehen, das vor Gespenstern aus grauer Vorzeit auf den Knien liegt? Europas Wahnsinn ist unheilbar. Was sollen all die Phrasen unserer platonischen Friedensfreunde? Nicht eine Kugel bleibt im Lauf der Gewehre, weil einige harmlose Schwärmer auf der Friedenswarte stehen! Da werden Friedenspreise verliehen und Friedenskonferenzen veranstaltet, aber dem Wahnsinn mit ernsten Hilfsmitteln zu Leibe zu gehen – dazu bleibt keine Zeit übrig.

Es ist eine seltene Meinung in der deutschen Publizistik. Doch der noch junge Franz Pfemfert spürt verblüffend präzise, wie sich die Stimmung im Land dreht und was trotz aller militärischen Geheimniskrämerei im Verborgenen geplant wird. So hellsichtig wie er hat bislang niemand die Lage auf dem Kontinent erfasst.

MÜNCHEN

Wobei: Auch Erich Mühsam begreift, wie gefährlich die politische Situation sich zuspitzt. Mittlerweile gibt er ebenfalls ein eigenes Blatt heraus. Allerdings aus Notwehr. Ihm blieb nichts anderes übrig. Nach einem Attentat, mit dem er nichts zu tun hatte, wurde ihm Geheimbündelei vorgeworfen, ja er musste sogar für elf Tage in Untersuchungshaft. Er wurde zwar freigesprochen, aber der Makel klebt an ihm. Seither scheuen sich die gut zahlenden bürgerlichen Zeitschriften, seine Texte abzudrucken. Sein eigenes Blatt nennt er *Kain. Zeitschrift für Menschlichkeit*, was merkwürdig klingen mag, schließlich hat der biblische Kain seinen

Bruder ermordet. Für Mühsam ist Kain jedoch ein anarchistischer Rebell, mit dem er gegen den Konventionsdrill der bürgerlichen Gesellschaft kämpft.

Unter der Überschrift »Anarchistisches Bekenntnis« legt er im April 1912 das Programm seiner Zeitschrift dar: »Denn alles künstlerische Schaffen entspricht der Sehnsucht nach Befreiung von Zwang und ist im Wesen frei von Autorität und äußerlichem Gesetz.« Dabei sei der Mensch nicht losgelöst vom »ganzen Organismus der Gesellschaft« zu betrachten, aber die Beziehung des Einzelnen zur Menschheit werde »in der Paragraphenmühle des Staats zermahlt«. Es brauche also den *Kain*, um den Menschen wieder mit der Menschheit zu versöhnen.

Was das konkret heißt, zeigt der nunmehr vierunddreißigjährige Erich Mühsam unter anderem mit einem kurzen Text, den er nach dem Untergang der *Titanic* verfasst hat – jenes unfassbar luxuriösen, größten Schiffs der Welt, das mit viel zu hoher, geradezu irrsinniger Geschwindigkeit am 15. April an einen Eisberg schrammte, weil der ehrgeizige Kapitän einen Rekord aufzustellen versuchte: Er wollte unbedingt das »Blaue Band« für die schnellste Atlantiküberquerung aller Zeiten gewinnen. Dabei verloren tausendfünfhundertundvierzehn Menschen ihr Leben.

Seit langer Zeit hat kein Unglücksfall das öffentliche Gemüt so sehr erhitzt wie diese Katastrophe. Dabei habe es viel schlimmere Unglücke gegeben, hält Mühsam unter dem Stichwort »Titanic« fest: Minenexplosionen mit einem Vielfachen an Opfern. »Das Entsetzen über den Untergang der ›Titanic‹ gilt nur einem Zehntel der Toten« der Schiffskatastrophe, behauptet er. »Die Riesenzahl derer, die zugleich starben, ist nichts als eine wirksame Folie bei der Beweinung der Minderheit, deren Millionen sich gegenüber der Kraft eines schwimmenden Eisbergs als unwirksam erwiesen haben.« Er beklagt, dass die Armen bei der Rettung vernachlässigt worden seien. Wer jetzt schimpfe, dass das Schiff einen Schnelligkeitsrekord aufstellen wollte, sollte nicht vergessen, dass so etwas zu den Sensationen gehöre, die man einem verwöhnten Luxuspublikum bieten müsse: »Um hundert Menschen eine Fahrt angenehm zu machen, soll man nicht tausend in Gefahr bringen, die von den Annehmlichkeiten ohnehin nichts haben.«

Der Essay läuft auf einen Vergleich hinaus, der kaum weniger hellsichtig ist als Pfemferts Analyse. Mühsam mahnt, der gefühlvolle Zeitungsleser möge sich seine Tränen sparen. »Seine Trauer um die 1600 Toten kann so groß nicht sein, da er jeden Tag bereit ist, für die ›Ehre der Nation‹ einem Krieg zuzustimmen, der, was er vorher ausrechnen kann, das Hundertfache an Leben kosten kann. Werfen wir der Natur nicht ihre Eisberge vor, solange wir Menschen ihr mit unsern Mordwaffen den Rang ablaufen.« Dabei ist das Hundertfache eine sehr hoffnungsvolle und letztlich viel zu niedrige Annahme.

Selbst diese Warnung erreicht kaum jemanden: Gut ein Jahr nach der Erstausgabe hat der *Kain* gerade mal achtundneunzig Abonnenten gewonnen, und im Einzelverkauf gehen auch nur etwa vierhundert Exemplare unter die Leute. »Das ist wirklich verzweifelt wenig«, notiert Mühsam am 9. Juli 1912 in sein Tagebuch und ist darüber einen ganzen Abend geknickt, zumal er im Café vergeblich auf eine Freundin gewartet hat. Wenn er nicht an einer neuen Ausgabe seiner Zeitschrift arbeitet, spaziert Mühsam durch München. Noch immer geht er fast täglich zum Schachspielen ins Café Größenwahn, zieht weiter zum Luitpold und, seit ihn Wedekind einmal mitgenommen hat, anschließend in die Torggelstube am Platzl mitten in der Altstadt.

Während sie dort zusammensitzen, taucht an einem warmen Maiabend plötzlich Jakob van Hoddis auf, der Verfasser des Gedichtes »Weltende«. Trotz der Hitze trägt der junge Mann einen dicken, uralten Überzieher. Kaum tritt er ein, ruft jemand vom Stammtisch aus: »Raus! Raus!« Van Hoddis versucht etwas zu erwidern, wird aber niedergebrüllt: »Raus! Hier wird nicht gebettelt!«

Schockiert fährt Mühsam dazwischen, verbittet sich derlei grobe Sprüche und reicht dem jungen Mann die Hand. Jakob van Hoddis dankt ihm kurz, dreht sich um – und verschwindet für immer aus der Münchner Boheme.

Ende des Jahres wird der herausragende frühexpressionistische Dichter in einer Berliner Heilanstalt interniert. Er wird ausbrechen und nach Paris flüchten, dann wieder in München gesehen und durch Berlins Kneipen ziehen, er wird Drogen nehmen, noch ein wenig schreiben, schließlich endgültig verstummen und nie wieder zu sich selbst finden.

ASCONA

Lange kann es nicht mehr dauern, ihr Schwiegervater ist ja schon über achtzig Jahre alt, aber noch lebt er. Also muss Franziska Baronin von Rechenberg-Linten, geborene Gräfin zu Reventlow, weiter mit Schreiben Geld verdienen und abwarten, bis es eines Tages so weit ist und das Erbe von hunderttausend Schweizer Franken über sie kommt. Sein Tod wird ihr bestes Geschäft sein, auch wenn sie den Alten sympathisch findet und selbst eigentlich überhaupt keine Zynikerin ist. Zum Arbeiten zieht sie sich in einen steinernen Vogelfängerturm zurück. Dort hat sie ihre Ruhe und kommt rasch voran. Sie braucht dringend Geld. Die Einnahmen aus ihrem letzten Buch *Von Paul zu Pedro* wurden sofort nach Veröffentlichung gepfändet.

In ihrem nächsten Roman geht es weniger um Männer als um ihre Erfahrungen in Schwabing, das sie treffend als »Wahnmoching« bezeichnet. Ihr Sohn kam auf diesen Namen, und sie wusste sofort, was er meinte. Das Buch wird von den Kosmikern um Stefan George und von der Wohngemeinschaft im Eckhaus handeln, die auch schon seit sechs Jahren aufgelöst ist. Wenn sie an die Zeit zurückdenkt, kommt ihr alles ziemlich merkwürdig vor. All das einstige Gerede über Hetären, Urkräfte und Magie kann sie inzwischen nur noch ironisch betrachten.

Beim Schreiben stützt sie sich auf ihre Tagebücher, zudem tauscht sie sich brieflich mit einem Privatgelehrten in München aus, der ihr die Weltanschauung der Kosmiker erklärt. Ihr Roman wird 1913 unter dem Titel *Herrn Dames Aufzeichnungen oder Begebenheiten aus einem merkwürdigen Stadtteil* erscheinen. Darin finden sich viele Aussagen, die außerhalb von Wahnmoching für Irritationen sorgen werden. Für sie aber sind sie existenziell. So ist zu lesen: »Die Beschränkung der Erotik auf das eine oder andere Geschlecht ist ja überhaupt eine unerhörte Einseitigkeit. Der vollkommene Mensch muss alle Möglichkeiten in sich tragen und jeder Blüte des Lebens ihr Aroma abzugewinnen wissen.«

Mit solchen mutigen Sätzen treibt die Zweiundvierzigjährige die Debatte um mehr Gelassenheit in sexuellen Dingen voran. Erst vor fünf Jahren hatte ein öffentlicher Vorwurf der Homosexualität einen der höchsten preußischen Diplomaten zu Fall gebracht und das Kaiserreich monatelang aufgewühlt. Nicht einmal als enger Vertrauter von Wilhelm II. war der bis dahin geschätzte Philipp zu Eulenburg vor dem gesellschaftlichen Absturz gefeit, zumal wie üblich der perfide Verdacht der Verweichlichung mitschwang – und, schlimmer noch: der Friedfertigkeit.

BERLIN

Ununterbrochen strömen Bohemiens ins Café Größenwahn am Kurfürstendamm. Im Sommer 1912 sucht sich George Grosz einen Stuhl auf der Terrasse vor dem Kaffeehaus. Er ist gerade aus Dresden zurück, wo er an der Königlich Sächsischen Kunstgewerbeschule Malerei studieren wollte, aber eigentlich nichts Sinnvolles lernte, wie er findet. Nun hockt er als weißgepuderter Geck in einer karierten Jacke und mit einer Melone auf dem Kopf an einem Tisch und sticht mit einem Spazierstöckchen in die Luft. So wird es einmal der Satiriker Walter Mehring erzählen. Demzufolge sitzt Grosz gerne vorne auf der Terrasse und mustert alle Passanten so hämisch wie unverschämt vom Scheitel bis zu den Stiefelabsätzen. Ob das alles freilich so stimmt, ist nicht ganz klar, denn Grosz und Mehring kennen sich noch gar nicht.

Dafür wird Else Lasker-Schüler endlich verewigt. Nicht von Grosz, aber von einem, der ebenfalls kürzlich aus Dresden nach Berlin gekommen ist: Karl Schmidt-Rottluff schrieb ihr, er wolle ein Porträt von ihr malen, woraufhin sie sofort enthusiastisch zusagte.

Jetzt malt er sie, während sie vor ihm sitzend in einem Buch liest. Er fertigt ein kräftiges, modernes, expressionistisches Bild an, das ihrem Nachruhm nicht schaden wird. Ihr selbst gefällt es außerordentlich gut. »Bin entzückt von meiner bunten Persönlichkeit, von meiner Urschrecklichkeit«, jubelt sie. »Mein Mund ist rot wie eine Dickichtbeere, in meiner Wange schmückt sich der Himmel zum blauen Tanz, aber meine Nase weht nach Osten, eine Kriegsfahne, und mein Kinn ist ein Speer, ein vergifteter Speer.«

Ansonsten ist es ein schwieriges Jahr für Else Lasker-Schüler. Im August 1912 zieht sie aus der gemeinsamen Wohnung mit Herwarth Walden aus und nimmt sich ein Zimmer in einer Villa im Grunewald. So weit entfernt vom Café Größenwahn hat sie noch nie gewohnt. Sie sucht es fortan seltener auf, verliert es aber nie aus den Augen. Ihre Scheidung ist bald rechtskräftig, und ihr Ex heiratet noch in diesem Jahr seine junge Reisebekanntschaft. Nell Roslund wird nicht seine letzte Frau bleiben. Den Künstlernamen Herwarth Walden, den ihm Else Lasker-Schüler verliehen hat, legt er jedoch nie ab. Sogar seine spätere Tochter wird mit Nachnamen Walden heißen.

BALKAN

Das Osmanische Reich schwächelt. In Nordafrika verliert es gerade einen Krieg gegen Italien, was auf dem Balkan freudig beobachtet wird. Jahrhunderte nach ihrer Eroberung wittern Serbien, Bulgarien, Griechenland und Montenegro ihre Chance auf Unabhängigkeit von den Osmanen. Im Frühjahr haben sich die vier Länder zum Balkanbund zusammengeschlossen. Nun, am 8. Oktober 1912, greifen sie zu den Waffen und erklären den Osmanen den Krieg.

Die anderen europäischen Großmächte halten sich zurück, wollen aber später bei der Verteilung der gewonnenen Gebiete mitreden. Nur Österreich-Ungarn würde am liebsten eingreifen, denn Wien befürchtet, ein starkes Serbien könnte eines Tages nach den habsburgischen Gebieten Bosnien und Herzegowina greifen.

Im Deutschen Reich wittern führende Köpfe deshalb ihre Gelegenheit für einen Krieg: Kanzler, Außenminister und Generäle drängen den Kaiser, er solle Wien zu einem Angriff auf Serbien ermutigen. Ein solcher würde nämlich wiederum Russland dazu verleiten, sich an die Seite Serbiens zu stellen. Und damit hätte das Deutsche Reich den erhofften triftigen Vorwand, um gegen das Zarenreich ins Feld zu ziehen. Schließlich müsse man dann ja Wien beispringen, das auf dem Balkan nur seine gerechtfertigten Interessen verteidige. Es klingt alles ein wenig spekulativ, aber die deutschen Militärs schwelgen in Kriegsszenarien.

Kaiser Wilhelm II. zögert. Er hat einen anderen Plan im Kopf: Österreich-Ungarn soll Serbien mit Geld zufriedenstellen und damit an seine Seite ziehen. In einem künftigen Krieg gegen Russland würden dann nämlich Berlin, Wien und Belgrad gemeinsam gegen die Truppen des Zaren kämpfen. Und mit so einem Bündnis ließe sich Russland sehr wahrscheinlich besiegen.

Wilhelm wird indes nicht nur von seinen Leuten bedrängt. Im November 1912 reist heimlich Erzherzog Franz Ferdinand von Österreich-Este mit zwei Begleitern nach Berlin, um den deutschen Kaiser und seinen Generalstabschef Helmuth von Moltke für einen Angriff auf Serbien zu gewinnen. Moltke stimmt zu, und der Kaiser gibt nach. Sein Kanzler erklärt daraufhin am 2. Dezember im Reichstag, man werde einen österreichischen Feldzug unterstützen.

Wenige Tage später, just als Österreich-Ungarn zum Angriff blasen will, überdenkt Kaiser Wilhelm seine Zustimmung. Ein Telegramm aus der Londoner Botschaft hat ihm klargemacht, welche Konsequenzen drohen: Frankreich würde einen Angriff auf Serbien nicht hinnehmen, weil es seine Interessen und seine Sicherheit gefährdet sähe. Damit wäre ein Konflikt zwischen Frankreich und Deutschland absehbar, was wiederum Großbritannien in den Krieg zöge. Denn London fürchtet nichts mehr, als dass das Deutsche Reich gegen Frankreich gewinnen und damit Kontinentaleuropa beherrschen könnte. Ein solches Riesendeutschland würde zur Gefahr für Großbritannien.

Am Vormittag des 8. Dezember 1912, einem Sonntag, ruft Kaiser Wilhelm seine Militärführung ins Stadtschloss. Er will die Sache noch einmal besprechen. Während Generalstabschef Moltke einen Krieg verlangt, fordert Alfred von Tirpitz als Staatssekretär im Reichsmarineamt strikte Zurückhaltung. Die Marine brauche noch anderthalb Jahre. Erst im Sommer 1914 würden die Arbeiten am Nord-Ostsee-Kanal abgeschlossen und ein U-Boot-Hafen auf Helgoland fertiggestellt sein. Dann sei man gewappnet. Den Kaiser überzeugt das. Er zieht seine Zusage an Wien zurück, das wiederum enttäuscht seinen Angriff auf Serbien abbläst. So ein Desaster will Wien nicht noch einmal erleben.

Nachdem die Scheidung am 1. November 1912 vollzogen ist, geht es Else Lasker-Schüler furchtbar. Sie fühlt sich verloren, sieht unzählige Schluchten vor sich, weint ständig und fürchtet, keine Gedichte mehr schreiben zu können. Zu ihrem Glück lernt sie den Maler Franz Marc und dessen Frau kennen. Er hat begeistert ihre Ballade »Versöhnung« gelesen und daraufhin einen Holzschnitt angefertigt. Die Dichterin geht mit dem Paar ins Café Josty am Potsdamer Platz, was sie nicht hätte tun sollen. Denn prompt setzt sich ihr Ex mit seiner neuen Frau an den Nachbartisch. Else Lasker-Schüler macht daraufhin einen solch deprimierten Eindruck, dass sie von den Marcs nach Oberbayern eingeladen wird.

Sie wird die beiden dort im neuen Jahr besuchen, aber vorher trifft sie im Berliner Größenwahn einen jungen, bezaubernden Mediziner: Er schreibt wundervoll morbide Verse. Sein Band *Morgue und andere Gedichte* ist erst im Frühjahr herausgekommen. Als sie die Texte las, ohne den Autor schon zu kennen, war sie vom Ton dieser Todesträumereien sofort ergriffen und bekam seine Sprachbilder nicht mehr aus dem Kopf: Kirchhöfe, die sich in Krankensäle verwandeln, Betten der Schmerzensreichen, kindtragende Frauen, deren Schreie bis ans Ende der Welt zu hören sind. Er hatte die Gedichte im Anschluss an einen Sektionskurs geschrieben.

Der Mediziner heißt Gottfried Benn, ist siebzehn Jahre jünger als Else Lasker-Schüler und hat gerade promoviert. Für sie ist er ein dichtender Kokoschka. Jeder von Benns Versen wirkt auf sie wie ein Leopardenbiss. Umgekehrt ist auch Benn von seiner Dichterkollegin angezogen: dieser kleinen, knabenhaft schlanken Frau, die im Café sitzt und wochenlang nur Obst und Nüsse isst. Er wundert sich über ihre pechschwarzen, ungewöhnlich kurz geschnittenen Haare, ihre großen, rabenschwarzen, beweglichen Augen, den ausweichenden unerklärlichen Blick. Geht er mit ihr über die Straße, steht die Welt still, und alle Menschen schauen ihr nach.

PRAG

Es ist so weit: Am 4. April 1913 fährt Else Lasker-Schüler für eine Lesung nach Prag. Sie wünschte sich das seit langem, aber erst kürzlich konnte sie zusagen. Denn im Moment ist genügend Geld vorhanden, sodass sie die Kosten für die Anreise vorstrecken kann. Im Januar hatte nämlich Karl Kraus in seiner *Fackel* zu Spenden aufgerufen und viertausend Mark eingesammelt. Sogar Franz Kafka gab ein wenig, obwohl er sich die Dichterin nur als Säuferin vorstellen kann, die sich nachts durch die Kaffeehäuser schleppt.

Vielleicht denkt Else Lasker-Schüler im Zug nach Prag an einen Brief, den sie drei Jahre zuvor an den Schriftsteller Max Brod geschickt hatte: Sie wolle in Prag gerne als Syrerin auftreten und dabei eine unschätzbar wertvolle Schleife tragen, sie werde auf ihrem Dudelsack pfeifen und in eine Posaune blasen. Aber sie brauche einen Dolmetscher, der jeden Satz fürs Publikum ins Französische übersetzt. So etwas, sage ihr Agent, wäre großartig und würde großartig bezahlt, vielleicht mit zweitausend Mark monatlich.

Unmittelbar vor ihrer Lesung liegt die Dichterin auf der Ottomane im Künstlerzimmer und überlegt, was sie eigentlich vortragen will. Als das Publikum zu klatschen beginnt, rafft sie sich auf, zieht die Kleidung glatt und betritt die Bühne. Sie trägt, jedenfalls wird sie es so verbreiten, silberne Stiefel und ein wertvolles Seidenkleid. Wie ein trotziger Knabe steht sie da, während das Publikum kaum zu atmen wagt. Dass der Saal so überfüllt ist, dass viele gar nicht hineinkommen, freut sie ungemein. »Die Augen ihrer jungen Freunde – und Bewunderer – brennen ihr entgegen, Demut und Verehrung liegt in ihnen«, wird es in einer Zeitung heißen. Als sie ihr Porträt über Karl Kraus vorliest, fühlt sie sich von der Menge bestürmt.

Nach der Lesung und unzähligen Küssen sitzt sie, umringt von Begeisterten, im Café Arco in der Neustadt, das vor lauter Künstlern das Prager Café Größenwahn sein könnte, aber nie so genannt werden wird. Alle strahlen Else Lasker-Schüler an, vorneweg Max Brod und Egon Erwin Kisch, und vielleicht sogar Franz Kafka.

Gegen Mitternacht streifen sie gemeinsam durch die Altstadt, als Else Lasker-Schüler plötzlich anfängt, enthusiastisch zu singen und zu tanzen – bis sie von einem Wachmann angehalten wird, der partout nicht glauben will, dass er es mit niemand Geringerem als einem Gast aus dem Orient zu tun hat, der gerade sein morgenländisches Gebet verrichtet.

»Das ist mir wurscht!« Die Dame solle den Gesang einstellen.

»Ich bin der Prinz von Theben«, beharrt sie und geht weiter.

Was dann passiert, bleibt unklar. Angeblich lästert Franz Kafka gegenüber dem Wachmann: »Sie ist nicht der Prinz von Theben, sondern eine Kuh vom Kurfürstendamm.«

Sie selbst wird Kraus hinterher schildern: »Ich bin nun aus Prag wieder da. Saß dort zwei Stunden im Kerker wegen Störung in der Nacht. Was soll man anders in der Nacht tun? Ich hielt nur meinen fünfundzwanzig Begleitern aus einer tiefen Nische einer Kirche, die auf einen Platz blickte, eine Rede in arabischer Sprache über mein Geschick.«

BERLIN

Es wird schwierig mit den jungen Leuten. Sie pflegen ihre eigenen Ansichten. Else Lasker-Schüler kommt zwar mit Gottfried Benn gut zurecht, aber im Großen und Ganzen denkt die nächste Generation anders, sie ist politischer. Allen voran ein junger Philosophiestudent namens Walter Benjamin. Seit dem Frühjahr 1913 taucht er im Café Größenwahn auf und bringt Freunde mit, die alles andere als Bohemiens sind. Sie wollen auch nichts mit ihr oder John Höxter zu tun haben. Für die jungen Leute ist das Kaffeehaus mehr ein Ort für strategische Debatten. Ständig reden sie von »Bewegung«, nie von Kunst. Es geht jetzt um schnöde Politik.

Als Benjamin doch einmal an ihrem Tisch sitzt, sagt er kein Wort, langweilt sich und hält es nicht länger als eine Viertelstunde aus, während um die Dichterin herum, wie er meint, irrsinnige Späße getrieben werden. Worin die Späße genau bestehen, verrät er nicht. Er kann nichts damit anfangen. Ein andermal spricht er halb aus Zufall eine geschlagene Stunde mit ihr. Sie bleibt ihm fremd, den Umgang mit ihr findet er leer, krank und, ja auch, hysterisch.

Ungefähr zu dieser Zeit, zu Pfingsten 1913, schließt der Eigentümer Ernst Pauly überraschend das Café des Westens und lässt es renovieren. Dabei will er es, wie jetzt zu lesen ist, sowieso nur noch bis Oktober 1915 betreiben, um dann vollends an eine neue Adresse am Kurfürstendamm umzuziehen.

BALEAREN

Franziska Baronin von Rechenberg-Linten weilt auf Mallorca, als sie im Frühjahr 1913 eine Nachricht aus dem Tessin erhält: Ihr Schwiegervater ist verstorben. Knapp zwei Jahre nach der Eheschließung naht somit das große Geld. Kurz darauf lässt sie sich scheiden und nimmt wieder ihren alten Namen an, auch wenn sie ohnehin alle Texte und Romane als Franziska zu Reventlow veröffentlicht hat. Letzteres hätte sie besser nicht tun sollen. Ihr Schwiegervater hat wohl auch deshalb die Scheinehe durchschaut und sein Erbe auf den Pflichtteil begrenzt. Der Betrag ist gleichwohl ordentlich: Sie erhält zehntausend Schweizer Franken, später weitere vierzigtausend. Damit ist sie so reich nie zuvor in ihrem Leben. Die Gräfin bezahlt all ihre Schulden in Ascona, was sich ungewohnt anfühlt. Sie kleidet sich und ihren fünfzehnjährigen Rolf ein und besucht das Spielcasino von Monte Carlo, wo sie sich zur Verwunderung ihres Sohnes zurückhält. Dass sie den großen Rest der Erbschaft der jungen Bank Credito Ticinese anvertraut, scheint vernünftig zu sein.

VENEDIG

Nach fünf Monaten unter ärztlicher Aufsicht wird Peter Altenberg im April 1913 aus der Klinik Steinhof entlassen. Freunde und der Bruder Georg holen ihn ab. Er ist ganz der Alte. Mehr oder weniger so wahnsinnig wie eh und je, findet Schnitzler. Man könne ihn für immer internieren oder gleich herauslassen. Als sie in einem roten Auto vom Hof der Klinik abfahren, mahnt der Bruder: »Nun, Peter, heißt's aber brav sein!«

Das schwebt Peter Altenberg gerade nicht vor. Er will die verlorene Zeit hinter den stupiden Kerkermauern schleunigst nachholen, sich verlieben und so viel saufen wie möglich. Da kann der Bruder ruhig sagen, jeglicher Rückfall sei lebensgefährlich. Gleich in seiner ersten Freiheitsnacht trinkt Altenberg fünfundzwanzig Flaschen Bier und beginnt sein nächstes Buch *Fechsung*, was so viel wie Weinlese heißt. Doch die Angst vor der Irrenanstalt sitzt tief, schließlich wollen sie auch dort Geld von ihm, für Verpflegung und Unterbringung.

Nicht nur der Bruder, auch die Freunde sorgen sich um den Dichter. Der Architekt Adolf Loos und seine Freundin Bessie Bruce, eine Tänzerin, laden ihn im Frühsommer nach Italien ein. In Vorfreude fabuliert er daraufhin in einer Art Selbstgespräch: »Peterl, wir freun uns schon so, was Sie über den ›Lido‹ wieder Nettes z'sammenschreib'n werden, in Ihrer Facon!?« Und antwortet sich selbst darauf: »Ich werde schreiben, daß ich zu wenig schöne Füß und zu viele ›Büsen‹ gesehen habe!«

Anfang Mai setzen die drei von Triest aus mit einem Schiff nach Venedig über. Peter Altenberg steht an der Reling, er ist vierundfünfzig Jahre alt und sieht zum ersten Mal in seinem Leben das Meer. Sie wohnen im Hotel Hungaria, erkunden die Stadt und die Inseln. Als eleganter Sommerfrischler läuft Altenberg bald im hellen Anzug herum und gibt sich weltmännisch. Nur anfangs hat er tatsächlich einmal in Winterkleidung auf dem Markusplatz gestanden, was nicht nur die Italiener komisch fanden.

Wie ein Kind springt er in seinem Badeanzug in die Fluten, ruht sich in den Strandkabinen vom Leben aus, genießt die blutroten wie die lilagrauen Sonnenuntergänge und bewundert die venezianischen Mädchen in ihrer Volkstracht. Dass alle das Gleiche tragen, gefällt ihm: schwarze Schals, schwarze Röcke, schwarze Strümpfe, schwarze Halbschuhe. Er findet gar, die armen Mädchen kleideten sich vornehmer als die adligen. Eine Zeit lang ist er regelrecht beschwingt. Abends nimmt er ein Abführmittel und nach Gutdünken das Schlafmittel Paraldehyd, das dummerweise für unangenehmen Atem sorgt.

Sie bleiben monatelang, während immerzu Freunde eintreffen, aus Wien, München und Berlin. Karl Kraus und Georg Trakl sind darunter, Altenbergs Verleger Samuel Fischer mit Familie, die Schriftstellerkollegen Heinrich Mann, Hermann Bahr, Richard Beer-Hofmann und Arthur Schnitzler sowie zahlreiche Damen, die Altenberg anbeten darf. Es ist wie im Wiener Café Größenwahn, nur lässiger und unter blauem Himmel.

Als Künstler selbst fällt ihm zusehends weniger ein. Seine Texte werden stetig kürzer, zu Aphorismen, zu Splittern, denen der sprühende Charme abhandenkommt. Doch ein letztes, unvergessliches Stück wird ihm später noch gelingen:

Du hast *Sorgen*, sei es diese, sei es jene – – – ins *Kaffeehaus!*
Sie kann, aus irgendeinem, wenn auch noch so plausiblen Grunde, nicht zu dir kommen – – – ins *Kaffeehaus!*
Du hast zerrissene Stiefel – – – *Kaffeehaus!*
Du hast 400 Kronen Gehalt und gibst 500 aus – – – *Kaffeehaus!*
Du bist korrekt sparsam und gönnst Dir nichts – – – *Kaffeehaus*!
Du bist *Beamter* und wärest gern Arzt geworden – – – *Kaffeehaus!*
Du findest Keine, die Dir paßt – – – *Kaffeehaus!*
Du stehst *innerlich* vor dem Selbstmord – – – *Kaffeehaus!*
Du haßt und verachtest die Menschen und kannst sie *dennoch* nicht missen – – – *Kaffeehaus!*
Man kreditiert Dir nirgends mehr – – – *Kaffeehaus!*

Altenbergs Gedicht »Kaffeehaus« enthält seine gesammelten Erfahrungen. Sie sind Extrakte seines Lebens als Bohemien, ein Brühwürfel aller Erfahrungen, Enttäuschungen und Leidenschaften. Im Wiener Größenwahn hat seine schriftstellerische Karriere begonnen, dort schrieb er seine Texte, wurde entdeckt und gefeiert, liebte, verzweifelte, unterhielt Stammtische, führte Korrespondenzen und schnorrte schamlos Freunde, Bekannte, Kellner und Fremde an. Niemand ist jemals so sehr ein Kaffeehausliterat gewesen wie Peter Altenberg. Und noch über hundert Jahre nach seinem Tod wird er an einem Tisch im Café Central sitzen: als unsterbliche Pappmachéfigur.

MÜNCHEN

Es könnte ewig so weitergehen im Café Stefanie, dem Schwabinger Größenwahn, in dem es seit kurzem sogar einen Billardsaal gibt, oben im ersten Stock. Es ist einer der Erfolge, die Cafétier Karl Oberdorfer beim Gewerbeamt durchsetzen konnte. Ansonsten beschert es ihm weiterhin eher Ärger: Allein in diesem Jahr, 1913, wird er mehrmals aufgefordert, Küche und Lokal durch eine Tür zu trennen sowie für die Sauberkeit der Bedürfnisanlagen zu sorgen, nachdem sich immer wieder Gäste beschwert hätten.

Trotzdem kommen weiterhin die Bohemiens in sein Kaffeehaus und machen plaudernd und Absinth trinkend die Nächte zu Tagen. Zuletzt schauen dort drei Künstler vorbei, die gerade erst am Beginn ihrer Karriere stehen: Die Autoren Hugo Ball und Klabund sowie dessen Muse, die Kabarettistin Marietta di Monaco, verfassen unter dem gemeinsamen Pseudonym Klarinetta Klaball drollige Nonsensverse.

Hugo Ball trifft in Schwabing auch auf die laszive Sängerin Emmy Hennings, die einst im Berliner Größenwahn die Szene mit anzüglichen Versen erfreute, ehe sie nach München ging, wohin ihr Jakob van Hoddis folgte. Gemeinsam werden Hennings und Ball bald nach Zürich ziehen, dort heiraten, ein Kabarett eröffnen und eine neue, satirische Kunstform groß machen: den Dadaismus, der sich sehr ernsthaft über die ganze noch viel ernsthaftere Kunst lustig macht.

EUROPA

Während im Sommer 1913 auf dem Balkan mal wieder Schüsse fallen, billigt der Deutsche Reichstag eine Wehrvorlage. Der zufolge soll das Heer in den nächsten zwei Jahren auf mehr als achthunderttausend Mann vergrößert werden. Zudem vertieft das Reich sein Bündnis mit den Osmanen: Zum einen engagiert es sich beim Bau einer Eisenbahn von Berlin nach Bagdad, zum anderen soll ein deutscher General die osmanische Armee nach deutschem Vorbild modernisieren.

Russland beobachtet das Treiben misstrauisch. Es fürchtet, von Deutschen und Osmanen mehr oder weniger eingekreist zu werden. Nur Serbien gilt in Sankt Petersburg noch als verlässlicher Partner auf dem Balkan. Denn Serbien hat kaum Freunde in Europa und damit keine Wahl.

Wie sehr das Deutsche Reich einen Krieg herbeisehnt, wird im Spätherbst 1913 klar, als der belgische König nach Berlin reist. Er wird von Kaiser Wilhelm II. und von Generalstabschef Moltke empfangen – und zurechtgewiesen: Belgien solle sich besser an die deutsche Seite stellen. Man werde nämlich gegen Frankreich in den Krieg ziehen.

Als Paris davon erfährt, ist man dort kaum erschüttert. Schon zweimal hat Deutschland mit Krieg gedroht – 1905 und 1911, jeweils Marokkos wegen. Nichts ist passiert. Trotzdem beschließt Paris nun, seine Truppenstärke drastisch zu erhöhen, von vierhundertachtzigtausend auf siebenhundertfünfzigtausend Mann. Ferner führt der französische Botschafter in Sankt Petersburg lange Gespräche mit dem russischen Außenminister. Mit einem europäischen Krieg, so kommen sie überein, ließen sich einige Probleme lösen, jedenfalls sofern Deutschland verlöre: Frankreich erhielte Elsass-Lothringen zurück, und Russland bekäme den preußischen Teil Polens, womit das Deutsche Reich zurechtgestutzt wäre und nicht mehr über den Kontinent herrschen könnte. Außerdem ginge Galizien an Russland, wodurch Österreich-Ungarn kollabieren dürfte, wogegen weder Russen noch Franzosen etwas einzuwenden hätten.

In Österreich-Ungarn machen sich derweil Nervosität und Aktionismus breit. Am 18. Oktober 1913 schickt Wien sogar ein

Ultimatum an Belgrad: Sollte sich die serbische Armee nicht aus Albanien zurückziehen, werde man Serbien angreifen. Belgrad gibt nach. Das Land ist nach zwei Balkankriegen ruiniert. Es fehlen Gewehre, Kanonen und Munition, jeder zweite Soldat liegt verletzt in einem Krankenhaus. Serbien braucht erst einmal viele Jahre lang Frieden.

Wien könnte sich über seinen diplomatischen Erfolg freuen, aber die Regierung von Kaiser Franz Joseph ist frustriert. Sie bekommt mit jedem Ultimatum alles, was sie will – alles außer Krieg. Ärgerlicherweise sind die Ultimaten teuer. Es kostet Hunderte Millionen Kronen, die Truppen aufmarschieren zu lassen. Nächstes Mal muss es deshalb heißen: Alles oder nichts, Krieg.

BERLIN

Ende September 1913 hat Besitzer Ernst Pauly seine beiden Cafés des Westens eröffnet, also das alte Café Größenwahn am Kurfürstendamm und ein neues, zweites Café, ein pompöses Konzert-Kaffeehaus, das sich in einem tempelartigen Gebäude des Unions-Palastes am Ku'damm befindet. In dem neu errichteten Gebäude ist auch ein Kinosaal mit achthundertfünfzig Plätzen, der am 2. Oktober 1913 mit dem Stummfilm *Insel der Seligen* von Max Reinhardt eröffnet wird.

Ihr altes Café des Westens, ihr geliebtes Größenwahn, erkennt Else Lasker-Schüler kaum wieder: überall weiße Wände, grauer Linoleumboden, futuristische Lichtsäulen, goldgerahmte Spiegel und nicht zuletzt gekachelte Toiletten. Die gemütlichen Lehnsessel sind verschwunden, stattdessen soll man auf Stahlstühlen sitzen. So viel Zeitgeist findet sie befremdlich. Das Schlimmste aber ist, dass die Kellner nicht mehr die alten sind. Sie dürfen keine Kredite mehr gewähren und müssen fortan auf Verzehr achten.

Das wird für die meist mittellose Dichterin zum Problem. Offenbar erhält sie sogar ein Hausverbot, wie sie in einem offenen Brief dem Feuilleton des *Berliner Tageblatts* mitteilt, wobei sich Begebenheiten, Zuspitzungen und Ausschmückungen kaum unterscheiden lassen: »Früher war das Stelldichein all dieser *Radikalen* das Café Größenwahn. Aber eines Tages verbot der Besitzer der Dichterin Else Lasker-Schüler, die zu diesem Kreis gehörte, das Lokal, weil sie nicht genug verzehre. Man denke! Ist denn eine Dichterin, die viel verzehrt, überhaupt noch eine Dichterin? Sie empfand das mit Recht als eine unerhörte Beleidigung, als schimpfliches Misstrauen gegenüber ihrer dichterhaften Echtheit.« Sie musste gehen, klagt sie, und mit ihr verließen alle ihre Freunde empört das Lokal. Sie zürnten über das Café des Westens und trauerten ihrem verlorenen Paradies nach. Kaum standen sie auf der Straße, dachten sie wehmütig an den Gründer des verlorenen Kaffeehauses zurück: Herr Rocco hatte sich immer über die Künstler in seinen Räumen gefreut. Was wäre das Café des Westens ohne sie? Sie haben es mit auf die Welt gebracht! »Wir Künstler haben ihm das erste Feierkleid geschenkt, wir Künstler haben es zur Königin aller Cafés erhoben!«, hält sie Lasker-Schüler in ihrem Brief für alle Welt fest. Nun, da sie sich auf der Straße sammelten, begann jemand aus der Runde eine Rede in die Nacht zu halten. »Ich glaube, ich war's, und den Chor gaben meine tiefergriffenen Kameraden und Kameradinnen.«

Vielleicht will Gottfried Benn sie über den Verlust des Café Größenwahn trösten, vielleicht soll sie lachen. Noch 1913 schenkt er ihr ein vieldeutiges Gedicht:

Ein Mann tritt mit einem Mädchen in Verhandlung:
Deine Stimme, Augenausdruck, Ohrläppchen
sind mir ganz piepe.
Ich will dir in die Schulter stoßen.
Ich will mich über dir ausbreiten.
Ich will ein ausgeschlenkertes Meer sein, du Affe!

Er nennt sein Gedicht »Café des Westens«. Es wird nicht lange dauern, dann darf Else Lasker-Schüler ihr Kaffeehaus wieder betreten.

Rolf und Franziska zu Reventlow
in Ascona (undatiert)

Säbelrasseln und Apfelkuchen

JUNI 1914 BIS OKTOBER 1915

Franziska zu Reventlow erlebt eine Katastrophe und macht das Beste daraus. Für Leonhard Frank wendet sich das Leben zum Guten. Serbien setzt Österreich-Ungarn über Attentatsgerüchte in Kenntnis, was in Wien jedoch keinen interessiert. Selbst Erzherzog Franz Ferdinand bleibt gelassen und fährt mit seiner Frau im offenen Wagen durch Sarajevo. Später will sich niemand dem Untergang entgegenstellen. Vor dem Größenwahn prügelt sich ein junger Mann für Else Lasker-Schüler. Und Erich Mühsam schaut wehmütig ein letztes Mal im Berliner Kaffeehaus vorbei.

Hektik am Fin de Siècle:
Unter den Linden in Berlin um 1900

ASCONA

Es ist ein milder, angenehmer Frühsommer, das Wetter ist prächtig und verspricht noch prächtiger zu werden. Überall in Europa blicken die Menschen im Jahr 1914 sorglos in die Zukunft. Wie schnell alles kippen kann, erlebt der sechzehnjährige Rolf zu Reventlow in diesen Tagen. Er sitzt in einem Café in Ascona, blinzelt auf den Lago Maggiore hinaus und wundert sich über die plötzliche Aufregung der Menschen um ihn herum. Allesamt wirken sie erschüttert. Etwas Dramatisches muss vorgefallen sein.

Er fragt bei jemandem nach und erfährt von einer Katastrophe, mit der niemand gerechnet hat: Wie aus dem Nichts sind soeben drei Tessiner Banken bankrottgegangen, einfach so, darunter ausgerechnet die Credito Ticinese. Auf der hat seine Mutter ihr gesamtes erschummeltes Erbe deponiert. Franziska zu Reventlow kann es nicht fassen. Ihr Geld ist futsch, nichts mehr vorhanden, alles Vermögen nur noch Luft, Zehntausende Schweizer Franken weg. Sie hätte es besser im Casino verspielt.

Aber sie fängt sich rasch. »Der kurze Glanz war sehr schön, der Krach eigentlich auch ganz lustig, und der Entschluss, im Ausland zu bleiben, erlösend«, schreibt sie Freunden. »Kurz, der Herr hat's gegeben, der Herr hat's genommen, der Name des Herrn sei gelobt.« Sie hat ihren Humor nicht verloren. Schon gar nicht des Geldes wegen. Sogar etwas Gutes gewinnt sie dem Verlust ab: Sie hat jetzt besten Stoff für einen neuen Roman, den sie *Der Geldkomplex* nennen wird.

BERLIN

Vor Jahren träumte Leonhard Frank einmal, er würde den ganzen Himmel mit Wörtern und Zeichen vollkritzeln, bis dieser schwarz von Tinte eingefärbt war wie eine riesige Gewitterwolke. Nun hält er in diesen Frühsommertagen seinen ersten Roman in den Händen: *Die Räuberbande*. Das Buch, in dem es um seine Kindheit und Jugend geht, wird von der Kritik gelobt und mit dem Fontane-Preis als bestes deutsches Romanwerk des Jahres ausgezeichnet. Und Thomas Mann teilt einem Bekannten mit: »Ein wirkliches, lauteres Talent nach dem, was ich bis jetzt davon kenne! Flake schrieb in der *Rundschau*, er sei von meinem Bruder beeinflusst. Aber er ist von mir beeinflußt, wenn ich mich nicht selbst vergesse. Jedenfalls ist mein Vergnügen daran mit väterlichen Empfindungen verquickt.« Leonhard Frank, der vor gar nicht langer Zeit einmal hungernd und durchnässt auf einer Parkbank im Tiergarten aufgewacht war und trotzdem das Wagnis eines Romans auf sich nahm, tilgt jetzt nach und nach seine horrenden Schulden. Für ihn zeichnet sich eine große Schriftstellerkarriere ab, die auch von Katastrophen nicht mehr erschüttert werden kann. Und er wird einige erleben. Die nächste beginnt mit Schüssen in Südosteuropa.

BALKAN

Österreich-Ungarn ist vorgewarnt. Belgrad hat Wien über Gerüchte informiert, denen zufolge ein Mordanschlag auf den Erzherzog vorbereitet wird. Auch von möglichen Unruhen ist die Rede, doch selbst die serbische Regierung weiß nichts Genaues. Schon in den zurückliegenden zwei Jahren hat es fünf Anschläge auf die kaiserlichen Verwalter in Bosnien und der Herzegowina gegeben.

Politische Attentate sind um die Jahrhundertwende nichts Außergewöhnliches. Zu ihren Opfern zählen Kaiserin Elisabeth von Österreich-Ungarn, König Umberto I. von Italien, US-Präsident William McKinley, König Karl I. von Portugal, Russlands Ministerpräsident Pjotr A. Stolypin und nicht zuletzt das ehemalige serbische Königspaar, das vor gut zehn Jahren in Belgrad aus dem Fenster geworfen wurde.

Als Erzherzog Franz Ferdinand mit seiner Frau am 28. Juni 1914, dem heiligen serbischen Veitstag, im offenen Wagen durch Sarajevo fährt, wird er nur von sechsunddreißig örtlichen Polizisten begleitet. Dabei sind mehr als zwanzigtausend Soldaten nahe der Stadt stationiert. Den ersten Anschlagsversuch des Tages übersteht das Paar schadlos, den zweiten überlebt es nicht. Der Attentäter Gavrilo Princip wird sich vor Gericht rechtfertigen: Er habe die Tat begangen, weil das Volk leide und die Menschen wie Vieh behandelt würden. Es tue ihm nicht leid.

Wien und Berlin sind in Kriegsstimmung. Sie werten das Attentat als Angriff Serbiens. Jetzt oder nie. Zuschlagen, Serbien vernichten und Russland angreifen. An ihrer Entschlossenheit ändert auch die Tatsache nichts, dass Friedrich Ritter von Wiesner als Chefermittler des Attentats zu dem Ergebnis gelangt, es gebe nicht einen einzigen Beweis für eine Mitwisserschaft der serbischen Regierung, vielmehr sei »dies als ausgeschlossen anzusehen«.

Trotz des Attentats bleiben die Menschen in Europa gelassen. Sie ahnen nicht, wie die Kriegsmaschine im Verborgenen anläuft. Österreich-Ungarn hat ein Ultimatum verfasst, es aber noch nicht überreicht, geschweige denn öffentlich gemacht. Man will noch warten. Erst sollen die Bauern die Getreideernte einbringen. Ohne Ernte lässt sich ein Krieg nicht lange durchhalten. Zudem weilt gerade der französische Präsident in Sankt Petersburg. Würde man das Ultimatum jetzt überreichen, könnten sich Frankreich und Russland sofort auf eine gemeinsame Reaktion verständigen.

Kaum ist der französische Präsident aus Sankt Petersburg abgereist, übermittelt Wien am 23. Juli 1914 sechs harsche Bedingungen an Belgrad, versehen mit einem Ultimatum von achtundvierzig Stunden. So soll Serbien einer Politik abschwören, die auf eine Vereinigung aller Südslawen abzielt, sprich auf einen unter serbischer Herrschaft vereinten Balkan. Vor allem der sechste und letzte Punkt ist als Affront gedacht: Österreichisch-ungarische Beamte sollen im Königreich Serbien bei der Verfolgung extremistischer Organisationen beteiligt werden. Wien verlangt damit, dass Belgrad seine eigene Souveränität verletzt. Kein Staat kann so etwas akzeptieren.

Als der serbische Premierminister fristgerecht und höchstpersönlich am 25. Juli dem österreichisch-ungarischen Botschafter die ablehnende Antwort seiner Regierung in Belgrad übergibt, wartet der schon mit gepackten Koffern auf seinen Chauffeur.

Am 28. Juli schickt Wien ein weiteres Telegramm nach Serbien: die Kriegserklärung. Stunden später wird Belgrad beschossen.

Und noch bevor der Zar die Generalmobilmachung ausruft, erteilt Berlin seinen Truppen den Befehl zum Einmarsch ins neutrale Belgien. Von dort aus sollen sie dann Frankreich überfallen.

In der Nacht zum 31. Juli 1914 ruft der deutsche Generalstabschef Moltke seinen Adjutanten, Major Hans von Haeften, zu sich. Der kann nicht glauben, wie er seinen Chef vorfindet: Moltke ist keineswegs bester Laune – sondern zutiefst erschüttert. Dabei hatte er immer für einen Präventivkrieg getrommelt. Nun jammert er, der Krieg werde Jahre dauern und nichts vom alten Europa übriglassen. Mit Tränen in den Augen betrachtet der höchste deutsche Militär ein Porträtgemälde seines Onkels, des älteren Moltke. Es ist zu spät.

Erich Mühsam weiß gar nicht, wie ihm geschieht. Er, der Anarchist, Antimilitarist und Antipatriot, der Feind der nationalen Phrase und Verächter der Rüstungsfurie, lässt sich mitreißen vom Jubel über den Kriegsbeginn. Aber nur für ein paar Tage, dann fängt er sich wieder – anders als einige Künstlerfreunde aus den drei Cafés Größenwahn: Oskar Kokoschka redet von einem »heroischen Zirkus«, Peter Altenberg schreibt komische Zeilen, Hermann Bahr schwadroniert über »Kriegssegen«, der Maler Franz Marc und Hans Bötticher, der spätere Joachim Ringelnatz, melden sich sogar freiwillig zum Einsatz.

Sie alle spüren, dass etwas Neues beginnt. Mit den Stahlgewittern des ersten modernen europäischen Krieges endet eine Epoche, die so viele hoffnungsvolle Neuerungen hervorgebracht hat: in Literatur und Malerei, Psychologie und Architektur, in den individuellen Lebensstilen wie im Zusammenleben der Menschen und in der Gesellschaft überhaupt. Einiges wurde von den Bohemiens in den Kaffeehäusern von Wien, München und Berlin ausgeheckt und verbreitet. Sie kokettierten mit dem Begriff »Größenwahn« und ahnten doch nicht, dass am Ende ein ganz realer, nationaler und militärischer Größenwahn ihre Ideenwelt zerstören würde.

Etliche Künstler lassen sich im heißen Sommer 1914 vom nationalistischen Pathos überwältigen, aber gar nicht so wenige andere aus den drei Cafés Größenwahn sind von Beginn an angewidert und schockiert oder stimmen zumindest nicht in das Kriegsgeheul ein. Zu ihnen gehören Karl Kraus, Arthur Schnitzler, John Höxter, Herwarth Walden und wohl auch Leonhard Frank. Letzterer wird einem Mann, der über die Versenkung eines britischen Passagierschiffs jubelt, eine Backpfeife verpassen – mitten im alten Café des Westens.

Else Lasker-Schüler erlebt den Kriegsbeginn während eines Besuchs in München. Sie spaziert durch die Straßen von Schwabing, als sie der weinenden Sängerin Emmy Hennings begegnet, die verletzt auf dem Boden sitzt. Hennings ist gerade einem Pazifisten beigesprungen, der verprügelt wurde. Dabei hat auch sie ein paar Schläge einstecken müssen, unter anderem aufs Auge. Lasker-Schüler hilft der Bekannten auf, nimmt sie unter den Arm und lädt sie auf ein Stück Apfelkuchen mit Sahne ins Café Stefanie ein, das Münchner Größenwahn.

Am tiefsten schockiert ist Franziska zu Reventlow, als sie im Oktober 1914 für eine Operation nach München kommt. Ihr geliebtes, vertrautes Schwabing erkennt sie nicht wieder. Sie läuft durch die altbekannten Straßen, kommt sich aber vor wie in einer fremden Welt. Sie versteht die Sprache der Menschen nicht mehr und fühlt sich von ihren Gesten abgestoßen. In allen Milieus, auch im künstlerischen, hört sie nur Säbelrasseln. Sämtliche Freunde, so hat sie den Eindruck, leiden offenbar unter einer Gehirnerweichung. Wenn sie, die Gräfin, über Teutonismus spottet, stößt sie jetzt nur noch auf Unverständnis. Dabei hatte sie München als die freieste, fröhlichste, antipreußischste, kosmopolitischste deutsche Stadt in Erinnerung. Nichts davon findet sie wieder. Fortan ist Deutschland für sie nicht mehr als ein geographisches Vaterland, irgendein Fleck auf der Landkarte, den sie früher einmal Heimat nannte.

BERLIN

Zurück an der Spree, fühlt sich Else Lasker-Schüler von allen allein gelassen. Im Café Größenwahn kommt sie sich furchtbar einsam vor. Wären doch nur Bleisoldaten in die Kriegsmaschine geraten – und nicht ihre besten Freunde! Manchmal schauen immerhin neue Menschen im Kaffeehaus vorbei, dann kann sie plaudern und ihre Gedanken in die Welt fliegen lassen. So sitzt sie an einem Apriltag 1915 mit jungen Autoren zusammen, von denen sie bewundert wird. Einer heißt Wieland Herzfelde, ist achtzehn Jahre alt und beobachtet alles genau: Die Lyrikerin schwärmt gerade von einem unbekannten jungen Dichter, als sie zum Telefon gebeten wird.

Während sie fort ist, mutmaßen die jungen Leute am Tisch, von welchem Talent sie wohl gesprochen haben könnte. Plötzlich werden sie von einem Kollegen vom Nachbartisch unterbrochen. Der vorlaute Kurt Hiller meint, über die abwesende Lasker-Schüler herziehen zu müssen. Was er in den nächsten Minuten alles von sich gibt, wird später vor Gericht geklärt werden. Er hält jedenfalls wenig von der Dichterin. Große Lyrik, hat Hiller erst vor kurzem im Größenwahn doziert, enthalte immer drei Elemente: das Sinnliche, das Sentimentale und das Mentale. Letzteres fehle der verehrten Else. Nach allem, was bekannt wird, redet sich Hiller regelrecht in Rage – und meint gar, Lasker-Schüler sei so gemeingefährlich, dass man sie einsperren sollte. Die locke nämlich alle jungen Dichter in ihr Schlafzimmer. Zuletzt, so viel steht fest, macht der Spötter eine anzügliche Geste.

Empört steht Wieland Herzfelde daraufhin auf, tritt an den Nachbartisch und sagt so laut, dass es das halbe Kaffeehaus hört: »Herr Hiller, Sie werden für Ihre schmutzige Äußerung von mir geohrfeigt, und zwar hier morgen um dieselbe Zeit, also um vier Uhr.« Herzfelde will sich absichtlich Zeit lassen, damit niemand denkt, die Ohrfeige sei unüberlegt. Und vielleicht entschuldigt sich Hiller ja noch.

Am nächsten Nachmittag ist das Größenwahn dicht besetzt. Wieland Herzfelde sitzt neben Else Lasker-Schüler und blickt unablässig zum Eingang.

Pünktlich um vier Uhr steht Kurt Hiller mit zwei kräftigen Burschen vor dem Kaffeehaus. Herzfelde steht vom Tisch auf, geht hinaus vor die Tür und fragt knapp: »Wollen Sie sich wegen Ihrer beleidigenden Worte bei Frau Lasker-Schüler entschuldigen? Ja oder nein? Ich zähle bis drei: eins – zwei – drei.« Dann schlägt er zu, trifft Hiller am Ohr und haut ihm dabei auch die Melone vom Kopf, sodass sie übers Trottoir des Kurfürstendamms rollt.

Else Lasker-Schüler hätte es am liebsten selbst übernommen. An Karl Kraus schreibt sie: »Ich hätte ihn schon geohrfeigt selbst, da Wieland so jung ist und sich schaden kann, aber ich kann nicht mehr kämpfen jetzt, ich bin gestorben im Wirrwarr der Welt in diesem Wildkrieg … auf der Walze der Maschine des Kriegs.«

Ein allerletzter Besuch steht an, bevor das alte Café Größenwahn im Oktober 1915 für immer schließt. Erich Mühsam ist aus München gekommen, um den Ort seiner frühen Jahre als Bohemien noch einmal leibhaftig zu betreten. Wehmütig tritt der nunmehr Siebenunddreißigjährige ein, sieht sich um und findet das Kaffeehaus seiner früheren Gemütlichkeit beraubt. Er erkennt kaum etwas wieder.

Der Künstlerstammtisch, der einst am Eingang stand, ist in eine Nische verbannt worden. Alles wirkt gezähmt und museal, wie die Kritzeleien und die Pastellbilder, die seine Künstlerfreunde auf den Marmortischchen hinterlassen haben: Sie sind unter Glasplatten für die Nachwelt konserviert. Dabei ging es in diesen Räumen mal so laut und ausgelassen zu! Früher hatte er hier lustige Stegreifverse für ein paar Münzen vorgetragen und nächtelang über Anarchismus debattiert.

Schließlich entdeckt Mühsam an einer Wand ein Gemälde, auf dem lauter Bohemiens zu sehen sind. Alte Freunde aus alten Tagen. Auch ein junges Mädchen ist darauf zu erkennen, an das er sich jedoch nicht mehr erinnert. Und dann ist da noch ein jugendlicher Kerl mit wilder Mähne und einem Zwicker auf der Nase abgebildet. Erich Mühsam schaut genauer hin: Ja, tatsächlich, kaum zu glauben, er selbst ist es, nur eben als junger Mann. Lange her.

AUSBLICK

Das Wiener »Größenwahn«: CAFÉ GRIENSTEIDL, eröffnet 1848 vom Apotheker Heinrich Griensteidl am Michaelerplatz in Wien, etablierte sich früh als Kaffeehaus der Künstler. Die Besitzerin Susanna Griensteidl, die Witwe von Heinrich Griensteidl, lebte zuletzt schräg gegenüber am Kohlmarkt 22 – genau dort, wo Adolf Loos sein berühmtes, damals aufgrund seiner Nüchternheit sogenanntes Haus ohne Augenbrauen bauen sollte (es fehlten jegliche Fensterverdachungen). Griensteidl starb am 20. Oktober 1899 an einer Lungenentzündung und wurde auf dem Dornbacher Friedhof begraben. Am 29. Oktober 1909 gaben ihre Nachfolger das Café Glattauer auf. Noch einmal sollte ein Café Griensteidl von 1990 bis 2017 im Palais Herberstein am Michaelerplatz eröffnen.

Das Münchner »Größenwahn«: CAFÉ STEFANIE, eröffnet 1896 in der Amalienstraße 14 (heute 25) in der Maxvorstadt. Nach Beginn des Krieges wurde der Billardsaal im ersten Stock aufgegeben und die Räume anderweitig vermietet. Ab 1922 traf sich der Münchner Schachclub im Stefanie, Cafétier Karl Oberdorfer starb 1926, danach führte Frau Marie das Kaffeehaus als Konzessionsinhaberin weiter – bis zu dessen Totalzerstörung durch Fliegerangriffe im September 1943 sowie im Januar 1945. Marie Oberdorfer starb am 29. Dezember 1946. Einige der alten Möbel befinden sich heute im Turmstüberl des Valentin-Karlstadt-Musäums in München.

Das Berliner »Größenwahn«: CAFÉ DES WESTENS, eröffnet 1893 als Kleines Café, firmierte bis zu seiner Schließung 1915 im Berliner Adressbuch – neben dem neuen Café des Westens – weiterhin als Café des Westens. Fünf Jahre später empfing in den ehemaligen Räumen das *Kabarett Größenwahn* sein Publikum, das sich jedoch nur bis 1922 halten konnte.

Unter anderem trat dort eine Künstlerin namens Marlene Dietrich auf. Das Gebäude wurde im April 1945 von Fliegerbomben zerstört.

PETER ALTENBERG, geboren als Richard Engländer am 9. März 1859 in Wien, wurde 1914 für den Nobelpreis für Literatur nominiert. Er lebte zuletzt im Grabenhotel in Wien in einem einfachen Zimmer mit Tisch, Bett sowie Postkarten als Wandschmuck. Kurz nach Kriegsende stürzte er vermutlich betrunken eine Treppe hinab, wobei er einen doppelten Handwurzelbruch erlitt. An dessen Folgen starb er am 8. Januar 1919, kurz vor seinem 60. Geburtstag. Die 100 000 Kronen, die man auf seinem Konto fand, gingen an die Kinderfürsorge. Bis heute sitzt im Café Central eine lebensgroße Pappmachéfigur mit Schnauzbart an einem Tischerl.

HERMANN BAHR, geboren am 19. Juli 1863 in Linz, verfolgte begeistert den Ersten Weltkrieg, war jedoch zu alt, um eingezogen zu werden. 1918/19 arbeitete er als Dramaturg am Wiener Burgtheater. Er konvertierte zum Katholizismus, zog nach München, wo seine zweite Frau an der Akademie der Tonkunst lehrte. Von einer Demenz geplagt, starb er dort mit 70 Jahren am 15. Januar 1934.

RICHARD BEER-HOFMANN, geboren als Richard Beer am 11. Juli 1866 in Wien, galt als großer Stilist. In der Zeit der Weimarer Republik arbeitete er für den gefeierten Regisseur Max Reinhardt. Sein Dramen-Zyklus *Die Historie von König David* blieb unvollendet. 1939 emigrierte er mit seiner Familie aufgrund seiner jüdischen Abstammung in die USA. Er starb als amerikanischer Staatsbürger am 26. September 1945 mit 79 Jahren in New York.

HANS GUSTAV BÖTTICHER, geboren am 7. August 1883 in Wurzen, Sachsen, meldete sich 1914 freiwillig zur Marine. 1919 wählte er den Künstlernamen Joachim Ringelnatz, der vermutlich an das seemännische Wort »Ringelnass« für Seepferdchen erinnern soll. Er tourte als Kabarettist, schrieb Gedichte wie »Kuddel Daddeldu«, Bühnenstücke, Kinderbücher und Autobiographisches. Das NS-Regime erteilte ihm Auftrittsverbot. Er starb am 17. November 1934 mit 51 Jahren an einer verschleppten Tuberkulose in Berlin. Wie es sich für einen Seemann gehört, ist seine Grabplatte aus Muschelkalk.

LEONHARD FRANK, geboren am 4. September 1882 in Würzburg, veröffentlichte 1919 die pazifistische Novelle *Der Mensch ist gut* und war in der Weimarer Republik ein gefeierter Autor. Der »rebellische Gefühlssozialist«, wie er sich selbst nannte, emigrierte 1933 nach Frankreich, später nach Amerika, wo er sich als Drehbuchautor durchschlug. Unter Hitler wurden seine Bücher verbrannt. 1950 nach Deutschland zurückgekehrt, lebte er in München und veröffentlichte 1952 den autobiographischen Roman *Links wo das Herz ist.* Dass er nicht über die NS-Zeit schweigen wollte, die DDR besuchte und den Mauerbau begrüßte, nahmen ihm viele Deutsche übel. Frank starb am 18. August 1961 in München.

OTTO GROSS, geboren am 17. März 1877 in Gniebing in der Steiermark, litt weiter unter seiner Drogensucht. 1914 stellte ein k. u. k. Landgericht den Psychoanalytiker unter die Kuratel seines Vaters. Der ließ den Sohn in der Landesirrenanstalt in Troppau in Schlesien unterbringen, aus der Otto Gross bald als genesen entlassen wurde (die Vormundschaft blieb bestehen). Während des Weltkriegs arbeitete er kurzzeitig als Landsturm-Assistenzarzt. Zuletzt schrieb er für anarchistische Zeitschriften. Gross kam nicht von den Drogen los und starb am 13. Februar 1920 im Alter von 42 Jahren in einem Sanatorium in Berlin-Pankow.

MAX HALBE, geboren am 4. Oktober 1865 in Güttland bei Danzig, feierte 1893 seinen größten Erfolg mit dem naturalistischen Drama *Jugend.* Während des Ersten Weltkriegs schrieb er Novellen und Romane, später folgte eine zweibändige Autobiographie. 1933 unterzeichnete er als einer von 88 Schriftstellern das »Gelöbnis treuester Gefolgschaft« für den »Führer«, ansonsten schwieg er zur NS-Politik. Halbe starb am 30. November 1944 mit 79 Jahren auf seinem Gut in Neuötting, Oberbayern.

EMMY HENNINGS, geboren am 17. Januar 1885 als Emma Maria Cordsen in Flensburg, spielte an Varietés, Wandertheatern und Revuebühnen. Zeitweilig schlug sie sich auch als Hausiererin und Prostituierte durch. Nach Jahren in Berlin und München zog sie 1915 mit ihrem Partner Hugo Ball in die Schweiz, wo sie in Zürich das »Cabaret Voltaire« mitbegründete, die Geburtsstätte des Dadaismus. Später schrieb sie Romane, darunter *Das Brandmal.* Hennings starb am 10. August 1948 mit 63 Jahren in Lugano, Italien.

JAKOB VAN HODDIS, geboren am 16. Mai 1887 als Hans Davidsohn in Berlin, gilt als herausragender Dichter des Frühexpressionismus. Ab dem Ersten Weltkrieg befand er sich in ärztlicher Behandlung. Er litt an einer Schizophrenie, kam in psychiatrische Kliniken und wurde im Mai oder Juni 1942 im Vernichtungslager Sobibór von NS-Schergen ermordet. Er starb damit im Alter von 54 oder 55 Jahren (das genaue Todesdatum ist nicht überliefert). Sein Gedicht »Weltende« von 1911 ist heute Schullektüre.

HUGO VON HOFMANNSTHAL, geboren am 1. Februar 1874 in Wien als Hugo Laurenz August Hofmann Edler von Hofmannsthal, gründete 1920 zusammen mit dem Regisseur Max Reinhardt die Salzburger Festspiele, die für sein Mysterienspiel *Jedermann* berühmt wurden. Seine Libretti für die Opern *Elektra*, *Der Rosenkavalier* und *Ariadne auf Naxos* von Richard Strauss machten ihn weltbekannt. Viermal wurde er für den Literaturnobelpreis vorgeschlagen. Er pries zuletzt Heimatdichter und rief 1927 zur »Konservativen Revolution« auf. Hofmannsthal starb am 15. Juli 1929 mit 55 Jahren. Über den toten Kollegen notierte Arthur Schnitzler in sein Tagebuch: »Der größte Dichter dieser Zeit ist mit ihm dahin.«

JOHN HÖXTER, geboren am 2. Januar 1884 in Hannover, wurde im Herbst 1916 als Soldat eingezogen, aber aufgrund einer Tuberkulose bald entlassen. Nach dem Krieg gründete er die Satirezeitschrift *Der blutige Ernst*. Höxter blieb Bohemien, verkehrte lange im Romanischen Café in Berlin und veröffentlichte 1929 das – für dieses Buch nicht unwichtige – Erinnerungswerk *So lebten wir! 25 Jahre Berliner Bohème*. Ebenfalls 1929 hatte er eine Statistenrolle im Melodram *Großstadtschmetterling* über die Pariser Boheme. Am 15. November 1938 schlitzte sich John Höxter, um als Jude der »dauernd wachsenden Entwürdigung« zu entgehen, in einem Wald südlich von Potsdam die Pulsadern auf. Er wurde 54 Jahre alt.

EDUARD GRAF VON KEYSERLING, geboren am 14. Mai 1855 in Tels-Paddern, Kurland (heutiges Lettland), verarmte im Ersten Weltkrieg, weil die Familiengüter kaum noch etwas abwarfen. Erblindet diktierte er seinen beiden Schwestern, mit denen er in Schwabing zusammenlebte, die Bücher *Fürstinnen* und *Freitagskinder*. Er starb kurz vor Kriegsende am 28. September 1918 mit 63 Jahren in München.

OSKAR KOKOSCHKA, geboren am 1. März 1886 in Pöchlarn in Niederösterreich, meldete sich im Ersten Weltkrieg als Freiwilliger und erlitt einen Kopfschuss und einen Bajonettstich in die Lunge. Kokoschka lehrte an der Kunstakademie in Dresden, hatte Ausstellungen in Paris und Wien und flüchtete 1934 vor den Nationalsozialisten ins Exil (erst Prag, dann London). Nach dem Zweiten Weltkrieg nahm er an den ersten drei Kunstausstellungen der *documenta* teil. Zu seinen bekanntesten Werken zählt das Gemälde von Konrad Adenauer. Mit 93 Jahren starb »Koko« als letzter Zeitzeuge des Wiener und Berliner Café Größenwahn am 22. Februar 1980 in Montreux in der Schweiz.

KARL KRAUS, geboren am 28. April 1874 in Gitschin, Böhmen, verfasste zwischen 1915 und 1922 das legendäre Werk *Die letzten Tage der Menschheit*. In dem Antikriegsdrama mit seinen 220 Szenen über die Absurdität des Militärs ließ er unter anderem Hofmannsthal als Figur auftreten. Kraus wurde 1926, 1928 und 1930 für den Literaturnobelpreis nominiert. In seinen letzten Jahren wandte er sich gegen einen Anschluss Österreichs an Hitler-Deutschland. Er starb mit 63 Jahren am 12. Juni 1936. Zwei Tage zuvor hatte er im Café Imperial einen Herzinfarkt erlitten.

ELSE LASKER-SCHÜLER, geboren am 11. Februar 1869 in Elberfeld bei Wuppertal im Bergischen Land, verarbeitete in dem Briefroman *Der Malik* den Tod von Franz Marc und anderen Freunden im Ersten Weltkrieg. 1927 starb ihr Sohn Paul mit 28 Jahren. Danach trat sie kaum mehr öffentlich auf, schrieb aber weiter Prosastücke. Sie emigrierte 1933 in die Schweiz, von wo aus sie mehrmals nach Palästina reiste. Dort erschien auch ihr Gedichtband *Mein blaues Klavier*. Else Lasker-Schüler starb am 22. Januar 1945 mit 75 Jahren verarmt in Jerusalem.

ERICH MÜHSAM, geboren am 6. April 1878 in Berlin, heiratete 1915 die ledige Mutter Creszentia »Zenzl« Elfinger. Gemeinsam traten sie für ein demokratisches, sozialistisches Deutschland ein. Als Aktivist der Münchner Räterepublik wurde er 1919 zu 15 Jahren Festungshaft verurteilt, kam aber aufgrund einer allgemeinen Amnestie nach fünf Jahren frei. In der Nacht des Reichstagsbrandes vom 27. auf den 28. Februar 1933 nahmen ihn Schergen der SA in seiner Berliner Wohnung fest. Er hatte gerade fliehen wollen. Nach anderthalb Jahren Haft und Folter prügelten SS-Wachmänner den 56-jährigen Anarchisten am 10. Juli 1934 im KZ Oranienburg zu Tode – und hängten ihn dann auf. Zeitlos sind seine Tagebücher aus den Jahren 1910 bis 1924. In einem der ersten Einträge heißt es über die Deutschen: »Ein sonderbares Volk, das sich immer an der verkehrten Stelle begeistert.«

LOTTE PRITZEL, geboren am 30. Januar 1887 in Breslau, stellte Wachspuppen her und illustrierte nach dem Krieg Rainer Maria Rilkes Text »Über die Puppen der Lotte Pritzel«. 1923 dreht die UFA die Dokumentation *Die Pritzel-Puppe*. Die morphiumsüchtige Künstlerin heiratete einen Arzt, zog von München nach Berlin, wo sie als Kostümbildnerin am Deutschen Theater arbeitete. Sie stattete Stücke von Frank Wedekind und Klabund aus und verkaufte ihre filigranen Puppen bis in die USA. Pritzel starb am 17. Februar 1952 mit 65 Jahren in Berlin-Wedding. Einige Dutzend ihrer rund 200 kunstvollen Figuren sind erhalten.

MAX REINHARDT, geboren als Maximilian Goldmann am 9. September 1873 in Baden in Niederösterreich, erfand im Berliner Café Größenwahn die Kabarettbühne »Schall und Rauch« und leitete während des Ersten Weltkriegs die Volksbühne Berlin. Als Erneuerer der Theaterkunst rief er unter anderem mit Hugo von Hofmannsthal 1920 die Salzburger Festspiele ins Leben und reiste für Gastspiele nach New York. Nach der Machtübernahme der Nationalsozialisten floh er erst nach Österreich, ehe er 1937 in die USA auswanderte. Er starb kurz nach seinem 70. Geburtstag am 31. Oktober 1943 in einem Hotel in New York.

FRANZISKA ZU REVENTLOW, geboren am 18. Mai 1871 in Husum als Fanny Liane Wilhelmine Sophie Auguste Adrienne Gräfin zu Reventlow, litt am Ersten Weltkrieg. Ihr Sohn Rolf kam im Herbst 1916 an die Front, ehe er in die Schweiz desertierte. Nach einem Fahrradunfall starb sie am 26. Juli 1918 in einer Klinik von Locarno. Sie wurde 47 Jahre alt. In ihrem Roman *Von Paul zu Pedro* schrieb sie: »Die beste Vorsorge fürs Alter ist jedenfalls, dass man sich jetzt nichts entgehen lässt, was Freude macht, so intensiv wie möglich lebt. Dann wird man dermaleinst die nötige Müdigkeit haben und kein Bedauern, dass die Zeit um ist.« Ihr Sohn Rolf liegt neben ihr in Locarno begraben. Er selbst hatte am Spanischen Bürgerkrieg teilgenommen, sich als Sozialdemokrat engagiert und war 1981 verstorben. Die Grabstätte ist bis 2079 bezahlt.

FELIX SALTEN, geboren als Siegmund Salzmann am 6. September 1869 in Pest, Österreich-Ungarn. 1922 erschien seine Tiernovelle *Bambi. Eine Lebensgeschichte aus dem Walde*. Die Filmrechte verkaufte er für 1000 Dollar an den US-Filmproduzenten Walt Disney, der die Geschichte 1942 in verkitschter Form zum Welterfolg machte. Salten leitete den österreichischen PEN-Club und wirkte bis 1933 an fünf Tonfilmen mit. Er starb am 8. Oktober 1945 mit 76 Jahren im Exil in Zürich, wohin er als Jude geflohen war.

FRIEDRICH VON SCHENNIS, geboren am 17. Juni 1852 in Elberfeld bei Wuppertal, trat während des Weltkriegs nicht mehr in Erscheinung. Der Landschaftsmaler und großzügige Gentleman des Berliner Größenwahn starb mit 65 Jahren am 4. April 1918 in Charlottenburg. Er hinterließ wertvolle Gemälde, Münzen und Gobelins.

ARTHUR SCHNITZLER, geboren am 15. Mai 1862 in Wien, wurde 1914 zusammen mit Peter Altenberg für den Nobelpreis für Literatur nominiert, der in diesem Jahr jedoch nicht vergeben wurde. Er büßte im Ersten Weltkrieg an Popularität ein, weil er die Kriegsbegeisterung nicht teilte. Die Uraufführung seines Dramas *Reigen* am 23. Dezember 1920 in Berlin sorgte für einen der größten Theaterskandale des 20. Jahrhunderts. Bis zuletzt schrieb er psychologische Erzählungen und Romane. Er starb mit 69 Jahren am 21. Oktober 1931 an einer Gehirnblutung in Wien.

HERWARTH WALDEN, geboren am 16. September 1878 als Georg Lewin, setzte sich mit seiner *Sturm*-Galerie und mit seiner gleichnamigen Zeitschrift für die künstlerische Avantgarde ein. Als Mitglied der »Gesellschaft der Freunde des neuen Russland« siedelte er 1932 mit seiner vierten Lebenspartnerin nach Moskau über, wo er am Fremdspracheninstitut lehrte. Er wurde 1941 vom sowjetischen Geheimdienst zu Unrecht verhaftet und starb am 31. Oktober 1941 im Alter von 63 Jahren in einem Gulag bei Saratow an der mittleren Wolga. Seine Frau und seine Tochter Sina Walden konnten mithilfe der deutschen Botschaft nach Berlin zurückkehren.

FRANK WEDEKIND, geboren am 24. Juli 1864 als Benjamin Franklin Wedekind in Hannover, hielt zwar zu Beginn des Ersten Weltkriegs die patriotische Rede »Deutschland bringt die Freiheit«, doch zahlreiche seiner Stücke blieben trotzdem verboten. Das Kriegsende erlebte er nicht. Wedekind starb mit 53 Jahren am 9. März 1918 in München. Seine Beisetzung geriet zum Skandal: Neben Künstlern wie Bertolt Brecht kondolierten Frauen aus dem Rotlichtmilieu. In einem Interview mit sich selbst hatte er einmal auf die Frage nach seinem Hauptmerkmal geantwortet: »Ich hoffe: Starrköpfigkeit.«

DANK

Ich danke meinem Verleger Tim Jung und meinem Agenten Kai Gathemann – dafür, dass sie sich spontan für dieses Thema begeistern konnten. Zudem meinen Lektoren Erik Riemenschneider und Niels Brockmeyer fürs rasche Zugreifen beziehungsweise für die freundliche Betreuung sowie Ludger Ikas fürs geduldige Lektorieren und den intensiven Austausch. Ferner danke ich meinem Kollegen Christian Pantle, Chefredakteur von G/Geschichte, fürs erste Gegenlesen des Manuskripts. Schließlich bin ich dankbar für wertvolle Tipps und die Hilfe von: Wilma Buchinger (Österreichische Nationalbibliothek), Volker Haider (Österreichische Nationalbibliothek), Tamina Kletke (Landesarchiv Berlin), Julia Konschitzky (Stadtarchiv München), Beate Lücke (Institut für Zeitungsforschung), Günter Ofner (Familia Austria), Carolin Zimmermann (Staatsbibliothek zu Berlin – Preußischer Kulturbesitz).

ALLGEMEINE HINWEISE

Dieses Buch versucht die einstigen Abläufe so präzise wie möglich zu rekonstruieren. Eine zeitliche Zuordnung war jedoch aus sehr unterschiedlichen Gründen längst nicht immer möglich. Dies gilt insbesondere – aber keineswegs ausschließlich – für die »Berichte«, die John Höxter in seinem Buch *So lebten wir!* versammelte.

Aus Gründen der Lesbarkeit und der Verständlichkeit sind viele Zitate behutsam an die aktuelle Rechtschreibung angepasst worden; bei Zitaten von Peter Altenberg wurde auch dessen Vorliebe für einzelne, durchgehend großgeschriebene Wörter nicht übernommen. Zudem wurden Abkürzungen und Ziffern in den Zitaten ausgeschrieben. In einzelnen Fällen wurde gleichwohl konsequent inkonsequent verfahren.

Ferner: Das Café des Westens lag nicht in Berlin, sondern in der bis 1920 eigenständigen Großstadt Charlottenburg, was aber bereits in der damaligen Literatur und in vielen Zeitungsartikeln oft durcheinanderging. Um keine Verwirrung zu stiften und weil das Viertel rund um den Ku'damm ab 1895 als »Neuer Westen« Berlins ausgebaut wurde, steht über den entsprechenden Abschnitten dennoch »Berlin« – und nicht »Charlottenburg«.

QUELLEN

PRIMÄRQUELLEN

Erinnerungen, Reportagen, Tagebücher

Bab, Julius: *Die Berliner Bohème*, Hamburg 2014.
Blass, Ernst: »Das alte Café des Westens«, in: Raabe, Paul (Hg.): *Expressionismus*, Freiburg im Breisgau 1965.
Fohsel, Hermann-J.: *Im Wartesaal der Poesie*, Berlin 1995.
Frank, Leonhard: *Links wo das Herz ist*, Berlin 1999.
Friedell, Egon: *Kleine Portraitgalerie. Fünf Essays*, München 1953.
Großmann, Stefan: *Ich war begeistert. Eine Lebensgeschichte*, Bad Schwartau 2009.
Halbe, Max: *Jahrhundertwende. Erinnerungen an eine Epoche*, München 1976.
Höxter, John: *So lebten wir. 25 Jahre Berliner Bohème*, Berlin 1929.
Holm, Korfiz: *ich – kleingeschrieben*, München 1966.
Lasker-Schüler, Else: *Mein Herz. Ein Liebesroman*, Frankfurt am Main 2003.
Lensing, Leo A. (Hg.): *Peter Altenberg. Die Selbsterfindung eines Dichters. Briefe*, Göttingen 2009.
Mühsam, Erich: *Briefe 1900–1934*, Band 1, Vaduz 1984.
Mühsam, Erich: *Tagebücher*, Band 1–3, Berlin 2011/12.
Mühsam, Erich: *Unpolitische Erinnerungen*, Hamburg 1999.
Ostwald, Hans: *Berlin. Anfänge einer Großstadt*, Berlin 2020.
Reventlow, Franziska Gräfin zu: *Tagebücher 1895–1910*, Hamburg 1992.
Salten, Felix: *Das österreichische Antlitz. Essays*, Berlin 1919.
Schäfer, Oda (Hg.): *Schwabing. Ein Lesebuch*, München 1985.
Seewald, Richard: *Der Mann von gegenüber. Spiegelbild eines Lebens*, München 1963.

Seewald, Richard: »Im Café Stefanie«, in: Raabe, Paul (Hg.): *Expressionismus* Freiburg im Breisgau 1965.
Szittya, Emil: *Das Kuriositäten-Kabinett*, Konstanz 1923.
Wunberg, Gotthart (Hg.): *Die Wiener Moderne*, Stuttgart 2000.
Zweig, Stefan: *Die Welt von Gestern*, Frankfurt am Main 1958.

Primärquellen im Netz

Anno: »Historische Zeitungen und Zeitschriften«, anno.onb.ac.at
Bahr, Hermann: »Projektseite« bahr.univie.ac.at
Bahr, Hermann / Schnitzler, Arthur: »Briefwechsel, Aufzeichnungen, Dokumente«, schnitzler-bahr.acdh.oeaw.ac.at
Berliner Tageblatt (u. a.): zefys.staatsbibliothek-berlin.de
Kraus, Karl: *Die Fackel*, fackel.oeaw.ac.at
Kraus, Karl: »Rechtsakten«, kraus.wienbibliothek.at
Langen, Albert (Hg.): *Simplicissimus*, simplicissimus.info
Mühsam, Erich: »Tagebuch«, muehsam-tagebuch.de
Mühsam, Erich: Kain, http://kain.muehsam.de/
Schnitzler, Arthur: »Briefwechsel 1888–1931«, schnitzler-briefe.acdh.oeaw.ac.at
Schnitzler, Arthur: »Tagebuch 1879 bis 1931«, schnitzler-tagebuch.acdh.oeaw.ac.at
Walden, Herwarth: *Der Sturm*, bluemountain.princeton.edu
Walden, Herwarth: *Der Sturm* (Digitale Quellenedition), sturm-edition.de
Volltextbibliothek diverser Texte: zeno.org

Archiv

Stadtarchiv München: Gewerbeamt, Wirtschaftskonzessionen (Akte Café Stefanie). Nr. 6737

Historische Zeitungsartikel

Hardekopf, Ferdinand: »Die Cigarette«, in: *Berliner Morgen Fremdenblatt*, Nr. 5 vom 6. Februar 1901 (Quelle: Staatsbibliothek zu Berlin – Preußischer Kulturbesitz).

Kraus, Karl: »Die Überwindung des Hermann Bahr«, in: *Die Gesellschaft*, Nr. 9, 2. Quartal 1893.
Meldung: »Die elf Scharfrichter«, in: *Münchner Neueste Nachrichten*, 7. März 1901, Seite 4.
Mühsam, Erich: »Titanic«, in: *Kain – Zeitschrift für Menschlichkeit*, Jahrgang 2, Nr. 2. Mai 1912.
Olden, Balder: »Unser Richard ist tot!«, in: *Berliner Morgenpost*, Nr. 129 vom 29. Mai 1932 (Quelle: Staatsbibliothek zu Berlin – Preußischer Kulturbesitz).
Roth, Joseph: »Richard ohne Königreich«, in: *Neue Berliner Zeitung. Das 12-Uhr-Blatt*, Jg. 5, Nr. 7 vom 9. Januar 1923 (Quelle: Staatsbibliothek zu Berlin – Preußischer Kulturbesitz).

SEKUNDÄRQUELLEN

Biographien

Aufenanger, Jörg: *John Höxter. Poet, Maler und Schnorrer der Berliner Bohème*, Berlin 2016.
Barker, Andrew: *Telegrammstil der Liebe. Peter Altenberg – Eine Biographie*, Wien 1998.
Bauschinger, Sigrid: *Else Lasker-Schüler. Eine Biographie*, Göttingen 2006.
Bernhardt, Rüdiger: *»Ich bestimme mich selbst«. Das traurige Leben des glücklichen Peter Hille*, Jena 2004.
Decker, Gunnar: *Georg Heym. »Ich, ein zerrissenes Meer«*, Berlin 2011.
Decker, Kerstin: *Mein Herz – Niemandem. Das Leben der Else Lasker-Schüler*, Berlin 2010.
Egbringhoff, Ulla: *Franziska zu Reventlow*, Reinbek 2000.
Heuschele, Otto: *Hugo von Hofmannsthal*, Mühlacker 1990.
Hirte, Chris: *Erich Mühsam. Eine Biographie*, Freiburg im Breisgau 2009.
Karlauf, Thomas: *Stefan George. Die Entdeckung des Charisma*, München 2009.
Klute, Hilmar: *War einmal ein Bumerang. Das Leben des Joachim Ringelnatz*, Berlin 2015.

Kubitschek, Brigitta: *Franziska Gräfin zu Reventlow. Leben und Werk*, München 1998.
Lunzer, Heinz/Lunzer-Talos, Victoria: *Peter Altenberg. Extracte des Lebens*, Salzburg 2003.
Matuschek, Oliver: *Stefan Zweig*, Frankfurt am Main 2006.
Österle, David: *Freunde sind wir eigentlich nicht. Hofmannsthal, Schnitzler und das Junge Wien*, Wien 2019.
Reetz, Bärbel: *Emmy Ball-Hennings. Leben im Vielleicht*, Frankfurt am Main 2001.
Regnier, Anatol: *Frank Wedekind. Eine Männertragödie*, München 2008.
Rothe, Friedrich: *Arthur Schnitzler und Adele Sandrock*, Berlin 1997.
Rottschäfer, Nils: *Peter Hille. Eine Chronik zu Leben und Werk*, Bielefeld 2010.
Rudolph, Katharina: *Rebell im Maßanzug. Leonhard Frank. Die Biographie*, Berlin 2020.
Weinzierl, Ulrich: *Arthur Schnitzler*, Frankfurt am Main 1994.

Stadtporträts

Barkhofen, Eva-Maria: »Berlin um 1900«, Zeitschrift *Berliner Geschichte*, Ausgabe 28, Berlin 2021.
Bisky, Jens: *Berlin. Porträt einer großen Stadt*, Berlin 2019.
Metzger, Rainer: *München. Die große Zeit um 1900: Kunst und Kultur 1890–1920*, München 2008.
Metzger, Rainer: *Wien 1900*, Köln 2020.
Sachslehner, Johannes: Wien. *Biographie einer vielfältigen Stadt*, Wien 2021.
Wipplinger, Hans-Peter (Hg.): *Wien 1900. Aufbruch in die Moderne*, Wien 2019.

Zu den Kaffeehäusern

Heise, Ulla: *Kaffee und Kaffeehaus*, Leipzig 1996.
Miller, Carmen: *Café Stefanie*, München 1999.
Pauly, Ernst (Hg.): *20 Jahre Café des Westens*, Siegen 1987.
Riedl-Valder, Christine: *Caféhäuser in München*, Regensburg 2018.

Schebera, Jürgen: *Vom Josty ins Romanische Café*, Berlin 2020.
Singer, Herta: *Im Wiener Kaffeehaus*, Wien 1959.
Stern, Ernst: *Café Größenwahn*, Dortmund 1980.

Zur Boheme

Cepl-Kaufmann, Gertrude/Kauffeldt, Rolf: *Berlin-Friedrichshagen. Literaturhauptstadt um die Jahrhundertwende*, Grafrath 2015.
Diehl, Walther: *Die Künstlerkneipe »Simplicissimus«. Geschichte eines Münchner Kabaretts*, München 1989.
Heißerer, Dirk: *Wo die Geister wandern. Eine Topographie der Schwabinger Bohème um 1900*, München 2001.
Kemp, Judith: *»Ein winzig Bild vom großen Leben«. Zur Kulturgeschichte von Münchens erstem Kabarett Die Elf Scharfrichter (1901–1904)*, München 2017.
Lorenz, Dagmar: *Wiener Moderne*, Stuttgart 2007.
Wilhelm, Hermann: *Die Münchner Bohème*, München 1993.

Radiofeatures

Bölck, Martina: »›Ich bin so reich und doch fehlt mir so viel‹. Eine Lange Nacht über die Schriftstellerin Fanny zu Reventlow«, Deutschlandfunk 2018.
Novy, Beatrix: »Stammgast, Schnorrer und Rebell. Die Lange Nacht über den Wiener Dichter Peter Altenberg«, Deutschlandfunk 2021.

Filme, Interviews, Dokumentationen

Brandstätter, Christian: *Zahlen bitte! Die Zukunft des Wiener Kaffeehauses*, BrandstaetterVerlag (Youtube) 2020.
Freund, Helge: *Gräfin Reventlow und die Münchner Bohème*, BR 2021.
Freyhoff, Anja/Uhlmann, Thomas: *Glanz und Gloria. Die Kaiserzeit 1871–1914*, Chronos-Media History (Youtube) 2019.
Hausner, Thomas: *München 1900. Von Bierbaronen und Künstlerfürsten*, ARD 2020.
Kaindlstorfer, Günter: *Die Wiener Ringstraße. Wie Wien zur Weltstadt wurde*, ORF 2015.

Koller, Gerhard: *Wien um 1900. Metropole zwischen Glanz & Elend*, W24 2020.

Lizius, Angelika: *Die nackte Wahrheit. Wiener Skandale um 1900*, 3sat 2005.

Mühlen, Irmgard von zur: *Berlin zur Kaiserzeit. Glanz und Schatten einer Epoche*, BR 1985.

Scherb, Igor: *Das Porträt Arthur Schnitzler*, BR 1969.

Vaughan, Norman: *Wien zur Kaiserzeit – Erbe Österreich*, ORF 2020.

Internetquellen

austria-forum.org
berlingeschichte.de
buergerleben.com
deutsche-biographie.de
dhm.de/lemo
digipress.digitale-sammlungen.de
digital.zlb.de
historisches-lexikon-bayerns.de

Journalistische Quellen

BR.de
G/Geschichte
GEO Epoche
P.M. History
NDR.de
Der Spiegel
Der Standard
Süddeutsche Zeitung
Die Welt
Wiener Zeitung

BILDNACHWEISE

16 © ullstein bild - brandstaetter images
18 Gerlach & Wiedling (Buch- und Kunstverlag) (Verlag), 1., Graben, allg. – Blick gegen Stock-im-Eisen-Platz – Stephansdom, um 1900 (Aufnahme), Wien Museum Inv.-Nr. 135081/4/1, CC0 (https://sammlung.wienmuseum.at/objekt/228163/)
36 © INTERFOTO / Austrian National Library
38 © picture alliance / brandstaetter images / Austrian Archives
54 © INTERFOTO / Austrian National Library / Ephron, Heinrich
56 Reinhold Richard d. J. Völkel, Café Griensteidl, 1., Michaelerplatz, 1896, Wien Museum Inv.-Nr. 62352, CC BY 4.0 (https://sammlung.wienmuseum.at/objekt/132562/)
84 © akg-images / brandstaetter images
86 Marienplatz 1900, Wiki Commons, CC0 1.0 (https://creativecommons.org/publicdomain/zero/1.0/legalcode)
108 Philipp Kester, Franziska Gräfin zu Reventlow – Porträtaufnahme unter einem Laubbaum, 1905, Münchner Stadtmuseum, Sammlung Fotografie, Archiv Kester, CC BY-SA 4.0 (https://sammlungonline.muenchner-stadtmuseum.de/objekt/franziska-graefin-zu-reventlow-portraetaufnahme-unter-einem-laubbaum-10113256)
110 Café Stefanie, Außenansicht, 1900 (ca.)–1910 (ca.), Stadtarchiv München, CC BY 4.0 (http://stadtarchiv.muenchen.de/scopeQuery/detail.aspx?ID=456207)
138, 192, 270, 356 © bpk
140 Berlin, Unter den Linden, Café Bauer zwischen 1890 und 1900, Wiki Commons, CC0 1.0 (https://commons.wikimedia.org/wiki/File:Berlin_Unter_den_Linden_Cafe_Bauer_um_1900.jpg)
168 © bpk / Staatsbibliothek zu Berlin
170 © akg-images/PAL/PB

194 Carl (Karl) Ledermann jun. (Hersteller), Graben. Wien I., 1907 (Herstellung), Wien Museum Inv.-Nr. 105275/59, CC0 (https://sammlung.wienmuseum.at/objekt/184424/)

220, 244 © akg-images

222 Berlin, Potsdamer Platz, um 1900, Wiki Commons, CC0 1.0 (https://commons.wikimedia.org/wiki/File:Berlin_-_Potsdamer_Platz_-_um_1900.jpg)

246 © ullstein bild – Schnellbacher

268 Zander & Labisch, Berliner Leben, Tilly und Frank Wedekind um 1910, Wiki Commons, CC0 1.0 (https://commons.wikimedia.org/wiki/File:BerlinerLeben-1910_Wedekind-Frank-Tilly.jpg)

298 Private collection, Marbach, Else Lasker-Schüler as Prince Yussuf, Wiki Commons, CC0 1.0 (https://commons.wikimedia.org/wiki/File:Else_Lasker-Sch%C3%BCler_as_Prince_Yussuf.jpg)

300 Café des Westens, Wiki Commons, CC0 1.0 (https://commons.wikimedia.org/wiki/File:Caf%C3%A9_des_Westens.jpg)

326 Peter Altenberg (ehemals im Besitz von), Fotopostkarte von Peter Altenberg und Karl Kraus, im Hintergrund der Lido, 1900–1919 (Gebrauch), Wien Museum Inv.-Nr. 94840, CC0 (https://sammlung.wienmuseum.at/objekt/579223/)

328 © SZ Photo / Scherl / Bridgeman Images

358 Berlin, Unter den Linden, Victoria Hotel, zwischen 1890 und 1900, Wiki Commons, CC0 1.0 (https://commons.wikimedia.org/wiki/File:Berlin_Unter_den_Linden_Victoria_Hotel_um_1900.jpg)